人力资源管理

实操大全集

（职责+规范+制度+表单）

李中凯◎编著

中国铁道出版社有限公司
CHINA RAILWAY PUBLISHING HOUSE CO., LTD.

内 容 简 介

本书从人力资源部日常工作出发，以提升人力资源部规范化管理水平为主题，借鉴吸收最新的管理理念和方法，以岗位职责、工作细节规范、实用制度与表格为主要内容，为每个工作细节给出可参照的执行建议。为人力资源部工作规范化提供有效、权威的指导范本。

本书用了大量的原创表格和视觉引导来提升读者的阅读体验，降低阅读门槛，提升阅读效率。

本书适合人力资源部工作人员人员使用，也适合企业高层管理人员、企业培训师及高校相关专业学生教师阅读、使用。

图书在版编目（CIP）数据

人力资源管理实操大全集 ： 职责+规范+制度+表单 /李中凯编著. —北京：中国铁道出版社，2018.1（2019.11 重印）
ISBN 978-7-113-23183-5

Ⅰ．①人… Ⅱ．①李… Ⅲ．①人力资源管理 Ⅳ.①F243

中国版本图书馆 CIP 数据核字（2017）第 123521 号

书　　名：人力资源管理实操大全集（职责+规范+制度+表单）
作　　者：李中凯 编著

策　　划：王 佩	读者热线电话：010-63560056
责任编辑：杨新阳	
责任印制：赵星辰	封面设计：MXK DESIGN STUDIO

出版发行：中国铁道出版社有限公司（100054，北京市西城区右安门西街 8 号）
印　　刷：北京建宏印刷有限公司
版　　次：2018 年 1 月第 1 版　　2019 年 11 月第 2 次印刷
开　　本：700mm×1 000mm　1/16　印张：22.75　字数：449 千
书　　号：ISBN 978-7-113-23183-5
定　　价：88.00 元

众所周知，现代企业的竞争是人才的竞争，人力资源决定了企业的未来，一个规范的、高效的人力资源管理系统是企业得以高速发展的根基。

从事人力资源工作多年，尤其近三年的时间，多次受邀参与多家公司人力资源系统建设项目的培训工作，在工作调研中，我发现在很多企业人力资源部都存在规范化操作的缺陷，面对人力资源建设、后备资源的储备等诸多环节时，出现显得乏力、无章可循等现象。其实不难看出，之所以出现上述问题，主要是人力资源部工作的整个流程出现了责权划分不清、工作规范化程度不高等核心问题，这直接导致了工作效率低下，出现问题多方推诿等。而面对市场竞争不断加剧，每个公司都在拼效率，抢时间。基于此，必须从整个人力资源部门的规范化管理细节上下功夫，进行整体梳理则显得尤为重要。

人力资源部日常工作，它的构成要素无外乎包括：厘清每个岗位的职责、规范每个工作细节、建立健全管理制度、统一标准化的工作往来实用表格，这四点构建起人力资源部工作规范化的整体架构，我们要做的就是不断完善这四项工作。

本书以解决人力资源部日常工作实际存在的规范化管理实际问题为主要线索，以"人力资源部规范化管理细节"为主题，从人力资源部构建规范化管理架构的四部分要素为主要内容，细数人力资源部工作的每个细节，结合笔者多年的工作经验，与行业资深人力资源经理的深度交流与总结所得。

另外，考虑到人力资源部工作的特点及读者朋友的轻松阅读、方便查阅等要素，本书从标题设置与内容表达形式上，都花了很多心思。第一，每个标题阐述一项工作；第二，以图表化的形式阐述内容，读者朋友可以根据自身需要，随时通过目录标题搜索到想要的答案。

与同类书相比较，本书最大的特色是全文图表化阐述，拿来即用，即查即用。

（1）细节执行指导性。

本书的一大特点就是细节的指导性，注重贴近工作实际，达到具体工作实际指导的效果。

（2）图表阐述直观性。

人力资源部门所涉及工作的方方面面，每个细节都进行了可执行的细化阐述，图表化全维度展示，读者可根据需要即查即用。

书中涉及的模板文件，拿来即用。读者既可以扫描下列二维码也可以登录：http://upload.crphdm.com/2017/0819/1503106826675.doc 下载使用。

编者

2017.10

CONTENTS 目 录

第一章

招聘管理：人力资源的招聘与选拔

1.1 招聘工作岗位人员配置与岗位职责

1.1.1 人事招聘主管

人事招聘主管岗位职责与任职资格，如表 1-1 所示。

表 1-1 人事招聘主管岗位职责与任职资格表

直接上级：人力资源经理	
直接下级：人事招聘专员	
岗位职责	1. 根据公司现有的编制及业务发展需求，协调、统计各职能部门的人员招聘需求 2. 根据公司人员招聘的需求，编制年度、季度、月度人员招聘计划 3. 招聘渠道的建立与评估 4. 负责人员招聘、面试、甄选、录用等工作 5. 汇总分析相关招聘报表 6. 建立和完善公司的人才选拔体系和招聘流程 7. 建立后备人才选拔方案和人才储备机制 8. 其他事务，完成人力资源总监及经理交办的其他临时性任务
任职资格	1. 人力资源、管理或相关专业大学本科以上学历 2. 受过现代人力资源管理技术、劳动法律法规、财务会计基本知识等方面的培训 3. 3 年以上企业招聘工作经验 4. 对人才的发现与引进、组织与人员调整、员工职业生涯设计等具有丰富的实践经验；对人力资源管理事务性工作有娴熟的处理技巧；熟悉企业的招聘流程及各种招聘渠道；熟悉计算机操作办公软件及相关的人事管理软件；具有较好的英文能力 5. 人际关系良好，具备很强的责任感和事业心；较高的敏感度及一定的判断能力；性格外向，有良好的职业道德和职业操守，擅于沟通与协调，良好的团队合作意识

1.1.2　人事招聘专员

人事招聘专员岗位职责与任职资格，如表 1-2 所示。

表 1-2　人事招聘专员岗位职责与任职资格表

直接上级：人事招聘主管

直接下级：

岗位职责	1. 根据企业发展情况及各职能部门人员需求计划，编制企业人员招聘计划 2. 招聘信息的起草与发布 3. 简历筛选、聘前测试、初次面试工作的组织与主持 4. 应聘人员资料库的建立和维护 5. 人才市场、职介机构、猎头公司等相关信息的收集并寻求与他们的合作 6. 企业人员流动情况及人员流失原因分析
任职资格	1. 人力资源管理或行政管理类专业专科及以上学历 2. 一年以上企业招聘工作经验 3. 熟悉招聘流程，熟悉招聘面试工具和结构化面试技巧；受过现代人力资源管理技术、劳动法规、基本财务知识等方面的培训；性格开朗活泼，喜欢与人沟通，形象较好 4. 能够解决一般人事管理实际问题，具有一定的计划、组织、协调能力和人际交往能力 5. 高度的团队合作精神及工作主动性，能熟练使用办公软件

1.2　招聘岗位专业要求

1.2.1　招聘计划审批规范

招聘计划审批规范，如表 1-3 所示。

表 1-3　招聘计划审批规范表

项目	规范内容
1	公司依据企业的经营特点、规模等，由人力资源部拟定各部门及编制计划，经总经理审批并按招聘项目办理
2	公司或部门业务扩展（如增设部门、增加营业项目等）需增加新岗位或定岗定员之外增员，由人力资源部或用人部门将增员原因或用人报告，报总经理审核批准
3	部门工作需要补充新员工，由用人部门将用人申请报人力资源部审核，人力资源部按公司给各部门定岗定员人数，在保持部门总人数不超员的情况下，经总经理审核、批准，方可进行招聘
4	公司因自营或联营所需营业员、收银员，由人力资源部根据经营具体情况和要求，确定人员招聘人数及编制招聘计划

1.2.2 招聘计划编制工作规范

招聘计划编制工作规范，如表 1-4 所示。

表 1-4　招聘计划编制工作规范

项目	规范内容
编制原则	（1）定编原则：是对招聘计划的量的要求。以公司年度人资规划为前提，结合目前在岗数并预测年度内可能出现的内部人员调剂及人员流失，从而规划年度内招聘的规模数 （2）个岗需要原则：是对招聘计划的质的要求，在《岗位说明书》中明确聘任标准，保证招聘有的放矢，为招聘渠道的选择提供前提 （3）统一协调原则：人力资源部门对招聘计划进行统筹审核、协调，以保证公司人员发展总体平衡
编制流程	（1）编制招聘年度计划 ① 各部门编制本部门招聘年度计划，提交人力资源部门审核，并报总经理室分管领导批准； ② 参见《公司×××年度招聘计划表》 （2）编制招聘费用计划 ① 人力资源部门负责制定，并报有关领导审批后确定 ② 参见《公司×××年度招聘费用计划表》 （3）变更招聘年度计划 ① 如需进行计划外招聘，先由用人部门提出《招聘增设申请表》，交人力资源部门审核，并报总经理室分管领导批准 ② 根据批准的《招聘增设申请表》由人力资源部门变更《公司×××年度招聘计划表》，必要时变更《公司×××年度招聘费用计划表》 ③ 参见《招聘增设申请表》
选择招聘渠道	（1）人力资源部门对招聘渠道进行分析 （2）根据实际情况选择合适的招聘渠道 （3）参见《招聘渠道分析与选用》
发布招聘信息	（1）根据选择的招聘渠道发布招聘信息 （2）参见《招聘信息发布指南》
收集筛选简历	（1）收集简历并进行初步筛选 （2）将筛选后的简历提交到招聘小组主管 （3）筛选遵循《各岗位任职资格要求》
分析简历	（1）招聘小组对简历进行分析 （2）将候选者名单提交到面试安排者 （3）分析遵循《应聘人员简历分析指南》《各岗位任职资格要求》
工作准备	（1）通知候选人面试（时间、地点） （2）招聘小组完成《招聘流程》和《面试提问单》 （3）工作遵循《面试安排指南》

项目	规范内容
接待应聘者	（1）接待应聘者 （2）填写《应聘人员登记表》 （3）审核个人资料 个人资料审查包括：个人基本情况、个人资历、身份证、毕业证、学位证、各种资格证书 （4）工作遵循《面试安排指南》
进行笔试	（1）发放笔试试卷进行考试 （2）参见《岗位入职考试试卷编制指南》《岗位入职考试试卷库建立指南》
进行面试	（1）进行面谈 （2）填写《面试记录》《应聘人员登记表》面试意见部分 （3）工作遵循《面试安排指南》
进行复试	（1）复试 （2）背景核实
报批录用	（1）人力资源部门对拟录用名单进行报批 （2）人力资源部门统一通知录用人员，发放《录用通知书》或电话通知 （3）参见《录用通知书》 （应包含：试用时间、试用岗位、员工入司须知、公司路线、交通介绍等）
入职安排	（1）审核证书原件、组织体检 （2）证件复印件、体检表等存档 （3）签订《试用期劳动合同》《保密协议》 （4）人力资源部门签发《上岗通知书》 （5）办公设备安排（电脑、办公用品、考勤卡等） （6）行政后勤安排（宿舍安排等） （7）参见《员工入职安排跟踪表》
试用期使用	（1）试用期期限 试用期一般为 3 个月。 特殊情况（试用期少于 3 个月或免试用），由用人部门提出申请，人力资源部门审核，总经理批准。 （2）试用期目标 所有新员工须以书面形式与直接主管签署经审批后的工作目标，并列为试用期合同的附件。 试用期工作目标由直接主管与人力资源部门审核、审批，人力资源部门备案。参见《员工试用期目标跟踪表》。 （3）试用期间待遇 见有关工资的规定和制度。 （4）试用期间培训 由人力资源部门组织，用人部门制定《员工入职培训计划》，对新员工进行同化培训工作。 参见《员工入职培训计划》

项目	规范内容
	（5）转正安排
	① 新员工应于试用期结束前一周填写《员工试用期总结报告》《转正申请表》，提出转正申请
	② 所有新员工必须经过转正考核才能成为公司正式员工
	a. 考核内容：工作态度、工作能力、工作成果、试用期目标完成情况、受培训效果情况
	b. 考核方式：由人力资源部门组织考评小组进行考核
	c. 转正条件：考核总评分数 85 分（含）以上予以转正，特殊情况由总经理审批
	③ 对表现确实优秀并有突出业绩人员，可由所在部门提出提前转正，并交由人力资源部门报批
年度总结	（1）对于招聘策略、方向及过程，每年应进行年度检讨，以提高招聘的效率和达到良好的效果
	（2）年度检讨通过年度招聘检讨会的形式进行
	（3）年度检讨会分为两步进行
	① 由各人力资源部门与相关用人部门分别召开本系列招聘检讨会议
	② 各人力资源部门共同召开"系统年度招聘检讨会议"
资料入库	整理资料并归档

1.2.3　招聘工作流程规范

招聘工作流程规范，如表 1-5 所示。

表 1-5　招聘工作流程规范

项目	规范内容
总体原则	招聘员工本着以用人所长、容人所短、追求业绩、鼓励进步为宗旨；以面向社会、公开招聘、全面考核、择优录用为原则，从学识、品德、能力、经验、体格、符合岗位要求等方面进行全面审核
提交需求	各部门根据用人需求情况，由部门经理填写《招聘申请表》，报主管经理、总经理批准后，交人力资源部。由人力资源部统一组织招聘
材料准备	人力资源部根据招聘需求，准备以下材料： （1）招聘广告。包括本企业的基本情况、招聘岗位、应聘人员的基本条件、报名方式、报名时间、地点、报名需带的证件、材料以及其他注意事项 （2）公司宣传资料。发给通过初试的人员
选择招聘渠道	主要有三种：参加人才交流会、人才交流中心介绍、刊登报纸广告
填写登记表	应聘人员带本人简历及各种证件复印件来公司填写《应聘人员登记表》，《应聘人员登记表》和应聘人员资料由人力资源部保管
初步筛选	人力资源部对应聘人员资料进行整理、分类，定期交给各主管经理。主管经理根据资料对应聘人员进行初步筛选，确定面试人选，填写《面试通知》。主管经理将应聘人员资料及《面试通知》送交人力资源部，人力资源部通知面试人员

项目	规范内容
初试	初试一般由主管经理主持，主管经理也可委托他人主持。人力资源部负责面试场所的布置，在面试前将面试人员资料送交主持人；面试时，人力资源部负责应聘人员的引导工作。主持人在面试前要填写《面试人员测评表》，特别注意填写"测评内容"的具体项目。主持人应将通过面试人员介绍至人力资源部，由人力资源部人员讲解待遇问题、赠送公司宣传资料。面试结束后，主持人将《面试人员测评表》及应聘人员资料交至人力资源部。通过初试并不代表一定被公司录用
复试	通过初试的人员是否需要参加复试，由主管经理决定。一般情况下，非主管经理主持的初试，通过初试的面试者都应参加复试。复试原则上由主管经理主持，一般不得委托他人。复试的项目与初试的项目相同

1.2.4 招聘活动实施流程规范

招聘活动实施流程规范，如表 1-6 所示。

表 1-6 招聘活动实施流程规范

项目	规范内容
1	用人部门向人力资源部提出用人申请
2	人力资源部主管定编调查、审核
3	人力资源部长审批上级
4	总经理批准
5	人力资源部制订招聘计划、费用预算
6	总经理批准
7	人事主管从财务领取广告费用
8	向社会或内部发出招聘广告
9	人力资源部主管收集应聘材料
10	人力资源部门初试（面试）
11	人事主管整理求职材料
12	招聘专家组深入面试
13	应聘材料真实性核对与经历评估
14	各项智力、技能、性向测验
15	候选者身体健康检查
16	人力资源部建议录用
17	顶头上司的面试
18	录用，进入企业试用期
19	对新进人员岗前培训
20	人力资源部培训、考核并记录
21	用人部门试用期满考核并提出去留意见
22	人力资源部下达正式录用令，签订劳动合同

1.2.5 招聘渠道选择规范

招聘渠道选择规范，如表 1-7 所示。

表 1-7　招聘渠道选择规范

项目	规范内容
人才交流中心	在全国的各大中城市，一般都有人才交流服务机构。这些机构常年为企事业用人单位服务。它们一般建有人才资料库，用人单位可以很方便地在资料库中查询条件基本相符的人员资料。通过人才交流中心选择人员，有针对性强、费用低廉等优点，但对于如计算机、通信等热门人才或高级人才效果不太理想
招聘洽谈会	人才交流中心或其他人才机构每年都要举办多场人才招聘洽谈会。在洽谈会中，用人企业和应聘者可以直接进行接洽和交流，节省了企业和应聘者的时间。随着人才交流市场的日益完善，洽谈会呈现出向专业方向发展的趋势。比如有中高级人才洽谈会、应届生双相选择会、信息技术人才交流会等。洽谈会由于应聘者集中，企业的选择余地较大。但招聘高级人才还是较为困难 通过参加招聘洽谈会，企业招聘人员不仅可以了解当地人力资源素质和走向，还可以了解同行业其他企业的人事政策和人力需求情况
传统媒体	在传统媒体刊登招聘广告可以减少招聘的工作量，广告刊登后，只需在公司等待应聘者上门应聘即可。在报纸、电视中刊登招聘广告费用较大，但容易体现出公司形象。现在很多广播电台有人才交流节目，播出招聘广告的费用会少很多，但效果也比报纸、电视广告差一些
校园招聘	对于应届生和暑期临时工的招聘可以在校园直接进行。方式主要有招聘张贴、招聘讲座和毕分办推荐三种
网上招聘	通过因特网进行招聘是近两年新兴的一种招聘方式。它具有费用低、覆盖面广、时间周期长、联系快捷方便等优点。但由于目前我国很多企业没有上网条件，并且很多应聘者也无法上网。所以网上招聘目前仅限于有上网条件的大型企业、外资/合资企业、高新技术企业和计算机、通信领域人才、中高级人才等
员工推荐	员工推荐对招聘专业人才比较有效。员工推荐的优点是招聘成本小、应聘人员素质高、可靠性高。据了解，美国微软公司 40%的员工都是通过员工推荐方式获得的。为了鼓励员工积极推荐，企业可以设立一些奖金，用来奖励那些为公司推荐优秀人才的员工
人才猎取	对于高级人才和尖端人才，用传统的渠道往往很难获取，但这类人才对公司的作用却是非常重大的。通过人才猎取的方式可能会更加有效。人才猎取需要付出较高的招聘成本，一般委托"猎头"公司的专业人员来进行，费用原则上是被猎取人才年薪的 30%。目前在北京、上海和沿海地区"猎头"公司较为普遍

1.2.6 招聘与录用管理制度

招聘与录用管理制度

第一条　为规范员工招聘录用项目，充分体现公开、公平、公正的原则，保证公司各部门各岗位能及时有效地补充到所需要的人才，使其促进公司得以更快地发展，特制定本办法。

第二条　本制度使用公司所有招聘员工。

第三条　权责单位

1. 人力资源部门负责本制度的制定、修改、解释、废止等工作。

2. 总经理负责本办法制定、修改、废止等的核准。

第四条 公司招聘坚持公开招聘、平等竞争、因岗择人、择优录用、人尽其才、才尽其用的原则。

第五条 企业成立招聘组负责对人员的筛选，其小组成员至少由三人组成，分别来自人力资源部、用人部门、企业领导或聘请外部人力资源专家。不同对象的招聘人员，其面试考官的人员构成是不一样的，具体内容见下表。

不同人员面试考官的构成

职位	初试	复试	核定
普通员工	人力资源部人员	人力资源部人员＋用人部门主管	用人单位主管
基层管理人员	人力资源部主管＋用人部门主管	部门经理＋人力资源部经理	部门经理

中高层管理人员及公司所需的特殊人才，面试考官一般由人力资源部经理、总经理、外聘专家组成，总经理拥有对其录用决策的最终决定权。

招聘需求

招聘工作一般是从招聘需求的提出开始的，招聘需求由各用人部门提出，其主要包括所需职位、人数及上岗时间等内容。

第六条 各部门、下属分公司根据业务发展、工作需要和人员使用状况，向人力资源部提出员工招聘要求，并填写人员需求申请表（见表1-15），报人力资源部审批。

第七条 突发的人员需求。因新增加的业务而现有企业内缺乏此工种人才或不足时，及时将人员需求上报人力资源部。

第八条 储备人才。为了促进公司目标的实现，而需储备一定数量的各类专门人才，如大学毕业的专门技术人才等。

招聘渠道

公司招聘分为内部招聘和外部招聘。内部招聘是指公司内部员工在获知内部招聘信息后，按规定项目前来应聘，公司对应聘员工进行选拔并对合适的员工予以录用的过程。外部招聘是指在出现职位空缺而内部招聘无法满足需要时，公司从社会中选拔人员的过程。

第九条 内部招聘

所有公司正式员工都可以提出应聘申请，且公司鼓励员工积极推荐优秀人才或提供优秀人才的信息，对内部推荐的人才可以在同等条件下优先录取，但不降低录用的标准。其招聘流程如下图所示。

提出用人需求	发布招聘信息	应聘资料收集	人员选拔	人员录用
各用人单位根据工作需要，提出人员需求计划，报人力资源部汇总	人力资源部根据用人部门的用人需求，拟定并发布内部招聘公告。发布的方式主要有公司网站通知、职位公告栏、内部招聘文件及其他	人力资源部根据职位说明书及其他相关要求对应聘者的资料进行初步筛选，并对初步筛选合格者，发布面试通知办理相关手续	对面试合格的人员发布录用通知，被录用者到原所在部门办理工作交接手续，到用人部门报到并到人力资源部	

内部招聘工作流程图

第十条 外部招聘

外部招聘的方式主要有通过招聘媒体（报纸、电视、电台）发布招聘信息、参加人才招聘会、通过职业介绍所等。

第十一条 简历的筛选。招聘信息发布后，公司会收到大量应聘人员的相关资料，人力资源部工作人员对收集到的相关资料进行初步审核，对初步挑选出的合格应聘者，以电话或信函的方式（面试通知书）告知他们前来公司参加下一环节的甄选。

第十二条 笔试。根据招聘情况的实际需要，可在面试之前对应聘者先进行笔试，笔试的内容一般包括以下几点。

1．一般智力测验。

2．专业知识技能。

3．领导能力测验（适用于管理人员）。

4．综合能力测验。

5．个性特征测验。

第十三条 面试。面试一般分为初试与复试两个环节。根据招聘职位的不同，也会有第三轮甚至第四轮的面试的环节，这种情况一般适用于公司中高层人员的招聘或公司所需的特殊人才的招聘。

1．初试。主要是对应聘者基本素质、基本专业技能、价值取向等方面做出的一个基本判断。

2．复试。根据初试的结果，人力资源部对符合空缺职位要求的应聘者安排复试，主要是对应聘者与岗位的契合度进行考察，如应聘者对岗位所需技能的掌握程度、胜任该岗位所需具备的综合能力等方面。

第十四条 背景调查是就应聘者与工作有关的一些背景信息进行查证，以进一步确定应聘者的任职资格。

经公司甄选合格的人员，在公司决定录用之前，视情况对其可做相关的背景调查。调查的主要内容包括学历水平、工作经历、综合素质等，这样可以在一定程度上降低公司的用人风险。

第十五条 员工录用通知。通过笔试、面试环节的选拔，经公司考核合格的应聘人员，在做出录用决策后的 3 个工作日内，向其发出录用通知；对未被公司录用的人员，人力资源部也应礼貌地以电话、邮件或者信函（主要是以员工录用通知书的形式告知，见表 1-38）的形式告知对方。

第十六条 员工报到与试用

1．报到

被录用员工在接到公司的录用通知后，必须在规定的时间内到公司报到。若在发出录用通知的 15 天内不能正常按时报到者，公司有权取消其录用资格，特殊情况经批准后可延期报到。

被录用人员按规定时间来公司报到后，需办理如下手续。

（1）将相关资料交予人力资源部，包括体检合格证明、身份证、学历证书、职称证等相关资料的复印件。

（2）签订劳动合同。

（3）申领相关办公用品。

应聘人员必须保证向公司提供的资料真实无误，若发现虚报或伪造，公司有权将其辞退。

2．试用与转正

公司新进人员到人力资源部办理完相关报到手续后，进入试用期阶段，试用期为 1～6 个月不等。若用人部门负责人认为有必要时，也可报请公司相关领导批准，将试用期酌情缩短。

用人部门和人力资源部对试用期内员工的表现进行考核鉴定，考核主要从其工作态度、工作能力、工作业绩三个方面进行。

（1）试用期内员工表现优异，可申请提前转正，但试用期最短不得少于 1 个月。

（2）试用期间员工若品行欠佳或公司认为不适合，可随时停止试用。

（3）试用期满且未达到公司的合格标准，人力资源部与用人部门根据实际情况决定延期转正或辞退，试用期延期时间最长不超过 3 个月。

员工试用期即将结束时，需填写员工转正申请表（见表 1-40），公司根据员工试用期的表现做出相应的人事决策。

办理转正手续，同时用人部门和人力资源部要做好转正员工定岗定级、提供相应待遇、员工职业发展规划等工作。

第十七条 招聘工作的总结与评估主要包括如下三项工作。

1. 招聘工作的及时性与有效性

2. 招聘成本评估

3. 对录用人员的评估

1.2.7 员工竞岗实施工作规范

员工竞岗实施工作规范，如表 1-8 所示。

表 1-8　员工竞岗实施工作规范表

项目	规范内容
通知	人力资源部发出竞岗时间、内容
评比	（1）参加竞岗人员报名、演讲 （2）竞选失败，回原岗位，接受再培训 （3）竞选成功，岗位储备
期限考核	上岗考核期限：总经理为 9 个月，副总经理为 6 个月，店长及经贸部经理为 3 个月，店内部门经理为 1 个月
报告	期满做述职报告

1.2.8 人才引进办理工作规范

人才引进办理工作规范，如表 1-9 所示。

表 1-9　人才引进办理工作规范表

项目	规范内容
统计	根据需要引进人员，并按公司规定填写《工作申请表》
评定	（1）根据引进目标，安排其到基层挂职，人力资源部通过的基层考核意见，进行综合评定 （2）不合格，退回基层继续实践 （3）合格，则按竞岗的项目进行竞岗
上岗	合格，上岗，并办理相应手续

1.2.9 公司员工定员管理制度

公司员工定员管理制度

公司员工分类和定员范围

第一条 员工分类工作是公司制定各级岗位职责的基础，也是对各类岗位的考核和评定工资的依据。

第二条 公司人员按工种岗位分为五大类岗位系列：管理岗位、厨师岗位、服务岗位、工程技术岗位、普通工岗位。按岗位系列性质划分，可分为生产服务人员、辅助生产服务人员、部门管理人员、后勤服务人员和其他人员。

生产服务人员：是指总台接待人员、厨师、服务员、营业员、收银员、行李员、话务员、宾客理发员等直接从事生产服务的人员。

辅助生产服务人员：是指间接服务于生产的工程维修人员和洗衣房人员、保卫巡逻人员等。

部门管理人员：是指在公司各职能机构、业务部门，即从事行政及经营部门的管理人员。

后勤服务人员：是指服务于员工生活或带有间接服务于生产的人员，如员工浴室、员工宿舍、员工餐厅、员工理发、环境卫生等后勤服务人员。

其他人员：是指由公司开支工资，但所从事的工作或活动与公司经营活动基本无关的人员，包括：六个月以上患病休假员工、工伤假人员、长期脱产学习人员、出国援外人员、派往外单位工作人员等。

第三条 劳动定员范围是指公司正常服务和经营活动中所必需的工作人员，即在公司中从事固定性或临时性工作，由公司支付工资的各类人员。

编制定员

第四条 编制定员是根据公司的规模、经营范围、服务内容等，确定各类人员的数量和质量。

第五条 编制定员应贯彻以下原则，一是要以服务和工作实际需要出发；二是精简、统一效能，防止层次过多人员臃肿，要建立统一指挥，精干的工作系统，提高工作效率；三是先进合理；四是应变原则。保持相对稳定的同时，视情况变化及时调整。一般核编后保持一年不变，不断提高编制定员的管理水平。

公司编制定员制度

第六条 按岗位定员。根据岗位计算定员。采用这种办法，首先要确定公司内部的机构设置、经营方向、服务规格和设施设备，再考虑各岗位的工作量、效率、班次及出勤率等因素。这种方法一般适用于无法按劳动定额计算定员的工种。如非经营部门人员、行李员、大门应接员和采购员、仓保员、设备维修工及管理职能部门的人员。

第七条 按设备设施定员。根据公司设备设施的数量和员工看管的定额计算定员。此种办法适用于客房部、工程部、餐饮部等部门中部分工种。如客房服务员一般可按一人负责 12 间标准客房清洁工作，并按公司房间数的 70%~75% 计算定员，按此方法计算是指客房部包括前厅部、康乐部、客房楼层、公共区域，洗衣房、夜总会、桑拿等部位；餐饮工作人员应根据宴会餐厅与点菜餐厅的不同比率、炉灶数量的多少、其他服务功能等，并结合客人上座率，一般按 70%~75% 计算定员；工程维修人员的电工、管道工、机械工可视公司的电器、管道等设备的新旧程度等具体情况加以确定。

按比例定员。按员工总数或某一类人员的总数的比例，计算某种人员的定员。公司内计算直接服务人员与非直接或辅助人员及各工种之间的比例都可以采用这种办法。如员工餐厅厨师可按就餐人数的一定比例计算定员，尤其是后勤保障与职能部门人员控制在一定的比例内，推行并岗位。从整个公司来讲，人员配备应首先依据比例定员办法进行宏观控制，即公司员工总数与客房总数配备形成一定的比例关系。

第八条 按劳动效率定员。就是按岗位工作量和劳动定额计算定员。企业不同于一般生产性企业，它是一种综合性的行业，劳动过程中随时服务的比率较大。因此，劳动定额很难确定，但又确实存在，只不过有显化和潜化两种表现形式而已。目前，按劳动效率定员的办法适用于公司的洗衣房、餐饮等部门。

第九条 实行编制定员的关键是实施工作过程中的管理。因此，应采取必要的技术组织措施，如引进先进设备、改善劳动组织；不得随意批调经营部门人员从事非生产服务活动，经营部门人员外借要限期返岗等；要妥善调剂岗位余缺人员，特别要及时地把多余人员减下来，不然就会使编制定员流于形式；要保持定员水平的先进合理，可以采取调整某些环节的工作任务，或者采用临时调动和借用的办法，来解决劳动力不平衡的问题，在特别忙的季节，劳动力又无法平衡的情况下，可临时招用季节性劳工或实习员来解决，但忙季过后，应坚决清理，还要建立健全各项有关劳动管理制度，将编制定员工作真正落实到实处。

1.2.10 促销员（长期）招聘工作规范

促销员（长期）招聘工作规范，如表 1-10 所示。

表 1-10 促销员（长期）招聘工作规范表

项目	规范内容
招聘	厂家根据需求进行招聘
录用	由所在店面进行面试，不合格者不予录用；合格者到公司前台填写促销员申请表、促销员誓约书
办理手续	人力资源部审验促销员申请表、盖有厂家公章及业务人员签字的促销员约书、身份证原件。不合格补全所需手续；合格交纳建档费、服装胸卡费、培训费
上岗	参加人力资源部组织的岗前培训，培训考核不合格，退回厂家不予录用；合格发合格证，上岗

1.2.11 内部人员岗位竞聘申请表

内部人员岗位竞聘申请表，如表 1-11 所示。

表 1-11 内部人员岗位竞聘申请表

申请职位		所属部门		申请日期	
姓名		目前所在部门		职务	
直接领导		进入公司时间			

在公司的工作情况				
职位	所属部门	工作起止时间	工作职责描述	薪酬水平

培训经历		
培训课程	培训起止时间	培训部门

所受的奖励

1．申请该职位的原因	
2．信息来源的渠道	
3．您为什么觉得您能胜任该职位	

填写说明：
1．保证您所填的信息真实可靠，填完后按照指定的日期同个人简历一并交到人力资源部
2．请注意职位招聘的时间有效性，逾期无效

1.3 招聘工作准备阶段

1.3.1 补充员工工作规范

补充员工工作规范，如表 1-12 所示。

表 1-12　补充员工工作规范表

项目	规范内容
申请	部门以书面形式申请补充员工
审核	人力资源部根据该申请部门的编制和实际需要进行审核
审批	报总经理审批，并获通过
确定员工来源	一般员工的来源包括确定员工来源、各类学校、人才交流中心、职业介绍中心、推荐、招聘洽谈会及其他途径
筛选	筛选合适的应聘人员资料
发面试通知	在通知上写清楚面试的时间、地点及需带材料
接待面试	基本确定人选。 （1）填写"应聘人员情况表" （2）用人部门经理及人力资源经理进行面试 （3）考核语言能力、业务知识、专业技能
后续处理	（1）身份证等必要证件 （2）体检（市卫生防疫站）
录用完毕	通知录用、办理报到

1.3.2　招聘简章范本

招聘简章

公司简介（略）

为促进产业发展，×××有限公司面向社会公开招聘员工 6 名。现将有关事项公布如下：

一、招聘条件

1. 遵守宪法和法律，具有良好的品行；

2. 具有普通高校大学本科及以上学历和履行本岗位职责的能力；

3. 身体健康，符合招聘岗位的具体要求；

4. 符合招聘简章规定的其他条件。

二、招聘岗位及人数（详见附件）

三、招聘待遇

×××月薪 3 500～4 000 元人民币，×××月薪 2 500～3 000 元人民币，×××月薪 2 000 元，××月薪 1 500～2 000 元人民币。

四、招聘程序

本次招聘按照"自愿报名、公平竞争、择优聘用"的原则，采取考试、考核相结合的办法进行。

（一）报名

凡本人自愿并符合招聘条件者，请于 2008 年 6 月 30 日至 2008 年 7 月 3 日到×××路××号××公司报名。报名时间每天上午 8：30～11：30，下午 14：00～17：00。

报名需提供材料：本人身份证、毕业证（2008 年应届毕业生提供双向选择就业推荐表）、本人工作经历证明、近期免冠红底二寸彩照 2 张。外省、市报名人员因故无法直接报名的，也可委托他人代为报名，但必须同时提供委托人的身份证原件。

也可以通过公司网址了解招聘要求，并按指定邮箱在网络投递相关简历。

（二）面试

面试时间为×月×日×日，地点为××公司 1 楼大厅。

（三）体检

按照招聘岗位拟招聘人员计划数 1:1 的比例从高分到低分确定参加体检人员。体检不合格出现空缺的，可在同一岗位报考人员中从高分到低分依次递补。

（四）考察（背景调查）

考察合格人员确定为拟聘用人员，如有考察（背景调查过往工作、学习造假者，取消录用资格）不合格者，可在同一岗位报考人员中从高分到低分一次性递补。

（五）聘用

拟聘用人员由公司和拟聘用人员签订聘用合同，办理相关手续，试用期 1～3 个月（应届毕业生试用期 6 个月），试用期内，按照事业单位享受试用期工资待遇。试用期满，经考核合格后正式办理聘用手续，试用不合格的，解除聘用合同。

五、招聘政策咨询

招聘咨询电话：

联系人：张先生 刘小姐　　联系电话：

附件：

招聘岗位、人数、条件一览表

1.3.3　社会招聘应聘登记表

社会招聘应聘登记表，如表 1-13 所示。

表 1-13 社会招聘应聘登记表

填表日期：　　年　　月　　日　　　现月收入（税前）：＿＿＿＿＿

应聘岗位：＿＿＿＿＿　　　期望月收入（税前）：＿＿＿＿＿

姓名		性别		出生年月		籍贯		正面标准彩照
民族		身高		体重		婚否		
政治面貌		健康状况		工作年限		职称		
最高学历		专业				毕业院校		
现住址								
电子邮箱		住宅电话				移动电话		
户口所在地		户口性质 □城镇 □农村				人事档案所在地		
五险一金参保状况	□养老 □医疗 □失业 □工伤 □生育 □公积金							
目前劳动关系状况	□辞职 □到期终止 □辞退 □其他（请说明＿＿＿）				是否对其他单位承担竞业限制义务		□是 □否	
技能特长	第一外语语种：＿＿＿掌握程度：＿＿ 第二外语语种：＿＿＿掌握程度：＿＿ 计算机水平：□一级 □二级 □三级 □四级 其他：＿＿ 专业资格证书：＿＿ 机动车驾驶资格：□有（请说明＿＿） □无 具有其他的资格证书：＿＿							
个人爱好及特长								

教育背景（从高中起至最高学历）	起止日期	学校	专业	教育方式	学历

续表

工作经历 （从首次工作起）	起止日期	工作单位	职务	证明人	联系方式

主要家庭成员 （选填）	姓名	年龄	关系	工作单位	现工作单位及职务

主要业绩陈述	

自我评价	工作、业务能力自述：

综合评价：
（1、2、3 分指优、良、一般或较强、一般或强，请在横线上为自己打分，并计算出得分。总计____分）

□品　　德_____　□性　　格_____　□自　信　心_____　□事　业　心_____

□纪　律　性_____　□组织能力_____　□协调能力_____　□表达能力_____

□写作能力_____　□表达能力_____　□逻辑思维能力_____　□工作主动性_____

进入公司工作的 目的及打算	

声明	本人保证所提供的个人信息、证明资料、证件等真实，准确。如因提供虚假或遗漏相关信息导致用人单位误用本人签订劳动合同的，在试用期内，用人单位可以本人不符合录用条件而解除劳动合同；在试用期过后，用人单位可以因本人欺诈而与本人解除劳动合同关系。由此导致使用人单位承担连带责任在的，用人单位有权向本人进行追偿。 签字：

填表说明：1. 除注明选填之外，其他内容均为必填。

2. 应聘者需提供相关证明资料复印件，原件在录用时核查。

3. 无论聘用与否，公司均为应聘者所填信息承担保密义务。

4. 公司有权就上述填写事项采取合法方式组织调查或验证。

1.3.4　校园招聘应聘登记表

校园招聘应聘登记表，如表 1-14 所示。

表 1-14　校园招聘应聘登记表

表日期：　　　年　　月　　日

应聘岗位：_____　　　期望月收入（税前）：_____

姓名		性别		出生年月		籍贯		正面标准彩照
民族		身高		体重		婚否		
政治面貌		健康状况		工作年限		最高学历		
毕业院校		专业			专业排名			
现住址			住宅电话			移动电话		
电子邮箱			身份证号码					
户口所在地		户口性质		□城镇　□农村		人事档案所在地		

技能特长	第一外语语种：_____　掌握程度：_____　第二外语语种：_____　掌握程度：_____ 计算机水平：□一级　□二级　□三级　□四级　□其他：_____ 专业资格证书：_____　　　　　　　机动车驾驶资格：□有　　□无 具有其他的资格证书：_____
个人爱好及特长	

教育背景 （从高中起至最高学历）	起止日期	学校（培训机构）	专业	教育方式（脱产/在职）	学历

实践经历	起止日期	实践组织（单位）	职务	证明人	联系方式

主要家庭成员 （选填）	姓名	年龄	关系	现工作单位及职务

获奖荣誉	获奖时间	获奖项目

自我评价	个人能力自述:
	综合评价: (1、2、3 分指优、良、一般或强、较强、一般,请在横线上为自己打分,并计算出得分。总计_____分) □品德性格_____ □自 信 心_____ □事 业 心_____ □纪 律 性_____ □组织能力_____ □协调能力_____ □写作能力_____ □表达能力_____ □逻辑思维能力_____ □工作主动性_____

进入公司工作的目的及打算	

| 声明 | 本人保证所提供的个人信息、证明资料、证件等真实、准确。如因提供虚假或遗漏相关信息导致用人单位误解而与本人签订劳动合同的,在试用期内,用人单位可以本人不符合录用条件而解除劳动合同;在试用期过后劳动合同期限内,用人单位可以因本人欺诈而与本人解除劳动合同关系。由此致使用人单位承担连带责任的,用人单位有权向本人进行追偿。

签字:_____ |

填表说明:1. 除注明选填之外,其他内容均为必填。

2. 应聘者需提供相关证明资料复印件,原件在录用时核查。

3. 无论聘用与否,公司均为应聘者所填信息承担保密义务。

4. 公司有权就上述填写事项采取合法方式组织调查或验证。

1.3.5 人员需求申请表

人员需求申请表,如表 1-15 所示。

表 1-15 人员需求申请表

申请部门			部门经理		
申请原因	□员工辞退　□员工离职　□业务增量　□新增业务　□新设部门				
	说明				
需求计划说明	职务名称	工作描述	所需人数	最迟上岗日期	任职条件
	职位 1				专业知识
					工作经验
					工作技能
					其他
	职位 2				专业知识
					工作经验
					工作技能
					其他
合计	人				
薪酬标准	职位 1	基本工资		其他待遇	
	职位 2	基本工资		其他待遇	
部门经理意见				签字： 日期：	
人力资源部批示				签字： 日期：	
总经理意见				签字： 日期：	

1.3.6 内部空缺职位表

内部空缺职位表，如表 1-16 所示。

表 1-16 内部空缺职位表

职位名称：
所属机构、部门、岗位：
直接主管：
主要工作职责： 1. 2. 3. 4. 5.

续表

任职资格要求：			
学历：			
年龄/性别：			
外语/电脑能力：			
相关工作经验：			
性格/能力/态度：			
公布日期：		要求上岗日期：	
联系人及电话：		制表人：	

1.3.7 招聘申请表（一）

招聘申请表如表 1-17 所示。

表 1-17 招聘申请表（一）

填单：　　年　　月　　日

申请部门		申请职位		人数	
申请理由	□扩大编制　□储备人力 □辞职补充　□短期需要		希望到职日期		
应具资格条件					
性别		婚姻		年龄	
学历		外语		个性	
经历					
具备技能					
增加人员 工作内容					
申请人			部门经理		
分管副总经理意见					

1.3.8 招聘申请表（二）

招聘申请表如表 1-18 所示。

表 1-18 招聘申请表（二）

申请部门		申请日期		现有人员	
职位代码		职位名称		雇用数量	
招聘信息	1. □在部门目标内　□目标之外 2. □补充新人　□替换现职员 3. □正式员工　□季节工　□临时工　□计时工 4. □从公司外部招　□从公司内部调配				
上岗时间			服务年限		
招聘岗位职责： 1. 2. 3. 4. 5.					
岗位要求（教育、经验、技能等）					

1.3.9 招聘成本控制表

招聘成本控制表，如表 1-19 所示。

表 1-19 招聘成本控制表

所需职务	空缺职位数	拟采取招聘方式	预算费用
基层员工			
中层经理			
高层经理			
人力资源部意见： 　　　　　　　　　　　　　　　　　　负责人签字： 　　　　　　　　　　　　　　　　　　　年　月　日			
总经理审核意见： 　　　　　　　　　　　　　　　　　　签字： 　　　　　　　　　　　　　　　　　　年　月　日			

1.3.10　招聘人员业务技术考核登记表

招聘人员业务技术考核登记表，如表 1-20 所示。

表 1-20　招聘人员业务技术考核登记表

姓名		性别		出生年月			文化程度	
工作单位			原工种			技术等级		
家庭住址						技术职称		
考核内容：								
考核经办人评语： 部门领导签名： 年　月　日								
人力资源部意见： 部门领导签名： 年　月　日								
备注：								

填写人：　　　（招聘考核成员）　用途：记录招聘人员业务技术考核情况

联数：一式一联。人力资源部审核处理

1.3.11 面试通知书

面试通知书，如表 1-21 所示。

表 1-21 面试通知书

面试通知书
_____先生（小姐）：
经我公司初步挑选，现荣幸通知您于____月____日____时到_____面试。
_____公司人力资源部
_____年___月___日

注意事项：

1．请携带本人身份证、学历学位证书。

2．请携带证明本人能力的其他证明材料。

1.4 面试阶段工作规范

1.4.1 新员工面试工作规范

新员工面试工作规范，如表 1-22 所示。

表 1-22 新员工面试工作规范

项目	规范内容
面试的内容	（1）遵循制订好的面试计划 （2）系统化地探寻问题的答案可以运用修改、重述、跳过、发展等问话技巧 （3）直接在面试计划上记笔记 （4）以自然的口吻提问题 （5）收集准确的行为表现的例子
问话的方式	（1）修改 面试开始后，你要系统化地探寻问题的答案，问题可以修改。比方说问一个问题，候选人没听明白，你可以这样说："对不起，可能我没说清楚，我问的是这个问题，把这个问题换一种方式。"用他更易懂的方式问他，这叫修改 （2）重述 如果他没听清楚，还可以重述："我刚才可能没说清楚，再说一遍我的问题，希望你讲一下处理客户中，具体做了些什么事情。"这叫重述，是一种提问题的方法 （3）跳过 还可以用跳过法，因为有的候选人面试的经验少，他会很紧张，尤其是发现上考官很专业，他心里会更紧张。过去的行为容不得他撒谎，很局促，说不出话来。这时就采取跳过法，可以说："放松点没关系，这个问题咱们先放在这儿，不用管它。那你对那件事情怎么看呢？"就跳过去了，但是需要注意，如果你认为它是一个非常关键的围度的话，绕多少圈后也得拉回到这个问题上来，因为它是一个重要的围度，是不能放弃的，跳过去再绕回来

1.4.2 新员工初试记录表登记规范

新员工初试记录表登记规范，如表 1-23 所示。

表 1-23 新员工初试记录表登记规范

项目	规范内容
1	此表适用于应聘人参加初试时所使用，其中，测试人为招聘岗位部门主管或其指定人员，记录人为人力资源部主管或其指定人员
2	初试应由测试人和记录人共同主持，此表经测试人和记录人商议后，由记录人负责填写相关栏目
3	如遇亲朋好友应采取回避原则，由人力资源部主管负责另选人员测试、评分
4	测试人和记录人应根据应试岗位工作具体要求，提前准备初试问题、时间、场所和相关测试设备
5	初试问题属于机密文件，相关人员应妥善保管，严防泄密
6	测试人必须科学、合理地对应聘人进行测试，不得马虎草率
7	记录人必须公正、公平地对应聘人进行评分，不得心存私心、胡乱填写
8	记录人应对应聘人进行纵向和横向对比评分，相互参考与比较，不可只凭主观评分
9	所有初试人员平均分和应聘人实际得分必须由测试人和记录人复算统计，以确保正确无误
10	初试结束后，由测试人和记录人认真、科学（不可将分数视为唯一标准）选择合适者参加招聘复试，并将此表交于人力资源部保管

1.4.3 面试与甄选管理制度

面试与甄选管理制度

第一条 为使公司的面试管理制度化、规范化，特制定本招聘面试管理制度，有关应聘者面试事项，均按照本制度的相关规定处理。

第二条 面试考官一般由人力资源部工作人员、用人部门主管、公司高层领导、外聘专家等人员组成，一个合格的面试官应具备以下条件。

1．良好的个人品格和修养。

2．掌握相关的专业知识，至少在一个面试考官小组的知识组合上不应该存在缺口。

3．能熟练运用各种面试技巧，准确简捷地对应聘人员做出判断。

4．公正客观地评价应聘者，面试考官应对应聘者在面试中的表现做出客观、公正的评价，绝不能因某些非评价因素而影响对应聘者的客观评价。

5．掌握相关人员测评技术。

6．了解企业状况及职位要求。

面试人员必须对整个公司组织情况、各部门功能、部门与部门间的协调情形、人事政策、薪资制度、员工福利政策等，有深入的了解，才能应对应聘者随时提出的问题。

面试人员必须彻底了解该应聘职位的工作职责和必须具备的学历、经历、人格条件与才能。

第三条 面试由人力资源部门负责组织。在面试前人力资源部门需要拟定日程安排，确定面试资格人。面试一般分为初试和复试两个阶段。

第四条 面试是面试者与被面试者双方通过进行面对面的观察、沟通，使面试者了解应聘者的个性特征、能力特征、求职动机等方面情况的一种人员甄选与测评技术。据面试对象的多少，面试可分为单独面试和集体面试。

1. 单独面试

单独面试又称为个人面试，是指主考官与应聘者单独面谈，主考官可以是一个，也可以是多个，这是一种最普遍、最基本的方式。其优点是能够提供一个面对面的机会，让面试双方较深入地交流。

2. 集体面试

集体面试是指多位应试者同时面对考官，在集体面试中，通常要求应试者做小组讨论，相互协作解决某一问题，或者让应试者轮流担任领导主持会议、发表演说等。

第五条 面试主要测评应试人员适应职位要求的基本素质和实际工作能力，包括与拟任职位有关的知识、经验、能力、性格和价值观等基本情况。（见表 2-24）

第六条 面试的实施

面试的实施如下表所示。

实施阶段	主要工作	简要说明
导入阶段	创造良好的面试气氛	● 给予应试人员热情友好的接待 ● 面试地点明亮、整洁、无干扰 ● 轻松的开场白
实施阶段	面试的核心阶段，对应试人员多方面的考察	多角度对应试者进行考察，主要包括其心理特点、工作动机、能力、综合素质等
结束阶段	进入面试的尾声，双方进一步沟通	● 面试考官检查有无遗漏需要从应聘者那里获取的相关重要信息 ● 面试考官就应试者对公司感兴趣的话题做出回答 ● 告知公司人员录用工作的下一步工作安排 ● 对应试者表示感谢
评估阶段	对应试人员在面试中的表现进行评估	为人员录用决策提供依据

第七条 面试的技巧及注意事项

1. 面试的实施技巧

（1）发问的技巧。面试人员必须善于发问且问的问题必须恰当。同时需注意所提的问题简明、有力，提问的顺序应从易到难。

（2）学会倾听。面试人员要想办法从应聘者的谈话里，找出所需要的资料，并且善于调节应试者的情绪。

（3）学会沉默。应聘人员当问完一个问题时，应学会沉默，观察应聘者的反应，最好不要在应聘者没有开口回答时，或者感觉不了解你的问题时，就解释你的问题。这时你若保持沉默，你就可以观察到他对这个问题的应对能力，因为应聘者通常会补充几句，而那几句话通常是最重要的也是最想说的几句。

2. 面试的注意事项

（1）面试准备工作要充分，如面试的时间应尽可能地选择在面试双方都有充足时间的时候；面试场地要安静，尽量不要受到外界的干扰；面试相关工具的准备要到位等。

（2）培养坦诚、轻松、融洽的气氛，尽量使应试人员感到亲切、自然。

（3）要尊重应试人员的人格。

（4）面试考官要随时记录面试重要事项。

（5）面试考官把控整个面试现场。

1.4.4 面试内容表

面试内容表，如表 1-24 所示。

表 1-24 面试内容表

面试的内容	相关说明
学校教育	应聘者就读的学校、科系、成绩、参加的活动、与老师的关系、在校获得的奖励等
个人的特性	体格外貌、穿着打扮、精神状态、言谈举止，应聘者是否积极主动、是否为人随和、兴趣爱好等
家庭背景	应聘人员家庭教育状况、父母的职业、父母对他的期望等
求职动机	通过了解应聘者为何希望来本单位工作，对哪类工作最感兴趣，在工作中追求什么，判断本单位所能提供的职位或工作条件等能否满足其工作要求和期望
工作经验	除了应聘者的工作经验外，更应该从问题中观察应聘者的责任心、薪酬增加的状况、职位的升迁的状况和变化情形，以及变换工作的原因、解决问题的能力等
专业知识技能	了解应试者掌握专业知识的深度和广度
语言表达能力	语言表达的逻辑性、准确性、感染力等
综合能力	灵活应变能力、社交能力、创新能力、发展潜力等

1.4.5 求职申请表

求职申请表，如表 1-25 所示。

表 1-25 求职申请表

个人基本情况	姓名		婚姻状况		
	籍贯		出生日期		
	联系电话		户籍		
	家庭住址				
	身份证号码				
	紧急情况联系人				
学习经历	时期	受教育学校			证明人
工作简历	时期	公司名称、曾任职务			证明人

续表

工作申请	申请职位		如有身体上不能适应的工作，请注明	
	希望待遇		何时可上班	

申明：

本人允许审查本表所填各项，如有虚假部分愿受解雇处分。

填表人签名：

年 月 日

1.4.6 招聘初试记录表

招聘初试记录表，如表 1-26 所示。

表 1-26 招聘初试记录表

初试人姓名		性别		年龄		应聘职位	
测试人				记录人			

考核项目	项目级别与分数				
	优（5分）	好（4分）	良（3分）	中（2分）	差（1）
1. 体能、体态状况					
2. 仪表、穿着与形象					
3. 举止及应对礼仪					
4. 语言表达与口齿清晰					
5. 机智及反应能力					
6. 性格特性与人际沟通					
7. 生活工作阅历丰富程度					
8. 外语能力					
9. 学历、学位及培训					
10. 对申请职位的经验					
11. 相关专业知识支撑					
12. 对新工作环境适应性					
13. 工作的稳定性					
14. 对新公司的信心与毅力					
15. 个人理想与工作一致					
16. 对职业未来的可塑性					
17. 家庭支持和累赘					
18. 住址与上班地点距离					
19. 知识面宽广和渊博程度					
20. 计算机能力					

初试人姓名		性别		年龄		应聘职位	
测试人				记录人			

考核项目	项目级别与分数				
	优（5分）	好（4分）	良（3分）	中（2分）	差（1）
21. 薪金要求差距					
22. 诚实度和可靠性					
23. 其他（　　　　）					
标准总分	120分	所有初试人员平均分		实际得分	

1.4.7 应聘人员登记表

应聘人员登记表，如表 1-27 所示。

表 1-27 应聘人员登记表

应聘职位：　　　　　　　　　　　　　　　填表日期：　　年　　月　　日

姓名		性别		年龄		出生日期	
籍贯		民族		身高		体重	
学历		职称		健康状况		婚姻状况	
毕业院校				所学专业			
第一外语		级别		第二外语		级别	
联系方式				身份证号			
期望工资		上岗时间		其他要求			

所受教育	起止时间	学校名称	专业	学历

工作经验	起止时间	公司名称	所担任职务	相关证明人

参加的培训	培训机构	培训机构	培训内容	所获得的相关证书

所受过的奖励及处分	
兴趣和爱好	
个人特长及自我评价	

1.4.8 员工面试记录表

员工面试记录表，如表 1-28 所示。

表 1-28 员工面试记录表

应聘者基本情况

应聘者姓名		性别		年龄	
毕业院校		专业		学历	
应聘职位		应聘时间			

面试记录

面试者：　　　　　　所属部门：　　　　　　面试日期：　　年　　月　　日

面试项目 ＼ 评价等级	优	良	好	一般	差	备　注
1. 仪容仪表						
2. 语言表达与口齿清晰						
3. 专业知识和技能的掌握						
4. 相关专业知识的了解						
5. 外语能力						
6. 灵活应变能力						
7. 责任心						
8. 个人品质						
9. 环境的适应性						
10. 发展潜力						

面试评价

综合评定	
录用意见	□予以录用　　□有待进一步考核　　□不予考虑

1.4.9 面试评估表

面试评估表，如表 1-29 所示。

表 1-29 面试评估表

初试情况	综合评价（如：沟通能力、学习能力、创造性、持久性等）			
	受教育情况（学历、专业）	□大学（以上）□大专　□中（高）专　□初中		
	笔试分			
	工作经验（专业背景及专长）			得分情况
	服务至上理念	差　1　　2　　3　　4　　5　优		
	团队协作精神	差　1　　2　　3　　4　　5　优		

沟通及语言表达能力	差　1　2　3　4　5　优	
诚实、开放、激情	差　1　2　3　4　5　优	
分析和解决问题的能力	差　1　2　3　4　5　优	
结果导向	差　1　2　3　4　5　优	
对行业的兴趣		
对工作的兴趣		
外语水平	计算机水平	
过去雇佣的稳定性	□非常稳定　　　□比较稳定　　　□经常变动	
个性气质类型	□外向　　　　□偏外向　　　□中性 □偏内向　　　□内向	
应聘的动机	□应届毕业　　□寻求发展　　□提高收入 □人际关系　　□其他，需说明：	
优势		
不足		
目前待遇（工资、职位）	期望待遇 （工资、职位）	
可到岗时间		
决定	□（进一步面试）　□（不录用）　　□（存档）	

	时间		面试人	
复试情况	综合印象及决定： □录用　□不录用　□存档　□候补　□暂缓录用			
	复试人		人力资源部	部门总监/经理	总裁/副总裁

1.4.10　面谈考评用表

面谈考评用表，如表 1-30 所示。

表 1-30　面谈考评用表

考评项目	评定尺度	计　分	备　考
仪容、态度	14　12　10　8　6		
一般常识	14　12　10　8　6		
专业常识	14　12　10　8　6		
创造、创新力	14　12　10　8　6		
诚实、协调	14　12　10　8　6		
领导能力	14　12　10　8　6		
表达力	14　12　10　8　6		
人品、性格	14　12　10　8　6		
总计	14　12　10　8　6		
综合评语	评语分为 A、B、C 三等，每等又可以分为上下两级		0～64→C　　65～95→B 96～112→A

1.5　面试后期处理工作规范

1.5.1　面试结束后续工作处理规范

面试结束后续工作处理规范，如表 1-31 所示。

表 1-31　面试结束后续工作处理规范

项目	规范内容
1	允许候选人有时间提问题，这是对应聘者的尊重
2	说明下一步的项目和大概时间
3	真诚地感谢候选人。哪怕你当时就知道这个人一点儿都不合适，技术方面更不合适，也应真诚地感谢他，感谢他花时间来面试
4	在下一个候选人进来之前，把上一个候选人的笔记做全了。然后放在一边，再请另外一个人进来面试，以保证对前一个候选人的评价是一个完整的印象
5	不要轻易许诺你不能确认的事情。部门经理面试时有一个禁忌，就是在结束的时候，千万不能说我会 3 天之内答复你，或会很快通知你，甚至当场就说我就要你了，你就准备上班吧，这些不确认的事情千万不能说，以免给候选人造成精神上的打击

1.5.2　面试成绩评定表（一）

面试成绩评定表（一），如表 1-32 所示。

表 1-32　面试成绩评定表（一）

应聘者姓名		性别			年龄		
毕业院校		专业			学历		
应聘职位		应聘时间					
评价项目		评定等级					
		A. 优	B. 良	C. 好	D. 一般	E. 差	
仪表、仪态							
专业知识技能的掌握							
工作经验与应聘职位的关联程度							
语言表达							
分析判断能力							
应变能力							
情绪控制能力							
综合评价	人力资源部	评价					
		录用决策	□予以录用	□储备	□不予考虑		
	用人部门	评价					
		录用决策	□予以录用	□储备	□不予考虑		
	总经理	评价					
		录用决策	□予以录用	□储备	□不予考虑		

1.5.3　面试成绩评定表（二）

面试成绩评定表（二），如表 1-33 所示。

表 1-33　面试成绩评定表（二）

应聘者姓名		性别		年龄			
毕业院校		专业		学历			
应聘职位		应聘时间					
评定项目	面试问题示例	评分					
		优 （5分）	良 （4分）	好 （3分）	一般 （2分）	差 （1分）	
仪容仪表	通过观察应聘者的穿着、打扮、言谈举止等来判断						
教育背景	1. 毕业院校、专业 2. 你认为你所受的哪些教育或培训将帮助你胜任你现在应聘的这份工作						
工作经验	1. 简要地介绍一下你的工作经历 2. 你在工作之中主要取得了哪些成绩						

应聘者姓名		性别		年龄		
毕业院校		专业		学历		
应聘职位		应聘时间				

评定项目	面试问题示例	评分				
		优 （5分）	良 （4分）	好 （3分）	一般 （2分）	差 （1分）
求职动机	1. 选择公司的原因 2. 选择工作时，最重视哪三项因素					
专业知识和 技能	询问与职位要求相关的专业知识和 相关领域的问题					
语言表达 能力	1. 请做一个简单的自我介绍 2. 谈谈你的优缺点					
人际沟通 能力	1. 谈谈你的同事或朋友对你的评价 2. 你认为良好沟通的关键是什么					
灵活应变 能力	1. 如果我们公司的竞争对手也决定 录用您，您将做出如何抉择 2. 请列举一个工作或生活过程中你 面临过的一个两难的处境，最后你又是 如何解决的					
个性品质	1. 个人的座右铭 2. 如何理解"受人之托，忠人之事" 这句话					
兴趣爱好	业余时间的安排					
考核意见	1. 综合评价 2. 录用决策 □予以录用　　　　□有待进一步考核　　　□不予考虑 面试者签字： 日期：　　年　月　日					

1.5.4　面试成绩评定表（三）

面试成绩评定表（三），如表 1-34 所示。

表 1-34　面试成绩评定表（三）

应聘者姓名		性别		年龄	
毕业院校		专业		学历	
应聘职位		应聘时间			
考评项目	权重	考核内容		分值	考核得分
仪容仪表	10%	穿着打扮		5	
		气质		5	
知识技能与工作经验	40%	专业知识		10	
		专业技能		10	
		相关知识		10	
		实际工作经验		10	
个人能力	40%	语言表达能力		10	
		解决问题的能力		10	
		应变能力		10	
		创新能力		10	
工作态度	10%	工作主动性		5	
		工作责任感		5	
面试评价	考核得分	□90～100 分　□80～89 分　□70～79 分 □60～79 分　□60 分以下			
	录用决定	□予以录用　　□有待进一步考核　　□不予考虑			

1.5.5　面试人员测评表

面试人员测评表，如表 1-35 所示。

表 1-35　面试人员测评表

（初试、复试）

岗位：＿＿＿＿＿＿＿＿＿　　主持人：＿＿＿＿＿＿＿　　时间：　　年　　月　　日

姓名	测评内容				是否转入其他岗位面试（若转，请具体注明）	是否通过面试		备注
	1	2	3	4		是	否	
	A B C D E	A B C D E	A B C D E	A B C D E				

备注：1. 面试主持人应在面试前填写"测评内容"的具体项目。

2. "是否通过面试"只表明是否通过本次面试不表明通过面试者一定会被录用。

3. 请将通过面试的人员直接介绍到办公室谈待遇问题。

1.5.6　新员工甄选报告表

新员工甄选报告表，如表 1-36 所示。

表 1-36　新员工甄选报告表

甄选职位		应聘人数	人	初试合格	人	面试合格	人
复试合格	人	需要名额	人	合格比率	初试%，面试%，录用%		
甄试结果比较		说明		预定		实际	
	具体条件						
	待遇						
录用人员名单：							

1.5.7　应聘人员复试表

应聘人员复试表，如表 1-37 所示。

表 1-37　应聘人员复试表

应聘职位		复试人		复试日期	
专业知识					
管理工作或看法					
工作积极性及领导能力					
发展能力					
要求待遇		其他			
面试人员意见					

参与面试人员签名：

1.5.8　员工录用通知书

员工录用通知书，如表 1-38 所示。

表 1-38　员工录用通知书

录用通知书

_____ 先生（小姐）：您好！

一、您应聘我公司_____ 职位，经我公司研究，决定录用。请于____月___日_____时之前回复是否愿意加盟本公司。逾期不回复，本通知书自动失效。如同意，请于___月____日___时持本通知书，并携带下列资料，到本公司人力资源部报到。逾期不报到或您的体检不合格，本通知书亦自动失效。

1．身份证原件和复印件；

2．学历学位证书原件和复印件；

3．指定医院体检表；

4．计划生育证原件与/或流动人口婚、孕、育报告复印件；

5．人事档案存档机构的存档证明；

6．原单位终止/解除劳动合同证明（原件）；

7．如与以前工作单位签署了竞业限制协议并仍在协议有效期内者，需提供协议（原件）；

8．提供派出所核查开具的无犯罪记录证明（原件）；

9．上一年度所纳税所在地之地方税务局出具的个人所得税纳税证明；

10．外地户口的须提供暂住证原件及复印件一份；

11．本人_____寸照片_____张。

12．其他_____

二、您试用期的月工资总额为税前人民币_____元/月，福利包括_____。公司根据国家和_____（市）有关规定为您购买社会保险，其中个人应承担部分已包含在您的税前工资额中，由您个人支付。试用期满经评估合格后，给予转正。最终录用条件以您与公司签署的《劳动合同》为准。

三、我们诚挚地欢迎您到本公司工作。报到时，公司将指派专人对您进行入职培训，包括让您知道本公司一切人事制度、福利、公司规章制度、公司概况及其他应注意事项，使您在本公司工作期间顺利、愉快。如果您有什么疑惑或困难，请与人力资源部联系。

_____公司人力资源部

_____年_____月____日

（联系人：_____　　　　联系电话：_____　）

1.5.9　入职登记表

入职登记表，如表 1-39 所示。

表 1-39　入职登记表

姓名			性别			部门			职位	
入职日期	年　月　日			试用期		年　月　日至　年　月　日				
出生日期	年 月 日			血型		婚否		有无子女		
身份证号										
现居住地址							住宅电话			
手机号码				电子邮件						
紧急联系人										
第一紧急联系人			关系			联系电话				
第二紧急联系人			关系			联系电话				
家庭情况										
姓名	关系		出生日期		工作单位及职务			联系电话		
			年　月　日							
			年　月　日							
			年　月　日							
			年　月　日							

备注：1. 居住地址变更应在 3 天内及时通知公司，否则公司按原地址送达即视为有效送达。

2. "紧急联系人"享有紧急情况下接受和解与调解，代领、签收相关文书的权限。填写本表视为授权。

1.5.10　员工转正申请表

员工转正申请表，如表 1-40 所示。

表 1-40　员工转正申请表

姓名		性别		出生年月	
岗位		所属部门		联系方式	
学历		专业		试用期限	＿＿＿个月
个人自我鉴定				签字： 日期：	
所在部门领导鉴定	1. 对试用期员工的表现做出评价 2. 考核意见 □提前转正，　　年 月 日至 月 日止 □按期转正，　　年 月 日至 月 日止 □延期转正，　　年 月 日至 月 日止 转正后职位：　　职级： 　　　　　　　　　　　　　　　　　　签字： 　　　　　　　　　　　　　　　　　　日期：				

人力资源部鉴定	1. 对试用期员工的表现做出评价 2. 考核意见 □提前转正，　年　月　日至　月　日止 □按期转正，　年　月　日至　月　日止 □延期转正，　年　月　日至　月　日止 转正后职位：　　职级： 薪资待遇： 　　　　　　　　　　　　　　　　　　　签字： 　　　　　　　　　　　　　　　　　　　日期：
总经理审核	 　　　　　　　　　　　　　　　　　　　签字： 　　　　　　　　　　　　　　　　　　　日期：
备注	

第二章

培训与开发：新员工入职教育、培训与发展

2.1 员工培训岗位人员配置及岗位职责

2.1.1 培训主管

培训主管岗位职责与任职资格，如表 2-1 所示。

表 2-1 培训主管岗位职责与任职资格表

直接上级：人力资源经理	
直接下级：培训专员、培训文员、培训管理员	
岗位职责	1. 建立并完善公司培训体系、培训制度及相关流程 2. 按照公司战略发展计划、年度性工作计划，以及内部培训需求，制订年度培训计划报相关领导审批 3. 根据审批的培训计划负责培训实施并根据企业的变化及时做出相应的调整 4. 培训工作的跟进与总结，在各项培训结束后要及时进行培训效果分析，总结存在问题及改进的措施，撰写培训工作总结，报领导审核 5. 负责内部培训师队伍及内部课程开发体系的建立、管理 6. 制定公司年度培训经费的预算并对其进行管理和使用 7. 建立员工培训档案，根据不同的培训内容及培训目的设计培训考核方式、考核内容、奖惩政策等进行对实施的各类培训管理 8. 对外部培训机构的挑选和管理，与外部职业培训机构等业务合作部门建立良好的合作关系，相互共享相关信息
任职资格	1. 本科以上学历，人力资源管理、教育学等相关专业 2. 5 年以上培训经验，至少 2 年以上主管经验，受过现代人力资源管理技术、雇员培训与开发、职业教育与课程开发等方面的培训

直接上级：人力资源经理	
直接下级：培训专员、培训文员、培训管理员	
	3. 熟悉公司培训流程，熟练掌握培训组织实施技能，具备独立开展培训活动的能力
	4. 熟练制定企业培训课程规划及培训教案；能够熟练使用现代培训工具；较强的企业分析能力和课程研发能力
	5. 具有敬业精神，性格乐观开朗，富有亲和力，有较强的语言组织能力、沟通交往能力、团队协作能力

2.1.2 培训专员

培训专员岗位职责与任职资格，如表 2-2 所示。

表 2-2 培训专员岗位职责与任职资格表

直接上级：人事培训主管	
直接下级：	
岗位职责	1. 协助人事培训主管拟订培训计划 2. 了解公司内部培训需求，会同直属上级共同确认需求 3. 协助人事培训主管实施公司培训计划，并跟进培训后效果反馈 4. 联系各类培训机构，办理员工外部培训事宜 5. 组织培训材料，开发利用培训辅助设施 6. 指导各相关部门贯彻落实各项培训项目 7. 控制培训支出 8. 管理培训师，监督、评价其工作方法及工作效果
任职资格	1. 人力资源、管理或相关专业专科及以上学历 2. 2 年以上培训部门实际工作经验 3. 受过现代人力资源管理技术、职业教育等方面的培训 4. 熟悉内部培训及外部培训组织作业流程；熟悉岗位培训流程；工作积极、勤奋、主动；进取并具敬业精神，富有团队合作精神 5. 熟练使用办公软件和人事管理软件

2.1.3 培训文员

培训文员岗位职责及任职资格，如表 2-3 所示。

表 2-3 培训文员岗位职责及任职资格表

直接上级：培训主管	
直接下级：	
岗位职责	1. 接受培训主管的指导和管理，并对其负责 2. 负责新员工入职培训及一般员工的在职培训工作（含草拟计划、选用教材、组织上课、出卷改题、评估鉴定、总结跟进等）

直接上级：培训主管	
直接下级：	
	3. 负责各类培训教学管理工作的全过程（编班、分组、考勤、考纪、发言活动记载、思想工作等）
	4. 经常深入各楼面或部门了解培训情况，进行培训跟进及信息反馈
	5. 建立健全全公司性的培训档案，将有关培训资料、数据存档或输入电脑，协助收集、整理培训资料
	6. 协助搞好内部工作与外部沟通，做好上传下达及文件收发的登记、分类、归档工作
	7. 负责培训文件、资料、表格、教材等的打字、油印，做好各类培训教材资料的准备工作，落实培训器材、场地、教师、学员等
	8. 协助教师为培训班准备好视听教学器材，当好助教，课后及时检查并收回原处保管
	9. 负责各种教学设备、仪器使用的保管、保养工作，及时补充教具及修理仪器、设备
	10. 负责图书、杂志的购入及培训资料的购入、保管、借阅工作
任职资格	1. 具有高度的责任感和严谨的工作态度
	2. 大专以上学历，具有人力资源管理方面的基本知识，有较好的外语水平的专业知识。能熟练操作计算机
	3. 具有讲解、传授知识的能力和技巧
	4. 掌握公司运营状况和员工状况，2 年文员工作经验
	5. 严格履行岗位职责，敬业尽职，保守公司商业秘密
	注：对工作经验年限的要求应根据所属企业实际情况而定

2.1.4 培训管理员

培训管理员岗位职责及任职资格，如表 2-4 所示。

表 2-4 培训管理员岗位职责及任职资格表

直接上级：培训主管	
直接下级：	
岗位职责	1. 根据公司的发展计划、实际员工状况及用人计划，负责制订出公司年度培训计划并将其细分为月度培训计划、周培训计划
	2. 负责督促各部门做好本部门的培训计划
	3. 负责落实各项培训计划的实施，检查部门培训计划的执行情况
	4. 负责组织培训考试、考核，检查培训效果
	5. 依据培训考核的情况，负责对培训计划及培训效果做出评估分析
	6. 随时掌握员工素质状况及各部门岗位设置的变化情况，根据需要，及时调整培训计划，负责组织相应的培训
	7. 负责与各阶层管理人士沟通，聘请专家指导、讲课，以提高培训效果
	8. 工作态度积极，具备优良品质，大公无私，不徇私情
	9. 具备本公司培训内容所需的基本知识
	10. 每次培训从计划、实施到考核，安排周密并达到预期目标
	11. 培训本着务实的原则，讲究时效和实际成果

直接上级：培训主管
直接下级：

	12. 岗前培训使新员工在短期内尽快熟悉公司情况，掌握工作要领，顺利上岗
	13. 提高公司员工的综合素质，开阔员工眼界，扩大员工知识面，使员工自觉改善其工作态度，积极完成工作任务
	14. 培训费用的开支本着合理、节约的原则，做到尽量少开销，多见效益
	15. 积极更新知识，虚心学习，刻苦钻研业务知识
任职资格	1. 大专以上文化程度 2. 有扎实的专业理论知识和丰富的培训工作经验 3. 很强的事业责任感和敬业精神，热爱本职工作 4. 有较强的组织协调和文字、语言表达能力 5. 具有较高的公关外联水平 6. 具备较好的个人形象，语言文明，举止得体，能"为人师表" 7. 严格履行岗位职责，敬业尽职，保守公司商业秘密 备注：对工作经验年限的要求应根据所属企业实际情况而定

2.2 员工培训管理工作规范

2.2.1 编制培训计划工作规范

编制培训计划工作规范，如表 2-5 所示。

表 2-5 员工晋升降职工作规范表

项目	规范内容
调查	每年年底针对如下四个因素进行调查、研究、分析。 （1）公司经营管理和发展对人才的需求 （2）总经理提出的任务和要求 （3）对员工素质现状进行抽样调查评估 （4）当年培训工作成效与不足
确定培训目标	根据调研结果确定培训目标并对总目标进行分解，即按不同人员分解为： （1）管理人员 （2）专业技术人员 （3）技术等级工和其他员工
拟订培训计划	拟订年度计划讨论稿，年度计划内容包括培训目标、培训大纲、师资、教材、措施、时间安排及经费等
征求意见	征求各有关部门意见、汇总修改
审核	上报人力资源经理审核
批准执行	上报公司领导批准执行

2.2.2 培训资料及教具管理规范

培训资料及教具管理规范，如表 2-6 所示。

表 2-6　培训资料及教具管理规范表

项目	规范内容
1	需使用培训教室的部门，须提前三天由培训员或部门文员持已批的《培训办班审批表》交培训中心文员，由其统一安排
2	公司集中培训与部门培训在使用培训教室时间矛盾时，以公司集中培训为主
3	培训教具：录放像机、电视机、幻灯机、投影机、白板、活页板、扩音器、收录机等一切教具均由培训中心文员保管。任何部门，任何人未经培训中心经理许可不得擅自开启，需使用者必须填写《培训中心教具使用审批表》，培训中心经理签字，报分管副总经理审批后，培训中心文员方可执行
4	对培训教具必须倍加爱惜，培训者不会使用时必须由培训中心文员帮助使用。原则上谁损坏，谁负责；若不能明确责任时，由教具保管员酌情赔偿
5	所有的培训资料含录音磁带、录像带、书籍、报纸剪贴、境内外培训资料、公司自编资料、公司有关材料等均由培训中心文员分门别类妥善保管
6	借阅资料须向文员出具借条，当日下班前所借资料必须归还
7	公司培训资料未经分管副总经理同意一律不准复印，凡违反者或资料遗失者按《中华人民共和国知识产权法》有关规定处理

2.2.3 员工外出培训工作规范

员工外出培训工作规范，如表 2-7 所示。

表 2-7　员工外出培训工作规范表

项目	规范内容
下达指标	总经理下达指标
申请	部门或个人提出申请
确定培训对象	与有关部门商定培训名单、填写登记表，提出意见
请示领导	研究、分析、提出具体意见，请示主管领导
调查、确定培训单位	按领导的指示对培训单位进行调查其办学能力和课程设置等情况，确定培训单位
草拟培训协议	培训协议内容有培训要求、学时、经费、考核发证及经济赔偿责任等条款
审批	公司领导审批
通知	通知培训对象
进行培训	学员参加培训
考核	将学员考核成绩填入人员培训考核表、计入岗位提高培训学时，学员自我小结备案

2.2.4　培训考核实施规范

培训考核实施规范，如表 2-8 所示。

表 2-8　培训考核实施规范表

项目	规范内容
考核原则	（1）考核试题内容应根据培训内容进行编定，分数结构应为卷面、课堂讨论及模拟发言、实际操作各占考核总分数的三分之一 （2）考核形式可采取闭卷、开卷、实地操作等多种形式
考核试卷卷面内容	考核科目或专业 考试形式（闭卷或开卷） 考试时间长短 应考人姓名 考试分数 出卷审批人 考试具体内容
要求	（1）每一次考核必出两套标准试题，即 A、B 卷供审阅者抽卷；每份试题必附标准答案及评分标准 （2）操作、模拟及面试考核必须提出两套考核方案供审批者选择，内容包括： a. 考核内容 b. 考核方法 c. 评分标准及方法 d. 主考人员 e. 考核可行性分析
考核试卷审批方法	培训中心主持的考核必须由编写考题的专员在考核前三天将试卷送培训中心经理审批并在"试卷审批人"一栏签字后执行；其他部门主持的考核必须由编写考题的专员将试卷交本部门经理审批，并在"出卷审批人"一栏签字后，报培训中心经理审阅并在"试卷审批人"一栏签字方可执行
考核成绩处理	（1）公司集中培训的考核由培训专员在考核一周内完成阅卷、登分工作，并填写一式两份"员工培训成绩单"，一份留培训中心入受训人档案，一份送交受训人所在部门经理。凡考核不合格者，必须在考核成绩送交部门经理当天由其上司通知其不能上岗，并由培训中心对其补课，进行补考，补考合格方能上岗 （2）受训人经培训考核补考后不及格者；无特殊情况下未达到培训时间或未完成课程者；在培训中表现不良者，公司将给予相应处理 （3）相关处理办法：无资格参加评优、评星、晋升、加薪等；管理人员（含组长）给予降级，一线员工（含保安、礼仪人员等）解除劳动合同 （4）考核成绩优秀者部门必须予以鼓励 无论是公司还是部门培训考核结束后，必须对考核情况及问题做出统计分析报告，并提出改进意见和相应措施

2.2.5　员工培训后测试考试管理规范

员工培训后测试考试管理规范，如表 2-9 所示。

表 2-9　员工培训后测试考试管理规范表

项目	规范内容
指导思想	（1）员工培训是公司培训人才参与市场竞争的战略任务。培训后考试是检验员工培训工作好坏的重要手段之一，也是员工巩固培训成果的方法之一 （2）要把员工培训考试当作重要任务来完成，因此必须严肃考风、考纪，提高考试质量
考试形式	公司的培训考试可视不同培训对象、不同培训内容选择以下一种或几种形式进行。闭卷考试、开卷考试、现场考试、模拟考试
考试纪律	（1）参考人员提前 10 分钟进入考场 （2）进场后须将书本、资料放到指定地点，发现夹带者、舞弊者，监考人没收试卷，考分为零并记为较严重过失一次 （3）参考人员独立完成试卷内容，不得交头接耳，传递纸条，违者没收双方当事人的试卷，考分为零并处以轻度过失一次 （4）任何人不得以变相方法相互提示，违者参照第三条方法处理 （5）参考人不能替代他人代考，违者双方试卷作废并记为较严重过失一次 （6）参考人员交卷后不得借口翻自己的试卷做修改 （7）对看不清楚的试卷必须举手提问
考试成绩的反馈	考试成绩的反馈等除按"培训中心培训制度"执行外，还应分别采取以下反馈方法： （1）向参考人员所在部门通报 （2）在经理办公会上通报 （3）在员工告示栏通报
其他	（1）凡对监考人管理有不满者可通过公司正常渠道向上反映 （2）凡对本人考分有怀疑者可向培训中心提出，经培训中心经理同意后方可查卷

2.2.6　培训经费管理制度

培训经费管理制度

根据国家劳动部《企业职工培训规定》：企业单位员工的培训经费按照员工工资总额的 1.5% 计取，企业自有资金可适当部分用于员工培训。

培训经费使用范围

第一条　员工的岗前及岗位培训所需费用。

第二条　员工晋级培训与考核的费用。

第三条　外聘教师的授课费。

第四条　开展各种与培训有关活动所需的费用。

第五条　添置必要的培训资料、设备及器材。

经费的提取及使用原则

第六条 培训经费应遵循专款专用的原则。

第七条 员工培训经费应根据公司需要，安排合理比例用于员工技能培训。

第八条 公司用于引进项目、技术改造项目的培训费可以在项目中开支。

第九条 人力资源部每年度末做出下年度的费用预算，上报总经理审核，计划财务部根据上年度工资总额，按规定提取。

第十条 培训费用的报销，按有关财务制度执行。

第十一条 凡经本公司培训的人员在规定的服务期限内因私原因离公司者，须补偿相应的培训费。补偿的培训费用作公司培训经费使用。

第十二条 各类技术比赛、交流和比武等业务活动的奖励费列入培训经费开支。

2.2.7 公司员工培训管理制度

公司员工培训管理制度

第一条 公司的培训系统由两部分构成：即人力资源部及各部门。

第二条 培训是公司管理的有效手段之一，公司的管理者也应是培训者，培训工作是从人力资源部负责培训的所有任职人员到各部门经理及主管必须承担培训责任。因此，上述人员必须参加训导师资格培训，并通过考试获得资格证书，作为任职资格的一项条件。

第三条 人力资源部应承担的培训责任

1. 贯彻执行总经理对公司培训工作的指导方针和要求。

2. 负责公司年度、月度培训计划及预算的制订及培训工作的组织、协调。

3. 负责安排、检查各部门的年度、月度培训计划的制订及培训工作的实施。

4. 每月30日向各部门下达下一个月份培训工作任务，吸取各部门本月份培训工作汇报。

5. 人力资源部的培训活动侧重于举办知识性专题培训班，安排派出培训的组织和管理。安排各种来公司实习生的组织和管理，组织全公司性大型培训竞赛活动。

第四条 各部门应承担培训责任

1. 各部门经理、主管本部门的培训工作，主管级管理人员是本区域内的培训员，部门经理与人力资源部做培训沟通工作。

2. 根据人力资源部下达的培训任务及本部门培训的要求，制订部门的年度、月度培训计划，于每月5日前报人力资源部，并将培训活动中需人力资源部协调的有关事宜，一并报人力资源部负责统一解决。

3. 其主办的培训活动侧重于贯彻公司服务标准，提高员工操作技能及待客态度、技巧、应变能力等工作所需的培训项目。

4. 部门还应承担本专业的公司内培训活动，如保卫部承担安全消防培训、电脑部承担电脑培训，人力资源部承担人事政策、规章制度、公司纪律、公司规定及福利待遇的介绍。对所承担的培训，各部门主管培训的经理应该做出培训计划，在人力资源部协助下，完成好培训工作。

员工在职培训的考勤制度

第五条 全脱产培训

1. 参加培训班期间的考勤制度参照日常上班考勤制度执行。每月末由培训主管将考勤统计交人力资源部。

2. 参加全脱产培训人员无论何种原因，缺课达总课时量的10%者，人力资源部有权取消其参加结业考试资格。

第六条 业余培训

1. 凡属公司安排的强制性、阶段性专业培训，皆因所在岗位人员任职资格尚未达到公司或国家有关资格认定机构所规定的标准，或其所在岗位专业知识的必要培训。因此，被安排参加学习班的人员均需利用业余时间参加学习。

2．参加此类学习班的人员出勤与该员工工资奖金挂钩，缺勤按旷工处理；无论何种原因，若缺课达总课时量 10%，人力资源部有权取消其参加结业考试资格。

第七条 凡属公司组织的为鼓励员工提高自身素质，为个人进一步发展而开设的专业培训班，原则上，采取员工自愿报名，自愿参加，均需利用业余时间。但无论何种原因，缺课达总课时量 10%，人力资源部有权取消其参加结业考试资格。

通报培训考勤情况：

1．各种受训人员，均需在签到表上签名。

2．人力资源部根据员工参加培训的出勤情况，通报给有关部门经理。

3．有关部门向人力资源部通报对缺勤人员的处理。

4．将考勤情况存档。

培训激励制度

第八条 部门经理或主管培训的经理及主管在公司安排外出培训时，在同等条件下，应给予优先考虑。

第九条 每期培训班结束时，应举行结业考试，成绩合格者，由公司颁发结业证书，记入其本人培训档案。

第十条 培训考核成绩应作为该员工在晋级提升时的参考条件之一。

2.2.8 人力资源培训计划管理制度

人力资源培训计划管理制度

培训计划管理是公司人力资源管理的一个组成部分。

培训计划的制订

第一条 根据总经理的同一要求、结合公司近中期发展规划与年度经营管理目标，制订培训计划。

第二条 公司近中期培训计划应根据公司人员的素质现状及公司发展对人才的需求，明确提出人力资源开发的目标、要求、措施和对策，保证公司近中期规划的落实。

第三条 公司年度培训计划是以近中期培训计划为依据，提出本年度将实施的各类培训工作及落实培训工作的保障措施。

第四条 各部门根据本部门的实际情况，制订出培训实施计划，人力资源部负责指导和检查。

第五条 培训计划的制订应遵循急用先学、按需施教、学以致用的原则。在年度培训计划中应有培训项目、培训目标、培训形式、培训对象、培训负责人以及培训经费、考核要求、师资教材、进度、培训场地等内容。

第六条 公司的近中期培训计划和年度培训计划需经总经理批准。

公司培训计划的实施

第七条 公司培训计划经总经理批准后，由人力资源部负责实施；

第八条 部门培训计划由各部门实施，人力资源部协助指导并检查；

第十条 及时取得总经理的支持和指导，并通过网络的沟通和协调，完成公司各项培训工作。

2.2.9 员工岗位技能提高培训制度

员工岗位技能提高培训制度

第一条 公司员工必须接受岗位提高培训。

第二条 中高级管理人员、中高级专业技术人员和高技术等级工每年接受脱产或半脱产岗位提高培训的学时不少于 72 学时。

第三条 初级管理人员、初级专业技术人员和中初级技术等级工每年接受脱产或半脱产岗位提高培训的学时不少于 42 学时。

第四条 其他员工接受岗位提高培训的学时，根据不同岗位的要求安排培训学时。中高级管理人员、中高级专业技术人员和高技术等级工的岗位提高培训，结合总经理的要求进行；其他等级工的岗位提高培训，由公司各部门根据年度培训计划进行。

岗位提高培训主要内容有：

1．公司经营管理新知识。

2．本岗位专业知识培训。

3．外语培训。

4．电脑应用能力的培训。

5．本岗位技术操作培训。

除结合岗位要求的培训外，每年应安排对主管以下的员工进行《员工手册》的培训；对主管和领班要加强现场管理能力、星级标准要求、服务意识和质量、工作时间及劳动力安排等培训。

培训形式

第五条 岗位提高培训的形式可采取理论课与实践操作相结合、集训与自学相结合。

登记备案

第六条 岗位提高培训的学时按三年累计，每三年核证一次。

第七条 培训内容、学时、考核成绩等，由人力资源部负责填入人员培训考核表和岗位提高培训证书，作为员工晋升或晋级的依据。

2.2.10　员工外出培训管理制度

员工外出培训管理制度

总经理下达外出培训指标的，由人力资源部与有关部门协商，确定培训人员的名单，呈报总经理批准后外出培训。部门或个人提出申请外出培训的：

第一条 外出培训申请报告交人力资源部按审批项目办理。

第二条 人力资源部负责了解培训单位的培训能力，经确认后报总经理批准。

第三条 由人力资源部负责签订委托培训协议。委托培训协议需经公司领导审定。

第四条 员工的学历教育，其费用由个人自理。

第五条 员工外出培训考核不合格或表现不好被召回者，其培训费用不予报销，犯有错误者，予以处理。

第六条 员工外出培训的考核成绩应填入员工培训考核表，相应计入岗位提高培训学时。

第七条 员工因外出培训需公司承担培训费用的，人力资源部须与员工签订培训合同。在规定的服务期限内，员工离开公司，按规定补偿公司培训费用。

2.2.11　对外接受委托培训管理制度

对外接受委托培训管理制度

第一条 公司接受系统外的人员培训，需经人力资源部报请公司领导批准。其他部门一律不得擅自接受外单位委托培训。

第二条 人力资源部就培训有关问题与委托单位签订培训协议。培训协议应包括培训形式、人数、内容、费用和培训实习期间发生意外事件的处理等有关条款，并加盖双方公章后生效。

第三条 人力资源部根据委托单位的培训要求，与接受培训的部门制订培训计划。培训计划应有培训内容、课程设置、教材、师资、场地和考核等内容，并经委托单位认可后，予以实施。

第四条 在培训期间，人力资源部应对培训计划进行跟踪考查，确保培训质量。

第五条 培训结束后，对受训人员进行考核鉴定，并填入委托培训鉴定表，反馈于委托单位。

第六条 人力资源部负责办理受训人员入公司、离公司等各项事宜。

第七条 人力资源部负责培训工作进行总结，存档备案。

2.2.12 员工培训追踪评估制度

员工培训追踪评估制度

第一条 检查员工受训情况，提高培训考核成效；巩固培训成果，加速人才成长。

第二条 部门经理及以上人员、中高级专业技术人员、高级技术等级工由总经理与公司人力资源部共同负责对其进行追踪评估，在本人工作小结和群众评议的基础上，由追踪评估人员对其做出评定。

第三条 新进员工岗前培训后，由部门安排有经验的员工带教。员工试用期满后，进行追踪评估，与其定级相结合；

第四条 主管和领班、初级专业技术人员和中初级技术工人的追踪评估工作由公司人力资源部和所在的部门共同负责，在一年内进行培训的追踪评估；追踪评估的形式可分为面试、笔试、现场操作抽查及工作表现评议。

第五条 追踪评估的资料均归入个人培训档案，供有关人员分析研究，提出意见和建议，需要时通知员工本人。

2.2.13 持证上岗管理制度

持证上岗管理制度

按照"先培训后上岗"的原则，公司员工必须参加相应的培训考核，取得岗位资格证书后，方可上岗。

第一条 新进员工和转岗人员包括晋升人员都必须先培训，后上岗。

第二条 现岗人员必须在规定的年限内取得岗位资格培训合格证书。

第三条 新进员工入公司后，岗位资格培训分为岗前常规培训和岗位任职培训。岗前常规培训主要内容

1. 参观公司。

2.《员工手册》：内容包括公司简介、员工守则、劳动管理、公司规则、员工行为规范、安全制度、奖励与处罚条例等。

3. 职业道德及其他内容。

4. 新进员工必须通过岗前常规培训考核合格后，才能进行岗位任职培训。

第四条 岗位任职培训主要内容

1. 部门的规章制度。

2. 岗位专业知识。

3. 岗位操作技能和管理技能。

4. 其他必须掌握的知识和技能。

第五条 培训采取企业内部组织培训、部分岗位外出培训及与有关单位联合办班相结合的形式。

第六条 员工岗前常规培训与考核由公司人力资源部负责实施。

第七条　中高级管理人员的岗位任职培训与考核由主管部门和公司级领导负责实施，人力资源部协助。

第八条　其他人员岗位任职培训与考核由公司各部门负责实施，人力资源部进行检查与指导。

第九条　岗位资格培训的形式采取理论与实践相结合的方法；考核形式采用口试、笔试与操作考核相结合的方法。

第十条　参加岗位资格培训人员经考核合格后，取得岗位资格培训合格证书。

第十一条　部门经理以上管理人员的岗位资格培训合格证书的有效期为 1～3 年。有效期满后必须参加复证考核。

2.2.14　员工培训纪律制度

员工培训纪律制度

第一条　员工在培训期间，不得迟到、早退、旷课或无故请假，应在正常培训时间前 10 分钟到达培训场地，如出现迟到、早退、旷课等情况将按《员工手册》有关规定处理。

第二条　员工在培训期间不得请假，如有特殊情况需请假者，需经培训中心同意后再按《员工手册》有关规定执行，假期满后须重新接受培训、考核。

第三条　员工在培训期间，应遵守公司的各项规章制度，将培训场地视为工作场地，如有任何违纪行为，将按公司《员工手册》有关规定处理。

第四条　员工不得在培训场地、教室乱涂、乱画。未经培训中心允许，不得乱动教学仪器、教具，如有损坏，除按《员工手册》规定处理外，将照价赔偿。

第五条　员工在培训期间要讲文明、礼貌、团结同事、尊敬教师，不得做有损公司形象和影响师生团结的事情，否则将按照《员工手册》给予较严重过失处分。

第六条　员工在培训期间要认真听讲做笔记，主动提问和回答问题，积极参与讨论，交流各项教学活动，配合培训员完成好培训任务。

第七条　学员要认真，按时完成培训员布置的各种培训作业。

2.3　培训课程设置与实施

2.3.1　培训人员组织管理规范

培训人员组织管理规范，如表 2-10 所示。

表 2-10　培训人员组织管理规范表

项目	规范内容
1	参加公司统一培训的学员由部门经理根据《员工培训通知》要求及本部门的工作实际情况，指派员工参加培训
2	受训人持本部门《培训通知回执》在规定时间内向培训中心文员报到，由培训中心统一管理
3	各部门自行培训的学员则由部门高级文员通知受训人上司，受训人向部门高级文员报到后，由其统一管理

2.3.2　培训调研管理规范

培训调研管理规范，如表 2-11 所示。

表 2-11　培训调研管理规范表

项目	规范内容
1	培训员必须接受培训主管布置的培训工作，在接受任务后必须认真查阅资料，了解培训要求和培训对象，认真准备培训教案
2	培训中心在培训计划批准后第 2 天组织一次教研活动，共同讨论如何培训，培训重点、难点及如何组织活动等
3	培训中心经理在培训前三天必须检查培训员的教案，提出改进意见
4	培训员必须按培训计划备课、授课、组织活动、指导实践、批阅作业并按规定做好记录
5	培训中心经理本人或带领本部门人员必须对每个培训班至少听一次课并在此后进行讲评
6	每次培训结束后三天，培训中心必须对本次培训的培训员进行评估讨论，由培训员写出书面小结。由培训中心经理签字后留档作为培训员的考核依据

2.3.3　培训班辅导员工作规范

培训班辅导员工作规范，如表 2-12 所示。

表 2-12　培训班辅导员工作规范表

项目	规范内容
1	培训班辅导员必须在正式培训前做好一式两份花名册，一份培训班留存，一份交培训人员存档
2	对较长时间（10 天以上）的培训，培训辅导员负责挑选班干部成立班委会
3	辅导员必须在上课 10 分钟前到培训教室，检查教室清洁卫生及学员出勤情况并在每天培训结束后填写《培训日志》
4	辅导员要做好学员培训期间的思想工作，了解学员对培训员及培训内容的意见要求
5	培训学员必须按《培训通知》的时间按时报到，并遵守培训中心一切规章制度
6	培训中心经理要深入培训现场了解学员培训意见及要求（每种类型的班须了解一次）
7	（1）培训结束后一周，辅导员必须将学员在培训期的表现、成绩、出勤情况等进行综合评定 （2）在《员工培训成绩单》上写出局面意见经部门经理认可加盖培训中心公章后送交学员所在部门作部门考勤、奖惩、晋升、加薪等之依据

2.3.4　培训课程设计规范

培训课程设计规范，如表 2-13 所示。

表 2-13 培训课程设计规范表

项目	规范内容
总结	对上一年度的培训结果和顾客投诉等进行调研、编写案例
预算	培训主管了解本年度的经营发展目标，统计人员的基本素质比例 培训专员对各单位进行调研，了解需求 对培训需求进行评估（可能性、发展性、实用性），对课程费用预算
审批	报总经理如审批通过，进行课程设计（包括课时安排与授课人员等） 不批准则重新按流程设计课程

2.3.5 培训课程准备规范

培训课程准备规范，如表 2-14 所示。

表 2-14 培训课程准备规范表

项目	规范内容
准备工作	培训主管下发培训通知，确认培训人数。准备培训教案、培训资料、培训设备及培训场地。培训主管与授课人交流，授课人提前到达培训地点落实、检查
考勤	培训专员进行签到，严肃出勤纪律
评估	培训主管与专员做培训效果调研并进行评估

2.3.6 培训课程反馈规范

培训课程反馈规范，如表 2-15 所示。

表 2-15 培训课程反馈规范表

项目	规范内容
统计	培训课结束前发放培训课程反馈表，讲解填表的重要性及填写方法，被培训人员填写反馈表
总结	培训主管仔细阅读反馈表，对意见进行汇总分析。对意见进行归类，并组织授课人共同讨论
存档	培训部门修改培训计划及教案，将课程反馈存档

2.3.7 兼职培训员管理规范

兼职培训员管理规范，如表 2-16 所示。

表 2-16 兼职培训员管理规范表

项目	规范内容
兼职培训员来源	根据有关专题培训的实际需求，从公司员工中挑选在某个领域、部门具有丰富实践经验的各级管理人员或具有一技之长的一线员工担任该专题兼职培训员

项目	规范内容
教案审查制	兼职培训员撰写教案，部门经理对教案涉及的业务进行审查，培训中心对教案主题、范围、逻辑结构、语言表述等进行审查，公司总经理则负责全面审定
试讲制	对于新授课内容，教案一经审定，一律由培训中心组织试讲。兼职培训员经试讲合格后方可正式授课
评估	（1）每一专题授课结束时，由培训中心向受训学员发《培训意见反馈表》，对培训员的培训绩效进行评估、记载 （2）教案打印存档

2.3.8　培训成果评估与跟进规范

培训成果评估与跟进规范，如表 2-17 所示。

表 2-17　培训成果评估与跟进规范表

项目	规范内容
原则	各类型培训结束一周后，培训考核的部门负责人必须对培训者及受训者的培训效果进行追踪评估
评估分析的途径和方法	（1）每次培训结束，由学员填写《培训意见调查表》 （2）由受训人部门的负责人填写《员工培训效果反馈表》的评估分析及培训效果 （3）根据学员培训前后的工作表现及业绩对比评估分析培训效果
跟进	培训中心半个月后到各工作现场检查、指导、跟进并写出跟进成果报告

2.3.9　培训工作人员绩效评估表

培训工作人员绩效评估表，如表 2-18 所示。

表 2-18　培训工作人员绩效评估表

姓名		性别		学历		职称		编号	
评估时间	起：			联系地址					
	止：			邮编			电话		
教学评估									
							评估人员： 部门：　　　　　　　日期：		

综合评估	
	评估人员： 部门：　　　　日期：
复审评估	
	评估人员： 部门：　　　　日期：
备注	

填写人：　　　（受训者所在部门和人力资源部）

用途：评估专、兼职教师和培训员绩效

联数：一式一联。由人力资源部负责存档

2.4　员工转岗离岗培训工作规范

2.4.1　岗位提高培训工作规范

岗位提高培训工作规范，如表 2-19 所示。

表 2-19　岗位提高培训工作规范表

项目	规范内容
制订培训计划	培训主管制订年度岗位提高培训目标和计划。确定培训课程
审批	按报批项目上报领导审批
填写报名单	通知培训对象，填写报名单
人员分组	汇总参加培训的人员名单，进行分组，制订培训进程，并下发各参加培训人员
实施培训	培训的方式主要有以下几种：参加社会组织的培训班；参加总经理组织的培训班；由公司组织的培训；自学
培训考核	年终统计岗位提高培训人员完成学时、考核成绩，填入岗位提高培训证书与人员培训考核。每 3 年检查学时完成情况；对未完成规定的学时者，提出处理意见

2.4.2 员工转岗培训工作规范

员工转岗培训工作规范，如表 2-20 所示。

表 2-20　员工转岗培训工作规范

项目	规范内容
调查	汇总部门转岗人员名单、调查转岗人员的基础状况后所在岗位资格要求
确定培训计划	会同有关部门，确定培训目标，制订培训计划
实施培训	按员工岗位资格培训；按工作流程进行培训
考核	考核成绩记入员工转岗培训考核评估表 （1）向考核合格者颁发岗位资格培训合格证书 （2）不合格者，另行处理

2.4.3 员工离岗培训工作规范

员工离岗培训工作工作规范，如表 2-21 所示。

表 2-21　员工离岗培训工作规范

项目	执行标准
制订培训计划	根据各部门提出、报总经理审批的离岗培训申报表，明确培训要求、制订培训计划
上报审批	培训计划上报主管领导审批
实施培训	员工手册、职业道德等培训由人力资源部负责实施；岗位专业知识、岗位技能操作培训等及思想工作由离岗人员所在的部门负责进行
考核	培训人员负责考核与评估，成绩填入员工离岗培训考核评估表。合格的，安排工作；不合格者，另行处理

2.4.4 员工培训与教育管理制度

员工培训与教育管理制度

总则

第一条　为鼓励员工参加提高其自身业务水平和技能的各种培训，特制定本办法。

范围和原则

第二条　公司全体员工均享有培训和教育的权利和义务。

第三条　员工培训是以提高自身业务素质为目标的，须有益于公司利益和企业形象。

第四条　员工培训和教育以不影响本职工作为前提，遵循学习与工作需要相结合、讲求实效，以及短期为主、业余为主、自学为主的原则。

内容和形式

第五条　培训、教育形式为：

1. 公司举办的职前培训。

2. 在职培训。

3．脱产培训。

4．员工业余自学教育。

第六条 培训、教育内容为：

1．专业知识系统传授。

2．业务知识讲座。

3．信息传播（讲课、函授、影像）。

4．示范教育。

5．模拟练习（案例教学、角色扮演、商业游戏）。

6．上岗操作（学徒、近岗上岗练习、在岗指导）。

培训培育管理

第七条 公司培训教育规划。

1．公司根据业务发展需要，由人力资源部拟订全公司培训教育规划。每半年制订 1 次计划。

2．各部门根据公司规划和部门业务内容，再拟订部门培训教育计划。

第八条 公司中高级（专业技术）人员每年脱产进修时间累计不低于 72 小时，初级（专业技术）人员每年脱产进修时间累计不低于 42 小时，且按每 3 年 1 个知识更新周期，实行继续教育计划。

第九条 公司定期、不定期地邀请公司内外专家举办培训、教育讲座。

第十条 学历资格审定。

员工参加各类学习班、职业学校、夜大、电大、函大、成人高校的学历资格，均由人力资源部根据国家有关规定认定，未经认可的不予承认。

第十一条 审批原则。

1．员工可自行决定业余时间参加各类与工作有关的培训教育；如影响工作，则需经主管和人力资源部批准方可报名。

2．参加业余学习一般不应占用工作时间，不影响工作效率。

第十二条 公司每半年考核员工培训教育成绩，并纳入员工整体考核指标体系。

第十三条 对员工培训教育成绩优异者，予以额外奖励。

第十四条 对员工业绩优异者，公司将选拔到国内或国外培训。

第十五条 凡公司出资外出培训进修的员工，须签订合同，承诺在本公司的一定服务期限：

1．脱产培训 6 个月以上、不足 1 年的，服务期 2 年。

2．脱产培训 1 年以上、不足 3 年的，服务期 3 年。

3．脱产培训 3 年以上、不足 4 年的，服务期 4 年。

4．脱产培训 4 年以上的，服务期 5 年。

多次培训的，分别计算后加总。

第十六条 凡经公司批准的上岗、在职培训，培训费用由公司承担。成绩合格者，工资照发；不合格者，扣除岗位津贴和奖金。

第十七条 公司本着对口培训原则，选派人员参加培训回来后，一般不得要求调换岗位；确因需要调岗者，按公司岗位聘用办法处理。

培训费用报销和补偿

第十八条 符合条件的员工，其在外培训教育费用可酌情报销。

第十九条 申请手续：

1．员工申请培训教育时，填写学费报销申请表。

2．经各级主管审核批准后，送交人力资源部备案。

3．培训、教育结束，结业、毕业后，可凭学校证明、证书、学费收据，在 30 天内经人力资源部核准，到财务部报销。

第二十条 学习成绩不合格者，学费自理。自学者原则上费用自理，公司给予一定补助。

第二十一条 学习费用较高，个人难以承受，经总经理批准后可预支使用。

第二十二条 学杂费报销范围：入学报名费、学费、实验费、书杂费、实习费、资料费及人力资源部认可的其他费用。

第二十三条 非报销范围：过期付款、入学考试费、计算器、仪器购置费、稿纸费、市内交通费、笔记本费、文具费、期刊费、打字费等。

第二十四条 员工在约定服务期限内辞职、解除劳动合同的，均应补偿公司的培训出资费用，其范围为：

1．公司出资接收的大、中专毕业生、研究生。

2．公司出资培训的中、高级技工。

3．公司出资培训的高技术、特殊、关键岗位员工。

4．公司出资出国培训的员工。

5．公司出资在外办班、专业培训累计超过 4 个月教育的员工。

不包括转岗再就业、领导决定调职、未被聘任落选后调离的情况。

第二十五条 补偿费用额计算公式：

已服务年限

补偿额＝公司支付的培训费用×（3－#）

规定服务年限

其中，培训费用是指公司支付的学杂费，公派出国、异地培训的交通费和生活补贴等。不包括培训期间的工资、奖金、津贴和劳动福利费用。

第二十六条 补偿费用由调出人员与接收单位自行协商其是否共同支付或分摊比例。该补偿费用回收后仍列支在培训费用科目下，用于教育培训目的。

附则

第二十七条 本办法由人力资源部会同财务部执行，总经理办公会议通过后生效。

2.4.5 员工转岗培训申报表

员工转岗培训申报表，如表 2-22 所示。

表 2-22 员工转岗培训申报表

编号：

姓名		性别		年龄		部门		岗位	
学历		职称		进公司年月		原岗位工作时间			
转岗原因									
部门经理意见									
人力资源部经理意见									

公司经理审批	
备注	

填写人：   （申请转岗的部门或个人）   用途：说明和批准转岗培训

联数：一式一联。由人力资源部负责传递，相关人员会签

填表人：

2.4.6　员工转岗培训通知单

员工转岗培训通知单，如表 2-13 所示。

表 2-23　员工转岗培训通知

编号：

```
部门

姓名、性别、原部门、原岗位工号


转岗原因：



培训时间：　月　日起至　　月　　日止


培训岗位：


培训要求：




                                           人力资源部

                                        年　月　日
```

2.4.7　员工转岗培训考核评估表

员工转岗培训考核评估表，如表 2-24 所示。

表 2-24　员工转岗培训考核评估表

编号：

姓名		性别		年龄		工龄		进公司年月	
转岗培训原因									
转岗培训时间	月　日起至　月　日止		部门	转岗前		培训内容			
				转岗后					
培训实习内容： 受训者认可签名：　　　　　　　　　　　　　　　　　　　　年　月　日									
培训考核评估									
岗位专业知识	考核内容				成绩	培训考核员签名			
人力资源部经理意见									
公司经理意见									
备注									

填写人：　　　（实施转岗培训的部门）　　　用途：转岗培训情况说明

联数：一式一联。由实施转岗培训的部门负责传递

制表人：

2.4.8 员工离岗培训申报表

员工离岗培训申报表，如表2-25所示。

表 2-25　员工离岗培训申报表

编号：　　　　　　　　　　　　　　　　　年　　月　　日

姓名		性别		出生年月		进公司年月	
部门			岗位			离岗时间	
离岗原因							
培训要求							
部门经理意见							
人力资源部经理意见							
公司经理审批							
备注							

填写人：　　　（离岗人员所在的部门）　　用途：说明和批准离岗培训

联数：一式一联。由人力资源部负责传递，相关人员会签

　　　　　　　　　　　　　　　　　　　　　　　填表人：

2.4.9 员工离岗培训通知

员工离岗培训通知，如表2-26所示。

表 2-26　员工离岗培训通知

编号：

部门
姓名、性别、部门、岗位工号
离岗培训原因：
培训时间：　　　　起至　　　　　止

培训岗位：
培训要求：

人力资源部

年 月 日

填写人： （人力资源部） 用途：通知离培训的部门

联数：一式两联。1. 交离岗人员所去部门 2. 由人力资源部存档

2.4.10 员工离岗培训考核评估表

员工离岗培训考核评估表，如表2-27所示。

表2-27 员工离岗培训考核评估表

编号： 年 月 日

姓名		性别		年龄		工龄		进公司年月	
离岗前部门				培训时间		月 日起至 月 日止			
离岗培训原因									
培训实习内容：									

受训者认可签名： 年 月 日

续表

培训考核评估				
劳动态度	学习表现	职业道德	员工手册	岗位技能操作能力

岗位专业知识	考核内容		成绩	培训考核员签名
人力资源部经理意见				
公司经理审批				

填写人：　　（实施离岗培训的部门）　　用途：离岗培训情况说明

联数：一式一联。由实施离岗培训的部门负责传递

制表人：

备注：劳动态度、学习表现、职业道德、礼节礼貌和岗位技能操作能力可填写"好""中""差"。

2.4.11　岗位提高培训报名表

岗位提高培训报名表，如表 2-28 所示。

表 2-28　岗位提高培训报名表

编号：　　　　　　　　　　　　　　　　年　　月　　日

姓名		性别		年龄		部门		工号	
岗位		职务		专业		职称		技术等级	
上年学习科目						备注			
本年度计划学习科目	内容		时间安排		学时		形式	主办单位	
部门领导意见									
人力资源部意见									
公司领导意见									
备注									

填写人：　　（员工本人）　　用途：个人参加培训的年度计划

联数：一式一联。由个人向人力资源部递交

填表人：

2.4.12 岗位资格培训证书

岗位资格培训证书，如表2-29所示。

表2-29 岗位资格培训证书

编号：

姓名		性别		出生年月		文化程度	
部门		岗位		进公司年月		专业	
政治面貌		外语水平		职称		技术等级	

学历教育	起止日期	就读学校	学习形式	证书名称	备注

各类培训记录	序号	培训内容	学时	考核	考核日期	成绩	主办单位盖章

各类研修记录	课题	形式	起止日期	学时	成绩	考核部门盖章

成果及获奖记录	成果名称	完成日期	发表场合	说明

年度考核记录	年度	学时	考核结果	核定日期	核定人签章

填写人： （培训主管）　用途：员工参加岗位提高培训的证明

联数：一式两联　1.个人保管　2.组织培训的单位备案

2.4.13 培训记录表

培训记录表，如表2-30所示。

表 2-30　培训记录表

年　　月

日期	主办单位	培训内容	证书名称	参加人数	考核合格率	备注

填写人：　　　　（培训主管）　　　　用途：记录公司的培训活动

联数：一式一联。由人力资源部的部门负责记录、存档

填表人：

2.4.14　岗位资格培训合格证书

岗位资格培训合格证书，如表 2-31 所示。

表 2-31　岗位资格培训合格证书

岗证号：

姓名		性别		出生年月		专业技术职务	
部门		岗位		进公司年月		技术等级	
应知考核记录	序号	培训内容	学时	考核日期	考核部门	成绩	

应会考核记录					

按岗位知识和技能要求，于 年 月 日 经培训考核合格，特发此证。	发证单位章
	年 月 日

填写人： （组织考核成绩人员） 用途：员工上岗必备条件

联数：一式两联。1. 个人保管 2. 组织培训的单位备案

2.5 专项培训工作规范

2.5.1 新员工入职培训办理规范

新员工入职培训办理规范，如表 2-32 所示。

表 2-32 新员工入职培训办理规范表

项目	执行标准
1	人力资源部经对应聘人员初试、复试合格后，与培训中心协商入职培训时间
2	人力资源部负责通知新员工入职培训时间、地点
3	人力资源部向培训主管递交《新聘员工入职培训通知》《新聘员工资料一览表》
4	培训中心安排新聘员工的培训内容，并编写培训考题内容
5	培训结束后进行闭卷考试。考试成绩在 75 分以上者为合格；不合格者视卷面知识掌握情况，或安排补考，或取消入职资格
6	培训中心将考试结果及补考、取消新聘员工入职资格的意见向人力资源部汇报
7	培训中心负责向培训合格的新员工下发《新员工入职培训上岗通知单》
8	新员工持《新员工入职培训上岗通知单》到人力资源部办理入职上岗手续（领取工作号牌）

2.5.2 新员工入职培训内容制定规范

新员工入职培训内容制定规范，如表 2-33 所示。

表 2-33　新员工入职培训内容制定规范

项目	规范内容
1	降低员工流失率。通常培训工作做得越好，新员工流失率越低
2	（1）让员工适应工作，以便减少错误、节省时间 （2）把需要做的、需要知道的规章制度等都告之员工，这样员工以后就能少犯错误，节省时间，公司效率就相应地提高了
3	（1）展现清晰的职位及组织对个人的期望 （2）要告诉员工他的职位，他是干什么的，你希望他做到什么
4	帮助新员工更快地胜任本职工作
5	增强企业的稳定程度。其实换句话来说也就是降低流失率
6	（1）减少员工的抱怨。员工进来不受到关照，他就会产生抱怨 （2）一次好的培训，会减少员工的焦虑和抱怨，这样他才能真正地专心工作
7	（1）最重要的目的是让他融入企业的文化 （2）不管员工是什么背景、历史、来自什么样的公司，用强化的方式让他集训并很快适应公司的组织文化，大家用同一种声音说话，其实这才是新员工入职培训最重要的一个目的

2.5.3　新员工岗位资格培训工作规范

新员工岗位资格培训工作规范，如表 2-34 所示。

表 2-34　新员工岗位资格培训工作规范表

项目	规范内容
1	岗前培训：（培训主管负责实施） （1）参观公司 （2）岗前综合培训。包括公司简介、公司运行、规章制度、劳动管理、员工福利、安全制度、行为规范、奖罚条例等
2	工作部门培训：（部门负责人实施） 包括部门规章制度、操作规范、服务或工作质量标准等
3	培训考核
4	后续处理： （1）向合格者颁发岗位资格培训合格证书 （2）不合格者，另行处理

2.5.4　各部门自行组织培训工作规范

各部门自行组织培训工作规范，如表 2-35 所示。

表 2-35　各部门自行组织培训工作规范表

项目	规范内容
1	由培训需求部门向培训主管提交培训安排及教案
2	培训主管审查培训安排、教案，如有补充修改意见，及时与该部门负责人或培训负责人协商修正
3	由培训部门填写《各部门在职培训登记表》，如需借用培训主管教具，填报《培训教具使用审核表》
4	培训考试结束后，培训部门将考试成绩列表交培训主管
5	培训主管进行对培训情况的抽查、跟进
6	培训主管在《各部门在职培训登记表》上对培训进行评估，并请主办者确认和签字
7	培训主管将培训方案、教案、考试成绩等资料，连同《各部门在职培训登记表》一并装订、存档

2.5.5　岗位技能提高培训工作规范

岗位技能提高培训工作规范，如表 2-36 所示。

表 2-36　岗位技能提高培训工作规范表

项目	规范内容
制定培训计划	培训主任制订年度岗位提高培训目标和计划
审批	确定培训课程，按报批项目上报领导审批
下发通知	通知培训对象，填写报名单。汇总参加培训的人员名单，进行分组，制定培训进程，并下发各参加培训人员
实施培训	培训的方式主要有以下几种： （1）参加社会组织的培训班 （2）参加总经理组织的培训班 （3）由连锁零售企业组织的培训 （4）自学
培训考核	年终统计岗位提高培训人员完成学时、考核成绩，填入岗位提高培训证书与人员培训考核。每 3 年检查学时完成情况，对未完成规定的学时者，提出处理意见

2.5.6　接受委托培训工作规范

接受委托培训工作规范，如表 2-37 所示。

表 2-37　接受委托培训工作规范表

项目	规范内容
1	接受委托单位委托
2	拟定合作协议：与委托单位草拟培训协议，培训协议内容有培训要求、培训时间、对象、人数、课程设置、考核发证及培训费用等条款，并上报主管领导审批

项目	规范内容
3	做好委托前的准备工作： （1）制订培训计划，培训计划内容有培训目标、内容、考核办法和日程安排，并交委托单位审定 （2）与有关部门落实代培训人员的岗位实习方案和办理受训入店手续等有关事项
4	实施培训： （1）人力资源部负责岗前常规培训，内容有员工手册、职业道德和其他内容的培训 （2）管理人员的岗位专业知识、管理技能培训和专人带教，挂职轮岗实习由部门负责实施 （3）技术人员、服务员的岗位专业知识和技能操作由部门负责实施，并落实专人带教
5	所在的部门或带教老师进行考核评估，并将学员的考核评估情况填入《委托培训鉴定表》反馈于委托方
6	总结、汇报、存档

2.5.7　员工职前培训工作制度

员工职前培训工作制度

总则

第一条　为提高新进员工素质和技能，推行职前培训体制，特制定本办法。

适用范围

第二条　凡公司新进初、中级员工均须进行职前培训。

培训项目

第三条　在新进员工报到后，全体新进员工进行一定时间的集中培训。

第四条　由公司人力资源部主持职前培训，制订职前培训计划，并经公司领导批准后实施。

第五条　新进员工应积极参加职前培训，并填写新进员工职前培训表。

第六条　各部门应配合人力资源部对新进员工的培训工作。凡涉及介绍本部门职责、功能的，均应认真准备。

第七条　新进员工培训完毕，将其培训成绩记录在案。各位员工职前培训表在员工签字及各级主管评价后留存人力资源部。

第八条　对在职能培训中表现极差的，公司可以予以辞退。

培训内容

第九条　培训内容：

1．公司简介（概况、公司历史、公司精神、经营理念、未来前景、公司组织说明）；

2．公司人事规章和福利（作息、打卡、门卫检查、用餐、服饰、礼仪、休假、加班、奖惩）；

3．员工手册说明；

4．财务会计制度（费用报销）；

5．办公设备使用和材料采购、申领、报废；

6．消防安全知识普及，紧急事件处理；

7．本岗位职责、工作内容、工作规程；

8．投诉及合理化建议渠道；

9．参观有关工厂现场、企业荣誉室；

10. 引领到本人岗位工作场所，并与同事见面；

11. 指引存车处、乘车处、更衣处、厕所、就医处、食堂、饮水点等位置及注意事项。

注意事项

第十条 新员工抵达公司时，公司应营造欢迎新员工的热烈气氛，专人迎接，并贴标语。

第十一条 培训过程中介绍情况先务虚、后务实，按轻重缓急安排培训内容。

第十二条 培训中书面讲解、参观现场、操作示范相结合。

第十三条 在新进的前半个月中指定人员对新进员工进行个别辅导，及时解答其疑问，肯定成绩，指出不足，帮助解决。

附则

第十四条 本办法由人力资源部解释、补充，经公司总经理批准颁布施行。

2.5.8 新员工培训制度

新员工培训制度

第一条 为规范公司新员工培训管理，使新员工尽快熟悉和适应公司文化、制度和行为规范，特制定本管理办法。

第二条 让新员工在最短的时间内了解公司的历史、发展情况、相关政策、企业文化等，帮助新员工确立自己的人生规划并明确自己未来在企业的发展方向。

第三条 让新员工体会到归属感，满足新员工进入新群体的需要。

第四条 让新员工了解公司及工作岗位的相关信息及公司对他的期望。

第五条 提高新员工解决问题的能力。

第六条 加强新老员工之间、新员工与新员工之间的沟通。

第七条 新员工培训一般分为两个阶段，即公司培训和部门培训。其各自培训的内容见下表。

新员工培训的内容

培训阶段	培训内容
1. 公司培训	（1）公司概况 ① 公司的发展历史、经营范围、在同行业中的地位、发展趋势 ② 企业文化 ③ 公司的组织机构和各部门的主要职能及公司高层管理人员的情况 （2）相关规章制度 ① 人事规章制度主要包括薪酬福利制度、培训制度、考核制度、奖惩制度、考勤制度等 ② 财务制度如费用报销制度 ③ 其他如商务礼仪、职业生涯规划
2. 部门培训	（1）介绍员工所在部门的组织结构、主要职责、规章制度 （2）新员工所在岗位的职责、业务操作流程 （3）岗位所需专业技能的培训与指导 （4）相关部门的介绍

第八条 新员工培训由公司人力资源部统一负责管理，各部门予以配合

第九条 培训时间安排由公司进行的集中培训，时间为新员工录用报到后的第二天进行，为期7天；第二阶段的培训，大致时间安排为新员工到岗后的第1～2个月，具体时间安排根据各部门实际工作情况而定。

第十条 培训纪律

1. 受训员工在培训期间不得随意请假，如有特殊原因，需经所在部门经理审批，并将相关证明交至人力资源部，否则，以旷工论处。

2. 培训课堂纪律要求上课时不得吸烟、手机调到震动状态等，并填写《培训人员签到表》（见表 2-41）。

第十一条 对违反相关规定的惩罚

培训期间无故迟到、早退累计时间在 30~60 分钟，以旷工半天论处；超过 1 小时，以旷工 1 天处理，情节严重者，给予记过一次。

第十二条 培训结束后，人力资源部组织相关人员对新员工培训效果进行考评，考评主要采用笔试和实操演练两种方式进行，将考评结果分为四个等级，具体标准及相应的人事政策见下表。

考评结果一览表

等级	标准	措施
A	80 分以上	重点培养
B	70~79 分	合格，继续培养
C	60~69 分	再次进行培训
D	60 分以下	辞退

2.5.9 岗前人员培训制度

岗前人员培训制度

第一条 岗前培训的目的是使新进人员了解公司的概况。向他们介绍公司的规章制度，以便新选人员能更快胜任未来工作。

第二条 培训阶段

1. 公司总部的培训。

2. 分支机构或所在部门的培训。

3. 实地训练。

第三条 岗前培训的内容主要包括公司情况介绍、公司经营业务范围、人事规章制度、工作岗位情况及业务知识五部分，其各自包含的具体内容见下表。

岗前培训内容

培训内容	培训内容简介
1. 公司概况	（1）公司的发展历史 （2）企业文化 （3）公司现状：在同行业中的地位 （4）公司的组织结构及部门职责
2. 公司经营业务范围	（1）公司主营产品 （2）产品的性能、价格及销售情况；产品竞争力分析
3. 人事规章制度	主要包括员工考勤制度、薪酬福利制度、日常工作行为规范等
4. 工作岗位情况	（1）岗位特征 （2）主要工作职责与内容 （3）与其他部门配合 （4）工作标准
5. 业务知识	略

第四条 业务知识的培训主要是根据实际工作的需要而进行的培训，不同岗位的人员，其培训内容是不同的，下表给出了三类不同人员的业务知识培训内容。

岗前业务知识培训内容

人员类别	业务知识培训的内容
一般管理人员	现代管理理论和技巧的培训，如组织协调能力、决策能力、如何对下属进行有效的授权与激励等
专业技术人员	专业技术知识的学习与实际操作技能的提高
营销人员	提高销售人员整体素质和销售技能，如销售技巧、自我管理能力、沟通技巧等

第五条 人力资源部应将岗前培训的参训人员情况、受训成绩，登记在员工培训记录表中，为其以后的相关人事决策提供依据。

2.5.10 在职人员培训制度

在职人员培训制度

第一条 传递企业文化和公司价值观，全面提升员工整体素质和岗位工作技能，提高管理团队整体管理素质与效率，使所有培训对象培训率达到 100%，培训效果达标率达到 95%。具体表现在以下五个方面。

1. 提高员工的工作热情和协作精神，建立良好的工作环境和工作氛围。

2. 减少员工工作中的消耗和浪费，提高工作质量和效率。

3. 提高、完善并充实员工各项技能，以发挥其潜能，使其更能胜任现在或将来的工作，为工作轮换、人员晋升创造条件。

4. 增加员工对公司的信任感和归属感。

5. 建立公司人员培养、选拔的机制。

第二条 培训需求的提出

培训需求的提出，主要有下表所示的三种方式。

个人提交	员工将自己的培训需求交至所属部门经理，部门经理将汇总的部门人员培训需求交至人力资源部
部门提交	公司各职能部门根据部门工作的需要，在年末提出下一年度所属部门员工的培训计划，报人力资源部审批
人力资源部统一安排	人力资源部每年年末根据公司战略发展的需要，制订出下一年度员工培训的计划，报总经理审批后实施

第三条 培训内容

1. 公共课程培训

主要涉及企业制度、企业文化、企业发展情况等内容的培训，由人力资源部统一组织实施。

2. 专项业务培训

即对各岗位所需的专业技能进行培训，如采购、生产、质量、财务、销售等各职能部门专业知识及实践操作等培训。

3. 素质提高与能力提升培训

主要包括公司业务普及培训、管理技能培训、各种晋升培训等。

第四条 培训形式

1．脱产培训与在职培训相结合。

2．课堂讲授与实际操作相结合。

3．公司内部培训与外派培训相结合。

第五条 培训纪律

1．学员应按时参加公司组织的培训并在培训签到表上签到，如未签到视同旷课。

2．受训者不得无故缺席、迟到、早退，严格遵守培训的作息时间；受训人员因故不能参加培训，必须在开课前两天，向所在部门主管请假并予以说明。

3．遵守课堂纪律，认真听讲，做好笔记，严禁大声喧哗、交头接耳。

4．上课时手机一律置于无声状态或关机。如需接听或打电话到教室外，以免影响他人听讲。

5．尊重培训教师和工作人员，团结学员，相互交流，共同提高。

6．认真填写并上交各种调查表格。

学员参加培训时有违反上述行为之一的，依具体情节和后果的严重性，进行停职、降薪、调岗、记过、除名等相应的处罚。

第六条 培训结束后，人力资源部应组织人员对培训效果进行评估，采取的方式可以是问卷调查、考试、实地操作等。其评估主要从员工工作主动性、工作满意度、工作质量、消耗成本和时间等方面进行考核。

第七条 员工培训档案的管理

培训档案统一归人力资源部管理，其主要包括以下两方面内容。

1．建立公司培训档案，其内容包括培训范围、培训方式、培训教师、培训联系单位、培训人数、培训时间、学习情况等。

2．建立员工培训档案，将员工接受培训的具体情况和培训结果详细记录备案，包括培训时间、培训地点、培训内容、培训目的、培训效果自我评价、员工培训评估成绩等，作为员工岗位轮换、晋升、降职等的依据。

2.5.11 外派员工培训制度

外派员工培训制度

第一条 因员工工作需要且公司没有安排或不能提供内部培训的，可参加社会上专业培训机构或院校组织的培训。

第二条 根据工作的需要，公司一般会选派部分管理人员、技术骨干参加外部机构组织的相关培训。参加外派培训的人选可以通过以下三种方式确定。

1．部门指派部门经理、公司领导或人力资源部，视实际需要可提议指派受训人员。

2．部门推荐。结合部门发展的需要与员工的实际工作表现，推荐合适人员参加外派培训。

3．个人申请。员工个人根据工作的需要，也可以向公司提出参加外派培训的申请。

第三条 被提议或个人申请参加公司外派培训学习的人员应事先填报《外派培训申请表》（见表2-42），并交至人力资源部。

第四条 人力资源部汇总外派培训需求，报总经理批准实施。

第五条 培训的形式主要有四种，如下图所示。

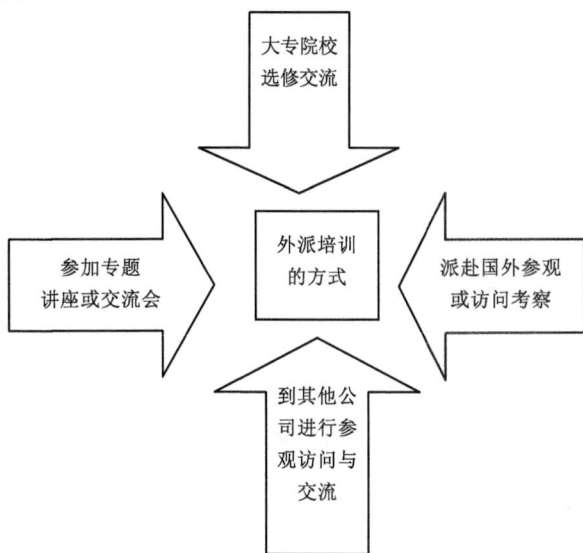

第六条 参加外派培训费用在____元以下的，由公司统一支付相关的培训费用。

第七条 参加外派培训占用工作时间____天以上的或企业统一支付培训费用____元以上的培训，参训员工应与企业签订《培训协议》，双方签字后作为《劳动合同》的附件执行。《培训协议》一式两份，参训员工和企业各执一份（见表 2-43）。

第八条 员工参加外派培训期间，视同正常上班。其工资与各项福利待遇正常计发。

第九条 受训人员必须自觉遵守外部培训机构的各项规定与要求，凡因违规、违纪受到培训机构处分的，公司根据情节大小予以相应的处分。

第十条 受训人员需在学习结束的 5 天内，将学习情况做书面总结，并交人力资源部备案。

第十一条 培训期满，受训人员必须按时回公司报到，如逾期不归，按旷工处理。

第十二条 参加外派培训的人员应将所学知识整理成册，列为培训教材，并担任相关讲座的讲师，将培训所学的知识、技能传授给相关人员。

2.5.12 销售人员培训制度

销售人员培训制度

第一条 为提高公司销售人员的综合能力和销售业绩，特制定本制度。

第二条 公司销售人员培训要根据公司的销售目标和营销总监的指示进行。

第三条 凡公司所属的销售人员培训及相关事项均按本制度办理。

第四条 销售人员培训工作项目如下。

1. 明确企业经营方针与经营目标。

2. 了解销售人员现状及需要解决的问题。

3. 分析以上问题并将问题分类。

4. 分析关键要素。

5. 制订销售人员培训计划。

6. 设计销售人员培训课程。

7. 确定销售人员培训方式。

8. 按计划实施销售人员培训。

9. 评估销售人员培训效果（如培训成效、遗留的问题等）。

第五条 销售人员培训计划的内容包括培训目标、培训时间、培训地点、培训方式、培训师资、培训内容等。

第六条 培训计划的制订应考虑到新入销售人员培训、销售人员提升培训、销售主管培训等不同人员培训的差异。

第七条 确定销售人员培训的目标——提高销售人员的综合素质。

1. 挖掘销售人员的潜能。

2. 增加销售人员企业的信任和归属感。

3. 训练销售人员工作的方法。

4. 改善销售人员工作的态度。

5. 终极目标——提高利润水平。

第八条 需要根据实际情况来确定，确定销售人员培训时间。主要考虑下列五个方面的因素。

1. 产品属性

产品属性越复杂，培训时间越长。

2. 市场状况

市场竞争越激烈、越复杂，培训时间越长；应该避免与销售旺季发生冲突。

3. 销售人员素质

销售人员素质越高，所需的培训时间越短。

4. 所需的销售技巧

所要求的销售技巧越复杂，需要的培训时间就越长。

5. 组织管理要求

管理要求越严，培训时间就越长。

第九条 确定培训内容。培训内容因工作需要及销售人员素质而异。总的来说，培训内容包括以下七大方面。

1. 企业概况

企业概况包括企业的发展历史、经营目标、组织结构、财务状况、主要设施及主要管理人员等。

2. 产品知识

产品知识主要包括产品和销量、产品生产过程、产品生产技术、产品的功能用途、企业专为每种产品制定的销售要点及销售说明等。

3. 目标顾客

目标顾客包括目标顾客的类型、购买动机、购买习惯和行为等。

4. 竞争对手

竞争对手包括竞争对手的产品、市场策略、销售政策等。

5. 销售知识和技巧

销售知识和技巧包括市场营销基础知识、销售活动分析、公关知识、广告与促销、产品定价、现场销售的项目和责任、谈判策略与技巧、与客户沟通技巧等。

6. 相关法律知识

相关法律知识包括合同法、产品质量法、客户赊销与信用风险管理等。

7. 财务知识

财务知识包括合理支配销售费用、票据结算知识等。

第十条 选择培训地点。按培训地点不同，可分为集中培训和分开培训。

1. 集中培训

一般由总公司统一举办，参训人员为全体销售人员。集中培训适用于一般知识和态度方面的培训，可以保证培训的质量和水平。

2. 分开培训

由各分公司分别自行培训所属销售人员。分开培训适用于特殊目标的培训，可结合销售实践来进行。

第十一条 选择培训方式。

1. 在职培训。

2. 销售会议培训。

3. 定期设班培训或函授。

第十二条 选择培训讲师。培训讲师应由具备专长和富有销售经验的专家学者、经验丰富的高级销售人员或销售经理担任。培训讲师应具备 5 个条件。

1. 透彻了解所授的课程。

2. 对担任讲师有浓厚的兴趣。

3. 灵活运用培训方法。

4. 能够补充和修正所用的教材。

5. 具备乐于训练和教导的精神。

第十三条 选择培训方法。常用的培训方法有课堂教学法、会议培训法、模拟培训法及实地培训法。

1. 课堂教学法

课堂教学法是一种比较正规、应用比较广泛的培训方法，由销售专家或有丰富销售经验的销售人员采用讲授的形式将知识传授给受训人员。

2. 会议培训法

会议培训法是指组织销售人员就某一专门议题进行讨论，会议由培训讲师或销售专家组织。销售人员有机会表达自己的意见、交流想法和经验。

3. 模拟培训法

模拟培训法是由受训人员亲自参与并具有一定实战意义的培训方法，其具体做法又可分为实例研究法、角色扮演法、销售情景模拟法。

4. 实地培训法

实地培训法适用于新入人员的销售培训，由有经验的销售人员带一段时间后，让新人独立工作，从而能够较快地熟悉业务，达到很好的效果。

第十四条 参加此类培训的销售人员是指参加工作两年以上，一线销售业绩突出，有一些下属并有组织管理经验的非管理人员。

第十五条 销售骨干培训计划。（见表 2-44）

第十六条 销售骨干培训实施重点如下。

1. 确定培训方式。可采用 3 天 2 晚的集体住宿方式，参加人数 10～15 人为宜，销售经理 1 名。

2. 选择培训方法。可采用授课、分组讨论、角色扮演等方法。

3. 拟订行动计划书。

4. 培训评估准备。可事先设计好用于培训课程评估的调查问卷，培训结束后需要写出受训报告。

第十七条 销售计划的内容包括达到销售目标的重要性阐述、培养制定销售目标的能力、学习商业谈判策略技巧、制订达成目标的有效的行动计划。

第十八条 培训结束后，需要评价销售骨干培训实施的效果，填写培训效果评价表或培训效果调查问卷。

第十九条 销售骨干培训实施时应注意以下几点。

1. 参训人员的态度

实施培训前要使参训者明确意识到自己就是解决问题的执行者。

2. 参训人员的层次

参加此类培训的销售人员需通晓企业的各种活动，在处理与其他部门的关系上，有较强的沟通、协调能力。

第二十条 与销售骨干培训相关的其他事项可参照《销售人员培训管理规定》执行。

第二十一条 销售经理培训管理规定的目标是改进销售经理的工作态度，通过学习现场训练技巧培训高级销售人才。

第二十二条 实施销售经理培训要确保企业销售计划的贯彻落实，确保达到改进销售经理工作态度的目的。

第二十三条 销售经理培训的方法如下。

1. 会议式授课法

在会议上，探讨分析具有良好业绩的下属的能力特征（参照下表），分析采用何种方法可培养这种能力。

良好业绩下属的能力特征表

能力发展阶段	能力特征	记录能力的表现
第一阶段	基本动作、日常工作的执行程度	由销售经理记录下属的表现
第二阶段	对顾客的协助及订货的执行程度	由销售经理记录下属的表现
第三阶段	能与顾客维持信赖关系和进行销售咨询之外，更能积极开展销售行动，以达到销售目标的执行程度	由销售经理记录下属的表现

2. 现场培训法

通过现场培训使销售经理掌握现场培训法的基本形式及举措，详见下表。

现场培训的基本形式及举措

形式	类型	具体举措
指导销售人员的工作	教师型	正确地指导下属的工作；观察下属的工作，并提出改善方法和技能的技巧
用工作锻炼下属	工作负荷型	发掘下属的潜能；分配工作，充分授权；指定下属应完成的目标、应达到的标准；评价成果；让下属参与制订销售计划
整顿工作环境	环境关系型	开展有助于培养下属的工作；加强有关人员之间的沟通管理
关注人	对人关注型	使用体贴性话语；信赖下属；激励下属；对下属的努力给予适当的奖励

第二十四条 与销售经理培训相关的其他事项可参照《销售人员培训管理规定》执行。

第二十五条 受训销售骨干和销售经理有责任承担培训销售人员的任务，将所学知识传授给销售人员，发扬团队精神，实现企业的销售目标和市场目标。

第二十六条 销售人员培训所花的费用由培训项目负责人申请，报财务经理和总经理审核；在培训结束后提供各种财务凭证，于财务部报销。

第二十七条 本制度提交总经理审批后颁布实施。

第二十八条 本制度未尽事宜，可随时增补，并提交总经理审批后生效。

第二十九条 本制度由人力资源部监督执行，最终解释权归人力资源部。

2.5.13 委托培训实习通知书

委托培训实习通知书，如表 2-38 所示。

表 2-38 委托培训实习通知书

编号：

部门			
委托单位： 培训人数：			
培训时间： 起 止			

姓名	性别	岗位	培训要求
			应知应会外语实习

其他要求和规定：

人力资源部

年 月 日

填写人： （人力资源部） 用途：通知接受委托培训的部门
联数：一式一联。由人力资源部负责传递

2.5.14　委托培训实习鉴定表

委托培训实习鉴定表，如表 2-39 所示。

表 2-39　委托培训实习鉴定表

年　月　日

委托单位		姓名		性别		年龄	
学历		职务		职称		技术等级	
培训部门		岗位		培训时间　月　日起至　月　日止			

培训鉴定

劳动态度	劳动纪律	职业道德	礼节礼貌	岗位技能操作能力

岗位专业知识		成绩	口试答辩成绩
			培训考核员签名

实习部门意见
签名：　　年　月　日

人力资源部经理意见
签名：　　年　月　日

填写人：　　（实施委托培训的部门）　　　用途：委托培训实习情况说明

联数：一式两联。1. 交委托单位　2. 由人力资源部备案

备注：培训鉴定一栏中的劳动态度、劳动纪律、职业道德、礼节礼貌和岗位技能操作可填写"好""中""差"。

2.5.15　培训申请表

培训申请表，如表 2-40 所示。

表 2-40 培训申请表

部　　门			
参加培训人员姓名及岗位			
申请课程名称			
培训内容			
举办单位及电话			
培训时间			
培训地点			
费用总计	课程费用	交通费用	食住费用
通过此次培训欲达到何目的： 　　　　　　　　　　　　　参加人：　　　　　日期：			
备注			
部门负责人意见： 　　　　　　　　　　　　　　　　　　　　　年　月　日			
人力资源部负责人意见： 　　　　年　月　日	总裁意见： 　　　　年　月　日		

2.5.16　培训人员签到表

培训人员签到表，如表 2-41 所示。

表 2-41　培训人员签到表

培训时间		培训地点	
培训内容		培训讲师	
序号	签到		签退

2.5.17 外派培训申请表

外派培训申请表，如表 2-42 所示。

表 2-42　外派培训申请表

申请人	所在岗位	所属部门
申请理由		
培训项目／培训内容		
参加培训时间		
预期培训效果		
部门经理意见		
人力资源部意见		
总经理意见		

2.5.18 培训协议模板

培训协议模板，如表 2-43 所示。

表 2-43　培训协议模板

培训协议模板

甲方（公司）：

乙方（参训员工）：

经乙方本人申请，甲方审核同意，由甲方出资，选派乙方参加培训，自＿＿＿年＿＿＿月＿＿＿日始，至＿＿＿年＿＿＿月＿＿＿日止，学习期限为＿＿＿天。

培训性质为：□脱产学习　□半脱产学习　□在职培训

甲乙双方协商一致、平等自愿签订本协议，内容如下。

1．乙方在培训期间应严格遵守培训机构有关规章制度和纪律，刻苦学习，全面达成培训目标。

2．本次培训费用预计共＿＿＿元，甲方承担＿＿＿元，占费用总额的＿＿＿%；乙方承担＿＿＿元，占费用总额的＿＿＿%。

3．乙方在培训期间无论什么原因导致甲乙双方劳动合同的解除，由乙方返还甲方所支付的培训费用。

4．乙方在培训期间视为（上班□　请假□）。

乙方在培训期间，工资按照正常上班工资的＿＿＿%计发，其他福利待遇不变。

5．服务年限的规定（见下表）。

服务年限规定一览表

公司支付的培训费用	服务年限
<＿＿＿元	1 年
＿＿＿～＿＿＿元	2 年
>＿＿＿元	3 年

6. 违约责任

甲方为乙方支付或报销培训费用后，无论什么原因乙方却未能履行相应的义务的，按下列标准执行。

（1）乙方提前解除劳动合同，应支付乙方未满约定服务期限的违约金，其计算公式如下。

补偿金额=公司出资总额×（应服务年限×12－已服务的月份数）÷应服务年限×12

（2）由于乙方的过失，甲方对乙方予以辞退，除支付未满服务期限的违约金额外，还需赔偿给甲方造成的相应的损失。

本协议自双方签约之日起生效，本协议一式两份，甲乙双方各执一份，双方签字后作为《劳动合同》的附件执行。

甲方：	乙方：
签章：	签章：
年　月　日	年　月　日

2.5.19　销售骨干培训计划表

销售骨干培训计划表，如表 2-44 所示。

表 2-44　销售骨干培训计划表

	第一天	第二天	第三天
上午	10：00 集合（10～15 人）	8：30 各组发表探讨结果，交流意见	8：30 如何提高管理水平
	10：30 销售经理致辞	10：30 角色扮演训练	
下午	13：00 销售骨干正确的工作态度	13：00 继续学习训练优秀销售人员的现场训练方法（在职培训技巧）	13：00 关于管理技巧的案例分析
	15：00 个人发表看法、小组讨论		
	17：00 归纳总结		15：30 分公司总经理致辞
晚上	18：00 学习训练新入销售人员的现场训练方法（在职培训技巧）	18：00 如何进一步提高个人业绩	
	20：00 探讨如何在工作中训练销售人员	20：30 分享个人业绩提高技巧	

2.5.20　人员培训考核表

人员培训考核表，如表 2-45 所示。

表 2-45　人员培训考核表

工号：

姓名＿＿＿＿＿＿　性别＿＿＿＿＿＿　部门＿＿＿＿＿　岗位＿＿＿＿＿　工龄＿＿＿＿

出生年月＿＿＿＿＿　进公司年月＿＿＿＿＿　学历＿＿＿＿＿　职称＿＿＿＿＿

调整部门＿＿＿＿＿　调整日期＿＿＿＿＿

培训名称	培训内容	培训时间	考核形式	考核成绩	经费	受训人签名	备注

续表

培训名称	培训内容	培训时间	考核形式	考核成绩	经费	受训人签名	备注

填写： （培训主管） 用途：记录员工参加的各类培训

联数：一式一联。由人力资源部负责记录、存档

2.5.21 员工个人职业生涯规划辅导内容制定规范

员工个人职业生涯规划辅导内容制定规范，如表 2-46 所示。

表 2-46 员工个人职业生涯规划辅导内容制定规范

项目	规范内容
认识自己	个人在做生涯规划时，应该注意：首先，只有认识自己，找到自己最适合、最能做出成绩的行业，才能掌握人生。正如老庄学说提出的："知人者智，自知者明."其次，确定志向。志向是事业成功的前提条件，没有志向，事业的成功也就无从谈起。俗话说："志不立，天下无可成之事。"立志是人生的起跑点，反映着一个人的理想、胸怀、情趣和价值观，影响着一个人的奋斗目标及成就的大小
自我评估	自我评估包括自己的兴趣、特长、性格、学识、技能、智商、情商、思维方式、思维方法、道德水准及社会中的自我等
职业的选择	许多年前，当彼得·德鲁克被要求谈一下职业选择时，他说："对你而言，你所做的第一个工作选择正确的概率大约是百万分之一，如果你认为你的第一个选择是正确的话，那么就表示你是十分懒惰的。"这个表述暗示个人必须通过大量的、不断地搜寻和转变，才可能发现一条从心理上和经济上都令其满意的职业成长道路。职业选择正确与否，直接关系到人生事业的成功与失败。据统计，在选错职业的人当中，有 80%的人在事业上是失败者。由此可见，职业选择对人生事业发展是何等重要。进行职业选择时要注意三定：

项目	规范内容
	（1）定向。解决职业生涯设计中"干什么"这个问题
	（2）定点。就是定职业发展的地点，解决"何处于"的问题
	（3）定位。择业前要对自己的水平、能力、薪资期望、心理承受度等进行全面分析，做出较准确定位，也就是"怎么干"的问题
制订职业生涯发展通路计划	职业生涯发展通路实际上包括一个职业阶梯，个人由低至高随阶而上，如财务分析员→主管会计→财务部主管→公司财务副总裁。可以按照职业生涯通路来安排个人的工作变动，从而训练与发展担任各级职务和从事不同职业的广泛能力
	职业生涯发展通路计划应该包括以下内容：描述各种流动的可能性；反映工作内容、组织需要的变化；详细说明职业生涯发展通路的每一职位的学历、工作经历、技能和知识
规划个人职业生涯目标	弄清自我核心价值之后，必须有系统地规划目标，可以将人生目标制定为短、中、长期三个阶段，以作为个人努力的依据，并且在实现的过程中，逐步修正现行计划。
制订行动计划与措施	在确定了职业生涯目标后，行动便成了关键的环节。从职业生涯观点来说，我们的职业生涯只有有计划才不至于随波逐流，无所适从，犹豫惶恐。计划，既不是空想又不止于理想。在拟订计划之前要问一问自己：我为什么要制订这个计划？这个计划可以实现多少
评估和修订	影响职业生涯规划的因素很多。有的变化因素是可以预测的，而有的变化因素难以预测。在此状况下，要使职业生涯规划行之有效，就需要不断地对职业生涯规划进行评估与修订

2.5.22　员工职业生涯管理工作规范

员工职业生涯管理工作规范，如表 2-47 所示。

表 2-47　员工职业生涯管理工作规范

项目	规范内容
职业通道管理	是指根据组织业务、人员的实际情况等，建立若干员工职业发展通道（职业体系），包括管理、技术或营销等，使具有不同能力素质、不同职业兴趣的员工都可以找到适合的晋升路径，避免所有人都挤在某一职业跑道上
	组织应明确不同职系的晋升评估、管理办法及职系中不同级别与收入的对应关系，给予员工不断晋升的机会。如 IBM 公司鼓励员工向自己的潜能发出挑战，给予每位员工发挥所长与潜能的机会，辅助以完善的内部晋升机会，使其实现自我价值。每一位 IBM 员工都可能拥有两条职业发展道路：一条是专业发展道路，如技术工程师、会计等，辅以多种教育培训形式，使其在专业化道路上站得更高，看得更远；另一条是管理道路，在管理理论与实践的基础上提升，最终发展成为一位合格的职业经理人
设立职业发展辅导人制度	员工职业生涯设计是针对每个员工而言的，组织可以设立职业发展辅导人制度，上级的直接主管或资深员工可以成为员工的职业辅导人

项目	规范内容
	在职业生涯管理中，职业辅导人可起到的作用包括充当顾问、评价者、教练和指导者等。在职业生涯管理过程中，特别是在员工职业发展的早期阶段，员工本人不能对其能力做出客观的判断，甚至不清楚自己真正的职业需求是什么，这就需要职业辅导人帮助员工分析他们的职业需求
	职业辅导人在新员工试用期结束后，应与该员工谈话，有条件的可以使用测评工具对员工进行个人特长、技能评估和职业倾向调查，帮助新员工根据自己的情况，如职业兴趣、资质、技能、个人背景等明确职业发展意向，设立未来职业目标，制订发展计划表。很多员工在进行职业发展选择时更多地受到他们以往的经历和所处环境的影响，而缺乏对所期望职业或工作的真正理解，他们不清楚工作的任务与职责，不了解岗位所需的知识与能力要求，也缺乏组织中职位变动的信息。这就需要辅导人承担起员工职业发展的顾问职责，为员工选择职业目标，为职业发展途径提供建议
能力开发	公司应结合员工职业发展目标，为员工提供能力开发的条件，能力开发的措施可以包括培训、工作轮换等。越来越多的企业重视通过有效培训提升员工的职业安全感和良好的就业能力，提高其适应多种工作和应对未来竞争的能力，变利用员工能力为开发员工潜能，在提升员工个人能力的同时，企业也得到发展。工作轮换对员工的职业生涯具有重要的意义
	通过工作轮换可以使员工在工作尝试中了解自己的职业倾向和职业锚，从而可以更准确地认识、评价自己的优缺点，寻找到最适合自己的工作岗位；可以使员工经受多方面的锻炼，拓宽视野，培养多方面的技能，培养其跨专业解决问题的能力，从而为未来的工作晋升奠定基础；可以使工作丰富化、扩大化，从而降低员工由于工作单调、无挑战性而对工作产生的厌倦感，提高员工的工作热情和责任感；可以使员工熟悉企业各个工作环节或工作项目之间的联系，并建立更为广泛的人事关系，有利于职业计划的调整和实现
检查评估	人力资源部门要建立以职业发展为导向的考核制度，并将职业生涯管理与员工绩效管理、薪酬管理等人力资源管理活动结合起来，制定协调一致的人力资源政策，保证员工职业生涯规划真正有效地实施
	公司应定期对职业生涯管理制度的执行情况进行检查，同时对员工能力、绩效进行评估，确定能力开发成果，分析员工是否达到或超出目前所在岗位资格要求，以及距离下一步职业目标的差距，为下一步的发展提供依据
反馈修正	反馈修正是指阶段性的检查评估结束后，向员工反馈评估结果，根据评估结果，帮助员工分析存在的问题和差距，并提出改进措施或者建议调整未来发展目标和方向
其他	职业生涯管理的最终目的是，通过帮助员工在组织内部发现职业发展的机会，激发其工作热情和潜能，以期员工更好地服务于组织，为实现组织的经营目标而努力工作
	员工的技能提升和进步，有赖于组织实施有效的职业生涯设计

2.6 公司员工职业生涯文书写作规范

2.6.1 求职信写作规范

求职信写作规范，如表 2-48 所示。

表 2-48 求职信写作规范

条目	内容
定义	求职信是求职者写给用人单位的应聘信函，与普通信函、公函形式相似，但内容和写法都有所不同。求职信是一种特殊的信函，具有自己的特殊性，具体表现在： （1）功能的单一性。普通信函和公函的功用是多方面的，有的传递情感，有的沟通信息，有的协商公务，有的咨询事项等；而求职信的功用则比较单一，就是求职者通过自我推荐从而谋取某一个职位 （2）对象的不确定性。普通信函和公函的受信对象往往是确定的，也就是说写信人在写信时明确知道自己信函的收信对象，从而能够有所针对地写信。而求职信的阅读对象却往往不十分确定，只是一个大体的范围。在这种情况下，求职者在写求职信时，就很难针对某个具体的收信人，而一般写给该单位的人事部门领导收 （3）内容的针对性。写求职信的目的是为了向用人单位推荐自己，表达求职意愿。而自荐是否妥当，意愿是否合适，则取决于求职者对用人单位的了解程度和书写求职信时是否有的放矢。如果求职信没有针对性，就很难赢得用人单位领导的重视和信任 （4）表达的精练、准确、新颖。普通书信可长可短，可以根据抒情达意的要求自由书写。但求职信不同，要尽量精炼、准确、新颖，不要冗长、重复和陈旧。只有这样，才能引起用人单位的注意，并能够使其在最短的时间内对求职信的内容有完整而准确的了解
写作技法	求职信起毛遂自荐的作用，好的求职信可以拉近求职者与人事领导之间的距离，为获得面试机会出力。因此，求职信的正确书写就显得十分重要。具体而言，好的求职信的书写，应该注意以下几方面的问题。 （1）求职信内容要简明扼要、言简意赅 （2）不要重复个人简历 （3）不要出现书写错误和语法错误 （4）不要呆板，要生动新颖 （5）不要拖泥带水 （6）语气平和、谦虚、客观，力戒调侃、狂妄和卖弄辞藻 （7）注意书写格式，打印信件应亲笔签名
示例	**（一）文秘职位求职信** 公司领导： 您好！ 打扰了！ 我是北京高等秘书学院即将毕业的涉外企业秘书班的学生。贵公司是一闻名遐迩的中外合资企业，董事长知人善用，我慕名已久。近日，看到贵公司的招聘启事，得知贵公司因扩大业务经营而需要增加文职人员。我现即来应聘，渴望能为贵公司服务、为董事长效劳。

条目	内容
	本人在学期间，注重思想品德的修养，严格要求自己，积极参加社会实践活动，努力提高思想政治水平；学习成绩优秀，两次获得优秀学生奖奖学金。两年来，我系统地学习了秘书学、应用写作、管理学、公共关系学和对外经贸基础等 20 多门专业课程，熟悉文章写作和公文处理知识，曾获本校征文比赛三等奖；又熟练地掌握了中英文打字和电脑操作技术，能适应现代化办公的工作需要。 本人性格开朗，热情诚实，通晓普通话、广州话，会听一些潮州话、客家话，日常英语的听力和口语也较好。我的爱好广泛，课余特别喜欢文娱、体育活动，多次参加文艺演出，曾获本校第二届卡拉 OK 歌唱大赛第二名，还多次代表班级参加篮球比赛。本人历任班长、学生会宣传部长，工作热情肯干，交际广泛，也曾利用假期做社会调查和社会兼职工作，积累了一些实际工作的经验。 不瞒您说，我特别喜欢秘书、公关或宣传工作。我不仅有本市户口，也有住房。福利待遇没有特殊要求，月薪起点 1 350 元即可。本学院吕江教授愿意做我的推荐人。如能录用，敬请函告或电话约见。静候回音。 即颂大安！ 应聘人潘××敬上 201×年×月×日 附件： 1．本人简历表及近照一张。 2．各科成绩登记表。 3．推荐信一封。 4．通信地址、电话、邮政编码、电子邮箱（以上四项略）。 **（二）工程师职位求职信** 敬启者： 我冒昧地来信询问贵公司是否需要一名土木工程师，我可于今年 9 月到职。 我是广西人，将在 2017 年 7 月获得××大学土木工程学硕士学位。在大学及研究生学习期间，我在勘测、道路设计、工地监督和多层建筑物的结构设计方面获得一些实践经验。 随信寄去我的个人简历和研究生学习成绩单。土木工程确实是一个广阔的领域。在这一领域里，我对结构设计和基础工程方面特别感兴趣，尤其有能力。我是个精力旺盛的年轻人，能够从事艰苦的工作。 如果求职成功，我保证尽全力为贵公司工作。先感谢您的关照。希望尽早得到答复。 李力 2017 年 2 月 1 日 **（三）采购代理人职位求职信** 尊敬的××先生： 我在采购、后勤、销售和材料方面的广泛管理经验非常适合你们招聘广告中所述的要求。 以下是我近期的业绩概述，它们说明我作为负责采购的项目经理在计划和预算方面的能力，也表明我可能给贵公司做出的贡献。 1．通过覆盖 1 300 个地方的一项联合航空快递服务计划，节约了 135 万元，减少经常性开支 40%。 2．开发并实施了 24 000 多个申购单的自动处理方法。 3．为一项开支 1 356 万元、涉及 560 个地方的分支银行标准计划洽谈了设计和建造方案，此计划包括新的销售固定设备和地方维修。

人力资源管理实操大全集

条目	内容
	一旦我们确立了共同的利益，我将很高兴谈论有关工资和证明人的情况，下星期我和你联系，约定一个方便的时间讨论我的技能和职业背景。我期待着能加入你们的大家庭。 王一凡 201×年×月×日 附件：简历（略） **（四）酒店经理职位求职信** 尊敬的××先生： 像晨雀一样工作了一段时间，我打算回复到我真正的夜莺状态。我想任夜间经理一职。 正如我的简历所示，我在××宾馆做了两年的前台职员。6个月来，因夜间经理休假，我暂代其职并出色地完成了工作。我知道把扎实的会计能力和良好的判断力结合起来是非常重要的。我还知道一夜之间由于不断有问题需要处理，工作节奏会变得紧张，而我可以在一片混乱中有条不紊地工作。 我已经对这一职位有所尝试，现在我想投入这项工作中来。哪里还有比贵酒店更好的地方呢？我读过你们的年度报告，知道"日夜服务"的宗旨是你们成功的关键。我想到贵酒店担任夜间经理，提供这样的服务。 我在技术和管理方面的专长等待着您的使用。我相信如果我们能会面进一步讨论一下贵酒店的目标和我的资格，相信您会同样认为我们双方非常合适，星期四我将打电话约定会面时间。 范兰德 201×年×月×日 附件：简历（略） **（五）网页设计师职位求职信** 尊敬的××经理： 关于深圳ABC工作室的设计师职位，张叁建议我跟您联系。由于我学习并讲授过网页设计课程，贵公司在业界的口碑给我留下很深的印象。当张叁给我看你们曾经不为人所知的公司——现在著名的HDE连锁店所做的新颖设计时，我感到特别兴奋。我想成为ABC工作室的一员——有我的加入，这个工作团队会更加强大。 我在××大学艺术系兼职讲授电脑绘图5年，曾曾设计过该校的校园网页，获得××市颁发的高校最有创意网页设计技术奖。 我的专长使我能够为您经营的公司做出不凡的贡献。热切地盼望能和您探讨如何与贵公司其他成功的设计师共同努力，以过硬的技术进行更大力度的销售，从而使深圳ABC工作室获取更大的利润和更高的知名度。我有一些更好的主意想提供给您。 黄林 201×年×月×日 备注：请查看我网页上的多媒体简历。 **（六）业务经理职位求职信** 尊敬的吴荷先生： 兹有意应征贵公司在《××日报》上招聘的业务经理一职。 本人今年30岁，已婚。在南开大学取得了硕士学位之后，我又到美国耶鲁大学深造了一年。随后我在深圳的一家外资公司供职6年。对于贵公司所强调的广博知识及英语水平，本人恳请留意我简历上的商务经验及英语能力。同时，我的留学经历使我对作为贵公司最大市场——美国的商务法规和惯例有相当的了解。 尽管我很喜欢目前的工作，但我的业务主管十分年轻且相当称职，使我在目前的几年没有提升的机会，也不可能独立主持一项大型计划，因此我申请贵公司的业务经理一职来提高我在商务领域的经验和能力。

条目	内容
	随函附上证明文件复印本。如果您认为我符合贵公司的条件，请在您方便的时候约我面试。
	冯导敬上 201×年×月×日
	（七）会计职位求职信
	尊敬的李××经理：
	我将于今年 7 月毕业，届时我需要一份工作，但不是随便一个公司的任何一份工作，而是贵公司一个特别的职位。下面是我的求职意向。
	贵公司不单单是一家商业公司，而且是一所长久以来深入人心的机构，以对顾客和雇员的公平和诚信而驰名九州。遍布全球的公司和分支机构，使贵公司的产品成为一名世界级的耀眼明星。
	在过去的 4 年里，我在大学主修会计时，就有一个强烈的愿望——成为贵公司会计部或相关部门的一员。尽管不知贵公司是否有职位空缺，我还是冒昧地提出了申请。
	在校期间，我的主修课成绩都是 A，并且对英语、日语、会计原理和实务都有很好的掌握。大三时曾获全国性英语竞赛一等奖，暑假期间助理秘书的经历使我对日常商务流程相当熟悉。
	如果你对我的简历感兴趣，请给予我面试的机会。
	张一恒 201×年×月×日
	附件：简历（略）

2.6.2 求职简历写作规范

求职简历写作规范，如表 2-49 所示。

表 2-49 求职简历写作规范

条目	内容
定义	简历，也叫履历，它是求职者向雇主介绍自己的资格、职业、教育、经历等情况的求职文书。在求职过程中，求职简历是应聘者与用人单位的一座桥梁，在双方尚未谋面之前，它充当着为求职者争取进一步面试的机会。 （1）一份简历好比是产品的广告和说明书 既要在短短几页纸中把你的形象和其他竞争者区别开来，又要切合实际地把你对雇主的有用价值令人信服地表现出来，这份个人文件正好可以用作推销自己。 （2）简历要能吸引人事经理的注意 根据经验，人力资源表格的数量往往大大超出所能提供的职位数，尤其是对于那些热门职位。因此，甄选过程的第一步就是剔除不合乎要求的履历表。而人力资源经理们阅读每份履历表的时间一般介于 0～3 分钟之间，换句话说，你的履历如果没有在 3 分钟内让他们满意，你就可能失去了这次机会。 当然，好的履历表要有求职者良好的教育背景和职业经历作为保障。但是，如果你肯在制作履历表过程中多下一些功夫，讲究一些技巧，你在求职过程中的胜数一定比同你有相似经历的人大得多。 （3）简历提供完整的个人资料和形象 无论你的专业和职位是什么，但有些内容必须写在简历上，通过这些内容给人一个完整的形象——你必须展现你的基本情况，包括姓名、性别、出生年月和地点、婚姻状况、教育背景、语言和电脑掌握状况、住址等。这样使人对你有一个完整的印象

条目	内容
	（4）简历突出你的价值
	在简历中介绍工作经历，包括曾任职单位的名称、工作岗位内容、个人工作成绩、个人培训经验等都体现你的价值
	如何"自卖自夸"应讲究方法。应用准确的数据、事实说明问题，让用人单位的主管立即认识到你的能力。当然有前任老板好的评语，最好附上。总之，要开动脑筋，结合自己的实际情况，找出最能表明能力的地方
撰写技巧与注意事项	求职简历的结构与写法一般包括四个部分：
	1. 个人资料。包括求职者的年龄、性别、身高、民族、出生地、婚姻状况、住址等
	2. 教育情况。一般只写大专（中专）以上的教育情况，中学的教育状况一般不要写上
	3. 工作经历。一般按照时间顺序写上工作经历
	4. 重大成果或著作、特长。展现你的成功项目或出版的著作等
	需要注意的是，向企业求职时，不要写上"政治面貌""家庭情况""组织意见"等，这样对求职作用不大，甚至有障碍
简历的顺序形式	1. 时间顺序型：对于那些想找一份与自己以前从事职业相同种类工作的人是最适宜的。此类简历直截了当，书写简明，如果处理得当，整个简历将会显得有力可信且富有说服力。这种类型的简历以时间为顺序举出你的工作经历。先列出你最近所从事的工作的职务，按倒时间顺序将过去的工作职务依次列出。通常，一份工作简历所涵盖的时间不应超过 10 年，除非你在某个特定的职位上干了更长的时间，或者你的相关工作经历超过 10 年
	2. 职能/技能型：职能或技能型简历对那些频繁更换工作，综合以往几种工作的技能用于新工作，或是新近经过再培训教育而获得新技能的人来说，是最适合不过的。职能型简历强调实力和成就，而不是仅仅按时间顺序罗列工作经历。之所以称之为职能型，是因为它是按照职能或技能而不是按时间段、工作职务或公司名称来编写的。这种类型的简历适用于那些有不稳定的工作经历或者曾任多种职位的人
	3. 复合型简历：这种类型的简历包括有职能/技能型简历的内容，随后是一个简略的时序型工作简历，其中包括职务头衔、雇主姓名和雇用日期等。复合型简历兼具以上两种简历的优点，适合于大多数求职者。它既能突出你的技能，又能提供过去雇主对你过去的工作经历的看法
常犯错误	1. 马虎不认真。①打字太密，行距太窄，页边无空白。②墨色太淡，像复印件。③错字满纸，文法不通。④手写字迹潦草，不能很好对齐
	2. 过分华丽包装。简历属于公文，语言要求实用、庄重、准确、简洁（不必作过分的修饰，外观上也不必设计过多，应届大学生常常存在此类毛病）。不要在简历表上加花纹，个人突出成就上不必用荧光笔画出
	3. 重点不突出。大多数人都会懂得把主要的学习或工作业绩列出，但不知如何突出重点。建议把突出的工作重点以新段落排印，方便他人阅读
	4. 冗长啰唆。简历内容以一张纸为宜，太长了显啰叨，令人厌恶
	5. 本末倒置。过去的事讲得很多很细，现在的工作一笔带过。而正确的方法应是多讲现在的职位
	6. 写上"自动离职"。自动离职可能给人的感觉是违反劳动法规并引起劳资纠纷或被认为无纪律，写"合同期满"或"已终止劳动关系"较妥

条目	内容
简历示例	**（一）制造业经理求职简历** 个人情况 出生日期：1976 年 7 月 1 日 出生地点：荷兰豪顿市 国籍：荷兰 婚姻情况：已婚，有一子四女 教育情况 就读于荷兰乌德勒支市博尼费斯学院，1951 年获荷兰德尔夫特技术大学物理学硕士学位。 工作简历 2000—2006 年在飞利浦公司研究实验室从事氧化铝电视摄像机显像管研究。 2006—2010 年在陶瓷实验室从事铁氧体储存装置的开发以及用于电信的铁氧体产品的开发。 2010—2015 年负责飞利浦公司陶瓷实验室，包括所有铁氧体产品的开发、试生产和应用。 **（二）服务业经理求职简历** 刘三长 深圳市××路×号。电话：×××××××。 工作目标： 充分利用本人的专业知识和实务经验与所有有关机构合作、协调，致力于风景区之开发。 主要工作经验： 1975—1993 年计划与执行全国导游训练计划。此项计划对促进观光事业之发展卓有贡献。 写作： 编辑有关旅游业发展之研究报告，出版与发行简介及宣传手册共 600 万份，行销海外。 市场调查与研究： 收集与分析每年来华国际旅客与出国旅游状况。运用专业知识与技能，有效完成任务。 行政与管理： 招聘与训练专业人员，管理 30 人的中型办公室。 公共关系： 发布新闻及举行记者招待会。 教育背景： 1974 年获美国夏威夷大学旅游管理硕士。 1971 年获中国清华大学学士。

条目	内容
	（三）业务代表求职简历 个人资料 中文名：李立 性别：男 出生年月：1978 年 2 月 26 日 婚姻状况：已婚 联系电话：12345678 联系地址：东三路 111 号（510000） 求职意向：业务代表 希望能由原有工作之行业转行进入新的行业，从事有关行销、销售、促销、产品开发及顾客服务工作。 教育背景 2000 年毕业于××大学心理学系。 职业经历 ××船务公司海洋运输部 2000 年至今协调及监督海运作业，包括联络客户、整理工作流程、调配人员、撰写报告、换班准备、解决困难等。 相关培训 由公司赞助入大学进修，包括文书处理、报告制作、简报规划、成本分析、定量分析技巧。 **（四）财务经理求职简历** 姓名：××× 应征职务：贵公司会计财务经理职位。 根据敝人多年来在财务与会计领域中广泛的实践经历，前来应征该职位。 学历： 佛罗里达大学，1995 年会计学系毕业，辅修财务管理。 专业经历： 1995 年 7 月至 1998 年 6 月在 BNG 存贷款财务公司任内部稽核员，审计所属八大企业的业务及各项内部控制系统的运作。 1998 年 7 月至 2003 年 3 月任 HCG 公司会计长职位，负责所属八家企业的所有会计业务，并提供全部的财务报表。期间曾培训会计人员，并负责相关的经营责任。 2004 年 4 月至今任 RCG 公司会计长职位，督导本企业所有会计业务（包括一个拥有 600 人的经销公司及三家贸易公司）并负责本企业所有的月度、季度及年度报表的编制。 征信资料： 征询资料备案。 **（五）执行秘书求职简历** 应征职位 执行秘书 工作经历 2000 年 7 月至今，在玛丽医院任人事处主任，掌管 356 人的人事管理工作（有全职人员，也有兼职人员），包括部门经理和轮班主管。

条目	内容
	此外，也在医院管委会中负责公共关系策划，修订薪资结构，添置诊断设备，培训研究室医务技术人员。
	学历
	2000 年毕业于法国国际饭店管理学院，取得管理学硕士学位。
	个人资料
	法语流利，精通电脑，喜爱网球运动、美国文学及期货交易。
	征信资料
	学校成绩单及征询资料备索。
	（六）外贸主管求职简历
	自我介绍
	张易，男，30 岁，已婚。
	通信地址：湖北省武汉市江汉路 123 号，邮编：430020。
	联系电话：（027）88888888，1389999999
	简介
	北京工商大学经济学专业毕业，2 年的打字、速记训练，精通英语听、说、写、译。计算机科学硕士学位，4 年在知名计算机公司任职的经验。
	工作经历
	2002 年 8 月至今，深圳 ADD 贸易公司海外销售部经理；
	2000 年 7 月至 2002 年 7 月，广州 STD 贸易公司海外销售部经理助理；
	1998 年 7 月至 2000 年 6 月，北京 KKK 进出口公司出口业务部出口外销员。
	（七）房地产经理求职简历
	应征项目
	房地产经理
	本人在住宅和商品房地产管理上有丰富的经验与专业能力，擅长评估与规划、预算与行销、租赁与谈判、购置与贷款安排、人员培训与督导、损益分析等。
	职务经验
	2000 年 3 月至今服务于广州新天地房地产公司。任房地产经理，负责 650 个商业及住宅单位，其中包括 10 个公寓区及两个别墅公寓；管理的包括健身中心、游泳池、社区交谊会、蒸汽室、洗衣店及干洗服务中心、餐厅、小型市场、网球场、慢跑道及其他设施等。
	1998 年 7 月至 2000 年 2 月，服务于深圳阳光房地产公司。任房地产经理，管理 345 个住宅单位，监督配电系统的建立，以及游泳池设施的兴建。345 个住宅单位，监督配电系统的建立，以及游泳池设施的兴建。
	教育背景
	1998 年毕业于中山大学管理学院市场营销学系。
	征信资料
	备索。

2.6.3　企业竞争上岗演讲词写作规范

企业竞争上岗演讲词写作规范，如表 2-50 所示。

表 2-50　企业竞争上岗演讲词写作规范

条目	内容
定义	企业竞争上岗演讲词，是竞争演讲之前就写的准备用作口头发表的文稿
格式内容	（1）竞争上岗演讲词应控制在 10 分钟以内，不宜太长，应简短精干。其内容应包括三大部分： ① 介绍自己的有关情况。如果在一个小单位，评委、员工都对竞选人非常熟悉，则对自己的介绍应尽量减少 ② 介绍自己竞争的独特优势 ③ 介绍工作思路与措施办法 （2）竞争演讲词的开头应用诚恳的态度表达自己的谢意，简要介绍自己的有关情况，如姓名、学历、职务、经历等，概述演讲的主要内容 （3）竞争演讲词的主体内容主要包括介绍自己应聘的基本条件，表明自己任职后的打算 （4）竞争演讲词的结尾应表明对竞聘成败的态度，表达自己对竞争上岗的信心，希望得到评选者的支持
示例	**一、金融类竞争上岗演讲词** 探索新路子，严把质量关 大家好！借这个机会，我首先感谢大家对我过去工作的帮助和支持。我竞争上岗的是省厅金融处处长，希望能赢得大家的信任和支持。 （一）我的工作经历和竞争优势 我叫张×，生于 1978 年 4 月；2000 年毕业于中山大学企业管理学系；2000 年 7 月至 2010 年 12 月在审计厅商业处工作，负责联系全省粮食行业的审计业务，其间加入了中国共产党（2003 年），考取了审计师资格（2005 年），还荣获过省审计部门先进工作者称号（2010 年）；2011 年调省厅综合处工作至今，担任副处长职务，分管审计综合、业务协调和审计项目计划管理工作。 我竞争金融处处长的优势有以下三个方面： 第一，具有履行处长职责所需要的马克思主义理论水平。走上工作岗位以来，我政治上不断要求进步，在努力提高审计业务能力的同时，从未放松对自己世界观、人生观、价值观的改造。担任综合处领导以后，更加注重理论学习，不断增强自己的党性修养。特别是经过党的先进性教育活动之后，在领导的指点和群众的帮助下，对自己在党性党风方面存在的问题和不足进行了深刻的剖析，通过重点整改，使自己的思想认识水平有了很大提高，更加坚定了马克思主义的理想信念，增强了对建设有中国特色社会主义的信心。在实际工作中，能理论联系实际，应用马克思主义的立场、观点、方法分析和解决审计实践中碰到的问题，勇于开拓和创新。这一点在自己过去的实践中得到了充分证明。 第二，具有扎实的业务知识和较强的实际工作经验，熟悉我省审计工作的发展情况。在省厅商业处从事了 11 年的审计工作，参加过对商业、粮食、物资、外贸、烟草、石油等企事业单位的审计，审计业务技能和综合分析能力得到了较大提高，为做好审计工作打下了牢固的基础，对各行业审计业务及我省的审计工作发展情况有了进一步了解。 第三，担任综合处副处长，特别是主持综合处工作期间，自己的组织协调、综合分析等能力得到了锻炼和提高。在综合处工作的 4 年里，由于工作的关系，与各行各业的接触更为广泛，经常参与上下级审计部门、省厅各处室的业务协调和审计工作情况综合分析，增长了知识，扩大了视野，增强了审计为国家宏观调控服务的意识，业务能力得以巩固提高，综合协调能力得到了锻炼。

条目	内容
	（二）对金融审计处的工作设想 1. 改进工作方法，服务大局抓重点。 当前所有审计工作都要服从和服务于经济建设这个中心。金融是现代经济的核心，在改革开放和现代化建设中，特别是在当前西部开发进程中发挥着越来越重要的作用。如何加强和改进对金融行业的审计监督工作，为金融业健康、快速成长创造良好环境，也就显得更突出、更重要。这要求金融审计在审计的方式方法上、审计的内容和重点上都要进一步加以改进，有所侧重。正常情况下，工作重点首先要放在对下级审计部门业务的指导和检查、总结和推广经验和综合业务分析上来，而不应该只顾完成本处的审计项目数量；其次，也要抓一些重点金融项目的审计，亲自参加审计实践，掌握第一手资料，以便更好地去指导全省金融审计工作的顺利开展；最后，就是要抓住机遇，紧紧围绕西部大开发战略，积极开展审计或审计调查，通过强化对金融部门的审计，促进国家金融政策的落实，为西部大开发、我省经济建设做出贡献。 2. 克服等、靠思想，积极探索地方金融审计的新路子。 金融系统实行垂直管理，按照审计法对审计管辖范围的划分原则，其审计权限属审计署，地方金融业务在很大程度上受制于审计署，缺乏自主权，工作存在不确定性。再者，我省地方金融的发展水平与经济发达地区相比，还存在很大差距，如果审计署不授权，地方金融审计就很被动。因此，在指导思想上，首先要改变等、靠思想，积极探索地方金融审计与其他行业审计相结合的新路子，如金融审计与财政审计相结合、与投资项目审计相结合。例如2000年对粮食行业的清查审计项目中，对农发行和粮食行业的资金贷款和使用情况同时进行清查审计，实际上就是一个银企审计相结合的成功例子。 3. 严把审计质量关，严格审计执法。 金融作为经营管理货币的特殊窗口行业，分支机构较多，营业网点分散，管理难度大，业务存在较大风险，如果经营不好，不仅影响经济建设，甚至危及社会稳定。金融审计就是要为防范和化解金融风险服务，如果审计项目没有质量保证，对财务报告的真实性、合法合规性以及效益性等都不能加以全面真实地反映，那就谈不上严格执法，更谈不上服务。同时，金融审计项目基本上属于授权项目，审计署对审计的质量要求很高，如果不严把质量关，严格执法，那么地方金融审计的信誉就会受到损害，最后将失去被授权的资格，所以审计质量是审计工作的生命线。 4. 完善建设制度，实行目标化管理。 要进一步完善和建立行政管理、业务管理、监督检查、廉政勤政和工作程序规范等的处室管理制度，制定目标，落实责任，实行目标化管理，使各项工作有章可循，管理运行协调有序。 5. 以人为本，抓好本处干部队伍的思想政治建设和业务素质培训。 首先做到以身作则，做好表率；其次以教育为根本，做好职工的思想政治工作；再次是多为职工创造参加学习的机会；最后是切实关心本处职工的疾苦，尽我所能帮助职工解决实际困难和问题。 总之，在厅党组的领导下，在各处室同志的支持下，我有信心、有能力团结带领金融处的同志一道，把我省的金融审计工作推向一个新的台阶。以上是我的竞岗发言，请大家指正。 谢谢大家！ **二、财会类竞争上岗演讲词** 转变观念，加强管理 **尊敬的领导、各位同事，大家好，我叫张军，今年35岁，在计财处企业组工作。首先，要感谢这次机构改革给了我们年轻干部一个竞争上岗的机会，我竞争的岗位是计财处主管财务工作的处长职位。**

条目	内容
	（一）个人简历

（一）个人简历

我在 1990 年 7 月毕业于西北大学商学系财务会计专业，同年分配到厅财务处工作，已经工作了 15 年，工作经历分为三个阶段，用三个五年来说明：

1. 第一个五年，1990 年 7 月至 1995 年 6 月，在厅财务处企业组工作，1993 年 2 月开始负责企业组的工作。在此期间，参加了省森工财会制度、财务制度的修改编写工作，自己分管的森工企业财务决算曾连续三年被评为全省优秀，获得一等奖。

2. 第二个五年，1995 年 7 月至 2000 年 6 月，被厅党组派往基层锻炼，担任林业边贸公司经理，从事边贸经营。在此期间，我所负责的林业公司被评为边贸先进企业、上缴利税大户，并成为全省边贸百强企业，累计上缴当地利税 150 多万元，连续 4 年获得当地政府的嘉奖。通过 4 年的经营收回了全部的投资，除归还全省 105 万元借款的本息外，还向省里上缴了 115 万元，向当地上缴了 15 万元。2000 年我离开企业时，公司既无债务，也不欠税，还有 100 多万元的净资产移交给当地农林局。5 年累计创造税利 300 万元，实现了国有资产的大幅增值。

3. 第三个五年，2000 年 7 月回到林业厅计财处企业组工作，仍负责企业组工作，2002 年还兼任扭亏办副主任。当时计财处正处于部分老同志退休、处内机构调整、新调业务多、工作量增加、人员减少的情况，我充分调动企业中每一个人的积极性，精诚团结、努力工作，较好地完成了各项任务，受到了国家林业局、财政部、国资委的表彰和奖励。

（二）我竞争这个岗位的理由和所具备的条件

自己长期在计财处工作，对这个岗位比较熟悉和了解，容易进入角色，有把握做好。我觉得我具备以下五个方面的条件：

1. 具有坚定的理论基础和扎实的业务功底。长期从事森工企业财务管理工作，对全省森工企业的情况比较熟悉；我在大学学习的就是财务会计专业，从学校毕业后又一直从事森工企业财务管理工作。通过这十多年的工作，政策水平和业务能力都得到了很大提高，对森工企业的情况也有比较全面的了解。

2. 既有财务管理的经验，又有企业经营管理的实践，既在部门工作过，也在企业工作过，对部门工作和企业经营管理都比较熟悉。

3. 参与了多项工程方案的测算、规划的编制工作，了解对各项工程的规划、计划、资金运作及资金管理核算情况。

4. 由于企业组的工作涉及面广，因此，对计财处的工作较为熟悉。

5. 为人正直诚实，工作认真负责，敢于坚持原则，有一定的协调能力和文字能力。当然，自己在工作中还有不足之处，还有待在今后的工作中逐步提高。

三、假如我竞争上这个岗位，除做好日常工作外，还应重点抓好以下五个方面的工作

1. 首先是定编、定岗、定员，稳定人心，统一思想，尽快高效地投入工作中去。（略）

2. 提高预算水平，强化预算管理，坚持资金审批的签报制度，廉洁自律，为厅党组管好家，理好财。（略）

3. 积极筹集资金，千方百计保证厅部门经费，确保部门的正常运转。（略）

4. 调整职能，强化宏观调控和监督检查职能。（略）

5. 加强对基层财务人员的培训和指导工作。（略）

今天，有这么一个机会在这里毛遂自荐，希望大家支持我，请厅党组织相信我，我有信心、有能力将这项工作做好。无论结果如何，我都会正确对待，坚决服从组织的安排

2.6.4 自我推荐信写作规范

自我推荐信写作规范，如表 2-51 所示。

表 2-51 自我推荐信写作规范

条目	内容
适用范围	自我推荐信是指求职者向对方单位推荐自己的商业信函
格式内容	（1）标题 （2）称呼 （3）正文：写明自己的详细情况，如性别、年龄、专业、学历、推荐职位等 （4）结束语：提出希望给予面试的机会 （5）落款
示例	自我推荐信 敬启者： 本人刚毕业于香港理工大学，主修工商管理，今年 22 岁，有驾驶执照。希望查询有关申请贵公司一级行政见习员事宜。 本人了解贵公司为一国际性机构，在人力资源上正寻找一些有冲劲、有头脑的员工。本人深信我拥有贵公司需要的一些条件。本人深具上进心，勤奋工作，目标是逐步攀上最高的管理层。如果贵公司给我机会尝试，我将尽力而为，自我激励，为贵公司效力。 谨希能够赐予面试机会，本人将乐意出席。 李大齐敬上 201×年×月×日

2.6.5 答复求职者信函写作规范

答复求职信函写作规范，如表 2-52 所示。

表 2-52 答复求职信函写作规范

条目	内容
适用范围	答复求职者信函是招聘单位对求职者就求职意向进行回复的信函
格式内容	（1）标题 （2）称呼 （3）正文：写明对求职者意向的明确答复，如是否录用等 （4）结束语 （5）落款
示例	答复求职者信函 张××先生： 感谢您诚意加入本公司。 我们保证会针对本公司目前或未来的职务需要，将您的资料仔细评估。一旦我们评估后认为有必要约您到本公司面试时，我们会立即与您联系。 然而，我们觉得您的资历并未符合本公司当前的需要。我们将保存您的履历资料，以作为本公司将来求才之参考。 您对本公司的热忱，深获我们的感激。我们祝您在开创未来事业的路途中，能得到成就与满足。 ××公司人力资源部经理李×× 201×年×月×日

2.6.6 商务经历证明书写作规范

商务经历证明书写作规范，如表 2-53 所示。

表 2-53 商务经历证明书写作规范

条目	内容
适用范围	商务经历证明书是公司和企业等有关商务机构给其员工出具的工作经历证明书。出具证明书虽不必承担法律责任，但必须真实诚信，而且只能证明是在本公司的经历
格式内容	（1）标题 （2）正文：应载明被证明人的工作时间、职务，也可以对被证明人的工作进行客观的评价 （3）落款
示例	××××有限公司经历证明书 兹证明李芳小姐于 2007 年 8 月 2 日进入本公司担任秘书，2011 年晋升为业务经理，任该职位直到 2015 年 6 月 30 日辞职为止。 李芳小姐对本公司的贡献很大，在她的领导下，本公司的业务量大量增加。此外，她总是以尊重的态度来对待别人，不论他们的职位如何，深受同事们的好评。 ××××有限公司总经理张德培 201×年×月×日

2.6.7 员工离职证明书写作规范

员工离职证明书写作规范，如表 2-54 所示。

表 2-54 员工离职证明书写作规范

条目	内容
适用范围	为了保证新入职员工已经合法解除了与原工作企业的劳动合同关系，避免产生劳动纠纷，不少企业要求新入职员工提供与原企业解除劳动关系的证明，原工作的企业应实事求是地提供相关证明。员工离职证明书就是原工作企业给原有员工出具的该员工已离职的证明书
格式内容	（1）标题 （2）正文：应实事求是地载明该员工的工作时间和职务 （3）落款
示例	××××工程有限公司离职证明书 兹证明李林先生于 2010 年 2 月 14 日受聘于本公司，担任制图员一职。他于 2013 年 1 月晋升为助理设计工程师，于 2015 年 3 月再度晋升为设计工程师。他在此任职直到 2015 年 6 月 30 日他辞职生效为止。李林先生工作认真，为人诚实、正直。他在本公司的工作成绩总是超过所预期的。 ××××工程有限公司董事长李为 201×年×月×日

2.6.8 求职自传写作规范

求职自传写作规范，如表 2-55 所示。

表 2-55　求职自传写作规范

条目	内容
适用范围	有的企业招聘员工时要求应征者提供一份自传。求职自传与简历不同，简历主要表现自己的经历，而自传主要突出自己的经历、理想、能力抱负及家庭背景等，具有较强的主观色彩
格式内容	一般的求职自传应包括自己的成长状况、工作学习经历、能力、理想抱负等内容
示例	×××自传 　　我叫×××。我生于中国台湾省基隆市，邻近台北的一个北方港市。××××年 6 月 6 日出生，在家中排行老二。由于父亲勤勉又有固定的工作，我们家庭的经济非常稳定，父亲现在是基隆市一家主要银行的常务董事。我打算追随父亲成功的脚步。 　　我们全家都是基督徒，从我还不能记事时就开始定期上教堂。我还参加过很多教会的组织及活动，并且曾担任过我们教会的青年团体会长。此外，我在××××年进入台湾大学以前，一直都参加童子军。 　　我在中学期间非常用功，取得优良的成绩，并在大学联考中得到高分，因此得以进入有名的台湾大学求学。现在是台湾大学企管系 4 年级学生，再过几个月即将毕业。 　　我衷心盼望阁下考虑我对这项职位的申请，我是一个主动、负责而且勤奋的人，而如此对贵公司的业务关系必将会有积极的效果

2.6.9　求职备忘录写作规范

求职备忘录写作规范，如表 2-56 所示。

表 2-56　求职备忘录写作规范

条目	内容
适用范围	求职备忘录是记录求职必用的一些资料信息的文书
格式内容	求职备忘录应载明招聘单位的详细情况，如名称、地址，面试时间、地点，招聘单位调查情况、求职应注意的问题和准备的材料等
示例	求职备忘录 招聘单位名称： 招聘单位地址： 交通线路： 招聘单位电话、邮编、联系人： 招聘单位网站、网址： 应聘职位情况： 面试时间、地点： 主管联系电话： 姓名： 招聘单位调查情况： 1. 略 2. 略 3. 略 面试可能碰到的问题和解决方案： 1. 略 2. 略 3. 略

条目	内容
	求职应注意的问题和准备的材料：
	1. 略
	2. 略
	3. 略
	求职成败分析：
	1. 略
	2. 略
	3. 略
	求职自我鼓励誓言：
	1. 略
	2. 略
	3. 略

2.6.10　职员文凭真伪查证函写作规范

职员文凭真伪查证函写作规范，如表 2-57 所示。

表 2-57　职员文凭真伪查证函写作规范

条目	内容
适用范围	职员文凭真伪查证函是指招聘单位在录用人才的过程中，无法获知录用者文凭的真伪，而请求相应部门核查证实文凭真伪的信函
格式内容	（1）标题 （2）称呼：写明"××大学××处"或"××教育厅××处" （3）正文：写明需查证的缘由，恳请对方予以合作 （4）结束语：在结尾处附上需查证人员的名单 （5）落款
示例	职员文凭真伪查证函 ××大学学生工作处： 　我公司今年 5 月向全国各地招聘工作人员 50 人，其中有 10 位持贵校毕业证的人员向我公司求职，并参加了面试。现有人举报，有的求职者持的是名为贵校的假文凭。我公司对此事非常重视，但无力鉴别真假文凭，想请贵校帮助识别。 　谢谢！ 　附贵校 10 名学员的毕业证复印件。 　广州××股份有限公司 201×年×月×日

2.6.11　辞职信写作规范

辞职信写作规范，如表 2-58 所示。

表 2-58　辞职信写作规范

条目	内容
适用范围	辞职信是公司成员由于种种原因不想在原单位供职，向公司人力资源部提出的请求辞去现职并请求批准的信函
格式内容	（1）标题 （2）称呼（受文者） （3）正文：写明自己的明确决定及其原因，以及本人对所受到的关心表示心意的语句 （4）结束语：写明辞职时间和请求给予批准 （5）落款（签名、时间）
示例	辞职信 尊敬的人事部刘经理： 　　本人任李××阁下研究助理一职，深感得到一位好上司。在酒类零售业务方面，李××给我的指导，我深深感激。 　　不过，由鉴于本人因为自己学养不足，故此仍然希望有求学上进的机会，尤其是进修有关工商管理学，更是我多年的梦想。 　　最近本人收到 AB 大学通知，接收本人入读及主修工商管理学，定于 2005 年 9 月 10 日开学。本人无奈，唯有专函奉达，将辞去公司的职务。这项决定，本人亦经过内心斗争，但最后仍只有做出这个痛苦的抉择。 　　本人已提前 3 个月提出辞职，我深信在这 3 个月内，将会有足够时间对本人任内工作做出交代和接替安排。本人希望对公司所构成的不便之处，能够降到最低限度。 　　最后，对李××阁下在我任内对本人的指导、支持、宽容及英明的领导，深表谢忱！ 　　再一次感谢李××阁下。 张亿敬上 201×年 4 月 28 日

2.6.12　接受辞职回复函写作规范

接受辞职回复函写作规范，如表 2-59 所示。

表 2-59　接受辞职回复函写作规范

条目	内容
适用范围	接受辞职回复函是公司在收到员工的辞职信后，给员工进行回复的信函
格式内容	（1）标题 （2）称呼 （3）正文：写明是否同意辞职 （4）结束语 （5）落款
示例	接受辞职回复函 张亿先生： 　　阁下辞职信件，已经收到。本人专函奉达，本公司将接受阁下的辞职。唯阁下辞职一事，本公司深表遗憾。 　　本人代表公司，愿意在阁下完成学业后，欢迎阁下再次加入本公司服务。 　　如果有任何事情本人能够协助，本人乐意效劳。 　　最后，谨祝阁下前程万里！ 广州××公司人事部经理刘××敬上 201×年 5 月 10 日

第三章

绩效管理：员工工作绩效考核

3.1 绩效管理岗位人员配置与岗位职责

3.1.1 绩效考核主管

绩效考核主管岗位职责与任职资格，如表 3-1 所示。

表 3-1 绩效考核主管岗位职责与任职资格表

直接上级：人力资源经理	
直接下级：绩效考核专员	
岗位职责	1. 协助人力资源部经理建立员工考核制度，并经批准后实施 2. 编制各部门员工绩效考核表，制定各部门绩效考核指标体系 3. 组织定期的考核活动，包括通知草拟、会议组织、原则宣传、资料收集等 4. 定期从各部门获得工作业绩评估和考核信息 5. 汇总各项考核信息，拟写考核分析报告并上报人力资源部经理 6. 根据绩效考核情况和相关规定，报经管理层审批后，对相关员工实施奖惩 7. 协助人力资源部经理及用人部门主管对拟晋升人员进行考核 8. 与被考核者进行专题对话，撰写考核分析报告 9. 协助薪酬福利主管制定和修改加班工资发放与奖金激励制度规范 10. 指导、协助各部门进行绩效考核工作，并负责与考核相关制度的解释工作 11. 进行考核制度研究工作，提出改善建议，经批准后实施制度修订 12. 完成领导临时交办的其他工作
任职资格	1. 人力资源或相关专业本科以上学历 2. 两年以上绩效管理或综合人力资源管理工作经验 3. 有大型企业从业经验者优先，具有一定的人事绩效考核软件规划能力 4. 精通绩效管理，熟悉绩效管理工具，同时熟悉其他人力资源管理模块，并能应用信息化手段开展绩效考核管理工作 5. 具有较好的沟通能力与表达能力，较强的沟通协调能力，一定的组织、监控能力等

3.1.2　绩效考核专员

绩效考核专员岗位职责与任职资格，如表 3-2 所示。

表 3-2　绩效考核专员岗位职责与任职资格表

直接上级：绩效考核主管	
直接下级：	
岗位职责	1. 协助绩效考核主管编制各部门员工绩效考核表，制定各部门绩效考核指标体系 2. 协助考核主管完成各种报告、文件的草拟、印发等工作 3. 随时掌握各部门考核动态，及时向考核主管汇报 4. 协助各部门做好绩效考核执行工作 5. 对各部门考核过程进行跟踪并对其中产生的疑问进行解答 6. 受理和处理员工考核投诉，对不能给予解决的要及时报告给考核主管 7. 保存和管理考核档案，并对考核档案进行分类整理 8. 为考核主管制定考核体系提供相关支持 9. 协调部门之间的运作关系，提供正确的有关绩效考核信息和建议 10. 协助本部门其他同事完成其他工作 11. 完成领导临时交办的其他工作
任职资格	1. 中文、经济管理、行政人事管理等专业大专及以上学历 2. 有 2 年以上相关绩效考核工作经验，能熟练应用各种绩效考核工具 3. 逻辑思维能力较强，能够独立承担开展绩效考核和日常考核管理工作 4. 精通绩效考核模块，尤其擅长工厂绩效考核的制定与执行，有较强的沟通能力，能够在压力下工作 5. 熟练使用 Office 办公软件

3.2　员工绩效管理工作规范

3.2.1　员工加班管理规范

员工加班管理规范，如表 3-3 所示。

表 3-3　员工加班管理规范

项目	规范内容
1	公司员工于每日规定工作时间外，如赶上生产或处理急需事故，应按下列手续办理。 （1）一般员工加班 ① 管理部门人员加班一律由直接上级主管报请主管级主管指派后填加班单 ② 生产部门人员加班，先由管理（组）科根据生产工时需要拟定加班部门及人数经生产部门同意后，由领班排班（无管理（组）科者由各科自行决定）报由主管级主管核定，并将加班时间内的生产量由领班记载于工作单上 ③ 训练计划内必需的加班，经副总经理核准始能加班 ④ 以上人员的加班费，须于当日下午 4 时前送交人事单位，以备查核

项目	规范内容
2	（2）科长级主管加班 ① 各部门于假日或夜间加班，其工作紧急而较为重要者，主管人员应亲自前来督导，夜间督导最迟至 22 时止 ② 主管加班不必填加班单，只需打卡即可 加班考核： （1）一般员工 ① 生产部门于加班的次日，由管理（组）科，按其加班工时，依生产标准计算其工作是否相符，如有不符现象应通知人事单位照比例扣除其加班工时，至于每日的加班时数，则由所属单位主管做记录，并予签证 ② 管理部门其直属主管对其加班情况亦应切实核查，如有敷衍未达预期效果时，可免除其加班薪资加成 （2）科长级主管如有应加班而未加班，致使工作积压延误情形者，由主管级主管专案考核，同样情形达两次者应改调其他职务，并取消其职务加给
3	加班薪资： （1）主管：各部门主管因已领有职务加给，故不再另给加班费，但准报车费（有公交车可达者不得报销计程车资）及餐费 （2）其他人员：不论月薪或日薪人员凡有加班均按下列项目发给加班薪资 ① 平日加班，每小时给予日本薪的 34%，其计算公式如下：日薪×［加班时数×（1.34÷8 小时）］＝加班薪资 ② 公休加班除基本薪资照给外，并按平日加班计算方法加倍给付加班薪资 ③ 新年休假期内，因情形特殊而加班，凡正式员工一律照二款办理
4	加班工时计算： （1）区分为三班与二班制，具体规定如下 （2）以上三班或二班的工作，如是锅炉、熔炉及机械操作不能停机者，在每餐时间内酌留 1 或 2 名员工看守，并应在现场进餐，不得远离工作岗位，违者以擅离岗位论，其进餐的时间可视作连续加班计算 （3）其他工作人员每日均以 8 小时计算，如需延续加班者，其计算方法应扣除每餐 30 分钟（夜点亦同），即等于加班时间，不得借任何理由要求进餐时间为加班时间 （4）凡需日夜班工作者，应由各单位主管每周予以调换一次务使劳逸均等为原则
5	不得报销加班费人员： （1）公差外出已支领出差费者 （2）推销人员不论何时何日从事推销，均不得报销加班费 （3）门房、守夜、交通车司机、厨工因工作情形有别，其薪资给予已包括工作时间因素在内及另有规定，故不得报销加班费
6	注意事项： （1）加班的操作人员超过 3 人时，应派领班负责领导，超过 15 人时应派职员督导 （2）公休假日尽可能避免临时工加班，尤其不得指派临时工单独加班 （3）分派加班，每班连续以不超过 12 小时，全月不超过 46 小时为原则
7	加班请假： （1）操作人员如有特别事故不能加班时，应事先向领班声明（应有具体事实不得故意推诿）否则一经派定即须按时到退 （2）连续加班阶段，如因病因事不能继续工作时，应向领班或值日值夜人员以请假单请假 （3）公休假日加班，于到班前发生事故不能加班者，应以电话向值日人员请假，次日上班后再检具证明或叙明具体事实，填单补假（注明加班请假字样），此项请假不予列入考勤

项目	规范内容
8	在加班时间中如因机械故障一时无法修复或其他重大原因不能继续工作时，值日值夜人员可分配其他工作或提前下班
9	公休假日，中午休息时间与平日同
10	凡加班人员于加班时不按规定工作，其有偷懒、睡觉、擅离工作岗位或变相赌博者，经查获后，记过或记大过

3.2.2 员工奖金管理制度

员工奖金管理制度

第一条 为了合理分配员工劳动报酬，激发员工的积极性、能动性和创造性，特制定本制度。

第二条 奖金分配的原则

1．鼓励先进，鞭策后进，奖优罚劣，奖勤罚懒。

2．贯彻多超多奖、少超少奖、不超不奖的奖金分配原则。

奖金是员工工资的重要补充，是激励员工的重要手段，是公司对员工超额劳动的部分或劳动绩效突出的部分所支付的劳动报酬。奖金在薪酬设计中占有重要地位，并对员工有较强的激励作用，公司设立的奖金项目有全勤奖、绩效奖、项目奖金、优秀部门奖、优秀员工奖、创新奖6个奖项。

第三条 全勤奖。为奖励员工出勤，减少员工请假，特设立此奖金项目。

1．奖金数额____元。

2．奖励以月为周期。

3．发放标准

（1）当月全勤者，计发全额奖金。

（2）于当月请假者，事假一次，扣除全勤奖的____%，事假两次，不计发全勤奖；病假，扣除全勤奖的____%～____%不等，具体比例根据实际情况而定。

第四条 绩效奖金。绩效奖分为季度绩效奖和年度绩效奖两种。

第五条 绩效奖金的发放总额由公司经营绩效决定，其具体奖励标准可以根据奖励指标完成程度来制定。

生产部门和销售部门的部分奖励指标如下表所示。

生产部门和销售部门的部分奖励指标

部门	奖励指标
生产部门	生产产量
	良品率
	产品投入产出比
	省料率
	成本节约
销售部门	销售额
	销售目标达成率
	回款完成率
	客户保有率

第六条 项目奖金是针对研发人员而设立的奖项，一般以项目的完成为一个周期。其评定指标和奖励标准见下表。

项目奖金的评定标准

评定指标	奖励标准
项目完成时间	项目产值的____%
成本节约	项目产值的____%
项目完成的质量	项目产值的____%
项目的专业水准	项目产值的____%

第七条 其他奖项包括优秀部门奖、优秀员工奖、创新奖 3 种。各自的奖励条件和奖励标准见下表。

优秀部门奖、优秀员工奖、创新奖的奖励条件和奖励标准

奖项类别	奖励条件	奖励标准
优秀部门奖	1. 业绩突出 2. 公司评选得票最高者	奖励____元
优秀员工奖	1. 连续三次及以上绩效考核被评为优秀者 2. 获得所在部门员工的认同	奖励____元
创新奖	1. 在原有技术和工艺上有创新，且在实践中大大提高了生产效率 2. 开拓新业务且切实可行，为公司带来较高的效益	由总经理核定

第八条 本奖金制度原则上每年修订____次。

第九条 本制度经总经理核准后实施，修改时亦同。

3.2.3 员工提案奖励管理制度

员工提案奖励管理制度

第一条 为充分调动员工积极性，发挥聪明才智，深入开展研究，不断提出有利于改善工作的方案，以求提高公司产品质量，降低成本，开拓更大的市场，从而达到创造一个永远进步的企业的目的，特制定本奖励制度。

第二条 本制度使用于公司所有员工。

第三条 公司成立"提案审查委员会"，由各部门经理担任成员，由人力资源部经理担任召集人，会议主席由相关提案人所在部门的经理级干部担任。

第四条 提案内容包括但不仅限于对公司生产、营运范围、作业方式等具有建设性及具体可行的改善方法。

1. 各种操作方法、制造方法、生产项目、销售方法、行政效率等的改善。

2. 有关机器设备维护保养的改善。

3. 有关提高原物料使用效率或改用代替原物料而达到节约能源的目的。

4. 废弃能源、废料的回收与利用。

5. 促进作业安全，预防灾害发生的。

6. 其他有助于提高营运效或降低营运成本的。

第五条 提案审批确认项目

1. 提案的提出

提案人或部门，应填写提案建议表，必要时另附书面或图表说明，送交人力资源部办理。

2. 提案的审查

"提案审查委员会"每月视提案需要，召开一次或多次委员会议审查提案表，并给出相应的分数，必要时请提案人或有关人员列席说明。

3. 提案的处理

（1）提案采用：交由有关部门实施，除通知原提案人外，应列入企业管理规范并组织实施，且应对实施效果进行稽查。

（2）提案不采用：将原件发还原提案人。

第六条　提案奖励的类型

1. 参与提案奖

改善提案由"审查委员会"评定，凡采用者发给____元的提案奖金；未被采用者发给____元的奖金，以资鼓励。

2. 成果奖励

"提案审查委员会"依提案改善成果给予评分确定提案等级，并核给不同的奖金，具体标准见下表。

提案奖金等级表

等级	1	2	3	4	5
评分/分	25 以下	26～45	46～60	61～80	81～100
奖金/元	××	××	××	××	××

第七条　特殊奖励。提案采用实施后，经定期（至少半年）效益追踪，如果确实成果显著，由委员会核计实际效益后，报批核发一定的奖金。

1. 省工建议奖金

（1）工作方法改善而使单位生产时间减少者。

*现行工作时间-建议改善后的单位工作时间=建议后每单位省工时间

*建议后每单位省工时间×年生产数量×工资率=年可获得的建议效果

*年可获得的建议效果×10%=应发奖金金额

（2）工作方法改善而使普通工人代替熟练技术工人者。

*单位工作时间×（原有工资率-改善后工资率）=建议改善后每单位可节省的工资

*每单位可节省的工资×年生产数量=年可获得的建议效果

*年可获得的建议效果×10%=应发奖金金额

2. 省料建议奖金

*现行单位用量-建议单位用量=每单位建议省料毛重

*单位省料毛重×年生产数量×单价=年可获得建议效果

*年可获得的建议效果×10%=应发给的奖金金额

*使用材料不同时，按单位材料节省额×年生产数量作为可获得的建议效果。

3. 省工省料建议奖金

由 1 和 2 两项合并计算。

4. 省工省料建议需要新投资时的奖金

*年可获得的建议效果一［投资总额×报酬率（15%）］=年获得的实际建议效果

*年可获得的实际建议效果×10%=应发给奖金额

*年可获得的实际建议效果小于投资报酬时不予采纳，也不予奖励。

5．说明

（1）本计算方法所乘工资率及单价在实施一年之后，按当时的行情为标准计算。

（2）提案内容如涉及国家专利，专利获得权益一概属于公司，但另由企业按经济价值发给一次性特殊奖金。

第八条　团体特别奖。以部门为单位，一年统计一次，发给人均提案最好、最多的部门（每部门至少提案两件）奖金＿＿＿～＿＿＿元，以激励士气。

第九条　本办法总经理核准后公布实施，修改时亦与此相同。

3.2.4　员工绩效考评管理制度

员工绩效考评管理制度

总则

第一条　为全面了解，评估员工工作绩效，发现优秀人才，提高公司工作效率，特制定本办法。

考核范围

第二条　凡公司全体员工均需考核，适用本办法。

考核原则

第三条　通过考核，全面评价员工的各项工作表现，使员工了解自己的工作表现与取得报酬，待遇的关系，获得努力向上改善工作的动力。

第四条　使员工有机会参与公司管理项目，发表自己的意见。

第五条　考核目的，考核对象，考核时间，考核指标体系，考核形式相匹配。

第六条　以岗位职责为主要依据，坚持上下结合，左右结合。定性与定量考核相结合。

考核目的

第七条　各类考核目的：

1．获得晋升、调配岗位的依据，重点在工作能力及发挥、工作表现考核；

2．获得确定工资、奖金的依据，重点在工作成绩（绩效）考核；

3．获得潜能开发和培训教育的依据，重点在工作和能力适应性考核。

考核时间

第八条　公司定期考核，可分为月度、季度、半年、年度考核，月度考核以考勤为主。

第九条　公司为特别事件可以举行不定期专项考核。

考核内容

第十条　公司考核员工的内容见公司员工考评表，共有 4 大类 18 个指标组成考核指标体系。

第十一条　公司员工考评表给出了各类指标的权重体系。该权重为参考性的，对不同考核对象，目标应有调整（各公司依据自身企业特点，生成各类权重表）。

考核形式和办法

第十二条　各类考核形式有：

1．上级评议；

2．同级同事评议；

3．自我鉴定；

4．下级评议；

5．外部客户评议。

各种考核形式各有优缺点，在考核中宜分别选择或综合运用。

第十三条　考核形式简化为三类：

即普通员工、部门经理、公司领导的评议。

第十四条 各类考核办法有：

1. 查询记录法：对员工工作记录档案、文件、出勤情况进行整理统计；

2. 书面报告法：部门、员工提供总结报告；

3. 重大事件法。

所有考核办法最终反映在考核表上。

考核项目

第十五条 人事部根据工作计划，发出员工考核通知，说明考核目的、对象、方式及考核进度安排。

第十六条 考核对象准备自我总结，其他有关的各级主管、下级员工准备考评意见。

第十七条 各考评人的意见，评语汇总到人事部。根据公司要求，该意见可与或不与考评对象见面。

第十八条 人事部依考核办法使用考评标准量化打分，填写考核表，统计出考评对象的总分。

第十九条 该总分在 1～100 分之间，依此可划分优、良、好、中等、一般、差等定性评语。

第二十条 人事部之考核结果首先与考评对象见面，征求员工对考核的意见，并需其签写书写意见，然后请其主管过目签字。

第二十一条 考核结果分存入人事部，员工档案，考核对象部门。

第二十二条 考核之后，还需征求考核对象的意见：

1. 个人工作表现与相似岗位人员比较；

2. 需要改善的方面；

3. 岗位计划与具体措施，未来 6 个月至 1 年的工作目标；

4. 对公司发展的建议。

特殊考核

第二十三条 试用考核。

1. 对试用期届满的员工均需考核，以决定是否正式录用；

2. 对试用优秀者，可推荐提前转正；

3. 该项考核主办为试用员工部门经理，并会同人事部考核定案。

第二十四条 后进员工考核。

1. 对认定为后进的员工可因工作表现随时提出考核和改进意见；

2. 对留职察看期的后进员工表现，做出考核决定；

3. 该项考核主办为后进员工主管，并会同人事部共同考核定案。

第二十五条 个案考核。

1. 对员工日常工作的重大事件即时提出考核意见，决定奖励或处罚；

2. 该项考核主办为员工主管和人事部；

3. 该项考核可使用专案报告形式。

第二十六条 调配考核。

1. 人事部门考虑调配人员候选资格时，该部门可提出考评意见；

2. 人事部门确认调配事项后，该部门提出当事人在本部门工作评语供新主管参考；

3. 该项考核主办为员工部门之经理。

第二十七条 离职考核。

1. 员工离职时，须对其在本公司工作情况做出书面考核；

2. 该项考核须在员工离职前完成；

3. 公司可为离职员工出具工作履历证明和工作绩效意见；

4. 该项考核由人事部主办，并需部门主管协办。

考核结果及效力

第二十八条 考核结果一般情况要向本人公开，并留存于员工档案。

第二十九条 考核结果具有的效力：

1. 决定员工职位升降的主要依据；

2. 与员工工资、奖金挂钩；

3. 与福利（住房，培训，休假）等待遇相关；

4. 决定对员工的奖励与惩罚；

5. 决定对员工的解聘。

附则

第三十条 本办法由人事部解释和补充，经公司总经理办公会议通过后颁布生效。

3.2.5 高层人员绩效管理制度

高层人员绩效管理制度

第一条 为全面客观考核评价公司高层管理人员的绩效，全面贯彻落实公司的战略及经营目标，特制定本制度。

第二条 本制度适用于公司所有高层管理人员（包括董事长或执行董事、总经理、副总经理、各职能总监）。

第三条 由股东大会或董事会指定专人成立考核小组，负责对公司高层进行考核实施。

第四条 绩效指标结构。根据不同层级员工的主要职责及其业务特性，制定相应的考核指标，具体指标权重见下表。

绩效指标结构权重表

职责人 \ 指标	财务业务指标（%）	客户满意度指标（%）	管理改进指标（%）	人员培养指标（%）	管理要项指标（%）
董事长	60	15	10	5	10
总经理	50	15	15	5	15
副总经理	40	10	20	10	20
职能总监	35	5	20	10	30

第五条 财务业务指标。是指公司年度经营计划确定的本年度通过改善活动实施而需达到的各类量化的财务指标和业务指标，主要包括销售收入、利润、财务费用、制造费用、库存金额、一次交验合格率、统配率、准时交货率、退货率、劳动生产率等。

第六条 客户满意度指标。是指公司高层管理人员通过自身工作使客户对公司满意度有所提升，主要包括客户满意度、客户投诉率、客户投诉解决率等。

第七条 管理改进指标。是指公司年度经营计划确定的本年度公司及分解到各职能部门、个人的管理改善活动及其应达到的阶段性成果指标。

第八条 人员培养指标。公司高层管理人员，需制订每个考核期内对下属员工的培训活动计划及需达成的阶段目标，以此作为当期的考核指标。

第九条 管理要项指标。是反映公司内部管理状况的指标。管理要项的设置应针对那些对实现公司目标有重要作用，暂时又难以衡量的关键管理领域和活动。管理要项主要由完成的时间进度及是否达到预期效果来评价其战略意义。

第十条 绩效考核项目见下表。

绩效考核项目表

	步骤	内容	责任部门/人	完成时间
第一步	绩效合约签订	年初公司高层管理人员签订绩效合约	董事会	年初
		绩效合约收集	人力资源部	年初
第二步	考评数据收集	各类指标数据收集	各职能部门	年末
		各类指标数据汇总	人力资源部	年末
第三步	考评	财务业务指标、客户满意度指标考评	人力资源部计算	年末
		管理改进指标、人员培养指标、管理要项指标考评	董事会	年末
第四步	汇总	考核指标汇总形成最终考核成绩	人力资源部	次年首月5日前
第五步	结果确认	高层管理人员考核结果确认	董事会	次年首月10日前

第十一条 绩效合约签订。公司董事会与公司高层管理人员分别签订绩效合约，作为年终绩效考核的依据，具体绩效合约见表3-28。

第十二条 考评数据收集

1. 绩效合约收集

公司董事会每年年初与公司高层管理人员签订绩效合约后，由人力资源部统一收集保管，并负责在整个年度内将与绩效合约相关资料归类保管。

2. 各类指标数据收集

（1）财务类指标由财务部按照一定的周期进行统计收集，送交人力资源部。

（2）客户满意度指标由行政部会同客户服务部门进行数据汇总，送交人力资源部。

（3）管理改进指标、人员培养指标、管理要项指标考评数据收集。季末由董事会指定的考核小组对高层管理人员的管理改进、人员培养及管理要项等情况进行评估，记入考评表，报人力资源部备案。

3. 各类指标汇总

由人力资源部对各部门送交的各项统计数据进行综合分析汇总，形成各项指标的确定数据。

第十三条 考评。由人力资源部通过计算汇总，将财务类指标及客户满意度指标记入员工考核表（见表3-29），由公司董事会参考人力资源部备案填写考核表中的管理改进指标、人员培养指标、管理要项指标考评数据。

第十四条 考核汇总。考核小组完成考核后由人力资源部进行最后的成绩汇总。

第十五条 考核确认。董事会对人力资源部送交的绩效考核表进行最后确认，通过后作为公司高层管理人员本年度的最终绩效成绩。

第十六条 绩效考核结果运用。是指根据绩效考评结果，对被考评者实施相应的人力资源管理措施，将绩效管理与其他人力资源管理制度联系起来。绩效评估结果主要运用于股权激励、加薪、绩效工资、超额利润分享、任免、能力提升计划等方面。

3.2.6 中层人员绩效管理制度

中层人员绩效管理制度

第一条 通过对员工的工作业绩、工作能力及工作态度进行客观、公正的评价，充分发挥绩效考核体系的激励和促进作用，促使中层管理人员不断改善工作绩效，提高自身能力，从而提高企业的整体运行效率。

第二条 本制度适用于公司所有中层管理人员（包括各职能部门经理、主管等）。

第三条 考核实施机构。成立绩效考核领导小组，由总经理任组长，组员包括副总经理、各职能总监及人力资源部经理。

第四条 考核的内容主要从工作业绩、核心能力及工作态度 3 个方面考虑，在整个考核评价过程中所占的权重见下表。

考核内容权重表

考核内容	工作业绩	核心能力	工作态度
所占权重	40%	35%	25%

第五条 工作业绩考核是考核被考核者在一个考核周期内工作效率与工作结果。

第六条 核心能力考核是综合被考核者在一个考核周期内由工作效果达成反映出来的应具备的核心能力状况。

第七条 工作态度考核是考核对工作岗位的认知程度及为此付出的努力程度。

第八条 考核人依据被考核者在一个考核周期内的表现，连同被考核人自我述职报告一并参考确定最终评定等级。

第九条 由于对于中层管理者的考核实际上就是对各系统经营与管理状况进行的全面系统的检讨，因此，对于中层管理者的考评采取考核加述职的形式。

第十条 对中层管理人员的考核主要分为上级考核、同级互评、自我评价及下属民主测评 4 种。4 种方式所占权重如下表所示。

考核方式权重表

考核方式	上级考核	同级互评	下属民主测评	自我评价
所占权重	45%	30%	20%	5%

第十一条 考核分数。由公司高层领导对公司所有中层管理人员进行工作业绩、核心能力及工作态度评价，综合所有评价数据进行平均计算，得到上级考核最终分数。

第十二条 互评分数。中层管理人员之间进行工作业绩、核心能力及工作态度评价，综合所有评价数据进行平均计算，得到同级互评最终分数。

第十三条 民主测评分数。由被考核者直接下属对其进行工作业绩、核心能力及工作态度评价，综合所有评价数据进行平均计算，得到下属民主测评最终分数。

第十四条 自我评价分数。由被考核者自己结合述职报告给出适当的分数。

第十五条 考核最终分数确定。考核最终分数=考核分数×45%＋互评分数×30%＋民主测评分数×20%＋自我评价×5%

第十六条 考核结果及其运用于考核等级

考核等级是主管对员工绩效进行综合评价的结论。考核成绩可分为 A（优秀）、B（良好）、C（合格）、D（需要改进）、E（不合格）5 个层次。本制度在原则上规定考核等级与百分制成绩之间的关系，见下表。

考核等级与百分制成绩之间的关系表

考核分数	A	B	C	D	E
考评等级	90 分以上	80～89 分	70～79 分	60～69 分	60 分以下

第十七条 考核等级定义见下表。

等级	定义	含义
A	优秀	实际业绩显著超过预期计划、目标或岗位职责分工的要求,在计划、目标、岗位职责、分工要求所涉及的各个方面都取得非常突出的成绩
B	良	实际业绩达到或超过预期计划、目标或岗位职责分工的要求,在计划、目标、岗位职责、分工要求所涉及的主要方面取得比较突出的成绩
C	合格	实际业绩基本达到预期计划、目标或岗位职责分工的要求,既没有突出的表现,也没有明显的失误
D	需改进	实际业绩未达到预期计划、目标或岗位职责分工的要求,在很多方面或主要方面存在着明显的不足或失误
E	不合格	实际业绩远未达到预期计划、目标或岗位职责分工的要求,在很多方面或主要方面存在着重大的不足或失误

第十八条 考核比例的控制。年度内中高层管理者的中期、年终考核,各部门内部员工的季度和月度考核均遵循下列比例强制分布,见下表。

考核比例强制分布表

考核等级	A	B	C	D	E
分布比例	20%	30%	35%	10%	5%

当A、B考核等级的人数超过了比例规定,依据员工的考核分数排序进行强行分布;若在实际的考核中、A、B等级相应的人数比例小于强制分布比例,则按照实际情况进行操作。

3.2.7 基层人员绩效管理制度

基层人员绩效管理制度

第一条 为了逐步加强公司的整体管理水平,不断提高基层员工的综合素质和工作效率,强化其合作精神,并能客观、公正地反映其工作业绩,特制定本考核制度。

第二条 本制度适用于从事非领导岗位的基层员工。

第三条 考核关系。基层员工的考核由直接主管负责。

第四条 考核周期。基层员工考核以季度为周期进行考核,以各月考核平均成绩作为该员工年度考核成绩。具体时间如下。

第一季度考核时间 4月1日~4月15日。

第二季度考核时间 7月1日~7月15日。

第三季度考核时间 10月1日~10月15日。

第四季度考核时间 次年1月1日~1月15日。

考核内容

第五条 员工考核内容包括德能与技能考核两种,其中德能考核占40%,技能考核占60%。

第六条 德能考核包括诚信品德和工作态度考核两部分,其中诚信品德考核占30%,工作态度考核占70%。

第七条 技能考核包括工作能力和工作业绩考核两部分,其中工作能力考核占40%,工作业绩考核占60%。

第八条 员工考核具体内容见表3-8。

第九条　部门主管根据自己掌握的考核信息及相关职位提供的参考信息，依照考评标准给出一个具体的可以量化的分数。

第十条　考核者把具体量化的分数分别填入下面的员工考核结果量化表内。

第十一条　员工考核得分的计算

1. 员工技能考核得分等于各项技能指标得分乘以指标权重的加权累加值，其计算公式为：

技能考核得分=Σ（技能指标考核得分×指标权重）

2. 员工德能考核得分等于各项德能指标得分乘以指标权重的加权累加值，其计算公式为：

德能考核得分=Σ（德能指标考核得分×指标权重）

3. 员工考核得分为技能考核与德能考核得分的加权平均值，其计算公式为

考核得分=技能考核得分×指标权重＋德能考核得分×指标权重

第十二条　考核者根据员工绩效考核得分确定员工绩效水平，具体划分标准见下表。

员工绩效考核得分划分标准表

考核得分	50分以下	50～60分	60～80分	80～90分	90分以上
绩效水平	差	较差	一般	良好	优秀

第十三条　员工绩效考核得分要适当进行控制，最高分与最低分都不能过多，一般按照下图分布为佳。

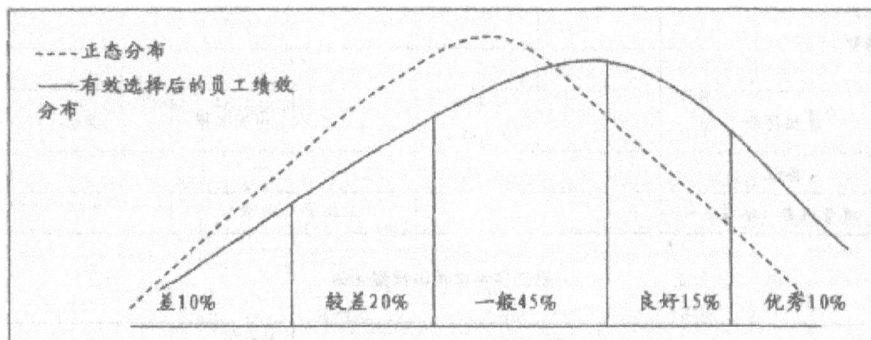

第十四条　绩效面谈。通常情况下在绩效考核结束后一周内，部门主管要对被考核者进行绩效面谈，对其在上一个考核周期内取得的成绩表示祝贺，同时对于出现的问题进行分析，以便于今后工作的开展。

第十五条　考核结果申诉。如果被考核者认为考核结果不公正与考核者沟通无效，并确有证据证明的情况下可以启动考核结果申诉。考核结果申诉一般有两个途径：一是越级向考核者上级反映情况；二是通过人力资源部考核专员反映情况。

3.2.8　生产人员绩效管理制度

生产人员绩效管理制度

第一条　为全面并简洁地评价公司生产人员的工作效率与业务素质，贯彻公司发展战略，确保公司生产工作安全有序运行，特制定本制度。

第二条　本制度使用于公司所有生产人员。

第三条　生产人员考核周期以月计算。每月1～5日进行考核，遇节假日顺延。

第四条 由生产部会同人力资源部组成考评小组负责对生产人员的考核。

第五条 生产人员绩效考核内容包括生产与质量控制、劳动纪律与安全、岗位技能及工作态度4个方面。

第六条 绩效考核标准及指标配比。

第七条 整个员工考核过程分为三个阶段,构成完整的考核管理循环。这三个阶段是计划沟通阶段、计划实施阶段、考核阶段。

1. 计划沟通阶段

(1)考核者和被考核者进行上一考核期目标完成情况和绩效考核情况回顾。

(2)考核者和被考核者明确考核期内的工作任务、工作重点、需要完成的目标。

2. 计划实施阶段

(1)被考核者按照本考核期的工作计划开展工作,达成工作目标。

(2)考核者根据工作计划,指导、监督、协调下属员工的工作进程,并记录重要的工作表现。

3. 考核阶段

考核阶段分为绩效评估、绩效结果审核和绩效结果反馈三个步骤。

(1)绩效评估

考核者根据被考核者在考核期内的工作表现和考核标准,对被考核者评分。

(2)绩效结果审核

人力资源部和考核者直接上级对绩效考核结果进行审核,并负责处理考核评估过程中所发生的争议。

(3)绩效结果反馈

人力资源部将审核后的绩效结果反馈给考核者,由考核者和被考核者进行沟通,并讨论绩效改进的方式和途径。

第八条 每月绩效考核成绩前三名者授予"月明星员工"称号并发放奖金或奖品,平均绩效最高的小组授予"红旗班组"称号。

第九条 每月绩效考核结果进行归档,连续三次获得"月明星员工"称号的员工自动获得"年度优秀员工"称号并发放奖金。

第十条 连续三次绩效考核排名在最后的员工,10%将被调换工作岗位或淘汰。

3.2.9 销售人员绩效管理制度

销售人员绩效管理制度

第一条 为加强和提升本部门员工绩效和公司绩效。增强企业活力,改善员工的工作表现,提高员工的满意度和工作成就感,最终实现企业的经营目标,特制定本制度。

第二条 绩效考核结果将作为员工薪资调整、人员晋升、降级、辞退、培训等的依据。

第三条 本制度适用于公司所有销售人员。

第四条 相关定义及说明

1. 销售额

销售额=实际交货后的销售单价×销售量

2. 货款回笼

货款回笼是根据实际情况,由考核者和被考核者双方共同确定某一销售产品必须收回的款项。如本月回款额未按目标正常回款,设置追款期为1个月,追款期1个月内仍未追回欠款,则属于欠款。

第五条　考核周期

1．月度考核

对当月的工作表现进行考核，考核实施时间为下月的 1～5 日，遇节假日顺延。

2．年度考核

考核期限为当年 1～12 月，考核实施时间为下一年度 1 月 5 日到 15 日。

第六条　考核标准设定

公司销售人员考核执行 KPI 考核方案，具体内容如下。

1．销售人员 KPI 组成（见下表）

销售人员KPI组成表

KPI	考核标准	KPI说明	权重		信息来源
			月度（%）	年度（%）	
个人销售目标完成率	100	与考核期初计划目标额为基准	35	30	财务部、本部门
货款回笼率	100	90%以上，每低 1%扣 2 分	25	20	财务部
销售费用率	100	10%以下，每高 1%扣 2 分	15	10	财务部
销售增长率	10HD	比上期每增长 10%，加 2 分	15	10	财务部、本部门
客户拓展率	100	客户量每增长 10%，加 1 分	10	5	人力资源部
团队销售目标完成率	100	与考核期初计划目标额为基准		15	财务部、本部门
团队货款回笼率	100	90%以上，每低 1%扣 2 分		10	财务部

2．销售人员 KPI 考核（见表 3-32）

第七条　销售部经理组织相关人员对销售人员进行评估，根据员工实际工作表现，对照销售人员 KPI 组成表进行评估，并将结果汇总上交人力资源部。

第八条　人力资源部将考核结果于考核结束后的 3 日内报公司领导审批。

第九条　人力资源部于审批结束后的 5 个工作日内将考核结果反馈被考核者，进行绩效确认。

第十条　绩效工资的发放。月度绩效考核结果用于月度绩效工资的发放。

第十一条　绩效工资的计算。绩效工资=绩效基础工资×调整系数

第十二条　调整系数的确定。调整系数分为奖励系数和惩罚系数两种，具体标准见下表。

调整系数确定表

考核分数	90 分以上	80～90 分	60～80 分	50～60 分	50 分以下
调整系数	1.5	1.2	1	0.8	0.6

第十三条　本制度由人力资源部负责修订与解释。

第十四条　本制度自＿＿＿年＿＿月＿＿日起执行。

3.2.10　财务人员绩效管理制度

财务人员绩效管理制度

第一条　为了提高财务人员绩效水平，鼓励财务人员专心本职工作，提高业务水平特制定本制度。

第二条　本制度适用于公司所有财务管理人员。

第三条　财务人员考核由财务经理、财务主管、人力资源部相关工作人员组成绩效考核工作小组，其各自的考核职责如下表所示。

考核职责一览表

人员	职责
财务经理	1．考核结果的审核、审批 2．具体组织、实施本部门员工的绩效考核工作，客观公正地对下属进行评估 3．与下属进行沟通，帮助下属认识到工作中存在的问题，并与下属共同制订绩效改进计划和培训发展计划
被评估者	1．学习和了解公司的绩效考核制度 2．积极配合部门主管讨论并制订本人的绩效改进计划和标准 3．对绩效考核中出现的问题积极主动地与财务主管或人力资源部考核工作小组人员进行沟通
人力资源部工作人员	1．绩效考核工作的前期的宣传、培训、组织 2．考核过程中的监督、指导 3．考核结果的汇总、整理 4．应用绩效评估结果进行相关的人事决策

第四条 财务人员考核内容分为工作业绩考核和敬业精神考核两种。

1．**工作业绩考核**

财务工作人员主要工作包括核算公司各项成本及费用，监督各部门的费用支出，加强对公司成本的控制。其工作绩效的表现结果是成本核算是否准确、成本控制是否有效。对其工作业绩的主要考核要点如下表所示。

财务工作人员工作业绩考核表

考核项	权重（%）	考核指标	得分
资产清核工作	10	1．公司资产清核的准确性，不出现遗漏 2．资产清核报告的及时性	
成本核算与费用控制	25	1．生产成本核算的准确性 2．费用开支控制情况	
成本分析	20	成本分析的有效性、合理性	
现金、账簿管理	15	现金管理、账簿资料的安全性、完整性、全面性	

2．**敬业精神考核**

由于财务工作的特殊性，敬业精神考核显得尤为重要。敬业精神考核主要考核财务工作人员在工作中表现出来的敬业态度、工作状态。其考核要点如下表所示。

财务工作人员敬业精神考核表

考核项		权重（%）	考核指标	得分
敬业态度	诚信正直	25	工作中是否有缺失诚信行为	
	认真负责	20	工作中是否认真、错误概率是否在可控范围内	
	个人信用	10	在一个考核周期内，个人是否有不良信用记录	
工作状态	责任心	15	工作是否积极，对工作是否具有责任心	
	协作性	15	与同事配合是否良好	
	学习性	15	在工作中是否积极学习新的专业知识	

第五条 评估频率。绩效评估每季度进行一次（分别为3、6、9、12月下旬），如遇特殊情况无法在规定时间内完成评估，需及时向人力资源部汇报。

第六条 考核方法。对成本会计的评估，主要采用量表评定法、关键事件法、评语法三种，下表给出了其各自的特点。

不同考核方法的特点	
考核方法	特点
量表评定法	操作简便、易行，统计结果较为方便
关键事件法	因为有具体事实，员工容易接受
评语法	操作简单，但主观性强

第七条 员工对自己的考核结果不满，可在考核结束后的一周之内，向人力资源部申诉。

第八条 人力资源部接到员工申诉后，会同财务经理或财务主管对考核者再次进行评估。

第九条 最终以第二次的考核结果为准。

第十条 绩效考核是对员工进行有效管理的一种手段而不是目的，同时也要避免考核流于形式。通过绩效考核，实行奖优惩劣，促进企业的发展。

第十一条 绩效考核实施方案要随着企业发展变化而持续改进、完善。

第十二条 绩效考核要与员工薪酬、职位调整、教育培训等结合起来。

3.2.11 行政人员绩效管理制度

行政人员绩效管理制度

第一条 通过考核，对行政工作人员在一定时期内担当的职务工作所表现出来的能力、工作努力程度及工作业绩进行分析，全面评价员工的工作表现。

第二条 本制度适用于公司所有行政工作人员。

第三条 考核用途

1. 为薪资调整、职务变更、人员培训等人事决策提供依据。

2. 促使各个岗位的工作成果达到预期的目标，提高企业的工作效率，以保证企业经营目标的实现。

第四条 考核关系。由直属上级对行政人员进行考核。

第五条 由于行政人员工作具有难以量化的特点，因此对行政人员考核采用关键事件记录与技能考核并行的方法。

第六条 关键事件记录。在直属领导的工作指导下，被考核者开展工作。直属领导对被考核者的重要工作表现进行记录（见表3-33），该记录主要是为绩效考核评价提供依据，并及时进行激励或提供必要的指导，达成下属既定指标的完成。

第七条 技能考核。是通过对员工工作态度、工作能力及工作绩效的考核，来反映行政人员在一个考核周期内的绩效水平，具体考核见下表。

行政人员技能考核表

员工考核指标	权重（%）	指标说明
岗位任务完成情况	30	作为本岗位工作的主要负责人，对本岗位工作的完成程度
工作量饱满程度	10	员工所承担工作的强度及工作量的大小程度
业务协作	10	员工在领导安排的重大工作及日常工作中，配合他人完成工作的态度及结果，具体项目包括工作的主动性、响应时间、解决问题的时间、信息及时反馈、服务质量等
文字成果	15	员工针对本岗位工作及其他相关工作所做出的文字性总结和提高，特别关注员工创新性成果的固化
工作责任心	15	员工对工作职责所表现的敬业精神及尽职精神，对工作的最终成果负责，而不是以个人利益为出发点看待工作

续表

员工考核指标	权重（%）	指标说明
服从意识	10	员工能否服从分配，能否愉快接受并完成领导所交代的任务
执行能力	5	员工成功完成本职工作而需具备的交际交往能力、影响力、判断能力、计划能力、沟通能力、解决问题能力等其他相关能力的综合
专业技能	5	是指为顺利履行工作职责所需具备的专业技术、知识的拥有程度，特别关注员工通过学习和努力而使得专业技能能够得到不断提高的成果

第八条　考核者根据各种自己掌握的考核信息及相关部门或职位提供的考核信息，对被考核者依照考核内容进行考核。

第九条　考核采取循环排序法，对本部门每位员工就每项考核内容分别进行两两互相比较打分。每两位员工每项考核内容的总分为 10 分，由考核人根据两人的工作表现比较结果决定 10 分在两位互相比较的员工中的分配。

第十条　考核人员按照行政人员技能考核表，就每项考核内容重复比较每两位员工，直到所有指标比较打分完毕。具体比较如下表所示。

某公司行政人员循环比较示例表

考核内容一	员工1	员工2	员工3	员工4	员工5	员工6	本指标得分
员工 1	——	7	6	3	2	5	23
员工 2	3	——	7	3	3	4	20
员工 3	4	3	——	4	3	4	18
员工 4	7	7	6	——	4	6	30
员工 5	8	7	7	6	——	7	35
员工 6	5	6	6	4	3		24

第十一条　考核人员需要检查考核评分结果，防止在考核过程中出现（就某项考核内容），员工 1 比员工 2 强，员工 2 比员工 3 强，但出现员工 1 又比员工 3 差的现象。

第十二条　部门考核中的责任加扣分要落实到部门内部相应员工的考核结果中。

1. 取得重大贡献加 30 分。

2. 取得突出贡献加 15 分。

3. 出现较大失误减 15 分。

4. 出现严重失误减 30 分。

第十三条　行政人员直接主管对本部门员工考核情况进行汇总，得到本部门每位员工的考核得分，按如下步骤进行统计、计算。

1. 根据每项考核指标的权重计算本部门每位员工的加权总分。

2. 计算部门内每位员工最终的考核得分，其计算公式为：

员工个人考核得分＝（员工个人的加权分＋责任落实加扣分）×员工所在部门的考拉得分／100

第十四条　人力资源部对各部门员工考核结果进行合规审核和登记，作为考核结果运用的依据。

第十五条　公司高层管理人员在审核分管部门的员工考核得分时，如果发现有不公正现象，可以要求考核者进行重新考核。

3.2.12　职员考核安排表

职员考核安排表，如表 3-4 所示。

表3-4　职员考核安排表

（部门经理）　　年　月　日

姓名	部门	职称	性别	到职日期

出勤奖惩加扣分	奖勤+	迟到/次-	旷工/次-	事假/次-	病假/次-	婚假/-	小功/次+	未打卡/次-	大功/次+	丧假/次-	通报批评/次-
出勤奖惩加扣分	警告/次-	小过/次-	大过/次-	通报表扬/次+	嘉奖/次+						

项	考核内容	最高分数	自行评分	初核评分	复核评分	初核评语
领导能力	善于领导部属，提高工作意愿，积极达成目标	15				
	灵活运用部属，顺利达成目标	13				
	尚能领导部属勉强达成目标	11				
	不得部属信任，工作意愿低沉	8				
	领导方式不佳，常使部属不服或反抗	5				
策划能力	策划有系统，能力求精进、工作事半功倍	15				
	具有策划能力，工作能力求改善	13				
	称职，工作尚有表现	11				
	只能做交办事项，不知策划改进	8				
	缺乏策划能力，需依赖他人	5				
工作绩效	工作效率高，具有卓越创意	15				
	能胜任工作，效率较标准高	13				
	工作不误期，表现附和要求	11				
	勉强适任工作，无甚表现	8				
	工作效率低，时有差错	5				

续表

姓名	部门	职称	性别	到职日期

出勤奖惩加扣分	奖勤+	迟到/次—	旷工/次—	分娩假—	事假/次—	病假/次—	婚假—	小功/次+	未打卡/次—	丧假/次—	通报批评/次—
出勤奖惩加扣分	警告/次—	小过/次—	大过/次—	通报表扬/次+	嘉奖/次+	大功/次+	加扣分				

项目	考核内容	最高分数	自行评分	初核评分	复核评分	初核评语	复核评语
责任感	有积极责任心，能彻底达成任务，可以放心交付工作	15					
	具有责任心，能顺利完成任务，可以交付工作	13					
	尚有责任心，能如期完成任务	11					
	责任心不强，需有人督促，方能完成工作	8					
	欠缺责任心，亦不能如期完成工作	5					
协调沟通	善于上下沟通，平衡协调，顺利达成任务	10					
	乐意与人协调沟通	8					
	尚能与人合作，达成工作要求	7					
	协调不善，无法与人协调，致使工作发生困难	5					
	无法与人协调，致使工作无法进行	3					
授权指导	善于分配工作与权力，并能积极传授工作知识，引导部属完成任务	10					
	灵活分配工作与权力，有效传授工作知识，达成任务	8					
	尚能顺利分配工作，指导部属完成任务	7					
	欠缺分配工作，权力及指导部属的方法，任务进行偶有困难	5					
	不善于分配工作，权力及指导部属的方法，内部时有不服及怨言	3					

续表

姓名		性别		职称		部门		到职日期	

出勤奖惩 加扣分	奖勤+	迟到/次—	旷工/次—	分娩假—	婚假—	事假/次—	病假/次—	丧假/次—	通报批评/次—
									加扣分

出勤奖惩 加扣分	警告/次—	小过/次—	大过/次—	小功/次—	小功/次+	通报表扬/次+	嘉奖/次+	大功/次+	未打卡/次—
									加扣分

项目	考核内容	最高分数	自行评分	初核评分	复核评分	初核评语
品德言行	品行廉洁、言行诚信、守正不阿、足为楷模	10				
	品性减实、言行规律	8				
	言行尚属正常、无逾轨行为	7				
	固执己见、不易与人相处	5				
	品行不佳、言行粗暴	3				
成本意识	成本意识强烈、能积极节省、避免浪费	10			考核分数	
	具备成本意识、尚能节省	8				
	尚具成本意识、尚能节省	7				
	缺乏成本意识、稍有浪费	5				
	成本意识欠缺、以致常有浪费	3				
评定总分		100			评核等级	

评分人员签章	

特殊奖惩分数		理由	

考核结果	予以晋级、晋级至 级、工资晋至 元
	保留原工资级别
	予以通报批评
	予以降级、降至 级、工资降至 元

3.2.13　职员考核表

职员考核表，如表 3-5 所示。

表 3-5　职员考核表

（非部门经理）　　　　　　年　月　日

姓名		部门		职称		性别		到职日期		
出勤奖惩加扣分	奖勤＋	迟到/次－	旷工/次－	分娩假－	事假/次－	病假/次－	婚假－	未打卡/次－	丧假/次－	通报批评/次－
出勤奖惩加扣分	警告/次－	小过/次－		大过/次－	通报表扬/次＋	嘉奖/次＋	小功/次＋	大功/次＋	加扣分	

项	考核内容	最高分数	自行评分	初核评分	复核评分	初核评语
专业知识	具有丰富之专业知识，并能充分发挥完成任务	15				
	具有相当之专业知识，能顺利完成任务	13				
	具有一般之专业知识，能符合职责需要	11				
	专业知识不足，影响工作进展	8				
	缺乏专业知识，无成效可言	5				
工作绩效	工作效率高，具有卓越创意	20				
	能胜任工作，效率较标准高	17				
	工作不误期，表现附和要求	14				
	勉强胜任工作，无甚表现	10				
	工作效率低、时有差错	7				
责任感	有积极责任心，能彻底达成任务，可以放心交付工作	15				
	具有责任心，能顺利完成任务，可以交付工作	13				
	尚有责任心，能如期完成任务	11				
	责任心不强，需有人督促，方能完成工作	8				
	欠缺责任心，时时督促，亦不能如期完成工作	5				
协调合作	善于协调，能自动自发与人合作	10				复核评语
	乐意与人协调、顺利达成任务	8				
	尚能与人合作，达成工作要求	7				
	协调不善，致使工作发生困难	5				
	无法与人协调，致使工作无法进行	3				
工作态度	无须督促，能主动自发做事	10				
	具有积极性，能自觉地完成任务	8				
	基本上能积极工作	7				
	对工作不太热心	5				
	消极应付	3				

姓名		部门		职称		性别		到职日期		

出勤奖惩 加扣分	奖勤＋	迟到/ 次－	旷工/ 次－	分娩 假－	事假/ 次－	病假/ 次－	婚假－		未打卡/ 次－	丧假/ 次－	通报批 评/次－
出勤奖惩 加扣分	警告/次－		小过/次－		大过/ 次－	通报 表扬/次＋	嘉奖/次＋		小功/ 次＋	大功/次＋	加扣分

项	考核内容	最高 分数	自行 评分	初核 评分	复核 评分	初核评语
发展 潜力	学识、涵养俱优，极具发展潜力	10				
	具有相当之学识、涵养、具有发展潜力	8				
	稍有学识、涵养，可以培养训练	7				
	学识、涵养稍有不足，不适培养训练	5				
	欠缺学识、涵养、不具发展潜力	3				
品德 言行	品行廉洁、言行诚信、守正不阿、足为楷模	10				
	品性诚实、言行规律	8				
	言行尚属正常、无越轨行为	7				
	固执己见，不易与人相处	5				
	品行不佳，言行粗暴	3				
成本 意识	成本意识强烈、能积极节省，避免浪费	10				考核分数
	具备成本意识，尚能节省	8				
	尚具备成本意识，尚能节省	7				
	缺乏成本意识，稍有浪费	5				
	成本意识欠缺，以致常有浪费	3				
评定总分		100				评核等级
评分人员签章						
特殊奖惩 分数	理由					
考核结果	予以晋级，晋级至 级，工资晋至 元 保留原工资级别 予以通报批评 予以降级，降至 级，工资降至 元					

3.2.14 职员考核总结表

职员考核总结表，如表 3-6 所示。

表 3-6 职员考核总结表

主管意见
1. 综合评分： 2. 该员工在前一段工作：（1）表现最好员工之一 （2）表现优良 （3）表现满意 （4）尚需若干改进才能达到满意的地方 （5）需大幅度改进才能达到满意的地步。 3. 该员工的主要优点：   4. 该员工的主要缺点：   5. 绩效改进计划：   6. 为完成本职工作，该员工需参加培训，培训计划：   7. 该员工是否适应本职工作？□是 □否 如否，哪些工作较适合？   8. 该员工的晋升潜能，晋升方向：   9. 其他意见：   　　　　　　　　　　　　　　　　　　　　　主管签字：　　　　　　日期：

3.2.15 每月部门奖罚情况一览表

每月部门奖罚情况一览表，如表 3-7 所示。

表 3-7　每月部门奖罚情况一览表

部门	编制人数	表扬	奖励	轻微过失	过失	严重过失	重大过失	备注
合计								
建议								

填写人：　　（绩效主管）　　用途：奖罚情况汇总

联数：一式一联

人力资源经理：　　　　绩效主管：　　　　报告人：

3.3　员工工作考核工作规范

3.3.1　员工绩效考核管理制度

员工绩效考核管理制度

第一条　通过对个人绩效进行管理和评估，提高个人的工作能力和工作绩效，从而提高组织整体的工作效能，最终实现组织战略目标。

第二条　本考核制度适用于所有正式聘用员工。

第三条　本考核制度遵循以下原则。

1. 公开的原则

考核过程公开化、制度化。

2．客观性原则

用事实标准说话，切忌带入个人主观因素或武断猜想。

3．沟通的原则

考核人在对被考核者进行绩效考核的过程中，需要与被考核者进行充分沟通，听取被考核者对自己工作的评价与意见，使考核结果公正、合理，能够促进绩效改善。

4．时效性原则

绩效考核是对考核期内工作成果的综合评价，不应将本考核期之前的表现强加于本次的考核结果中，也不能取近期的业绩或比较突出的一两个成果来代替整个考核期的业绩。

第四条　公司考核各级员工成绩的记录，作为升职、升级、调动、退职、核薪及发放年终奖金的重要依据。

第五条　除副经理以上人员依企业章程办理外，公司其他各级员工的考核均分为季度考核与期末考核。

第六条　考核关系

1．被考核者是指接受考核的对象，包括公司副总经理、各部门经理和普通员工。

2．绩效考核者是被考核者的直接管理上级，绩效考核者需要熟练掌握绩效考核相关表格、流程、考核制度，做到与被考核者的及时沟通与反馈，公正地完成考核工作。

3．考核结果审核者是考核者的直接上级，即被考核者的跨级上级，其主要作用是对考核结果进行审核，接受被考核者对考核结果的申述。

4．人力资源部组织并派专人监督各部门绩效考核实施过程，并将评估结果汇总上报总经理审定。

5．总经理是考核结果的最终审定者。

第七条　绩效考核指标体系的构成包括以下4个方面，在不同的考核期，针对不同的考核岗位，可选取不同的指标组合。

1．财务指标

公司考核期的收入和利润目标完成情况。

2．客户指标

客户、经销商满意度及市场维护相关指标的完成情况。

3．内部过程指标

部门或岗位的考核期重点工作的完成情况。

4．学习成长指标

部门或岗位业务能力和创新能力的提升情况。

第八条　绩效考核指标确定。确定公司级考核期内重点战略目标和核心举措，具体包括以下4点。

1．根据公司重点战略目标和核心战略举措，确定部门的目标和核心支持举措。

2．根据部门核心举措，确定分解到岗位的工作目标和核心举措，并选取4~6个指标作为考核指标，同时根据重要程度确定各指标的权重。

3．确定考核指标的衡量标准。

4．考核指标的制定过程是管理人员与员工的双向沟通过程，从考核指标的选择、权重的设定、考核标准的设定都要与员工有充分的沟通，使员工全面参与指标的设置过程，承诺指标的完成。

第九条　有下列事迹之一者，根据其事由、动机、影响程度报请升职、记大功、记功、嘉奖等奖励，并记入考核记录。

1．对公司业务上或技术上有特殊贡献，并经采用而获显著绩效者。

2．遇有特殊危急事故，冒险抢救，保全公司重大利益或他人生命者。

3. 对有危害公司产业或设备的意图，能防患于未然，因而避免损害者。

第十条 有下列行为之一者，视其情节轻重程度，报请免职、记大过、记过、申诫、降级等处罚，并记入考核记录。

1. 行为不检、屡教不改或破坏纪律情节重大者。

2. 遇特殊危急事变，畏难逃避或救护失时，导致公司或公众蒙受重大损害者。

3. 对可预见的灾害疏于觉察或临时急救措施失当，导致公司遭受不必要的损害者。

4. 觉察到对公司的重大危害，因徇私不顾或隐匿不报，因而耽误时机致公司遭受损害者。

第十一条 下列人员不得参加年度考核。

1. 入职未满半年者。

2. 停薪留职及复职未达半年者。

3. 已征召入伍者。

4. 曾受留职察看处分者。

5. 中途离职者。

第十二条 不得参加年度考核的人员，仍应填写考勤及奖惩资料备查，但应注明"不参加考核"字样及原因。

第十三条 通过培训，使考核人掌握绩效考核相关技能，熟悉考核的各个环节，准确把握考核标准，分享考核经验，掌握考核方法，克服考核过程中常见的问题。

第十四条 考核等级划分。考核结果共分为 A 级、B 级、C 级、D 级、E 级五级。具体标准如下。

A 级 85 分以上，年度考核在 85 分以上。

B 级 80～85 分，年度考核在 80 分以上。

C 级 70～79 分，年度考核在 70 分以上。

D 级 60～69 分，年度考核在 60 分以上。

E 级 59 分以下，年度考核未满 60 分。

第十五条 年度内曾受奖励或惩戒者，其年度考核应依下列规定增减其分数。

1. 记大功 1 次加 10 分；记功 1 次加 5 分；嘉奖 1 次加 2 分。

2. 记大过 1 次减 10 分；记过 1 次减 5 分；申诫 1 次减 2 分。

第十六条 有下列情形之一者，其考核不得列为 A 级。

1. 曾受任何一种惩戒。

2. 迟到或早退累计扣 10 分以上者。

3. 请假超过限定天数者。

4. 旷工 1 天以上者。

第十七条 有下列情形之一者，其考核不得列入 A 级至 C 级。

1. 在年度内曾受记过以上处分者。

2. 迟到或早退累计 20 次以上者。

3. 旷工两日以上者。

第十八条 考核等级分配。A 级占考核人数的 5%，B 级占考核人数的 50%，C 级占考核人数的 30%，D 级占考核人数的 10%，E 级占考核人数的 5%。以上为公司建议比例，不做硬性规定，但 A 级和 E 级的比例不得超过 5%。

第十九条 绩效考核结果运用在员工工资级别调整

1. 对于年度绩效考核为 A 级的员工，其岗位工资等级在本岗位职级范围内自动上升一档。

2. 对于连续两年度绩效考核达到 B 级标准的员工，其岗位工资等级在本岗位职级范围内自动上升一档。

3．对于连续三年年度绩效考核为 C 级的员工，其岗位工资等级在本岗位职级范围内自动上升一档。

4．对于年度绩效考核为 E 级的员工，其岗位工资等级在本岗位职级范围内自动降低一档。

第二十条　绩效考核结果运用在员工岗位调整

1．员工晋升

年度绩效考核结果是人力资源部决定员工是否晋升的主要依据，对考核成绩为 A 类的员工，人力资源部根据当时公司的用人需求情况，制定员工晋升提案，并上报公司管理层。

2．工作调动

年终绩效考评在 E 类的员工，如果被考核者认为在别的岗位更能发挥其能力并能提高工作业绩，可以考虑进行公司内部岗位调动。

3．终止合同

年终考评在 E 类的员工，如果公司认为在别的岗位也无法发挥其能力并提高工作业绩，公司可以终止与员工签订下年度劳动合同。

第二十一条　每次考核结束后，由直接上级安排对下属进行绩效考核面谈。绩效考核面谈应在绩效考核结束后一周内由直接主管安排，并报人力资源部备案。

3.3.2　员工奖惩考核管理制度

员工奖惩考核管理制度

第一条　为严明纪律，奖励先进，处罚落后，调动员工积极性，提高工作效益和经济效益，特制定本制度。

第二条　本制度适用于除部门经理级以上的公司员工。

第三条　基本原则

1．精神鼓励和物质鼓励相结合，对违反规章制度，坚持以教育为主、惩罚为辅的原则。

2．制度面前人人平等，所有员工无论职位高低在适用奖惩规范时一律平等。

3．处理奖惩以事实为依据，以制度为准绳。

第四条　奖励方法

1．晋升

职务、薪级提高，分为依照薪酬制度有其他规定晋升和越级晋升两种。

2．加薪

职务、级别不变，增加月薪数额，根据实际情况每月增加 50～2 000 元。

3．奖金

一次性给予现金或其他有价物品奖励，根据实际情况奖励现金，数额不限。

4．记大功

一年内记小功两次的给予加薪。

5．记小功

一年内记小功三次为记大功一次。

6．嘉奖

一年内记嘉奖三次为记小功一次。

第五条　奖励审批权限类别。奖励审批权限类别分为提议、审核、复核、批准、备案，具体审批权限归属见表 3-21 所示。

第六条　奖励种类。公司奖励分为服务年资奖、创新奖、功绩奖和全勤奖 4 种。

1．服务年资奖

员工服务年资满 10 年、20 年及 30 年，其服务成绩与态度均属于优秀的，分别授予服务 10 年铜制奖章、服务 20 年银制奖章及服务 30 年金制奖章。

2．创新奖

员工符合下列条件之一者，经审查合格后授予创新奖。

（1）设计新产品，对公司有特殊贡献的。

（2）从事有益业务的发明或改进，对节省经费、提高效率或对经营合理化的其他方面做出贡献的。

（3）在独创性方面尚未达到发明的程度，但对生产技术等业务确有特殊贡献的。

3．功绩奖

员工符合下列条件之一的，经审查合格后授予功绩奖。

（1）从事对公司有显著贡献的特殊行为的。

（2）对提高公司声誉有特殊功绩的。

（3）对公司的损害能够防患于未然者。

（4）遇到非常事变，如灾害事故等，能临机应变，措施得当者。

（5）敢冒风险，救护公司财产及人员脱离危难的。

4．全勤奖

员工连续一年未请病、事假或迟到早退者，经审查合格后授予全勤奖。

第七条　奖励条件

对下列表现之一的员工，应当给予奖励。

1．遵纪守法，执行公司规章制度，思想进步、文明礼貌、团结互助、事迹突出。

2．一贯忠于职守、积极负责、廉洁奉公，全年无事故。

3．完成计划指标，经济效益良好。

4．积极向公司提出合理化建议，并为公司采纳。

5．全年无缺勤，积极做好本职工作。

6．维护公司利益，为公司争得荣誉，防止事故或挽救经济损失。

7．维护财经纪律，抵制歪风邪气且事迹突出。

8．节约资金，节俭费用数额较大。

9．领导有方，带领员工出色完成各项任务。

10．坚持自学，不断提高业务水平，任职期内取得大专以上文凭或获得其他专业证书。

11．为公司做出其他贡献，董事会或总经理认为应当给予奖励的。

第八条　奖励项目

1．奖励评选和考核的组织

各部门根据各类具体奖励实施方案，组织实施，经考核和评选得出奖励结果。

2．奖励申请

各部门根据各类奖励评选和考核后的结果，确定奖励人员和应受奖励的种类和具体数额，填写奖励申请表并提交相关依据和资料，按审批权限逐级上报。

3．奖励裁决

奖励裁决部门和管理人员根据申请人提交的资料进行审核，依据相关规定按权限做出奖励裁决并通知本人。

第九条 处罚办法

1．免职

免职后永不录用，因触犯法律而免职的应送司法机关侦办。

2．降级

降低职务或薪资等级。

3．降薪

每月工资降低一定数额。

4．记大过

一年内记大过两次的给予降薪。

5．记小过

一年内记小过三次为记大过一次。

6．警告

一年内记警告三次为记小过一次。

第十条 处罚审批权限类别。处罚审批权限类别分为提议、审核、复核、批准和备案，具体审批权限归属见表 3-21。

第十一条 员工有下列行为之一者，经批评教育不改的，视情节轻重，分别给予警告、记过、降薪、降级、免职等处分。

1．违反国家法规、法律、政策和公司规章制度，造成经济损失或不良影响的。

2．违反劳动法规，经常迟到、早退、旷工、消极怠工、没完成工作任务的。

3．不服从工作安排和调动，或无理取闹影响工作秩序的。

4．拒不执行董事会决议及总经理、经理或部门领导决定，干扰工作的。

5．工作不负责，损坏设备、工具，浪费原材料、能源，造成经济损失的。

6．玩忽职守，违章操作或违章指挥，造成事故或经济损失的。

7．滥用职权，违反财经纪律，挥霍浪费公司财务，损公肥私，造成经济损失的。

8．财务人员不坚持财经制度，丧失原则，造成经济损失的。

9．贪污、盗窃、行贿受贿、敲诈勒索、赌博、流氓、斗殴，尚未达到刑事处分的。

10．挑动是非，破坏团结，损害他人名誉或领导威信，影响恶劣的。

11．泄露公司秘密，把公司客户介绍给他人或向客户索取回扣、介绍费的。

12．散布谣言，损害公司声誉或影响股价稳定的。

13．利用职权对员工进行打击报复或包庇员工违法乱纪的。

14．有其他违章违纪行为，董事会或总经理应予以处罚的。

员工有上述行为，情节严重，触犯刑律的，提交司法部门依法处理。

第十二条 员工由上述行为造成公司经济损失的，责任人除按上条规定承担应负的责任外，按以下规定赔偿公司损失。

1．造成经济损失 5 万元以下（含 5 万元），责任人赔偿____%～____%。

2．造成经济损失 5 万元以上的，由人力资源部或行政部报总经理或董事局决定责任人应赔偿的金额。

第十三条 本制度自发布之日起生效。

3.3.3　员工技术等级考核管理制度

员工技术等级考核管理制度

　　第一条　公司成立员工技术等级考核委员会。公司主管领导为该委员会负责人，人力资源部及有关部门负责人为组成人员，并根据实际情况设立不同专业工种的考评小组。

　　第二条　员工的技术等级考核应以国家颁布的《工人技术培训考核大纲》的要求实施培训考核。技术等级标准统一归类为初、中、高三个等级。

　　第三条　员工的培训考核，由人力资源部负责提供有关工种的名单。厨师、服务员等，中级工及其以下由公司自行组织考核；汽车司机、工程维修工等特殊工种委托有关专业单位或部门进行考核。员工的考核试题均需经人力资源部会审。

　　第四条　工作满一年以上的员工，均可参加公司组织的技术等级考核。

　　第五条　技术考核的评分标准，以"应知""应会"和平时成绩三项汇总，总分为100分，其中"应知"占30%；"应会"占50%；平时成绩占20%。

　　第六条　在日常考核中，因业务技术水平差而完不成任务，经部门研究讨论，报告考核委员会批准，可下浮其技术等级。

　　第七条　凡综合评估与业务技术考评成绩不合格者，应安排业务培训，培训后考核成绩仍不符合者的，做转岗或下岗人员安排。

　　第八条　为鼓励员工钻研业务技术，提高技术水平和服务质量，根据上级主管部门的意见和在规定的比例范围内，为优秀员工提供一个技术等级的考核的机会。

　　第九条　考核合格颁发证书后，公司要对晋级后的人员进行追踪考核。实行技术等级有升有降的制度。推行厨师定级定灶，定质定量，上灶操作的措施。建立每位厨师的考核档案，并将不定期的考核成绩和技术状况载入其工作档案中。

　　第十条　技师和高级技师的考核工作，按公司所在地的劳动部门和上级主管部门规定进行。

3.3.4　员工绩效考核表

　　员工绩效考核表，如表 3-8 所示。

表 3-8　员工绩效考核表

本表可以复印。填好并与主管确认后，请主管负责复印一份送人力资源部备案。

姓名：		入职时间：		审核人：
职位：		部门：		审核期

第一部分：业绩评估						
个人业绩目标	权重	完成状况				评估结果
		1	2	3	5	
5=超越目标		3=符合目标		2=部分符合目标		1=不符合目标

第二部分：核心能力评估				
核心能力	1	2	3	5
解决突发问题的能力	□	□	■	□
团队领导协作能力	□	■	□	□
学习，创新，持续改进的能力	□	□	■	□
指导、帮助下属工作的能力	□	□	■	□
以客户为导向	□	■	□	□
快速反应，适应变化的能力	□	■	□	□
结果行动导向	□	□	■	□
评估总分				

5	3	2	1
深入理解该用途能力，在各种场合始终如一地表现出此方面的行为	良好地理解该胜任能力，在大部分的情况下都能够表现出此方面的行为	基本理解胜任能力，在一般情况下能够表现出此方面的行为	处于开始学习的阶段，较少表现出该胜任能力所要求的行为

第三部分：工作态度评估				
工作态度	1	2	3	5
有责任感，愿意承担更多的责任	□	□	■	□
注重协作，发挥团队精神	□	■	□	□
工作的计划性、周密性	□	□	■	□
自己以身作则	□	■	□	□
认真完成任务	□	■	□	□
评估总分				

5	3	2	1
作为他人的榜样，向他人提供指导	不需要他人的指导就能够表现该方面的要求	有时需要他人的提醒和指导	经常需要他人的指导，反馈后能够及时调整

3.3.5　员工自我述职报告

员工自我述职报告，如表 3-9 所示。

表 3-9　员工自我述职报告

姓名：	入职时间：	审核人：
职位：	部门：	审核期：

年度工作总评			
表现出的突出方面及潜在能力			
需要发展的领域	发展结果	问题	行动

对绩效计划/评估结果的意见		
被考核人	考核人	总经理
签字： 日期：	签字： 日期：	签字： 日期：

3.3.6 员工技能考核结果量化表

员工技能考核结果量化表，如表 3-10 所示。

表 3-10 员工技能考核结果量化表

姓名：		入职时间：		考核人：	
职位：		部门：		考核期：	

刚性技能指标	指标名称	权重	目标值	实际值	考核得分	得分说明

软性技能指标	指标名称	权重	考核得分	得分说明

工作能力指标	指标名称	权重	考核得分	得分说明

考核得分		考核者（签章）		审核时间	
备注					
被考核者（签章）			审核者（签章）		

3.3.7 员工德能考核结果量化表

员工德能考核结果量化表，如表 3-11 所示。

表 3-11　员工德能考核结果量化表

姓名：		入职时间：		考核人：	
职位：		部门：		考核期：	

诚信品德指标	指标名称	权重	平均得分	工作态度指标	指标名称	权重	平均得分
考核最后得分				考核最后得分			
合计得分		考核者（签章）			考核时间		
备注							
被考核者（签章）				审核者（签章）			

3.3.8　营销人员考核表

营销人员考核表，如表 3-12 所示。

表 3-12　营销人员考核表

被考核者		所属部门		职位名称	
考核者		考核者职位		考核期	
考核内容					

指标分类	考核指标	权重（%）	量化标准		得分	得分依据
			打分标准	区间		
工作业绩	销售计划完成率	35	90≤P≤100　P＝实际销售量/计划销售量	91～100		
			80≤P<90　P＝实际销售量/计划销售量	81～90		
			70≤P<80　P＝实际销售量/计划销售量	71～80		
			50≤P<70　P＝实际销售量/计划销售量	51～70		
			0≤P<50　P＝实际销售量/计划销售量	0～50		
	回款计划完成率	10	90≤P≤100　P＝实际回款/计划回款	91～100		
			80≤P<90　P＝实际回款/计划回款	81～90		
			70≤P<80　P＝实际回款/计划回款	71～80		
			50≤P<70　P＝实际回款/计划回款	51～70		
			0≤P<50　P＝实际回款/计划回款	0～50		
	市场维护	15	客户关系非常融洽，要货非常稳定	93－100		
			客户关系很融洽，要货很稳定	81～90		
			客户关系融洽，要货比较稳定	71～80		
			客户关系一般，要货不太稳定	51～70		
			客户关系紧张，要货极不稳定	0～50		

被考核者			所属部门		职位名称	
考核者			考核者职位		考核期	
考核内容						
指标分类	考核指标	权重（%）	量化标准		得分	得分依据
			打分标准	区间		
工作态度	信息反馈	15	市场信息都能得到及时反馈，信息非常准确	91～100		
			市场信息大部分的时候能得到及时反馈，信息很准确	81～90		
			市场信息一般情况能得到及时反馈，信息较为准确	71～80		
			市场信息反馈不及时，信息不太准确	51～70		
			市场信息基本上不能得到及时反馈，信息极不准确	0～50		
	工作责任心	10	有强烈的责任心，从来没有失职行为	91～100		
			有较强的工作责任心，极少有失职行为	81～90		
			有相当的工作责任心，但是偶尔也有失职行为	71～80		
			有一定的工作责任心，时常有失职行为	51～70		
			基本上没有工作责任心，工作失职习以为常	0～50		
	工作积极性	5	工作非常积极，工作任务从来不会延迟	91～100		
			工作较为积极，工作任务极少延迟	81～90		
			工作相当积极，工作任务偶尔也会延迟	71～80		
			工作不太积极，工作任务经常会延迟	51～70		
			工作很不积极，工作任务延迟习以为常	0～50		
	团队意识	5	有强烈的团队意识，总是主动协助他人完成工作	91～100		
			有较强的团队意识，经常主动协助他人完成工作	81～90		
			有相当的团队意识，偶尔主动协助他人完成工作	71～80		
			有一定的团队意识，极少主动协助他人完成工作	51～70		
			基本上没有团队意识，从不主动协助他人完成工作	0～50		
	服从意识	5	有强烈的服从意识，从不违反规章制度和工作标准	91～100		
			有较强的服从意识，极少违反规章制度和工作标准	81～90		

续表

被考核者			所属部门			职位名称	
考核者			考核者职位			考核期	
考核内容							
指标分类	考核指标	权重（%）	量化标准			得分	得分依据
			打分标准		区间		
			有相当的服从意识，偶尔违反规章制度和工作标准		71～80		
			有一定的服从意识，多次违反规章制度和工作标准		51～70		
			基本上没有服从意识，时常违反规章制度和工作标准		0～50		
合计		100					
备注							
考核得分		考核者简评		签名：			
审核加分		上级审核		签名：			
审核扣分		人力资源审核		签名：			
最后得分		审批		签名：			

3.3.9 生产人员考核表

生产人员考核表，如表 3-13 所示。

表 3-13 生产人员考核表

工号		姓名		班组	
岗位		考核期		考核时间	

项目＼标准	不符合目标		低			符合目标			高		
	0	2	3	4	5	6	7	8	9	10	
主动性	工作不主动，缺乏热情，需要上级不断督促，只能完成指令性工作	工作有一定的主动性和热情，但还需要上级的督促			工作热情，能主动考虑问题，并主动提出解决办法，对接口职责范围之事不扯皮			对任何工作都有积极持久的工作热情，能以主人翁的态度去完成工作，对分内和分外之事都能积极主动去做			
	0	2	3	4	5	6	7	8	9	10	
工作效率	效率差，工作拖沓重复，不能够按时完成分内工作	工作效率不高，但不误期			效率一般，能在要求的时间内完成工作			效率极高，能在相对较短的时间内高质量地完成工作，并给予他人协助			

工号		姓名		班组	
岗位		考核期		考核时间	

项目 ＼ 标准	不符合目标	低			符合目标			高		
	0	**2**	**3**	**4**	**5**	**6**	**7**	**8**	**9**	**10**
服从性	对上级指令阳奉阴违	服从上级指令，但执行不力，工作不能落到实处			服从上级指示，积极配合行动落实			充分贯彻执行命令，予以积极配合		
	0	**2**	**3**	**4**	**5**	**6**	**7**	**8**	**9**	**10**
业务水平	专业知识及对工作的不足，影响工作进展，需要经常指导并帮助	有一般专业知识及能力，能符合工作需要，需要指导			有相当的专业知识和业务能力，能顺利完成任务，偶尔需要帮助			有丰富的专业知识和很强的业务能力，并能充分发挥完成任务和给他人以协助		
	0	**2**	**3**	**4**	**5**	**6**	**7**	**8**	**9**	**10**
发展潜力	学识、涵养欠缺且不注意自我培养，不具发展潜力	稍有学识、涵养，有自我发展意识，可培养			具有相当学识、涵养，注意个人发展，具有发展潜力			学识、涵养俱优，注意个人发展与公司整体目标的协调，极具发展潜力		
	0	**2**	**3**	**4**	**5**	**6**	**7**	**8**	**9**	**10**
成本意识	成本意识差，不注意生产办公资源的节约，浪费严重	成本意识低，生产、工作中稍有浪费			具有成本意识，注意在生产工作中节约资源			有强烈的成本意识，注意在生产工作中节约资源，控制成本		
	0	**2**	**3**	**4**	**5**	**6**	**7**	**8**	**9**	**10**
安全环保意识	无安全环保意识，工作中不遵守劳动安全纪律及环保规定	有安全环保意识，但对公司在安全、环保方面的操作要求，偶有违反			良好的安全环保意识，能够全面遵守公司的安全环保规定			高度的安全环保意识，在工作中遵守公司安全环保规定，并能提醒协助他人		
	0	**2**	**3**	**4**	**5**	**6**	**7**	**8**	**9**	**10**
个人仪表	常不修边幅，不注意形象	不太注重仪容整洁及建立个人形象			通常保持仪容整洁，给人以大方得体的印象			经常保持仪容整洁，注重建立个人及公司形象		
	0	**2**	**3**	**4**	**5**	**6**	**7**	**8**	**9**	**10**
品德言行	品德言行有明显缺点，且并无改善提高的意愿	言行一般，没有明显优缺点，尚可接受			品行诚实，言行得体，平易近人			品行廉洁，言行诚实，刚正不阿，能起到表率带头作用		

工号		姓名		班组		
岗位		考核期		考核时间		
项目 标准	不符合目标		低		符合目标		高

项目 \ 标准	不符合目标	低			符合目标			高		
	0	2	3	4	5	6	7	8	9	10
遵章守纪	散漫,在工作中不能遵守公司的规定,常有违章乱纪行为	能够遵守公司的纪律,偶有违反			遵守公司的规章、纪律,严格要求自己			遵章守法,严格要求自己,能够树立榜样		
合计得分										
主管考核意见						签字:				
人力资源部复核意见						签字:				

3.3.10 总经理考核方案表

总经理考核方案表,如表 3-14 所示。

表 3-14 总经理考核方案表

指标维度	指标名称	权重(%)	考核频率	考核资料来源	绩效目标值
财物类	企业总产值	10	年度	财务部	达到_____万元,比上一年度增长___%
	利润	10	年度	财务部	达到_____万元,比上一年度增长___%
	资金利用率	6	年度	财务部	达到___%
	管理费用	6	年度	财务部	不突破预算
内部运营类	公司战略规划的及时性、规范性	5	年度	董事会	1. 每年_____月_____日之前,将年度战略规划交至董事会 2. 战略规划在执行的过程中修改的次数不得超过_____次
	年度发展战略目标完成率	5	年度	董事会	企业发展战略中年度目标完成率达到_____%以上
	对公司投资项目建议被采纳并实施的次数	5	年度	董事会	不得低于_____次
	主营产品的产量	7	年度	董事会	1. 产品燃气热水器生产___万台以上 2. 产品电热水器生产___万台以上 3. 产品抽油烟机生产___万台以上
	劳动生产率	5	年度	生产部	达到___%,比上一年度提高___%
	危机事件处理情况	5	年度	行政部	得到比较完善的解决

指标维度	指标名称	权重（%）	考核频率	考核资料来源	绩效目标值
客户类	产品市场占有率	8	年度	市场部	达到___%
	品牌知名度	8	年度	市场部	参照市场调查结果的分析报告
	客户投诉率	5	年度	售后服务部	控制在____%
学习发展类	员工任职资格达标率	5	年度	人力资源部	____%
	关键员工保有率	5	年度	人力资源部	达到____%
	人员流失率	5	年度	人力资源部	控制在____%

3.3.11 人力资源总监考核方案表

人力资源总监考核方案表，如表 3-15 所示。

表 3-15 人力资源总监考核方案表

指标维度	指标名称	权重（%）	考核频率	考核资料来源	绩效目标值
财务类	招聘费用预算达成率	10	年度	人力资源部	达到___%
	培训费用预算达成率	10	年度	人力资源部	达到___%
	人力资本总额控制成本	10	年度	人力资源部	控制在预算内
内部营运类	部门工作计划完成率	10	年度	人力资源部	完成率达到___%
	员工工资发放出错次数	5	年度	人力资源部	出错率控制在___%以内
	员工社会保险及其他福利计算出错率	5	年度	人力资源部	出错率控制在___%以内
	中层以上经理绩效计划按时完成率	10	年度	人力资源部	达到___%
	绩效考核申诉处理及时性	5	季度/年度	人力资源部	未及时对员工投诉及有关人事争议做出有效解决的不得超过___次/季
	关键员工招聘完成率	10	年度	人力资源部	完成率达到____%
客户类	部门协作满意度	5	年度	人力资源部	满意度评价为____分
学习发展类	人员任职资格达标率	5	年度	人力资源部	达标率为____%
	公司员工培训计划完成率	5	年度	人力资源部	完成率达到____%
	员工满意度	5	年度	人力资源部	满意度评价为____分
	关键员工流失率	5	年度	人力资源部	控制在____%以内

3.3.12　行政总监考核方案表

行政总监考核方案表，如表 3-16 所示。

表 3-16　行政总监考核方案表

指标维度	指标名称	权重（%）	考核频率	考核资料来源	绩效目标值
财务类	行政管理费用控制	10	年度	财务部	在预算之内，比上一年度降低_____%
	行政性固定资产流失率	10	年度	财务部	控制在合理的范围内
内部运营类	行政管理制度的规范性与完善性	10	年度	人力资源部	1. 年度因规章制度的不完善造成管理出现遗漏或失误的次数不得超过____次 2. 规章制度的执行情况，领导评分在_____分以上，员工评价在_____分以上
	部门工作计划完成率	10	年度	人力资源部	达到____%
	行政性固定资产完好率	10	年度	财务部	达到____%
	办公用品采购的及时性	10	季度/年度	采购部	能及时满足各职能部门人员的需求
	文档资料的完整性	10	年度	行政部	1. 相关文档资料内容齐全 2. 文档资料的完好率达到_____%
	公司安全情况	10	年度	行政部	发生盗窃、火灾等重大事故的次数为 0
客户类	外部客户满意度评价	5	年度	人力资源部	满意度评价为____分
	部门满意度评价	5	年度	人力资源部	后勤服务满意度评价为____分
学习发展类	培训计划完成率	5	年度	人力资源部	达到____%
	关键员工保有率	5	年度	人力资源部	达到____%

3.3.13　财务总监考核方案表

财务总监考核方案表，如表 3-17 所示。

表 3-17 财务总监考核方案表

指标维度	指标名称	权重（%）	考核频率	考核资料来源	绩效目标值
财务类	净利润完成情况	10	年度	财务部	达到公司目标值
	净资产收益率	10	年度	财务部	达到公司目标值
	部门费用控制	10	年度	财务部	在预算之内
	呆坏账比例	10	年度	财务部	控制在____%以内
内部运营类	财务管理制度的完善性	5	年度	企业高层	因财务管理制度不完善而出现较为明显的财务运作混乱的情况为 0 次
	财务报表完成的及时性	5	季度/年度	企业高层	每月的____之前将相关财务报表交至相关部门
	财务报表信息的有效性	10	季度/年度	企业高层	及时、真实准确地向公司领导提供决策支持性的财务分析报告
	财务工作的准确性	10	季度/年度	企业高层	财务报表、会计核算数据的准确性达到____%
	资金供应的及时性	10	年度	各职能部门	因资金供应不及时而影响公司重要经营活动顺利进行的次数为 0
客户类	供应商满意度（财务支付）	5	年度	人力资源部	供应商满意度评价为____分
	部门协作满意度	5	年度	人力资源部	部门满意度评价为____分
学习发展类	培训计划完成率	5	年度	人力资源部	达到____%
	关键员工保有率	5	年度	人力资源部	达到____%

3.3.14 市场总监考核方案表

市场总监考核方案表，如表 3-18 所示。

表 3-18 市场总监考核方案表

指标维度	指标名称	权重（%）	考核频率	考核资料来源	绩效目标值
财务类	销售收入	8	年度	财务部	达到____元
	销售增长率	8	年度	财务部	比上一年度增长____%
	货款回收率	8	年度	财务部	达到____%
	费用控制	6	年度	财务部	控制在预算之内
内部运营类	销售计划完成率	10	季度/年度	市场部	达到____%
	营销策划活动执行率	7	季度/年度	市场部	达到____%
	品牌宣传的有效性	5	年度	市场部	是否达到预期效果
	市场信息收集的及时性、有效性	4	季度	市场部	信息系统建设的完善情况

续表

指标 维度	指标名称	权重 （%）	考核频率	考核资料 来源	绩效目标值
客户类	产品市场占有率	10	季度/年度	市场部	达到____%
	企业知名度	9	年度	市场部	参考相关调查结果
	客户增长率	10	年度	市场部	比上一年度增长____%
	客户满意度	5	年度	人力资源部	客户满意度评价在____分
学习发 展类	培训计划完成率	5	年度	人力资源部	完成率为____%
	关键员工保有率	5	年度	人力资源部	保有率为____%

3.3.15　生产总监考核方案表

生产总监考核方案表，如表3-19所示。

表3-19　生产总监考核方案表

指标 维度	指标名称	权重 （%）	考核频率	考核资料 来源	绩效目标值
财务类	生产成本控制	10	年度	财务部	控制在预算之内
	成本预算达成率	10	年度	财务部	达到____%
内部运 营类	产品产量	10	年度	生产部	1. 产品产量按计划完成率达到____% 2. 产品燃气热水器产量达到____台以上 3. 产品电热水器产量达到____台以上 4. 产品抽油烟机产量达到____台以上
	交货准时率	8	季度/年度	生产部	达到____%
	订单需求满足率	9	季度/年度	生产部	达到____%
	采购计划完成率	8	季度/年度	生产部	达到____%
	设备利用率	5	年度	生产部	达到____%
	设备完好率	5	年度	生产部	达到____%
	设备维修率	5	年度	生产部	达到____%
	安全生产事故发生率	10	年度	生产部	低于____‰
客户类	供应商满意度	5	年度	人力资源部	供应商满意度评价在____分以上
	部门协作满意度	5	年度	人力资源部	其他部门满意度评价在____分以上
学习发 展类	培训计划完成率	5	年度	人力资源部	达到____%
	关键员工保有率	5	年度	人力资源部	达到____%

3.3.16　技术总监考核方案表

技术总监考核方案表，如表3-30所示。

表 3-20 技术总监考核方案表

指标维度	指标名称	权重（%）	考核频率	考核资料来源	绩效目标值
财务类	技术改造费用	5	年度	财务部	控制在预算范围的____%左右
	课题研究费用	5	年度	财务部	控制在预算范围的____%左右
内部运营类	产品质量	10	年度	技术部	1．产品燃气热水器合格率在____%以上，优良率为____%以上 2．产品电热水器合格率达到____%以上，优良率在____%以上 3．产品抽油烟机达到____以上，优良率在____%以上
	工艺改造计划完成率	6	季度/年度	技术部	完成计划的____%
	工艺改进消耗降低率	6	年度	技术部	达到____%
	主要设备故障停机次数	5	年度	生产部	控制在____次以下
	技术获得专利项数	7	年度	技术部	达到____项
	新产品开发计划完成率	6	年度	技术部	完成____%
	新产品投入市场的稳定性	8	年度	市场部	因产品质量或技术问题而下架的次数为 0
	ISO 评审、产品认证获通过	6	年度	技术部	参考相关技术文件规定说明
	产品重大质量事故发生率	6	年度	生产部	控制在____%以内
	技术的保密性	5	年度	技术部	技术泄密次数为 0
客户类	产品质量投诉率	5	年度	市场部	控制在____%以内
	客户对产品的满意度	5	年度	人力资源部	客户满意度评价为____分
	部门合作满意度	5	年度	人力资源部	部门评价为____分
学习发展类	部门培训计划完成率	5	年度	人力资源部	完成率达到____%
	关键员工保有率	5	年度	人力资源部	维持在____%

3.3.17 员工奖惩建议申请表

员工奖惩建议申请表，如表 3-21 所示。

表 3-21 员工奖惩建议申请表

申请日期

建议类别	奖励	记大功	小功两次	小功一次	嘉奖两次	嘉奖一次	表扬
	惩罚	记大过	小过两次	小过一次	申诫两次	申诫一次	警告

被建议人	部门： 职位： 姓名：

建议类别	奖励	记大功	小功两次	小功一次	嘉奖两次	嘉奖一次	表扬
	惩罚	记大过	小过两次	小过一次	申诫两次	申诫一次	警告

事实说明	
人力资源部门意见	
批示	
复核意见	
主管部门意见	

3.3.18 员工工资变动申请表

员工工资变动申请表，如表 3-22 所示。

表 3-22 员工工资变动申请表

日　期

姓名		部门		职务	
工作内容					
聘用日期					
考核记录 □优　　　　　□好　　　　　□普遍					
现在工资率		最低工资率			
将调整工资率		工资等级			
变动理由 □晋升　　　□调整工作　　　□考绩优良　　　□年资增加					
任原职工作需要条件					
新工作需要条件					
备注					

	申请者		批准者	
签章				
日期				
人事经办		审核		拟定
批示				

3.4　员工工作评估工作规范

3.4.1　专业技术职称评定和考核管理制度

专业技术职称评定和考核管理制度

第一条　专业技术职称评定和考核工作在上级主管部门的统一领导下进行。人力资源部要认真做好摸底调查工作，掌握基本情况，协助上级主管部门做好考核和核定工作，包括申请职称员工的政治、业务、资格等情况，及时提供各种有关数据和材料，并组织参加全国专业技术资格统一考试。

第二条　认真做好职称评定和考核工作中员工的思想工作，及时反映情况，做好上情下达，下情上报及解释工作。严格按照政策规定办事。

第三条　做好专业技术职称评定与考核的分类工作。考核的组织准备工作细致周到，考核成绩及时汇总登记；部分专业技术职称的评定，要及时与有关考评委员会联系，落实有关事项，做好衔接工作。

第四条　专业技术职称应作为有关专业技术岗位上岗人员的必备标准。人力资源部要做好专业技术职称评定和考核的台账。

3.4.2　员工考评管理制度

员工考评管理制度

第一条　员工考评是经营管理中的计划、组织、指挥、监督、协调五大职能中，履行监督职能的管理办法。它是现代科学人力资源管理的一种激励的控制手段。

第二条　员工考评工作。人力资源部根据员工考评的内容，主要包括出勤率、劳动纪律、劳动态度、工作技能、劳动实绩和服务质量等，会同有关部门共同制定考核标准和考核方法，按照员工岗位工作规范的要求，组织并实施考评。

第三条　员工考评应列入日常工作的计划中，形成考评制度化。部门应每月进行一次对员工综合的考评，班组应每日一次对员工综合的考评，人力资源部一般在半年左右至少对员工的考评情况进行一次汇总性的评估，为开展人事培训实务做好充分准备。

第四条　对员工的考评，必须做好原始记录，制定的数量和质量标准都要明确，把员工考评的结果与员工的合理使用和相应的待遇联系挂钩，使员工考评工作起到调动员工积极性，激励员工提高工作效率的作用。

3.4.3　员工个人工作目标月度管理图表

员工个人工作目标月度管理图表，如表 3-23 所示。

表 3-23　员工个人工作目标月度管理图表

姓名

工作目标值	实施进度旬			协办	责任领导	完成情况	总结评价

工作目标值	实施进度旬			协办	责任领导	完成情况	总结评价
备注							

填写：　　　（人力资源部）

联数：每个岗位一式一联。上报人力资源经理审核汇总

制表人：

3.4.4　员工奖惩月报表

员工奖惩月报表，如表 3-24 所示。

表 3-24　员工奖惩月报表

受奖惩者			奖惩方式	奖惩原因	发表日期
姓名	部门	职位			

3.4.5 工作评估表

工作评估表，如表 3-25 所示。

表 3-25 工作评估表

（由员工原部门填写）

姓名		部门		职位	
入职时间			考核时间		
考核项目	评价		评语		
完成工作质量	优 □ 良 □ 中 □ 差 □				
工作效率/能力	优 □ 良 □ 中 □ 差 □				
工作态度	优 □ 良 □ 中 □ 差 □				
完成工作可靠性	优 □ 良 □ 中 □ 差 □				
学习能力	优 □ 良 □ 中 □ 差 □				
团队精神	优 □ 良 □ 中 □ 差 □				
沟通能力	优 □ 良 □ 中 □ 差 □		直接主管意见（签字并日期）		
部门部长意见： 日期：			总监意见： 日期：		
人力资源部意见： 日期：			人力资源部总监： 日期：		

3.4.6 内部培训评估表

内部培训评估表，如表 3-26 所示。

表 3-26 内部培训评估表

培训课程：	讲师：	培训日期：

（请帮助我们完成以下评估问题，告诉我们您对本次培训的评价，这将有助于我们全面评估培训工作的效果，您的建议和评价也将极好地帮助我们安排将来的培训课程，从而能够更好地满足您需要。读完每一项陈诉后，请在您认为合适的数字上画圈，并且写出您的建议。）

		高				低

1．您如何评价培训中讲授的内容？　　　　5　4　3　2　1

您的建议：

2．您如何评价讲师的授课水准？　　　　　5　4　3　2　1

（准备程度，沟通能力，视觉手段）

您的建议：

3．您对培训场地及设施的安排是否满意？　5　4　3　2　1

（舒适，方便等）

您的建议：

4．您对授课进程的安排是否满意？　　　　5　4　3　2　1

（时间长度，快慢等）

您的建议：

5．您是否认为这次培训课　　　　　　　　5　4　3　2　1

能够有助于您日后的工作？

6．在知识获得方面：

A．培训前水平　　　　　　　　　　　　　5　4　3　2　1

B．培训后水平　　　　　　　　　　　　　5　4　3　2　1

7．总而言之，您对这次培训的总体评价　　5　4　3　2　1

如何？

8．您认为哪一个主题对您最有帮助？　　　5　4　3　2　1

9．为了帮助我们更好地组织此类培训，　　5　4　3　2　1

您还有什么建议？

3.4.7　试用期员工转正考核表

试用期员工转正考核表，如表 3-27 所示。

表 3-27 试用期员工转正考核表

姓名		部门		职务						

| 试用期间 | 　年　月　日至　　年　月　日 |

考评内容	评估要点	权重	员工自评				主管评估				评估得分
			A4	B3	C2	D1	A4	B3	C2	D1	
工作业绩	及时、保质完成工作	10									
	高效开展工作	10									
	工作方法	10									
称职能力	良好的职业道德，品行端正	8									
	岗位专业知识拥有程度	8									
	实际工作经验以及解决岗位问题能力	8									
	对本岗位职能与职责的认识程度	4									
	工作中能提出创新的见解和方法	3									
	善于学习，提高自身的知识水平和技能	5									
	务实与敬业精神，热爱本岗位工作	5									
	日常工作管理及自我管理	3									
	乐意与人协调、沟通，具有团队协作精神	5									
	工作计划与条理性，有（项目）目标意识	3									
	工作主动性与积极性	5									
	工作的服从与配合情况	5									
	遵守公司各项规章制度及出勤情况	5									
	对公司及企业文化的认识程度	3									

考核等级	□优秀 □良好 □合格 □基本合格 □较差	合计得分	

部门主管简评	
	建议转正类别：　□提前转正 □按期转正 □延长试用期，（　）个月 □辞退

部门经理	

人力资源部审批		总经理（人力资源总监）审批	

备注：1. 此表适用总部试用期员工，考核由业绩考核及称职能力考核两部分组成，考核评估分为员工自评和主管考评，其中员工自评不计入得分，仅供参考；2. 考核等级的确定参照《绩效考核管理规定》；3. 本表交人力资源部备案，并另附合理化建议一份。

3.4.8 绩效合约表

绩效合约表，如表 3-28 所示。

表 3-28 绩效合约表

受约人			发约方			
岗位			发约方代表			
合约期限			岗位			
指标构成	权重	关键指标	目标值	挑战值	差异率	
财务指标						
客户满意度						
管理改进						
人员培养						
管理要项	要项名称		目标值	挑战值	差异率	
备注						
受约人 （签章）			发约方 （签章）			

3.4.9 员工考核表

员工考核表，如表 3-29 所示。

表 3-29 员工考核表

姓名：			入职时间：		审核人：	
职位：			部门：		审核期：	
考核角度	战略目标	权重	衡量目标	目标值	实际达成	考核得分
财务类指标						
客户满意度 指标						
管理改进 指标						

考核角度	战略目标	权重	衡量目标	目标值	实际达成	考核得分
人员培养指标						
管理要项指标						
总计						
管理要项说明						
备注						
被考核人（签章）		考核小组（签章）		人力资源部（签章）		董事会（盖章）

3.4.10　员工考核标准表

员工考核标准表，如表 3-30 所示。

表 3-30　员工考核标准表

内容	分类	权重（%）	指标名称	指标权重（%）	考核关系	周期
德能考核	诚信品德	30	公司忠诚度	6	主管领导	季度
			诚实正直	6		
			公司荣誉感	6		
			个人信用	6		
			节俭意识	6		
	工作态度	70	工作责任心	20	主管领导	季度
			工作积极性	15		
			团队意识	15		
			学习意识	10		
			服务意识	10		
技能考核	工作业绩	60	所属部门业绩评价结果	15	主管领导	季度
			个人业绩完成情况	30		
			个人工作失误情况	5		
			其他要项工作	10		
			专业技能	10		
	工作能力	40	计划能力	10	主管领导	季度
			解决问题能力	10		
			其他能力	10		

3.4.11 绩效考核标准及指标配比表

绩效考核标准及指标配比表，如表 3-31 所示。

表 3-31 绩效考核标准及指标配比表

考核项目	考核项目	评价标准								得分
		优		良		中		差		
		标准	得分	标准	得分	标准	得分	标准	得分	
生产与质量控制（48%）	计划完成率	100%以上	12	95%～100%	10	90%～95%	7	90%以下	3	
	定额完成率	100%以上	12	95%～100%	10	90%～95%	7	90%以下	3	
	产品合格率	98%以上	8	96%以上	7	95%以上	5	95%以下	2	
	投入产出率	99.5%以上	8	99.4%	7	99.3%	5	99.2%以下	2	
	工艺执行情况	严格执行	8	勉强执行	7	偶尔不执行	5	经常不执行	2	
	出勤率	100%以上	5	95%～100%	4	90%～95%	3	90%以下	1	
劳动纪律与安全（25%）	违反规定	无	5	一次	4	三次以内	3	三次以上	1	
	劳动用品穿戴情况	穿戴齐全	5	偶尔不齐	4	偶尔不穿戴	3	经常不穿戴	1	
	文明操作	严格执行	5	勉强执行	4	偶尔不执行	3	经常不执行	1	
	安全生产	严格执行	5	勉强执行	4	偶尔不执行	3	经常不执行	1	
岗位技能（15%）	岗位技能熟练程度	非常熟练	5	不太熟练	4	不熟练	3	非常不熟练	1	
	质量方针理解程度	非常了解	5	不是很了解	4	一般	3	不了解	1	
	质量要求了解程度	非常了解	5	不是很了解	4	一般	3	不了解	1	
工作态度（12%）	责任心	强烈	4	有	3	一般	2	无	1	
	协作性	密切	4	有	3	一般	2	无	1	
	学习性	强烈	4	有	3	一般	2	无	1	
合计										

3.4.12 销售人员 KPI 考核表

销售人员 KPI 考核表，如表 3-32 所示。

表 3-32 销售人员 KPI 考核表

姓名：		入职时间：		审核人：	
职位：		部门：		审核期：	
第一部分　KPI考核表					
KPI 指标	部门主管评估		人力资源部复核		备注
个人销售目标完成率					
货款回款率					
销售费用率					
销售增长率					
客户拓展率					
团队销售目标完成率					
团队货款回款率					
评估评分					

第二部分　综合评估
部门主管评定意见
人力资源部复核意见
公司领导意见
对绩效计划/评估结果的意见
被考核人意见

3.4.13 关键事件记录表

关键事件记录表，如表 3-33 所示。

表 3-33　关键事件记录表

被考核者姓名		部门		岗位	
考核者姓名		职务		考核时限	
关键事件记录			关键事件评议		
1.			1.		
2.			2.		
3.			3.		
考核人（签字）		审核（签字）		被考核者确认	

3.4.14　职工名册范本

职工名册范本，如表 3-34 所示。

表 3-34　职工名册范本

填报时间：　　年　月　　日

序号	姓名	性别	身份证号	户口性质	户籍地址	现住地址	联系方式	用工形式	用工起始时间	劳动合同期限	订立合同情况	合同类型	工时制度	工资	离职时间	离职类型	社会保险					公积金	备注
																	养老	医疗	工伤	失业	生育		
1																							
2																							
3																							
4																							

填表说明：

1．户口性质：①本省/市城镇　②外省/市城镇　③本省/市农村　④外省/市农村　⑤台港澳　⑥外籍　⑦其他

2．用工形式：①全日制　②非全日制　③劳务派遣

3．订立合同情况：①首次签订劳动合同　②第一次续签劳动合同　③第二次及以上续签劳动合同

4．合同类型：①固定期限　②无固定期限　③完成一定工作为期限

5．工时制度：①标准工时制　②不定时工作制　③综合计算工时工作制

6．工资：是指劳动合同约定的劳动报酬，其中全日制劳动者的计酬单位为元/月，非全日制劳动者的计酬单位为元/小时。

7．离职类型：①合同终止　②单位单方解除合同　③本人单方解除合同　④单位提出，协商解除合同　⑤本人提出，协商解除合同　⑥劳务派遣期满　⑦其他

8．参加社会保险：①是　②否

9．参加公积金：①是　②否

第四章

薪酬与福利：雇佣管理与劳资关系

4.1 薪酬福利岗人员配置及岗位职责

4.1.1 薪酬福利主管

薪酬福利主管岗位职责与任职资格，如表 4-1 所示。

表 4-1 薪酬福利主管岗位职责与任职资格表

	直接上级：**人力资源经理** 直接下级：**薪酬福利专员**
岗位职责	1. 根据国家相关法律法规、公司战略及企业实际情况，制定合理的薪酬福利体系 2. 收集同行业相关企业的福利建设情况，深入了解员工需求，及时将分析结果提供给人力资源部经理，并对完善公司的福利建设提出合理的建议 3. 薪酬福利费用预算及相关的分析 4. 薪酬福利相关政策及流程的实施与跟进 5. 据绩效考核的统计结果、岗位变动及职位的升迁，按照公司薪酬管理制度及时调整员工的薪资 6. 根据公司业务发展情况和市场水平，制定合理薪酬调整实施办法 7. 协助人力资源部经理不断完善公司的激励机制，并提出合理化的建议 8. 考勤、休假等管理制度的完善与管理
任职资格	1. 人力资源管理或相关专业本科以上学历 2. 三年以上相关工作经验，至少两年以上薪酬管理实施经验 3. 熟练掌握人力资源专业绩效、薪酬福利等领域，掌握薪酬设计方法，了解现代企业薪酬福利管理体系设计方法和薪酬福利管理流程，熟悉薪酬福利保险等方面的法律法规 4. 逻辑思维能力强，数字敏感度好，善于进行数据分析，具备良好的沟通能力和协调能力 5. 为人正直，忠诚守信，工作严谨，保密性强

4.1.2 薪酬福利专员

薪酬福利专员岗位职责与任职资格，如表 4-2 所示。

表 4-2 薪酬福利专员岗位职责与任职资格表

直接上级：薪酬福利主管	
直接下级：	
岗位职责	1．在薪酬福利主管的领导下，收集行业薪酬福利状况的数据并进行分析 2．根据薪酬调查分析的结果并结合公司的实际情况，起草公司的薪酬福利制度 3．协助经理进行公司薪酬福利总额预算、核定、申报工作，实现人工成本合理化 4．编制员工工资报表，报送财务部，保证员工工资的按时发放 5．负责员工各项福利保险统计、制表、缴费、基数核定等工作 6．解决与薪资管理相关的日常管理问题，向薪酬福利主管提供合理有效的建议 7．员工薪酬动态记录和分析
任职资格	1．人力资源、管理学、统计学等相关专业大专及以上学历 2．一年以上薪酬和社会福利保险管理实务操作经验，熟悉社保流程 3．具有较强的统计分析能力、丰富的薪酬管理专业知识，熟悉国家劳动法律法规及相关政策 4．具有较强的敬业精神，工作注重原则、注重细节，踏实、细心、任劳任怨；良好的沟通能力，耐心细致，富有责任心，团队协作意识较强 5．数字敏感度好，熟练操作 Excel 等办公软件

4.2 员工福利待遇办理规范

4.2.1 员工提成奖金发放工作规范

员工提成奖金发放工作规范，如表 4-3 所示。

表 4-3 员工提成奖金发放工作规范表

项目	规范内容
统计制表	每月 5 日前，各部门经理按照财务部相关文件，统计上月部门人员（含促销员）提成金额、制表
部门审核	财务审核、签字，报分公司财务部
上报	（1）每月 5 日前，各部门将上月提成制表上报财务部，人力资源部将各部门奖金表送财务部 （2）每月 8 日前，财务部将填写提成的奖金表发给各部门负责人
财务审核	财务部专人对部门的提成报表核对、确认，登录在奖金表提成栏内

4.2.2　员工临时性奖金发放工作规范

员工临时性奖金发放工作规范，如表 4-4 所示。

表 4-4　员工临时性奖金发放工作规范表

项目	规范内容
策划	各部门对某些需求完成或有难度的工作制定临时性奖励政策
审核	每月 5 日前，相关工作人员将上月完成额统计制表，与财务部核对、签字
上报	该表上报本文签发人（或指定责任人）审批、签字
发放	负责人或指定专人按表发放临时性奖励金

4.2.3　特别奖金发放工作规范

特别奖金发放工作规范，如表 4-5 所示。

表 4-5　特别奖金发放工作规范表

项目	规范内容
上报	突发事件当事人的直接上级以书面形式报部门直属上级
审批	报告及奖金申领单报部门负责人审批、签字
发放	当事人（受奖人）持申领单到财务部领奖金，并在奖金卡上注明受奖金额

4.2.4　专项奖发放工作规范

专项奖发放工作规范，如表 4-6 所示。

表 4-6　专项奖发放工作规范表

项目	规范内容
策划	总公司下达文件，并有指定执行人
上报	完成规定的工作，报直属上级或专项责任人审核、签字。持签字后的批件，填写申领单，报公司总经理或董事长审批、签字
发放	直属上级发放奖金，并登录个人年奖金单

4.2.5　福利基金缴纳办理工作规范

福利基金缴纳办理工作规范，如表 4-7 所示。

表 4-7　福利基金缴纳办理工作规范表

项目	规范内容
统计	根据当月转正情况确定缴纳人员，将基本情况报人力资源经理及财务主管
办公区员工	（1）公司办公区人员于次月 20 日前转正者到人资源部办理 （2）缴纳完毕后一个星期到人力资源部领取正式发票，人力资源部负责将发票复印件存放在该员工档案中，如果员工发生调动，需根据缴纳情况在调令中明确

项目	规范内容
非办公区人员	（1）非办公区人员（其他部门）于次月 20 日前相关部门负责人收取缴纳基金 （2）缴纳完毕后一个星期到所在部门领取正式发票，部门相关负责人将发票复印件至人力资源部，人力资源部档案主管负责将收回的发票复印件存至该员工档案

4.2.6 员工奖励制度

员工奖励制度

总则

第一条 目的：强化企业内部管理，提高员工队伍素质，加强企业激励机制，适应市场经济的竞争形势，促进企业经济效益的增长。

第二条 依据本《条例》所奖励内容均记入员工服务档案。

劳动竞赛考核

第三条 员工全年全勤（无病、事假，迟到、早退），奖励 5 分。

第四条 员工当月没有受到任何处罚的，奖励 0.5 分。

第五条 员工在服务中心接到顾客表扬并有文字记载，经核实后奖励 1 分。

第六条 员工收到顾客书面表扬信、函，经核实后奖励 2 分。

第七条 员工行为受到媒体表扬宣传，确为企业提高了信誉度，并给企业增添荣誉的，酌情奖励 1～3 分。

第八条 公司开展的劳动服务等竞赛活动获奖的员工，奖励 1～5 分。

第九条 员工业余机关销售在保证正常毛利下，每销售 1 000 元奖励 0.1 分，全年最高奖至 6 分。

其他工作考核

第十条 员工积极为企业献计献策，合理化建议受到采纳的酌情奖励 0.5～5 分。

第十一条 参加我公司及上级单位组织的各项比赛、竞赛、考核、评比中获奖的员工，奖励 1～3 分。

第十二条 积极参加公司组织的公民义务献血活动，献血一次奖励 2 分。

第十三条 员工为企业及国家有其他贡献的，奖励 1～5 分。

要求

第十四条 员工应以主人翁的姿态，积极参加公司组织的各项活动并争取奖励。

第十五条 奖励条款严禁员工以各种形式弄虚作假，一经发现扣罚服务档案 5 分，并当年不得晋级。

4.2.7 员工薪酬管理制度

员工薪酬管理制度

第一条 为规范本集团公司及各成员公司薪酬管理，充分发挥薪酬体系的激励作用，特制定本制度。

第二条 薪酬制度制定原则

1. 竞争原则　公司保持薪酬水平具有相对市场竞争力。

2. 公平原则　使公司内部不同职务序列、不同部门、不同职位员工之间的薪酬相对公平合理。

3. 激励原则　公司根据员工的贡献，决定员工的薪酬。

第三条 本薪酬制度适用公司所有员工。

第四条 集团薪酬设计按人力资源的不同类别，实行分类管理，着重体现岗位（或职位）价值和个人贡献。鼓励员工长期为企业服务，共同致力于企业的不断成长和可持续发展。同时共享企业发展所带来的成果。

第五条 公司正式员工薪酬构成

1．集团高层薪酬构成：基本年薪＋年终效益奖＋股权激励＋福利

2．员工薪酬构成＝岗位工资＋绩效工资＋工龄工资＋各种福利＋津贴或补贴＋奖金

第六条 试用期员工薪酬构成

1．公司一般员工试用期为1～6个月不等，具体时间长短根据所在岗位而定。

2．员工试用期工资为转正后工资的70%～80%，试用期内不享受正式职工所发放的各类补贴。

第七条 企业根据不同职务性质，将公司的工资划分为行政管理、技术、生产、营销、后勤5类工资系列。员工工资系列适用范围详见下表。

工资系列适用范围表

工资系列	适用范围
行政管理系列	1．公司高层领导 2．各职能部门经理 3．行政部（勤务人员除外）、人力资源部、财务部、审计部所有员工
技术系列	产品研发部、技术工程部所有员工（各部门经理除外）
生产系列	生产部门、质量管理部门、采购部门所有员工（各部门经理除外）
营销系列	市场部、销售部所有员工
后勤系列	一般勤务人员如司机、保安、保洁员等

第八条 高层管理人员基本年薪。基本年薪是高层管理人员的一个稳定的收入来源，它是由个人资历和职位决定的。该部分薪酬应占高层管理人员全部薪酬的30%～40%。

第九条 高层管理人员薪酬水平由薪酬委员会来确定，确定的依据是上一年度的公司总体经营业绩及对外部市场薪酬调查数据的分析。

第十条 年终效益奖是对高层管理人员经营业绩的一种短期激励，一般以货币的形式于年底支付，该部分应占高管全部薪酬的15%～25%。

第十一条 高层管理人员的股权激励，这是非常重要的一种激励手段。股权激励主要有股票期权、虚拟股票、限制性股票等方式。

第十二条 一般员工岗位工资。岗位工资主要根据岗位在公司中的重要程度确定工资标准。公司实行岗位等级工资制，根据各岗位所承担工作的特性及对员工能力要求不同，将岗位划分为不同的级别。影响职务等级工资高低的因素包括以下几点。

1．工作的目标、任务与责任。

2．工作的复杂性。

3．劳动强度。

4．工作的环境。

第十三条 公司职务等级划分标准。将公司岗位职务工资划分为15个等级。

第十四条 绩效工资。根据公司经营效益和员工个人工作绩效计发。公司将员工绩效考核结果分为五个等级，其标准见下表。

绩效考核标准划分

等级	S	A	B	C	D
说明	优秀	良	好	合格	差

绩效工资分为月度绩效工资、年度绩效奖金两种。

1．月度绩效工资。员工的月度绩效工资同岗位工资一起按月度发放，月度绩效工资的发放额度依据员工绩效考核结果确定。

2．年度绩效奖金。公司根据年度经营情况和员工一年的绩效考核成绩，决定员工的年度奖金的发放额度。

第十五条　工龄工资。工龄工资是对员工长期为企业服务付出所给予的一种补偿。其计算方法为从员工正式进入公司之日起计算，工龄每满一年可得工龄工资 10 元／月；工龄工资实行累进计算，满 10 年不再增加；按月发放。

第十六条　奖金。奖金是对做出重大贡献或优异成绩的部门或个人给予的奖励。

第十七条　员工福利。福利是在基本工资和绩效工资以外，为解决员工后顾之忧所提供的一定保障。

第十八条　社会保险。公司根据国家和地方相关法律与规定为员工缴纳养老、失业、医疗、工伤、生育保险。

第十九条　法定节假日。公司按照《劳动法》和其他相关法律法规为员工提供相关假期。法定假日共 10 天，具体如下。

元旦（1 月 1 日）——1 天

春节（正月初一）——3 天

劳动节（5 月 1 日）——3 天

国庆节（10 月 1 日）——3 天

第二十条　带薪年假。员工在公司工作满 1 年可享受____个工作日的带薪休假，以后在公司工作每增加 1 年可增加____个工作日的带薪休假，但最多不超过____个工作日。

第二十一条　其他带薪休假。公司视员工个人情况，员工享有婚假、丧假、产假、哺乳假等有薪假。

第二十二条　津贴或补贴

1．住房补贴

公司为员工提供宿舍，因公司原因而未能享受公司宿舍的员工，公司为其提供每月____元的住房补贴。

2．加班津贴

凡制度工作时间以外的出勤为加班，主要是指休息日、法定休假日加班，以及工作日 8 小时的延长作业时间。

加班时间必须经主管认可，加班时间不足半小时的不予计算。其加班津贴计算标准如下。

加班津贴支付标准

加班时间	加班津贴
工作日加班	每小时加班工资=正常工作时间每小时工资×150%支付
休息日加班	每小时加班工资=正常工作时间每小时工资×200%支付
法定节假日加班	每小时加班工资=正常工作时间每小时工资×300%支付

3．学历津贴与职务津贴

为鼓励员工不断学习，提高工作技能，特设立此津贴项目，其标准如下。

学历津贴、职务津贴支付标准

津贴类型		支付标准
学历津贴	本科	元
	硕士	元
	博士及以上	元
	初级	元

续表

津贴类型		支付标准
职务津贴	中级	元
	高级	元

4．午餐补助

公司为每位正式员工提供____元／天的午餐补助。

第二十三条 薪酬调整。薪酬调整分为整体调整和个别调整两种。

第二十四条 整体调整是指公司根据国家政策和物价水平等宏观因素的变化、行业及地区竞争状况、企业发展战略变化以及公司整体效益情况而进行的调整，包括薪酬水平调整和薪酬结构调整，调整幅度由人力资源部根据公司经营状况，拟定调整方案报总经理审批后执行。

第二十五条 个别调整主要是指工资级别的调整，分为定期调整与不定期调整。

1．工资级别定期调整是指公司在年底根据年度绩效考核结果对员工岗位工资级别进行的调整。

薪级调整标准

考核结果	职务工资升（降）级
年度累计 4 次及以上达到 S 级	+3
年度累计 3 次及以上达到 A 级	+2
年度累计没有一次为 C 级及以下	0
年度累计 2 次及以上达到 D 级	-1
年度累计 3 次及以上达到 D 级	-2

2．不定期调整，是指公司在年中由于员工职务变动等原因对员工工资级别进行的调整。

第二十六条 薪酬发放时间。员工工资实行月薪制。每月 10 日支付上月工资，以法定货币（人民币）支付，若遇支薪日为休假日时则调整至休假日前一天发放。

第二十七条 工资中公司代扣的项目

1．员工个人所得税。

2．应由员工个人缴纳的社会保险。

3．与公司签订的协议中应从个人工资中扣除的款项。

4．法律、法规规定的以及公司规章制度规定的应从工资中扣除的款项。

4.2.8 员工福利管理制度

员工福利管理制度

第一条 为营造一个良好的工作氛围，吸引人才，鼓励员工长期为公司服务并增强公司的凝聚力，以促进公司的发展，特制定本制度。

第二条 社会保险。公司按照《劳动法》及其他相关法律规定为员工缴纳养老保险、医疗保险、工伤保险、生育保险、失业保险。

第三条 企业补充养老保险。是指由企业根据自身经济实力，在国家规定的实施政策和实施条件下为公司员工所建立的一种辅助性的养老保险。它居于多层次的养老保险体系中的第二层次，由国家宏观指导、公司内部决策执行。其资金由公司和员工共同承担。

1．公司补充养老保险资金来源主要渠道

（1）参保员工缴纳的部分费用。

（2）公益金。

（3）福利金或奖励基金。

2．公司与参保员工缴费比例

企业每月缴费比例为参加补充养老保险职工工资总额的____%，员工每月缴费为其月工资总额的____%。

第四条 各种补助或补贴

1．工作餐补助

其发放标准为每人每日____元，每月随工资一同发放。

2．节假日补助

每逢"五一""十一"和春节，公司为员工发放节日贺礼，正式员工每人____元。

3．贺礼

（1）生日贺礼。正式员工过生日时，公司为员工发放生日贺礼____元，并赠送由总经理亲笔签名的生日贺卡。

（2）结婚贺礼。公司正式聘用员工满1年及以上者，给付结婚贺礼____元，正式聘用未满半年者贺礼减半，夫妻双方都在公司服务的正式聘用员工贺礼加倍。

第五条 教育培训。为不断提升员工的工作技能和员工自身发展，公司为员工提供定期或不定期的相关的培训。其采取的方式主要有在职培训、短期脱产培训、公费进修、出国考察等。

第六条 设施福利。旨在为丰富员工的业余生活，培养员工积极向上的道德情操而设立的福利项目，包括组织旅游、开展文体活动等。

第七条 劳动保护

1．因工作需要劳动保护的岗位，公司必须发放在岗人员劳动保护用品。

2．员工在岗时，必须穿戴劳动保护用品，并不得私自挪作他用。员工辞职或被退休离开公司时，需到人力资源部交还劳保用品。

第八条 各种休假

1．国家法定假日

国家法定假日包括元旦（1天）、劳动节（3天）、国庆节（3天）、春节（3天）。

2．带薪年假

员工为公司服务每满1年可享受____天的带薪年假；每增1年相应增1天，但最多为____天。

3．其他假日

员工婚嫁、产假、事假、病假期间，其休假待遇标准如下表所示。

员工婚嫁、产假、事假、病假期间，其休假待遇标准

假日	相关说明	薪资支付标准
婚嫁	符合婚姻法规定的员工结婚时，享受 3 天婚假。若是晚婚，除享受国家规定的婚假外，增加晚婚假 7 天	全额发放员工的基本工资
产假	女职工的产假有 90 天，产前假 15 天，产后假 75 天。难产的，增加产假 15 天。多胞胎生育的，每多生育一个婴儿增加产假 15 天	按相关法律规定和公司政策执行
事假	必须员工本人亲自处理时，方可请事假并填写请假条	扣除请假日的全额工资
病假	1．员工请病假，需填写请假单 2．规定医疗机构开具的病休证明	劳动者本人所在岗位标准工资的____%

第九条　人力资源部于每年年底必须将福利资金支出情况编制成相关报表，交付相关部门审核。

第十条　福利金的收支账务项目依照一般会计制度办理，支出金额超过____元以上者需提交总经理审核。

4.2.9　员工奖惩管理制度

员工奖惩管理制度

员工的奖励制度

第一条　积极运用科学的激励手段，坚持精神鼓励为主，物质激励为辅，两者有机结合，激发员工的主动性、积极性和创造性。

第二条　人力资源部积极协同各部门建立明确而切实可行的岗位责任制，以此作为每位员工工作绩效评估的依据。

第三条　人力资源部要积极指导部门做好员工的考核培训工作，尤其是对业务骨干、管理人员、要采取多种形式，使其得到学习深造，以期实现员工的求知奖励，为公司造就后备人才。

第四条　人力资源部制定主管以下人员的晋升考核标准。在填补职位时，首先考虑提拔或调动现岗员工，由所在部门提出推荐意见，报人力资源部审核，经公司级领导审批决定，从而使晋升成为人人可追求的目标而努力工作。

第五条　在公司经营管理或提高服务质量中有重大贡献或在精神文明建设中表现突出，产生良好社会效益的员工，在授予精神鼓励的同时，要有相应的物质重奖鼓励。在实施奖励中，应有明确的奖励标准，划分相应等级。奖励的等级分为部门级、公司级。在社会上获得的荣誉奖励，可根据实际情况参照公司级标准进行奖励。

员工的处罚制度

第六条　对违纪员工的处罚，应坚持以思想教育为主、经济和行政处罚为辅的原则，旨在使每个员工都能自觉地把自己置于企业主人翁的地位，维护公司的利益，提高员工素质。

第七条　对违纪员工的处罚，必须做到：违纪事实清楚，适用条款合理。

第八条　奖励与处罚的具体规定可参照《员工手册》的有关条款，也可结合本公司实际制定的具体细则。

4.2.10　人工成本管理制度

人工成本管理制度

第一条　定期按每月、每季、全年进行人工成本统计。人工成本是公司在生产经营和提供劳务活动中所发生的各项直接和间接人工费用的总和。

第二条　人工成本统计口径明确为如下内容：

1. 职工工资总额和生活费。

2. 其他从业人员劳动报酬。

3. 社会保险费包括：养老保险、失业保险、医疗保险及其他保险。

4. 职工福利费用。

5. 职工教育费用。

6. 劳动保护费用。

7. 工会经费。

8. 招工招聘费。

第三条　在人工成本统计的基础上进行人工成本指标的分析，包括：

1. 人工成本总量变动情况分析。人工成本增加绝对值=报告期人工成本总量-基期人工成本总量；

人工成本增长率=报告期人工成本总量/基期人工成本总量×100%-100%。

2．人均人工成本分析。人均人工成本=报告期人工成本总量÷报告期企业增加值×100%。

3．企业增加值是由经营利润、人工成本、税收净额三部分组成。

4．人事费用率的分析。人事费用率=报告期人工成本总量÷报告期营业收入×100%。

5．人工成本的投入产出分析。人工成本的投入产出=报告期经营利润÷报告期人工成本总量。

第四条 通过人工成本指标分析和横向比较，清楚本公司人工成本在同行业中所处的地位，对人工成本的未来走势做出预测，对人工成本的不良趋势及时纠正，对人工成本的优良趋势加以肯定，从而影响企业的人工成本决定，及时调整人工成本政策，达到人工成本指标优质化的目标。

第五条 制定积极进取的人工成本战略。公司的人工成本战略应该是：绝对人工成本、人均人工成本至少要等于并争取略高于同行业的平均水平，以保证在吸收人才的竞争中处于优势地位，而相对人工成本劳动分配率或人事费用率至少要等于并力争尽可能低于同行业的平均水平。以实现人工成本投入后产出的最大化。人事费用率一般控制在25%左右。要运用效益制衡原则控制人工成本不适当的增长，实行人工成本"两低于"办法，即人工成本总额的增长要低于公司经营利润总额的增长幅度，人均人工成本的增长要低于以正常营业收入计算的劳动生产率。

第六条 做好年度人工成本的预算工作，在预算人工费的支出的基础上制定标准人工成本，并着重于过程控制，按月、按季监测实际达到的人工成本与预算人工成本之间的差距，加以揭示和分析，及时采取有效措施，把人工成本的超支或浪费消灭在人工成本形成过程中。

4.2.11 社会保险与员工福利管理制度

社会保险与员工福利管理制度

社会保险

第一条 社会保险是由国家规定的具有社会性、强制性、互济性和福利性的一种制度。公司按规定参加社会养老保险、医疗保险、失业保险等有关保险。人力资源部应认真执行或配合有关部门做好各项保险的结算、统计工作，促进社会保险制度改革的健康发展。

第二条 各项保险费用的提取、缴纳、使用、管理按规定办理。公司计提的工资总额，按上级有关部门的政策规定执行，计算口径应与年报工资总额相一致，开支必须与财务部门的实际支出相一致。

第三条 在处理社会保险待遇工作中，应正确计算工龄、区别一般工龄和连续工龄；掌握工伤与非工伤的界限。

员工福利

第四条 员工福利是员工分配部分的延伸。在社会主义市场经济条件下，福利措施使公司人事政策的重要性愈加明显，它不仅是调动员工积极性的激励措施，也是稳定员工队伍，增强企业内部凝聚力的一种重要手段。

第五条 员工福利分为集体福利和个人福利。集体福利包括员工集体文化福利、员工集体生活福利，即员工在公司工作期内的工作服、工作餐、培训等；个人福利包括探亲假、婚丧假，以及女职工产假、哺乳假等待遇。同时，社会保险也是员工福利的一项重要内容。

4.2.12 员工工伤管理制度

员工工伤管理制度

为进一步建立和完善企业制度，推动公司工作，保障职工利益，现制定工伤处理暂行规定。

第一条 公司员工必须增强"安全第一，预防为主"的意识，严格执行国家安全卫生标准和操作规程，遵守岗位工作纪律，减少和防止劳动事故及职业危害的发生。

第二条 工伤范围及其认定、评残、待遇等，参照劳动部发布的《职工工伤保险试行办法》有关条例执行，够条件的，应当自工伤事故发生之日起，15日内向当地劳动行政部门及保险机构提出工伤报告，进行鉴定确认，并享受有关工伤待遇。

第三条 发生工伤但达不到工伤上报鉴定条件的，即按内部工伤事故处理，具体办法：工伤事故发生后，应当在24小时内，将个人申请、部门填写"员工工伤报告"、医疗诊治材料，一并上报人力资源部，逐级审批。

第四条 工伤较重的，可视情况给予工伤假，休息一周内的按出勤计发工资，超过一周的每天扣2分。内部工伤在指定医院就诊的，给予一次性全额报销，属非指定医院的，就诊费用自理。

职工由于下列情况之一造成负伤、致残、死亡的，不认定为工伤：

（1）犯罪或违法；

（2）自杀或自残；

（3）斗殴；

（4）酗酒；

（5）违反工作纪律或违反操作规程。

第五条 本规定未尽事宜，一律按上级有关规定执行。

4.2.13 实习生管理制度

实习生管理规定

为方便对学生的统一管理，保持稳定，提高工作积极性，现对实习生工资、福利待遇及有关人事变动做如下规定：

1. 因公司与实习生学校有实习协议，原则上所有实习生不予转正，实习期内享受公司与学校所签协议之工资。

2. 除工资外，实习生享受公司正式员工应享有的食宿及员工活动等福利。

3. 在实习期间实习生若表现极为突出者，或有特殊贡献，在实习期半年后，由部门报批、人力资源部核及总经理批准后可转为公司正式员工，但必须有三个月的试用期，试用期内享受公司社招人员试用期内相应工资待遇，试用期过后方可享受正式员工相应的工资待遇。

4.2.14 临时工雇用管理制度

临时工雇用管理制度

总则

第一条 为加强公司用工的统一管理，满足公司生产、经营、管理工作不均衡的用人需要，保障公司和临时工的合法权益，特制定本办法。

招用范围和条件

第二条 公司招用临时工从事短期、临时、季节性工作，或繁重性体力劳动工作。

第三条 临时工必须符合国家规定的劳动年龄，即年满18岁，且身体健康，能胜任所从事的工作。

第四条 临时工优先从本地居民中招用；确有困难时，经当地劳动部门核准从外地招用。

招用项目

第五条 按照人力资源计划、工作需要，填写招聘申请单报公司领导审核。

第六条 人力资源部汇总各部门用工需求，安排临时用工计划。

第七条 与正式员工一起或单独招聘。公司招聘管理办法适用于本办法。

第八条 公司与临时工本人签订劳动合同，一式若干份，公司、员工、劳动部门分存。

第九条 劳动合同期满，公司与临时工办理续聘或终止手续。

临时工待遇

第十条　临时工在受聘期间按岗位享受劳动报酬。报酬标准见非正式员工工资标准。

第十一条　临时工工资包括奖金、有关补贴，不能攀比正式员工工资待遇。

第十二条　临时工的劳保用品，与正式员工待遇相同。

第十三条　临时工享有与正式员工相同的法定节假日、病假、事假待遇，其他假视情况可以特批享受。

第十四条　临时工的医疗保险、计划生育按国家有关规定执行。

第十五条　临时工加班按照工资的 1.5 倍计算。

第十六条　临时工因病或生病在休病假满未痊愈而被解除劳动合同的，公司酌情一次性发给相当本人 1~3 个月工资的补助金。

临时工管理

第十七条　临时工与正式员工一样应遵守公司的规章制度，同样进行考勤。

第十八条　除特殊情况下，临时工的用工期限不得超过 1 年。

第十九条　临时工转为正式员工应通过正常招聘项目，在同等条件下享有录用优先权，其临时工龄可累计为连续工龄。

第二十条　各部门使用临时工的一切费用，均列入部门费用总额内开支，进行费用效益考核。

第二十一条　公司可以依照劳动合同解聘临时工。

第二十二条　临时工可以依照劳动合同辞职。

第二十三条　没有依据劳动合同条款而解除劳动合同给一方造成损失的，应根据损失情况和责任予以赔偿。

第二十四条　任何一方在合同期内因解除劳动合同而发生争议时，按国家和当地政府的有关规定办理。

附则

第二十五条　聘用离退休职工参照本办法。

第二十六条　本办法由人力资源部解释、补充，经总经理批准颁行。

4.2.15　年薪制工作制度

年薪制

第一条　适用范围。

1. 公司董事长、总经理；

2. 下属法人企业总经理；

3. 董事、副总经理是否适用，由董事会决定。

第二条　工资模式。

公司经营者与其业绩挂钩，其工资与年经营利润成正比。

年薪＝基薪＋提成薪水（经营利润×提成比例）

1. 基薪按月预发，根据年基薪额的 1/12 支付；

2. 提成薪水，在公司财务年度经营报表经审计后核算。

第三条　实行年薪制职员须支付抵押金，若经营业绩不良，则用抵押金充抵。

第四条　年薪制考核指标还可与资产增值幅度、技术进步、产品质量、环保、安全等指标挂钩，进行综合评价。

第五条　年薪制须由董事会专门做出实施细则。

4.2.16 奖励登记表

奖励登记表，如表 4-8 所示。

表 4-8 奖励登记表

姓名		性别		年龄		所在部门及职务		
简要事迹								
部门意见								
				部门经理签字：			年　月　日	
人力资源部意见								
				人力资源经理签字：			年　月　日	
公司主管经理批示								
							年　月　日	
公司总经理批示								
							年　月　日	

填写：　　　（员工所在部门）　　用途：奖励优秀员工时用

联数：一式两联。1. 归入员工档案　2. 人力资源部留存

4.3 员工薪酬发放管理

4.3.1 员工工资发放工作规范

员工工资发放工作规范，如表4-9所示。

表4-9 员工工资发放工作规范表

项目	规范内容
统计	各部门考勤员根据考勤打卡记录情况统计出勤天数
做工资表	按上述方法做出本月本部门员工工资表（电子表）
审批	将电子软盘交所属分公司人力资源部薪酬主管审核，审核合格后交人力资源经理审批、分析。人力资源经理将工资单及分析报告报分公司总经理审阅、签字
上报	人力资源部薪酬主管将工资单报分公司财务部，并将总额报总公司人力资源部备查
发放	（1）财务部电话通知各部门负责人领取现金工资，或财务部传真通知各部门财务支取现金工资 （2）财务部将每人的工资打入指定银行。各部门负责人或指定人按工资表发放到个人，并于5日内将签名后的工资表交回财务部备存

4.3.2 员工工资管理规范

员工工资管理规范，如表4-10所示。

表4-10 员工工资管理规范表

项目	规范内容
1	依据考勤制度核算员工工资。办公区由人力资源部进行核算，部门由财务指定人员进行核算，统一交至人力资源部，由薪酬主管对已完成的工资表进行审核并签字
2	月末前交至总经理办公室，由总经理审核并签字，工资单一份交财务部，一份由人力资源部存档，以备员工核对
3	由财务部下发发放工资指令，由财务提款，人力资源部发放，核发中如有问题由单位负责人向人力资源部查询并负责向员工解释

4.3.3 正式员工工资制度

正式员工工资制度

第一条 适用范围。

公司签订正式劳动合同的所有员工。

第二条 工资模式。采用结构工资制。

员工工资＝基础工资＋岗位工资＋工龄工资＋奖金＋津贴

1. 基础工资。

参照当地职工平均生活水平、最低生活标准、生活费用价格指数和各类政策性补贴确定，在工资总额中占%（如40%～50%）。

2．岗位工资。

（1）根据职务高低、岗位责任繁简轻重、工作条件确定；

（2）公司岗位工资（如 5 类 18 级）的等级序列，见正式员工工资标准表，分别适用于公司高、中、初级员工，其在工资总额中占%（如 20%～30%）。

3．工龄工资。

（1）按员工为企业服务年限长短确定，鼓励员工长期、稳定地为企业工作；

（2）年工资根据工龄长短，分段制定标准，区分社会工龄、公司工龄；

（3）年工资标准见正式员工工资标准表。

4．奖金（效益工资）。

（1）根据各部门工作任务、经营指标、员工职责履行状况、工作绩效考核结果确立；

（2）绩效考评由人事部统一进行，与经营利润、销售额、特殊业绩、贡献相联系；

（3）奖金在工资总额中占%（如 30%）左右，也可上不封顶；

（4）奖金考核标准见正式员工工资标准表；

（5）奖金通过隐秘形式发放。

5．津贴。

（1）包括有交通津贴、伙食津贴、工种津贴、住房津贴、夜班津贴、加班补贴等；

（2）各类津贴见公司补贴津贴标准。

第三条　关于岗位工资。

1．岗位工资标准的确立、变更。

（1）公司岗位工资标准经董事会批准；

（2）根据公司经营状况变化，可以变更岗位工资标准。

2．员工岗位工资核定。

员工根据聘用的岗位和级别，核定岗位工资等级，初步确定岗位在同类岗位的下限一级，经 1 年考核，再调整等级；

3．员工岗位工资变更。

根据变岗变薪原则，晋升增薪，降级减薪。工资变更从岗位变动的后 1 个月起调整。

第四条　关于奖金。

1．奖金的核定项目。

（1）由财务部向人事部提供各部门、子公司、分公司完成利润的经济指标数据；

（2）由行政部向人事部提供各部门员工的出勤和岗位职责履行情况记录；

（3）人事部依据汇总资料，测算考核出各部门员工定量或定性的工作绩效，确定每个员工效益工资的计算数额；

（4）考核结果和奖金计划经公司领导审批后，发放奖金。

2．奖金的发放，与岗位工资一同或分开发放。

第五条　关于工龄工资。

1．员工 1 年内实际出勤不满半年的，不计当年工龄，不计发当年工龄工资；

2．试用期不计工龄工资，工龄计算从试用期起算。

第六条　其他注意事项。

1．各类假期依据公司请假管理办法，决定工资的扣除；

2．各类培训教育依据公司培训教育管理办法，决定工资的扣除；

3. 员工加班、值班费用，按月统计，计入工资总额；

4. 各类补贴、津贴依据公司各类补贴管理办法，计入工资总额；

5. 被公司聘为中、高级的专业技术人员，岗位工资可向上浮动 1~2 级；

6. 在工作中表现杰出、成绩卓著的特殊贡献者，因故能晋升职务的，可提高其工资待遇，晋升岗位工资等级。

4.3.4 非正式员工工资制度

非正式员工工资制度

第一条 适用范围：订立非正式员工劳动合同的临时工、离退休返聘人。

第二条 工资模式：简单等级工资制。见非正式员工工资标准表。

第三条 人事部需会同行政部、财务部对非正式员工的工作业绩、经营成果、出勤、各种假期、加班值班情况进行汇总，确定在其标准工资基础上的实发工资总额。

第四条 非合同工享有的各种补贴、津贴一并在月工资中支付。

4.3.5 工资补充说明制度

工资补充说明制度

按照公司经营理念和管理模式，遵照国家有关劳动人事管理政策和公司其他有关规章制度，特制定本方案。

按照各尽所能、按劳分配原则，坚持工资增长幅度不超过本公司经济效益增长幅度，职工平均实际收入增长幅度不超过本公司劳动生产率增长幅度的原则。

结合公司的生产、经营、管理特点，建立起公司规范合理的工资分配制度。

以员工岗位责任、劳动绩效、劳动态度、劳动技能等指标综合考核员工报酬，适当向经营风险大、责任重大、技术含量高、有定量工作指标的岗位倾斜。

构造适当工资档次落差，调动公司员工积极性的激励机制。

公司每月支薪日为____日。

公司派驻下属企业人员工资由本公司支付。

公司短期借调人员工资由借用单位支付。

以上工资均为含税工资，根据国家税法，由公司统一按个人所得税标准代扣代缴个人所得税。

本方案经董事会批准实行，解释权在董事会。

4.3.6 工资核算与发放管理制度

工资核算与发放管理制度

第一条 公司的员工工资实行下发薪制，每月 20 日发放上月的工资，由人力资源部人事劳资员根据员工的考勤情况和员工的绩效考核结果进行工资核算并编制工资表。经人力资源经理审核后，报总经理审批。总经理签批后转交到会计部，由会计部负责工资表的复核和工资的发放工作。

第二条 公司每月以货币形式直接支付员工工资或为员工建立工资银行账户，支付工资时向员工出具工资条，详列各个科目及扣除额。

第三条 员工对工资条中的科目或扣除额产生异议时，可在接到工资条 5 日内到人力资源部咨询，如超过 5 日视为认可。

第四条　个人所得税由公司从员工工资中扣除，统一缴纳。

第五条　公司员工的工资，原则上禁止代领，特殊情况代领时，代领人须出示相关证件和办理相关手续后方可代领，但应严格控制一人多代。

第六条　员工工资从报到之日起计算，当月引进的员工、辞退的员工的工资按实际天数进行计算。

第七条　员工病假、事假、休假时的工资详见《考勤管理制度》。

4.3.7　员工工资管理制度

员工工资管理制度

工资分配原则

第一条　根据××市人力资源市场价格和同行业工资水平，合理确定员工工资水平，严格控制公司人力资源成本。

第二条　充分体现各尽所能、按劳分配的原则，员工工资收入应与其劳动实绩紧密挂钩。

第三条　以岗定薪、变岗变薪，向关键岗位、骨干人倾斜。并根据人力资源的供需情况，对少数人力资源紧缺岗位的工资分配水平做适当调整，以引进人才。

第四条　按照"新企业、新机制、新思路、新办法"的要求，工资分配结构力求简化、直观。

工资分配水平

第七条　员工工资分配的总体水平，以烟台市人力资源市场及同行业工资水平为依据，以公司自身经济承受能力为基础，原则上按照不低于当地同类公司的分配水平进行合理确定。

工资分配结构

第八条　确定公司员工内部工资分配方案时，力求简化工资结构，方便具体操作，使员工的工资收入清楚明了。

工资形式

第九条　工资以法定货币支付。不得以实物及有价证券替代。

第十条　采取月薪制和日薪制相结合的办法。

当员工全勤时，按月薪标准发给；缺勤或特殊情况加班时，按日薪标准减发或加发工资。具体的支付标准分为：

1. 平时加班，支付劳动者本人小时工资标准150%的工资报酬，平时原则上不安排加班。

2. 休息日加班又不能安排补休的，支付劳动者本人小时工资标准的200%的工资报酬。

3. 法定休假日加班的，支付劳动者本人小时工资标准的300%的工资报酬。此外，还可根据员工加班的特殊情况，除支付工资之外采取必要的其他奖励办法。

对劳务工一般实行计时和计件工资相结合的办法。实行计件工资的，计件工资标准以劳动者在标准工作时间的劳动量来确定。实行计时工资的，其延长工作时间或节假日加班的，分别按照不低于其本人法定工作时间计件单价的150%、200%、300%支付其工资。

工资管理制度

第十一条　严肃财政纪律，严格贯彻工资基金管理制度。公司应按年度编制工资基金使用计划，经公司领导审核，报上级主管部门批准，接受银行等有关部门的检查和监督。

第十二条　新员工工资评定。根据不同岗位，经知识、技术、业务考核，合格或符合定级条件的，由员工所在部门负责填写审批表，报人力资源审核，经公司、主管领导批准后调整工资。

第十三条　凡员工工资的评定、增减、加班工资标准的审核、新进员工工资的确定和内部各部门之间工资关系的转移及退职、死亡、调出人员工资关系等，一律根据人力资源部的有关正式通知或规定办理。

第十四条 劳务工及借调人员的各种协议书等，由人力资源部负责签订，手续齐全后将"副本"送计划财务部一份，以便掌握工资发放情况。

第十五条 工资结算期每月按 30 天计算。

第十六条 员工在法定工作时间内依法参加活动或由上级部门及公司自身安排的活动，公司应视其提供的正常劳动而支付工资。

第十七条 是员工本人原因给公司造成经济损失的，公司可按照规定要求其赔偿经济损失。并从其工资中扣除。若扣除后的剩余工资不低于当地月最低工资标准的，则按最低工资标准支付，扣款的截止时期顺延。

第十八条 每月月初，各部门上报考勤表，由人力资源部将当月的新进人员工资，增发、扣发工资的人员名单及数额，以书面形式汇总，经人力资源经理审核后送交财务部。由财务部完成工资表。

第十九条 建立健全各类工资台账。各部门应根据实际需要制定内部原始记录台账。人力资源部按月收齐，妥善保存，作为统计员工工资总额的依据。

4.3.8 工资分析表

工资分析表，如表 4-11 所示。

表 4-11 工资分析表

费用类别	单位	人数	工作日数	加班工时	总工时	工资	加班费	各项津贴	月产奖金	合计	平均工资	其他收入平均	平均所得	备注

4.3.9 工资调整表（一）

工资调整表（一）如表 4-12 所示。

表 4-12　工资调整表（一）

职位	姓名	职称	性别	年龄	学历		职务年资		前四年考				本年考绩		支月薪	按调整			处理意见	核定
					学校、科系	毕业年度	年	月	年	年	年	年	分数	等级		调整额	调整后月工资	职位		职位

4.3.10　工资调整表（二）

工资调整表，如表 4-13 所示。

表 4-13　工资调整表

年　月　日　　　编号：					
工作部门					
职训		姓名	原工资	事由	调整工资
按生效日期：					年　月　日
人经事办		批示		单位主管	

4.3.11　工资表（一）

工资表（一），如表 4-14 所示。

174

表 4-14　工资表（一）

单位：　　　　　　　　　　　　　月份：　　　　　　　　页

工号	姓名	工作日数	日薪	本薪	生产奖金	假日津贴	全勤奖金	加班津贴	本期工资	扣除部分				实发工资
										福利金	伙食费	所得税	借支	
合计：														

总经理：　　　　　　经理：　　　　　会计：　　　　　填表：

4.3.12　工资表（二）

工资表（二），如表 4-15 所示。

表 4-15　工资表（二）

职别	姓名	本薪	加班费	生产奖金	全勤金额	应发金额	所得税	劳保费	预付费	伙食费	实发金额	
											1	2
											3	4
											5	6
											7	8

职别	姓名	本薪	加班费	生产奖金	全勤金额	应发金额	所得税	劳保费	预付费	伙食费	实发金额	
												10
											9	
												12
											11	
												14
											13	
												16
											15	
												18
											17	
												20
											19	
合计：												

董事长：

4.3.13 工作出勤表

工作出勤表，如表 4-16 所示。

表 4-16 工作出勤表

编号：

日期	上午	下午	加班	小计	日期	上午	下午	加班	小计
1					16				
2					17				
3					18				
4					19				
5					20				
6					21				
7					22				
8					23				
9					24				
10					25				
11					26				
12					27				

编号：									
日期	上午	下午	加班	小计	日期	上午	下午	加班	小计
13					28				
14					29				
15					30				
					31				
小计	*=			应加额					
津贴	*=			餐费					
奖金	*=			所得税					
加班费				劳保费					
点心费				借款					
				小计					
合计				实支					

4.3.14　工资预算表

工资预算表是对未来的一段时间里，通常是一年，员工数目与工资费用的预测。它可以供一个部门使用，也可以供整个公司所使用。工作预算表，如表 4-17 所示。

表 4-17　工作预算表

工资预算表	部门：								
	日期：								
	时间阶段：								
科室	员工数目		工资费用		加班费用		总费用		
	预计	实际	预计	实际	预计	实际	预计	实际	
总计：									
计划人：			批准人：						
签名：			签名：						

4.3.15　工资统计表

工资统计表，如表 4-18 所示。

表 4-18　工资统计表

单位	加工类别	本薪	生产奖金	全勤奖金	加班津贴	应发工资	扣缴部分					实发工资
							福利金	伙食费	保险费	所得税	借支	
合计：												

董事长：　　　　　总经理：　　　　　会计：　　　　　制表：

4.3.16　工资扣缴表

工资扣缴表，如表 4-19 所示。

表4-19　工资扣缴表

年度：　　　　　　　　编号：第　　字第　　号

服务单位		职称		所得人姓名		户主姓名		身份证统一编号	
所得人原籍		市	乡	村		镇	县	路	里	街
所得人地址		市	乡	村		镇	县	路	里	街

所得所属		配偶		抚养	给付明细						所得税	劳工保险费	福利基金	给付实额	给付日期			领款盖章
年	月	有	无	人数	工资上期	工资	效率奖金	加班津贴	假日津贴	合计					年	月	日	

4.3.17　工资登记表

工资登记表，如表 4-20 所示。

表 4-20　工资登记表

部门：　　　　　　　　年　月　日　　　　　　　　　　　　页次

职别工号	姓名	核定工资					整理记录
		本薪	技术津贴	年资加给	职务加给	工作补助	

审核：　　　　　　　　　　　　　　　　记录：

4.3.18　员工工资职级核定表

员工工资职级核定表，如表 4-21 所示。

表 4-21　员工工资职级核定表

年　月　日

姓名		职务			等级				
	说明	1	2	3	4	5		权数	点数
评定标准	学历	初中	高中	大专	硕士以上				
	服务年资	1 年	2 年	3 年	5 年以上	10 年以上			
	相关经营	1 年	2 年	3 年	5 年以上	10 年以上			
	其他经营	1 年	2 年	3 年	5 年以上	10 年以上			
	成绩		丙	乙	甲	优			
原等级			原评定点数		基本点数		合计		
本年点数			核定本薪		职务加给		合计		

总经理：　　　　　　　　主管：　　　　　　　　　　　经办：

4.3.19 薪资确认单

薪资确认单，如表 4-22 所示。

表 4-22　薪资确认单

薪资确认单

姓名：　　　　　　　　　　　　部门：

职位：　　　　　　　　　　　　入职日期：

确认日期：　　　　　　　　　　执行日期：

您的薪资内容（以人民币结算 ）

月薪标准：

试用期工资_____元（税前），试用期_____个月；

转正后工资_____元（税前），其中基本工资_____元，岗位工资_____元。公司每月_____日前以货币方式向您支付上月工资。考勤计算日期自每月_____日起，至次月_____日止。

绩效奖金：浮动_____元，您的绩效奖金取决于以下第_____个条件：

1．您所在公司/分公司/办事处月度、季度利润收益；

2．月度/季度个人工作业绩考核评定结果；

3．其他_____。

您的绩效奖金的发放时间与月度/季度次月工资一并发放，具体计算方式详见《绩效奖金制度》《员工考核表》以及_____ 。

您的福利补助：

养老保险、医疗保险、失业保险、工伤保险、生育保险、住房公积金（按当地规定执行），当月 15 日前（含 15 日）享受当月保险福利。

带薪假期第一年_____天（按入职日期核算），第二年_____天，依此递增，最长不超过_____天。

您的报销方式及标准：

实报实销制：按自然月实际工作日计算，实行实报实销。

固定限额制：本地交通费：_____元 /月；本地通信费：_____元/月

您的差旅标准：

住宿费（天）：港澳台地区：_____元；省会城市/单列市_____元；其他城市_____元

交通方式：火车（软卧需特批）（是否）；飞机（头等舱需特批）（是否）

异地（本市以外）交通费（天）：_____元手机漫游费（天）：_____元

出差补助（天）：_____ 元

说明：

1．其他未尽事宜请参照公司相关制度。

2．在职期间，公司可在法律法规许可范围内，对您的薪资做适当调整。

3．根据公司的规定，您的工资收入被视为公司的机密，未经允许，请不要向其他人员及外公司透露您的工资收入情况。

4．此单一式两份，公司及个人各保留一份

本人签名确认：　　　　　　　　　　　　　部门经理/总监确认：

人力资源部确认：　　　　　　　　　　　　总经理批准：

第五章

劳动关系管理：处理员工劳务纠纷

5.1 劳动关系岗位人员配置及岗位职责

5.1.1 劳动关系主管

劳动关系主管岗位职责与任职资格，如表 5-1 所示。

表 5-1　劳动关系主管岗位职责与任职资格

	直接上级：人力资源经理
	直接下级：劳动关系专员、劳动合同专员
岗位职责	1. 协助部门经理健全劳动关系相关制度 2. 负责监督劳动关系相关制度的执行情况 3. 帮助公司建立和谐、愉快、健康的劳资关系 4. 根据企业实际情况分析劳动关系风险 5. 制定员工关系管理的风险控制策略 6. 处理和解决劳动关系专员难以处理的劳动纠纷 7. 处理员工冲突，解决员工投诉 8. 负责处理员工关系方面突发性事件 9. 组织、安排员工活动 10. 协助本部门其他同事完成人力资源方面工作 11. 完成上级领导临时交办的工作
任职资格	1. 本科及以上学历，企业管理、人力资源、心理学等相关专业为佳 2. 三年以上大中型企业员工关系和劳动关系管理工作经验，了解管理学、心理学、组织行为学等相关理论知识，熟悉人力资源管理各个模块的相关知识和操作，熟练掌握劳动法、劳动保障法、劳动仲裁法、工会法等相关法律法规，以及社保、公积金等相关政策、规定 3. 熟悉人力资源管理事务性工作的处理技巧，熟悉公司业务流程和人事工作流程，精通员工关系管理各项流程

直接上级：人力资源经理
直接下级：劳动关系专员、劳动合同专员

	4. 熟练掌握开展员工关系工作的基本技能技巧
	5. 较强的人际沟通能力、组织协调能力、策划能力、应变能力，出色的亲和力和感染力；具备良好的敬业精神，对事物优秀的直觉和理解力，性格开朗，积极乐观，无情绪化倾向

5.1.2　劳动关系专员

劳动关系专员岗位职责与任职资格，如表5-2所示。

表5-2　劳动关系专员岗位职责与任职资格

直接上级：劳动关系主管
直接下级：

岗位职责	1. 协助劳动关系主管，完成劳动关系制度的草拟
	2. 负责对现行劳动法规等进行收集和研究，寻找适合公司劳务工管理的最佳模式
	3. 处理员工关系，解决劳动纠纷，处理劳动仲裁
	4. 新员工信息反馈的跟踪，了解新员工动向
	5. 员工背景核查工作
	6. 定期或不定期做好员工调查活动，了解一线员工生产和生活情况
	7. 建设企业与员工沟通的桥梁，与员工建立良好的沟通
	8. 定期或不定期组织各项活动，丰富员工业余生活，提高生产积极性
	9. 对劳动关系的改善具有建议权
	10. 协助本部门其他同事完成人力资源方面的工作
	11. 完成上级领导临时交办的工作
任职资格	1. 专科及以上学历，企业管理、人力资源、心理学等相关专业为佳
	2. 一年以上大中型企业员工关系和劳动关系管理工作经验
	3. 熟悉国家劳动法律法规，熟悉社保操作流程，具有处理劳动纠纷的相关经验
	4. 具有优秀的沟通能力，团队协作能力；亲和力强，积极主动，有大局观，具有强烈的责任心
	5. 亲和力强，具有极强的沟通协调能力，善于化解矛盾和处理棘手事务

5.1.3　劳动合同专员

劳动合同专员岗位职责与任职资格，如表5-3所示。

表 5-3 劳动合同专员岗位职责与任职资格表

直接上级：劳动关系主管	
直接下级：	
岗位职责	1. 协助劳动关系主管，完成劳动关系制度的草拟 2. 负责劳务工规范用工的推进工作，提出相应管理方案，并组织实施和检查 3. 代表公司与员工签订劳动合同 4. 劳动合同解除、终止等相关事项办理 5. 负责对劳动合同的归档管理 6. 协助本部门其他同事完成人力资源方面的工作
任职资格	1. 正规全日制院校法学、经济学相关专业大专以上学历 2. 两年以上公司法务、合同审核事务操作经验 3. 熟悉《经济法》《公司法》《合同法》等法律法规，具有较强的合同评审能力；有经济纠纷处理经验和较强应对能力 4. 思路清晰、逻辑严谨，扎实的法律基础知识及写作功底，较强的表达、沟通能力和应变、处理能力；敬业务实，工作细致、主动、责任感强，良好团队合作精神和服务意识 5. 具有一定营销管理知识，熟悉本行业相关业务流程

5.2 劳动合同办理工作规范

5.2.1 社会保险办理工作规范

社会保险办理工作规范，如表 5-4 所示。

表 5-4 社会保险办理工作规范

项目	规范内容
核定当月缴费人员	（1）增加人员，转入或新进人员开户 （2）减少人员，转出或终止、封存
上报审批	人员变更情况、保险应交费总额测算报总经理审批、财务审核后，领取支票
办理社会保险	按规定时间到社会保险事业处办理各种保险的变更、核批、交费手续
操作个人交费扣费工作	根据保险个人扣交费比例，于当月工资中扣除个人各项交费余额

5.2.2 员工社会保险缴纳办理规范

员工社会保险缴纳办理规范，如表 5-5 所示。

表 5-5　员工社会保险缴纳办理规范表

项目	规范内容
统计	统计参保人员名单，原单位有社会保险的，由原社保中心开具社会保险转移单
核对	参保人员的资格认证（身份证姓名、号码、上缴年限等）。不合格，重新提供；合格，按规定核算员工社会保险的缴纳金额
上报	薪酬主管制作社会保险单，28～30 日交到社保中心。不合格，重新修改确认；合格，交由财务部进行确认，公司统一缴纳金额，并入账、转账
存档	编入员工的社会保险基金账户

5.2.3　员工保险管理制度

员工保险管理制度

第一条　为实施公司福利制度方案，建立合理的员工保险体系，特制定本办法。

第二条　社会保险主要有养老保险、医疗保险等五类险种，如下表所示。

社会保险主要险种介绍

社会保险险种	相关说明	缴费基数及比例
养老保险	1. 实行公司缴费与个人缴费相结合 2. 养老保险费用由国家、公司和个人三方或单位与个人双方负担，实行社会统筹和个人账户相结合的方式管理	按国家和地方相关法律规定执行
医疗保险	1. 实行属地管理 2. 医疗保险费用由公司和个人共同缴纳	
失业保险	目的在于保障失业人员失业期间的基本生活，同时促进其积极就业	
工伤保险	由公司根据员工工资总额的一定比例（不同的行业，国家规定的缴费比例是不同的）缴纳，员工个人不缴费	
生育保险	主要用于保障公司女职工的合法权益，保障她们在生育期间得到必要的经济补偿和医疗保健	

第三条　失业保险金的领取及发放标准

失业保险金的领取条件及计算标准

失业保险金的领取条件	失业保险金的计算标准
1. 按照规定参加失业保险，所在单位和本人已按照规定履行缴费义务满一年 2. 非因本人意愿中断就业的 3. 已办理失业登记并有求职要求的	1. 失业员工领取失业救济金的计算标准，按其连续工作年限每满 6 个月计发 1 个月的失业救济金，但最高不超过 24 个月 2. 失业员工重新就业满 1 年后再次失业的，享受失业保险待遇的期间按其重新就业后的工作时间计算 3. 失业保险金的月发放标准按照低于当地最低工资、高于城市居民最低生活保障标准的水平，由相关政府部门确定

第四条　失业人员在领取失业保险金期间有下列情形之一的，停止领取失业保险金并同时停止享受其他失业保险待遇。

1. 重新就业的。

2. 参军或出国定居。

3．无正当理由，拒不接受当地人民政府制定的或者相关机构介绍的工作的。

4．在领取期间被劳教或被判刑。

第五条　工伤保险待遇

1．工伤保险待遇范围

（1）工作时间在公司从事日常生产、工作。

（2）从事公司临时指派的工作。

（3）经本单位负责人安排或者同意，从事与公司工作有关的科学研究及试验、发明创造或技术改造工作的。

（4）在紧急情况下，未经公司领导指定而从事有益于公司的工作，或进行抢险救灾、救人等维护国家、社会和人民群众利益的行为。

（5）在公司从事某种专业性工作而引起职业病（符合卫生部公布的有关职业病规定）达到评残等级。

（6）在上下班时间及必经路线上，发生无本人责任或者非本人主要责任的道路交通事故。

2．工伤保险待遇

（1）员工因工负伤，医疗费用和住院膳食费用全部由公司承担，医疗时间至医疗终止时止。医疗期间，原标准工资照发，直至医疗结束时止。

（2）员工患职业病，凡被确诊的，享受国家规定的工伤保险待遇或职业病待遇。

（3）员工因工致残，经劳动鉴定委员会确认的，按伤残等级发给证书并享受相应待遇：完全丧失劳动能力的，按规定实行退休；部分丧失劳动能力的，公司安排力所能及的工作；因变岗降低了工资，应发给因工伤残补助费。

第六条　生育保险待遇

根据国家有关规定，公司对女员工实行特殊劳动保护。

1．禁止女员工从事不利于身体健康的工作。

2．划定女员工经期、已婚待孕期、怀孕期、哺乳期禁忌从事的劳动范围，并严格遵守。

3．女员工在怀孕期、产期、哺乳期，享有基本工资，不得解除劳动合同，允许在劳动时间内进行产前检查。

4．女员工产假为 90 天。其中，产前休假 15 天；难产增加休假 15 天。

第七条　公司为每位员工建立保险工作卡或保险档案。

第八条　保险范围一般在中国境内。出境考察或在国外长期工作的保险，可预先在国内投保或按所在国规定办理。

第九条　及时办理与员工新聘用、调岗和辞退相关的保险关系的初建、增减、企业间转移、撤保、续约等事务。

第十条　本办法与当地政府规定抵触时，以当地政府规定为准。

5.2.4　劳动合同签订工作规范

劳动合同签订工作规范，如表 5-6 所示。

表 5-6　劳动合同签订工作规范表

项目	规范内容
审核	新进员工，人力资源部提出期限报总经理核准
签合同	人力资源部向员工解释合同条款内容，双方签字、盖章。一份员工保存（签收），一份存入员工档案

项目	规范内容
续签或终止合同	合同到期前两个月发征询意见书到部门及员工本人，人力资源部提出是否续签合同及期限，若终止合同，需要提前一个月通知员工并提出终止意见。将决断结果报总经理核准
存档	（1）双方签字、盖章 （2）一份员工保存（签收），一份存入员工档案

5.2.5 新进员工劳动合同办理规范

新进员工签订劳动合同工作规范，如表 5-7 所示。

表 5-7 新进员工签订劳动合同工作规范表

项目	规范内容
1	人力资源部提出期限报总经理核准
2	人力资源部向员工解释合同条款内容
3	双方签字、盖章。一份员工保存（签收），一份存入员工档案

5.2.6 合同到期劳动合同办理规范

合同到期劳动合同办理工作规范，如表 5-8 所示。

表 5-8 合同到期劳动合同办理工作规范表

项目	规范内容
征询意见	同到期前两个月发征询意见书到部门及员工本人
作出决断	人力资源部提出是否续签合同及期限，若合同终止，需要提前一个月通知员工并提出终止意见
审批	将决断结果报总经理核准
双方签字、盖章	一份员工保存（签收），一份存入员工档案

5.2.7 员工劳动合同解除工作规范

员工劳动合同解除工作规范，如表 5-9 所示。

表 5-9 员工劳动合同解除工作规范表

项目	规范内容
1	（1）合同期内一方提出解除合同，需提前一个月书面通知对方（试用期内除外）员工要求解除合同，应支付违约金与执行其他赔偿条款 （2）公司要求解除合同，应按合同约定与有关规定办理
2	所在部门、人力资源部审批

项目	规范内容
3	领导审批
4	办理离职手续
5	劳动争议处理： （1）双方协商解决 （2）一方或双方向单位所在地仲裁机关申请仲裁 （3）不服仲裁方可在 15 天内向法院诉讼

5.2.8　员工劳动关系解除办理规范

员工劳动关系解除办理规范，如表 5-10 所示。

表 5-10　员工劳动关系解除办理规范

项目	规范内容
解除劳动合同关系的类别	（1）合同期内解除劳动合同关系 ① 辞职 辞职是指在合同期内，由员工提出提前终止聘用关系的行为。 试用期内员工辞职须提前 4 天申请，转正后须提前 10 天申请，总经理特别指示的人员不受此限。否则，每提前一天离职，均需在工资所有项目中按比例扣除相应天数的工资。员工申请辞职，须填写《员工辞（离）职申请/通知单》，经公司研究同意后，方可办理辞职手续 ② 劝退 劝退是指在合同期内，由公司提出解除劳动合同关系，经双方协商，一致同意解除劳动合同关系的行为。原则上，公司劝退员工须提前一个月通知被劝退员工，或按《劳动法》规定立即劝退，以加一个月工资补助代替通知 符合下列条件之一，公司可劝退员工： A．患有非本职工作引起的疾病或非因公负伤，医疗期满后，经医疗部门证实身体不适，不能胜任本职工作的 B．工作能力明显不适应本职工作需求，在公司内部又找不到合适的工作岗位 C．参加岗位适应性培训后考核仍不合格或在内部找不到合适的工作的 ③ 辞退 辞退是指在合同期内，员工不合格或工作态度、技能等不符合公司要求，公司决定提前终止与员工聘用关系的行为 符合下列情况之一公司可以辞退员工，《劳动法》中相关条款有明文规定的情况，可不按以下情况处理： A．试用期未满，被证明不符合录用条件或能力较差、表现不佳而不能保证质量完成工作任务的 B．试用期满后劳动态度差，工作缺乏责任心和主动性的，原则上公司辞退该类员工必须下达《员工辞（离）职申请/通知单》，提前一个月通知被辞退员工。或按《劳动法》规定立即辞退，以加一个月工资作为资遣费

项目	规范内容
	④　除名 除名是指在合同期内，员工违反公司有关规定或做出有损于公司的行为，给公司造成较大损失，公司根据有关规定与其解除劳动合同，予以除名。公司除名员工时填写《员工辞（离）职申请/通知单》，通知被除名员工 有下列情况之一公司有权除名员工： A．严重违反劳动纪律或公司规章制度的 B．严重失职、营私舞弊、贪污腐化或有其他严重不良行为，对公司利益或声誉造成损害的 C．对公司有严重的欺骗行为的 D．因触犯法律而被拘留、劳教、逮捕或判刑的 E．泄漏商业或技术秘密，使公司蒙受损失的 ⑤　自动离职 自动离职是指在合同期内，员工未经公司批准而擅自离开工作岗位 3 天以上的行为。辞职、劝退、辞退员工的离职日期在批准后 10 个工作日内未办离职手续者，原则上行政人力资源部亦会将其转为自动离职。对于自动离职的员工，部门须及时填写《员工辞（离）职申请/通知单》中的自动离职栏，报行政人力资源部，行政人力资源部再以书面形式通知其本人 （2）合同期满不再续签劳动合同 ①　公司提出不再续签劳动合同 此种情况是指合同期满，公司根据情况不再与员工续签劳动合同的行为。在合同到期一个月前公司应下达《员工辞（离）职申请/通知单》，通知员工本人合同到期不再与其续签合同 行政人力资源部应在合同到期两个月前将合同到期需续签合同人员名单提交各部门负责人，各部门根据员工工作表现及公司发展需要决定是否续签劳动合同人员名单，并在 15 天内反馈给行政人力资源部，由行政人力资源部安排合同续签事宜或提前一个月向员工下达不再续签劳动合同的书面通知 ②　员工提出不再续签劳动合同 此种情况是指合同期满，员工不愿与公司续签劳动合同，在合同到期前一个月员工应填写《员工辞（离）职申请/通知单》的合同到期不再续签栏，通知公司不再续签劳动合同
审批流程和完成时限	（1）辞职、劝退、合同期满不再续签（个人提出）的手续办理 员工填写《员工辞（离）职申请/通知单》，在申请类别栏中注明辞职、劝退或不续签合同，经所属部门主管审批同意后，报行政人力资源部审批，经总经理审批同意后双方可办理工作移交 （2）辞退、除名、合同到期满不再续签（公司提出）的手续办理 由部门填写《员工辞（离）职申请/通知单》送交行政人力资源部审核，行政人力资源部审核通过后通知员工本人，办理工作交接 （3）自动离职 员工自动离职后，部门必须在员工自动离职之日起第 2 天上报一级部门及行政人力资源部，在 2 个工作日内一级部门主管人员和人力资源负责人进行审核，由行政人力资源部对其离职手续情况进行跟踪

项目	规范内容
工作移交	部门主管收到审批通过的《员工辞（离）职申请/通知单》后，须尽快安排离职员工进行工作移交，移交完毕后，在行政人力资源部开出的《离职物品交接清单》上签字认可
	工作移交的内容应包括：工作内容、文件、资料、档案、客户关系、信息系统权限等
	移交部门主管要对工作交接情况负责，保证移交后的工作能顺利进行
离职处理	（1）暂时冻结拟离职员工的有关账户
	行政人力资源部接到批准后的《员工辞（离）职申请/通知单》后，再通知其原部门办理工作移交后，为其结算
	（2）拟离职员工将各相关人员签署过的《离职手续表》送交行政人力资源部
	（3）拟离职员工必须在 5 个工作日办理完相关离职结算手续。手续结束后，由财务部根据公司有关工资管理规定结算工资并报总经理审批
工资结算	（1）转正后员工的工资按实际上班天数结算（具体见《薪酬管理制度》）
	（2）补偿工资的计算，则依据工作时间的长短确定，工作每满一年，补给一个月工资，不足一年超过半年的，按一个月工资补给，不足半年的按半个月工资补给
	（3）补偿工资标准为基本工资，不包括各种福利性质的补贴
相关人员应承担的责任	（1）对于员工自动离职未及时申报的部门，经行政人力资源部查实后，对相关部门主管、部门领导提出考核意见，对造成不良后果的，相关人员应承担相应责任
	（2）对于离职人员未做好工作移交给公司造成损失的，其所属部门主管、部门领导须承担相应责任。其他该移交而未移交好给公司带来损失的，将追究相关部门签署人员的责任
	（3）因员工自动离职给公司造成损失的，公司保留追究其法律责任的权利
	（4）若员工辞退、辞职后给公司造成经济或名誉上的损失，公司保留追究其法律责任的权利
其他	（1）拟离职员工无法亲自办理离职手续时，可委托他人代办离职手续，但被委托人须持有委托人签名的委托书和身份证复印件
	（2）对于除名、自动离职人员重新应聘，公司一律不予以考虑。辞职员工重新回公司应聘者，间隔时间必须在半年以后，特殊情况需经总经理批准

5.2.9 签订劳动合同通知书

签订劳动合同通知书

（交人事处）

先生/女士：

你于＿＿年＿月＿日入职，公司决定与你签订（□＿＿年　□无固定期限）劳动合同，合同期限＿＿年＿＿月＿＿日至＿＿＿年＿＿月＿＿日。现将《劳动合同》及其附件（□《保密协议》□《竞业限制协议》）各两份交给你。请你详细阅读并理解所有条款。如同意，请于＿＿＿年＿＿月＿＿日前到公司人事行政部亲自签订该《劳动合同》及其附件。如不同意，你可就《劳动合同》及其附件中的条款与公司协商，如无法达成一致则劳动关系自你提出异议之日终止。逾期不签订的，视为个人拒绝签订劳动合同，劳动关系自期限届满之日终止，由此产生的后果由你自行承担。

特此通知！

××公司人事行政部

年 月 日

签收人：

（中间加盖单位骑缝章） 年 月 日

签订劳动合同通知书

（交本人）

先生/女士：

你于___年__月__日入职，公司决定与你签订（□___年 □无固定期限）劳动合同，合同期限___年__月__日至___年__月__日。现将《劳动合同》及其附件（□《保密协议》□《竞业限制协议》）各两份交给你。请你详细阅读并理解所有条款。如同意，请于___年__月__日前前往公司人事行政部亲自签订该《劳动合同》及其附件。如不同意，你可就《劳动合同》及其附件中的条款与公司协商，如无法达成一致意见，则劳动关系自你提出异议之日终止。逾期不签订的，视为个人拒绝签订劳动合同，劳动关系自期限届满之日终止，由此产生的后果由你自行承担。

特此通知！

××公司人事行政部

年 月 日

5.2.10 劳动合同范本

劳动合同书

甲　　方：

法定代表人：

注册地址：

联系电话：

乙　　方：

身份证号码．

户籍地址：

通信地址：

联系电话：

紧急联系人：

紧急联系人电话：

根据《中华人民共和国劳动法》《中华人民共和国劳动合同法》等有关劳动法律、法规的规定，甲乙双方遵循合法、公平、平等自愿、协商一致、诚实信用的原则订立本合同。

一、劳动合同期限

（一）合同期限

双方同意按以下第___种方式确定本合同期限：

1．固定期限：从____年__月__日起至____年__月__日止。

本合同如为有固定期限，合同到期后，双方均未提出终止并继续履行的，本合同期限自动续延__年（月），依此类推。依照法律规定应当续签为无固定期限劳动合同的，本合同自动续签为无固定期限劳动合同。

2．无固定期限：从____年__月__日起至法定终止条件出现时止。

3．以完成一定工作任务为期限：从_____起至工作任务完成时止。

（二）试用期限及录用条件

双方同意按以下第____种方式确定本合同试用期（试用期包括在合同期内）：

1．无试用期。

2．试用期为____个月（天），从____年__月__日起至____年__月__日止。

乙方在试用期内患病或非因工负伤或其他个人原因请假，未能正常上班的，试用期相应顺延。

3．有下列情形之一的，视为不符合录用条件：

（1）伪造学历、证书与工作经历的；

（2）个人简历、入职登记表所列内容与自然情况不符的；

（3）在试用期满之前，规定入职手续仍无法齐备的；

（4）经体检发现患有传染性、不可治愈或其他严重疾病的；

（5）器官残缺或肢体残缺，以及填写虚假体检信息的；

（6）患有精神病的；

（7）不能按质按量完成工作任务或经试用期考核成绩不合格的；

（8）试用期内连续缺勤达15个工作日或累计缺勤达20个工作日；

（9）有吸毒、嫖娼、参加邪教组织等违反国家法律法规行为，或受国家治安条例处罚的；

（10）曾经被本单位开除或未经批准擅自离职者；

（11）判处有期徒刑，尚在服刑者；

（12）被剥夺公民权利者；

（13）通缉在案者；

（14）未满16周岁者；

（15）从其他单位离职，尚未解除劳动关系者；

（16）虽与其他单位解除劳动关系，但入职本公司将违反竞业限制义务者；

（17）不具备政府规定的就业手续者；

（18）拖欠公款尚未清偿者；

（19）有任何严重违反公司规章制度规定行为的；

（20）其他不符合录用条件的情形。

二、工作内容和工作地点

1．乙方的工作岗位（部门、工种或职务）为：_____。

2．乙方的工作任务或职责：

甲方有权根据乙方工作表现、工作能力、经营需要及其他客观情况的变化，对乙方工作内容、工作岗位、工作地点进行调整。乙方的具体工作内容和劳动定额标准由甲方决定，甲方有权根据业务需要对乙方的工作内容和劳动定额进行合理调整。双方签章确认的协议书作为本合同的附件。

3．乙方的工作地点是：_____

4．本合同签署时，甲方已告知了乙方如下内容：

（1）乙方在甲方的工作内容、工作条件、工作地点、职业危害、安全生产状况及劳动报酬；

（2）乙方要求了解的其他相关情况。

三、工作时间和休息休假

（一）甲、乙双方同意按以下第____种方式确定乙方的工作时间：

1．标准工时工作制

（1）甲方安排乙方每日工作 8 小时，每周工作 5 天，乙方每周至少休息一天，每日工作时间不超过 8 小时，平均每周工作时间不超过 40 小时。

（2）甲方因生产（工作）需要，经与乙方协商后可以延长工作时间。除《劳动法》第 42 条规定的情形外，一般每日不得超过 1 小时，因特殊原因最长每日不得超过 3 小时，每月不得超过 36 小时。乙方加班须经甲方确认，否则不视为加班。

（3）甲方依法安排乙方延长工作时间或者在休息日、法定休假日加班的，依法安排乙方补休或支付相应劳动报酬。

2．不定时工作制：甲方根据生产经营特点，且在遵守劳动法律、法规相关规定的前提下，在乙方所在岗位实行不定时工作制。

3．综合计算工时工作制，甲方根据生产经营特点，且在遵守劳动法律、法规相关规定的前提下，在乙方所在岗位实行综合计算工时制。

（二）乙方按有关法律、法规、规章、政策以及甲方的规章制度规定，享有休假福利。

四、劳动报酬

（一）乙方正常工作时间的工资按下列第_____种形式执行，不得低于当地最低工资标准。

1．乙方试用期工资_____元/月；试用期满工资_____元/月。

2．其他形式：按公司相关工资制度执行。

（二）无正当理由，乙方不得拒绝甲方加班要求；乙方加班应当填写加班申请单。未经甲方审批的，不视为加班。

（三）甲方根据企业的经营状况和依法制定的工资分配办法调整乙方工资，乙方在 60 日内未提出异议的视为同意。

（四）甲方每月___日发放上月乙方工资。甲方至少每月以货币形式向乙方支付一次工资。如遇节假日或休息日，则提前到最近的工作日支付。

（五）乙方因病或者非因工负伤停止工作进行治疗，在国家规定的医疗期内，甲方应当依照国家有关规定支付病假工资。甲方支付的病假工资为当年当地最低工资标准。

（六）乙方依法享受法定休假日、婚假、丧假等假期，其间甲方按照国家有关法律、法规的规定向乙方支付相应的工资待遇。

（七）经甲乙双方协商一致，甲方可以从乙方工资中扣除以下费用：

1．乙方因休病假、事假等各种假期而引起的薪资减发；

2．乙方违反甲方的规章制度受到的经济处罚；

3．乙方违反与甲方的约定需要向甲方支付的违约金；

4．乙方因过错行为给甲方造成损失，需要支付的损害赔偿金；

5．乙方借用甲方的未在约定或指定的期限内归还的借款；

6．法律规定和甲方规章制度规定的其他扣减费用。

（八）甲乙双方终止或者解除劳动合同的，甲方应当按照有关规定及时付清乙方工资。

五、社会保险和福利待遇

（一）合同期内，甲方依法为乙方办理参加社会保险的手续，社会保险费的负担按社会保险法律、法规和规章的规定执行。

（二）乙方患病或非因工负伤，甲方应按有关法律、法规的规定给予医疗期和医疗待遇。

（三）乙方患职业病、因工负伤或者因工死亡的，甲方应按有关法律、法规的规定办理。

（四）乙方必须按国家、省和本地区的有关规定，向公司提供办理社会保险、劳动关系所需的相关证件和资料，否则责任由乙方自己承担。

六、劳动保护、劳动条件和职业危害防护

（一）甲方按有关法律、法规的规定提供符合国家劳动卫生标准的劳动作业场所，切实保护乙方在生产工作中的安全和健康。如乙方工作过程中可能产生职业病危害，甲方应如实告知乙方，并按《职业病防治法》的规定保护乙方的健康及其相关权益。

（二）甲方根据乙方从事的工作岗位，按国家有关规定，发给乙方必要的劳动保护。

（三）乙方有权拒绝甲方的违章指挥、强令冒险作业，对甲方及其管理人员漠视乙方生命安全和身体健康的行为，有权对甲方提出批评并向有关部门检举、控告。

七、规章制度与劳动纪律

（一）乙方已知悉并详细阅读甲方的规章制度，承诺严格遵守。乙方应积极参加甲方组织的培训，提高思想觉悟和职业技能。

（二）甲方依法制定、修改的规章制度经公示或告知乙方后自动适用于乙方。

（三）关于乙方违纪情况的处理：

1. 本合同有效期内，甲方有权对乙方违反规章制度的行为进行相应纪律处分、经济处罚等，直至解除本合同。乙方给甲方造成损失的，乙方应承担相应责任。

2. 乙方在甲方工作期间犯有以下错误或存在以下情形之一的，甲方可立即与乙方解除本合同并不支付任何补偿。由于乙方的原因造成甲方经济损失的，乙方应承担赔偿责任。

（1）存在《中华人民共和国劳动合同法》第39条规定情形之一的；

（2）违反规章制度受到两次记过等纪律处分的；

（3）违反与甲方签订的培训、保密、竞业限制等其他协议的；

（4）严重失职，营私舞弊，使甲方遭受重大损害的。所谓"重大损害"是指：①造成2 000元以上（含）的经济损失；②造成价值达2 000元的设备、产品报废；③引发人员伤亡事故；④引发给单位造成负面影响的媒体曝光事件；⑤因乙方的失误而导致单位受到相关行政部门或上级部门的各种处分；⑥使单位失去商业机会或使单位的声誉、行业地位、社会评价等无形财产受到损失等；⑦其他给单位造成严重影响的恶劣后果；

（5）有玩忽职守、贪污、盗窃、弄虚作假、欺骗、欺诈等行为之一的；

（6）拒绝甲方正常工作安排，扰乱甲方正常工作秩序的；

（7）有暴力、恐吓、侮辱、诽谤、扰乱工作秩序或性骚扰行为的；

（8）因行为不当而被拘留、劳教或触犯刑律免予刑事处分的；

（9）在与甲方存续劳动关系期间累计旷工3天（含3天）以上，或因旷工受到书面警告又犯同样错误的；

（10）利用工作时间从事非甲方的工作，或从事与甲方形成利益冲突的工作经营活动，利益冲突活动包括但不限于以本公司技术、知识产权投资创业、帮助第三方创业、被第三方雇佣或在第三方兼职等，经甲方提出拒不改正的，或对甲方的工作造成严重影响的；

（11）犯有其他严重错误的。

八、合同的变更

甲乙双方协商一致，可以变更劳动合同约定的内容。变更劳动合同，应当采用书面形式。

变更后的劳动合同文本由用人单位和劳动者各执一份。

九、合同的解除和终止

（一）经甲、乙双方协商一致或出现法定解除劳动合同的情形时，本合同可以解除。

（二）甲方有权根据《中华人民共和国劳动合同法》第三十六条、第三十九条、第四十条、第四十一条与乙方解除本合同。

（三）甲方存在《中华人民共和国劳动合同法》第三十八条规定的情形之一的，乙方有权立即解除与甲方的劳动关系。

（四）除法律另有规定外，乙方解除劳动合同须提前 30 日书面通知甲方。甲方可以在接到乙方书面通知之日起的一定期间内变更乙方的工作岗位。

十、经济补偿与赔偿

（一）甲方与乙方解除本合同或本合同终止，应按法律、法规和有关规定向乙方支付经济补偿金。

（二）任何一方违反本合同约定或违反法律、法规等有关规定，给对方造成损害的，另一方均有权依据有关规定要求对方赔偿损失。

十一、调解与仲裁

双方履行本合同如发生争议，可先协商解决；不愿协商或协商不成的，可以向甲方劳动的劳动争议调解委员会申请调解；调解无效的，可向甲方所在地劳动争议仲裁机构申请仲裁；也可以直接向甲方所在地劳动争议仲裁机构申请仲裁。对仲裁裁决不服的，可依法在法定期限内向人民法院提起诉讼。

十二、服务期与竞业限制

（一）如甲方为乙方提供专项培训费用，对其进行专业技术培训，双方做如下约定：在培训实施前公司可根据培训内容及培训费用（按人民币计算），要求受训人员与公司签订不同服务期限的《培训服务合同》书，《培训服务合同》为《劳动合同》的附件，具体条款详见《培训服务合同》。拒绝与公司签订相关服务合同的员工，公司可取消其参加专项培训的机会。

（二）如乙方掌握甲方的商业秘密和与知识产权相关的保密事项，双方做如下约定：乙方在甲方任职期间，必须遵守甲方规定的保密规章制度，履行与其工作岗位相应的保密职责，并与甲方签订《保密协议》，作为《劳动合同》的附件 。

乙方负有保密义务的，甲方可与其约定竞业限制，签订《竞业限制协议》作为《劳动合同》的附件。

十三、其他

（一）本合同未尽事宜，双方另有约定的，从约定；双方没有约定的按国家和地方有关政策规定办理。在合同期内，如本合同条款与国家和地方有关劳动管理新规定相抵触的，按新规定执行。

（二）下列文件规定为本合同附件，与本合同具有同等效力：

1.《保密协议》

2.《培训服务合同》

3.《竞业禁止协议》

4.《录用条件说明书》

（三）双方约定：

1. 本合同解除或终止时，乙方应履行下列义务：向甲方指定的人员交接工作；完好归还其占有的甲方的办公用品、文件、设备等有形或无形资产；向甲方完整移交载有甲方重要信息的任何载体；协助甲方清理双方之间的债权、债务；完成甲方规定的离职流转程序，办理有关离职手续；处理其他应了而未了的事务。

乙方未履行以上义务，致使甲方无法依法办理或延迟办理与乙方离职相关的手续，乙方应当自负其责。给甲方造成经济损失的，甲方有权要求乙方赔偿。

2. 在合同期限内，乙方提出辞职，若未与甲方达成共识，则乙方应依照培训协议向甲方支付赔偿金。给甲方未完成项目造成损失的，还应当承担赔偿责任。

3. 员工离职在交接过程中不详细，公司有权进一步联系，若提供的联系电话不实或不配合公司要求的，公司有权保留对因此造成的损失向离职员工索赔的权利。

4. 乙方欠付甲方任何款项，或者乙方违反合同约定的条件解除劳动合同，给甲方造成任何经济损失，依照法律法规约定和合同约定应承担的赔偿责任，甲方有权从乙方的工资、奖金及津贴、补贴等

（包括并不限于此）中做相应的扣除，但该扣除不得违反法律法规的规定，不够扣除的，甲方仍然有权就剩余部分向乙方追偿。

5. 乙方确认，甲方有关文书在无法直接送达给乙方的情形下（包括但不限于乙方拒收、下落不明等情形），乙方在本合同中填写的住址为甲方邮寄送达地址。

6. 乙方同意，在其处于联系障碍状态（包括但不限于乙方因病住院、丧失人身自由等情形）时，委托合同首部的"紧急联系人"作为乙方的受委托人，该受委托人享有接受和解与调解，代领、签收相关文书的权限。

（四）本合同一式两份，甲、乙双方各执一份。

甲方：（盖章） 乙方：（签名或盖章）

法定代表人（或委托代理人）：

年 月 日 年 月 日

5.2.11 录用条件说明书范本

录用条件说明书

_____：

鉴于双方已订立劳动合同（编号：_____），约定试用期为____年__月__日至____年__月__日，这段时间是你与公司相互了解相互适应的时期。本公司录用条件以学识、能力、品德、体格适合工作所需要为准。此期间，如果你感到公司的实际状况、发展机会与预期有较大差距，或由于其他原因决定解除试用关系的，可以提前 3 天书面提出辞职，并按规定办理离职手续；同样，如果你在试用期被发现有下列情形的，视为不符合录用条件，公司有权随时解除与你的劳动关系，并不支付经济补偿金。

1. 伪造学历、证书与工作经历的；

2. 个人简历、求职登记表所填内容与真实情况不符的；

3. 在试用期满之前，规定入职手续仍无法齐备的；

4. 经体检发现患有传染性、不可治愈或其他严重疾病的；

5. 器官残缺或肢体残缺足以影响本职工作，以及填写虚假体检信息的；

6. 患有精神病的；

7. 不能按质按量完成工作任务或经试用期考核成绩不合格的；

8. 试用期内连续缺勤达 15 个工作日或累计缺勤达 20 个工作日；非因工伤无法在工作内提供劳动义务的；

9. 有吸毒、嫖娼、参加邪教组织等违反国家法律法规行为，或受国家治安条例处罚的；

10. 判处有期徒刑，尚在服刑者；

11. 被剥夺公民权利者；

12. 通缉在案者；

13. 未满 16 周岁者；

14. 从其他单位离职，尚未解除劳动关系者；

15. 不具备政府规定的就业手续者；

16. 拖欠公款尚未清偿者；

17. 有任何严重违反公司规章制度规定行为的；

18. 其他不符合录用条件的情形。

特此说明！

××有限公司

年 月 日

（本证明书一式两份，甲乙双方各持一份）

签收回执

本人已收到公司出具的《录用条件说明书》。

签收人：

____年 ___月___日

5.2.12 保密协议范本

保密协议

甲方：

法定代表人：

注册地址：

邮编：

联系电话：

乙方：

身份证号码：

户籍地址：

通信地址：

邮编：

联系电话：

为保护甲方商业秘密，防止恶性竞争的发生，甲、乙双方本着平等自愿、协商一致的原则，依据《中华人民共和国劳动法》《中华人民共和国劳动合同法》《中华人民共和国反不正当竞争法》及其他法律、法规的规定，签订本保密协议。

一、工作成果归属

1.1 双方确认，乙方在甲方任职期间，因履行职务或者主要是利用甲方的物质技术条件、业务信息等产生的发明创造、作品、计算机软件、技术秘密或其他商业秘密信息，有关的知识产权均属于甲方享有。甲方可以在其业务范围内充分自由地利用这些发明创造、作品、计算机软件、技术秘密或其他商业秘密信息，进行生产、经营或者向第三方转让。乙方应当依甲方的要求，提供一切必要的信息和采取一切必要的行动，包括申请、注册、登记等，协助乙方取得和行使有关的知识产权。

1.2 乙方在甲方任职期间所完成的，与甲方业务相关的发明创造、作品、计算机软件、技术秘密或其他商业秘密信息，乙方主张由其本人享有知识产权的，应当及时向甲方申明。经甲方核实，认为确属于非职务成果的，由乙方享有知识产权。

1.3 乙方没有申明的，推定其属于职务成果，甲方可以使用这些成果进行生产、经营或者向第三方转让。即使日后证明实际上是非职务成果的，乙方亦不得要求甲方承担任何经济责任。

1.4 乙方申明后，甲方对成果的权属有异议的，可以通过协商解决；协商不成的，通过诉讼途径解决。甲方对成果的权属无异议的，如甲方提出使用要求，乙方同意无条件授予甲方该成果法定最长期限的独占使用许可权。甲方应当给予乙方合理的补偿。

二、保密的内容与范围

2.1 技术信息

技术信息是指甲方研制开发或以其他合法方式掌握的、未公开的、能给甲方带来经济利益或竞争优势的实用性信息，包括但不限于：核心技术、技术方案、技术指标、技术改良、技术发明、技术报告和文档、许可证、设计需求、服务范围和内容、实现方法、运作流程、运行环境、软件系统、软件产品源程序/代码、目标代码、软件可执行程序、数据库、研究开发记录、测试报告、测试结果、测试方法、实验数据、试验结果、图画、图像、图形、图纸、用户手册、操作手册、涉及技术转让、技术入股、技术合作、技术引进或者其他合法途径获得技术秘密的业务函电和内部文件资料等。

2.2 经营信息

经营信息是指与甲方经营发展战略相关的信息，包括但不限于经营战略、市场营销计划和战略、产品信息、现有客户、潜在客户、供应商、合作伙伴信息、商务机会、经营数据、服务网络、需求信息、采购资料、定价政策、业务计划、进货渠道、产销策略、招投标中的标底/标书内容、备忘录、协议书、费用预算、设备资源、人力资源、财务报表、利润指标及不公开的财务数据等。

2.3 其他

2.3.1 乙方因业务往来或其他任何方式所知悉的甲方所属集团其他成员企业的商业秘密，以及甲方依照法律规定（如在缔约过程中知悉的对方当事人的秘密）或有关协议的约定（如技术合同、合作协议等）对外承担保密义务的事项等。

2.3.2 甲方依照法律规定和有关协议的约定要求乙方承担保密义务的其他事项。

三、甲方的权利与义务

3.1 对技术秘密或其他商业秘密的有效使用、转移等采取合理、有效的措施和控制系统。

3.2 保证技术秘密或其他商业秘密符合国家法律、法规、国家及社会的公共利益。

3.3 对技术秘密或其他商业秘密的科研、办公、生产车间等场所，按保密的程度确定不同的等级并采取防范措施，确保不泄露技术秘密。

3.4 若甲方技术秘密或其他商业秘密已为公众所知悉，或者已不能为本单位带来经济利益或竞争优势，则保密条款自行终止。

四、乙方的权利与义务

4.1 乙方在甲方任职期间，必须遵守甲方规定的任何成文或不成文的保密规章、制度，履行与其工作岗位相应的保密职责。甲方的保密规章、制度没有规定或者规定不明确之处，乙方亦应本着谨慎、诚实的态度，采取任何必要、合理的措施，维护其于任职期间知悉或者持有的任何属于甲方或者虽属于第三方但甲方承诺有保密义务的技术秘密或其他商业秘密信息，以保持其机密性。

4.2 除了履行职务的需要之外，乙方承诺，未经甲方同意，不得以泄露、告知、公布、发布、出版、传授、转让或者其他任何方式使任何第三方（包括按照保密制度的规定不得知悉该项秘密的甲方其他职员）知悉属于甲方或者虽属于他人但甲方承诺有保密义务的技术秘密或其他商业秘密信息，也不得在履行职务之外使用这些秘密信息。

4.3 乙方承诺，在为甲方履行职务时，不得擅自使用任何属于他人的技术秘密或其他商业秘密信息，亦不得擅自实施可能侵犯他人知识产权的行为。若乙方违反上述承诺而导致甲方遭受第三方的侵权指控时，乙方应当承担甲方为应诉而支付的一切费用；甲方因此而承担侵权赔偿责任的，有权向乙方追偿。上述应诉费用和侵权赔偿可以从乙方的工资报酬中扣除。

4.4 乙方承诺，其在甲方任职期间，非经甲方事先同意，不在与甲方生产、经营同类产品或提供同类服务的其他企业、事业单位、社会团体内担任任何职务，包括股东、合伙人、董事、监事、经理、职员、代理人、顾问等。

4.5 乙方因职务上的需要所持有或保管的一切记录着甲方秘密信息的文件、资料、图表、笔记、报告、信件、传真、磁带、磁盘、仪器以及其他任何形式的载体，均归甲方所有，而无论这些秘密信息有无商业上的价值。若记录着秘密信息的载体是乙方自备的，则视为乙方已同意将这些载体物的所有权转让给甲方。甲方应当在乙方返还这些载体时，给予乙方相当于载体本身价值的经济补偿。

4.6 乙方应当于离职时，或者于甲方提出请求时，返还全部属于甲方的财物，包括记载着乙方秘密信息的一切载体。但当记录着秘密信息的载体是由乙方自备的，且秘密信息可以从载体上消除或复制出来时，可以由乙方将秘密信息复制到甲方享有所有权的其他载体上，并把原载体上的秘密信息消除。此种情况乙方无须将载体返还，甲方也无须给予乙方经济补偿。

4.7 不得刺探或以其他不正当手段（包括利用计算机进行检索、浏览和复制、采用磁盘、胶片和电子邮件等）获取与本职工作无关的甲方的技术秘密或其他商业秘密。

4.8 不允许（包括出借、赠予、出租、转让等行为）或协助任何第三方使用甲方已掌握和使用的技术秘密或其他商业秘密。

4.9 应主动采取加密措施对职务所涉及的技术秘密或其他商业秘密进行保护，防止被第三者知悉及使用；如发现因为自己主观或客观过失而造成甲方的技术秘密或其他商业秘密泄露，应及时向甲方陈述其过程并采取应急措施。

4.10 乙方无论是否仍在甲方任职，若甲方认为有必要，乙方应协助甲方在其他国家或地区获得、维护、保护与这些创造发明有关的法律权益。

4.11 未经甲方书面同意，不得擅自带任何人或团体参观甲方工作场所。

五、保密的期限

5.1 乙方任职期限内，其保密期限与甲、乙双方签订的劳动合同期限一致。

5.2 乙方离职之后仍对其在甲方任职期间接触、知悉的属于甲方或者虽属于第三方但甲方承诺有保密义务的技术秘密和其他商业秘密信息，承担如同任职期间一样的保密义务和不擅自使用有关秘密信息的义务，而无论乙方因何种原因离职。乙方离职后承担保密义务的期限依据相关法规或双方约定来界定保密期限的终止日期。若离职时没有书面明确规定的，则保密期限直到本文中涉及的所有技术信息和经营信息公开发布为止。

5.3 若因工作需要，甲方委派乙方到国外或国内进行与工作内容相关的培训、考察、参观或展览会等，获悉的内容及资料涉及甲方的技术秘密或其他商业秘密，其保密期限以最新的培训服务协议和劳动合同为依据，保密期限以新规定的期限为依据。

六、违约责任

6.1 乙方的违约行为造成甲方的直接或间接经济损失或严重后果的，乙方应当承担违约责任，具体规定如下：

6.1.1 损失赔偿额为甲方因乙方的违约行为所受到的实际经济损失以及可举证之期待利益损失。

6.1.2 如果甲方的损失依照本条 6.1.1 款所述的计算方法难以计算，损失赔偿额为不低于乙方违约行为所获得的全部利润的合理数额，或者不低于甲方商业秘密许可使用费的合理数额。

6.1.3 甲方因调查和追究乙方的违约行为而支付的合理费用，以及因此导致劳动合同解除而给甲方造成的人员录用费、培训费等的损失也应当包含在损失赔偿额之内。

6.1.4 因乙方的违约行为同时侵犯了甲方的商业秘密权利的，甲方可以选择根据本协议要求乙方承担违约责任，或者根据国家有关法律、法规要求乙方承担侵权责任。

6.2 乙方离开公司后不遵守双方签订的竞业限制或竞业禁止协议等相关规定，给甲方造成直接或间接经济损失，经通知、规劝仍不改正或情节严重引发恶意竞争，除应支付约定的赔偿金外，另外应赔偿造成的其他经济损失。

七、争议解决

因履行本协议发生争议的，双方本着友好协商的方式予以解决，若协商、调解不成或者一方不愿意协商、调解的，任何一方都有权由向甲方所在地的劳动仲裁机构申请仲裁。对仲裁裁决不服的，可以向人民法院提起诉讼。

八、效力和变更

8.1 本协议自双方签字之日起生效。

8.2 本协议的任何修改必须经过双方的书面同意。

8.3 协议未尽事宜由双方协商解决，协商不成，可向甲方所在地的劳动仲裁机构申请仲裁诉诸法律解决。

九、其他

9.1 本合同列明的通信地址、电话、电子邮箱或其他联系方式均为本合同下的通知送达方式。一方如迁址或者其他联系方式变更，应当及时书面通知对方。否则，如因联系方式变更导致有关事项通知或者文件送达延误的不利后果，应由自行变更方负责。

9.2 本协议一式两份，甲、乙双方各执一份，每份具有同等的法律效力。

甲方：（签章）　　　　　　　　　　　　乙方：（签名）

公司代表人：（签字）　　　　　　　　　身份证号码：

　　年　　月　　日　　　　　　　　　　　年　　月　　日

签字地点：　　　　　　　　　　　　　　签字地点：

5.2.13　培训协议范本

培训协议

甲方：

法定代表人：

注册地址：

邮编：

联系电话：

乙方：

身份证号码：

户籍地址：

通信地址：

邮编：

联系电话：

为提高乙方的职业技能，体现以人为本、员工与企业共同发展的思想，帮助乙方实现职业生涯发展规划，公司决定为乙方提供本次专业技能培训。根据《劳动法》《劳动合同法》等有关法律法规，甲乙双方经协商一致，双方本着平等、自愿的原则，签订如下协议：

一、培训性质

本次培训属于专项技能培训，非一般职业技能和上岗培训。

二、培训内容

甲方安排乙方赴_____学习_____，学习期自____年__月__日起至____年__月__日，实计为期_____。

三、甲方的权利与义务

（一）甲方为乙方提供专项培训费用，预计_____元人民币（大写_____），具体包括：

1. 培训期间的报名费、学费、资料费、证书费及其他与培训相关的费用；

2. 交通费、食宿费及其他配合培训或与之相关的费用。

3. 培训期间甲方支付给乙方的薪资、福利等费用。培训期间乙方工资按每月_____元人民币（大写_____）计发，其他按_____执行。

具体数额的确定：根据甲方实际入账的支出凭证为准或根据受训人数进行培训总费用的分摊决定每位受训者的培训费用。

（二）甲方负责为乙方提供办理参加培训的必要手续和条件。

（三）在乙方参加培训期间，甲方负责为乙方协调各方面与培训相关的关系，做好乙方生活安排，以便很好地完成培训任务。

（四）培训结束后，甲方组织有关培训部门对乙方的培训结果进行综合评价。

（五）对参加完培训之后，通过培训考核或达到培训要求的人员，甲方在任职资格、工薪待遇等方面，将予以优先考虑。

四、乙方的责任与义务

（一）接受甲方所提供的条件与费用，并遵守本协议的所有内容和甲方的《员工培训管理制度》。

（二）培训期间，乙方需努力掌握培训的相关知识或达到培训的目标要求，乙方在培训中务必掌握技术要点，并做认真详细的记录。

（三）培训期间，乙方必须服从公司、培训合作单位的工作、学习安排，遵守公司、培训合作单位的各项管理制度，积极维护公司形象和利益，遵守所在国家的法律法规，如果由于自己不慎或故意行为导致自身或甲方利益受损的，所有赔偿均由乙方承担。违反所在国家的法律法规或违反培训合作单位的各项管理制度，视同在甲方内的违纪，甲方将按规章制度处理。

（四）乙方在学习期间，必须每隔_____天向甲方书面报告一次学习情况，并附培训合作单位有关成绩等方面的记录。

（五）乙方参加完培训之后，必须服从甲方安排，到甲方所规定的岗位上工作，服务期为____年，即从____年__月__日起至____年__月__日。如劳动合同期限届满而服务期尚未届满，自动延长至服务期届满。若因甲方公司内部变更，需缩减劳动合同及服务期期限，则以甲方变更为准。

（六）乙方严格执行公司保密制度，未经公司许可，不得将培训中所得到的专业技术外泄或传播给第三者（具体技术内容另附），培训期间所有重要技术资料均交还公司保存。

五、甲乙双方其他约定

（ ）在签订培训合同时，乙方务必将自己的人事档案转至公司，由公司集体保管；若离职或辞退，必须办清所有手续方可调档。

（二）乙方在参加完培训之后，在本合同服务期内，乙方不得以任何借口拒绝为公司服务。

（三）乙方在培训期间，如出现违反有关规定，未能通过培训考核或未达到培训要求，或因自己原因中途退出培训等情况的，所发生的一切费用均由乙方自己承担；培训过程中，甲方有权根据需要取消本培训计划和本培训协议，所发生培训费用由甲方承担，双方之间仍按劳动合同履行各自的义务。

（四）如果乙方违约且不根据本协议规定支付违约金，甲方有权将该情形口头或书面通知乙方新的用人单位和乙方住所地等相关部门和人员，并有权请求他们协助甲方向乙方追偿违约金和其他损失。

六、违约责任

（一）合同期内，因下列原因导致劳动合同解除或终止履行的，乙方应支付甲方违约金。

1. 甲方依据《劳动合同法》第39条解除劳动合同的；

2．因乙方个人原因导致劳动合同无法履行而解除劳动合同的；

3．乙方提出解除劳动合同的。

（二）违约金的支付：

按服务期限等分培训费，以乙方已履行的合同期限递减支付，服务期限不足一年的按实际月份计算。

（或：服务不满一年的，乙方需全额赔偿甲方支付的培训费作为违约金；

服务满一年不满二年的，乙方需赔偿甲方为乙方支付的培训费的_____%作为违约金；

服务满二年不满三年的，乙方需赔偿甲方为乙方支付的培训费的_____%作为违约金。）

（三）违约金的支付不免除乙方违法解除劳动合同应当承担的赔偿责任。

七、争议的解决

因履行本协议发生争议的，双方本着友好协商的方式予以解决，若协商、调解不成或者一方不愿意协商、调解的，任何一方都有权由甲方所在地的劳动仲裁机构申请仲裁。对仲裁裁决不服的，可以向人民法院提起诉讼。

八、其他

（一）本协议一式两份，甲乙双方各执一份，协议自双方签字盖章之日起生效。

（二）若本协议与双方先前签订的劳动合同或其他相关协议有任何冲突之处，一律以本协议为准，相应变更劳动合同。

（三）本协议中任何条款如被确认为无效，不影响整个协议及其他条款的效力。

甲方：（签章）   乙方：（签名）

公司代表人：（签字）

　　年　月　日   　　年　月　日

5.2.14　竞业限制协议范本

竞业限制协议书

甲方：

法定代表人：

公司地址：

联系电话：

乙方：

身份证号码：

户籍地址：

通信地址：

联系电话：

紧急联系人：

紧急联系人电话：

鉴于乙方知悉甲方的商业秘密，为保护甲方合法权益不受侵犯，甲乙双方根据国家有关法律法规，本着平等自愿和诚信的原则，经协商达成下列条款并共同遵守：

一、合同服务期内的保密义务

1.1 乙方在甲方任职期间，必须遵守甲方的保密规章、制度，履行与其工作岗位相应的保密职责。甲方的保密规章、制度没有规定或者规定不明之处，乙方亦应本着谨慎、诚信的态度，采取任何必要、合理的措施，维护其于任职期间知悉或者持有的任何属于甲方或者虽属于第三方但甲方承诺有保密义务的技术秘密或其他商业秘密信息，以保持其机密性。

1.2 未经甲方书面同意，不得以泄露、公布、发布、出版、传授、转让或者其他任何方式使任何第三方（包括不该知悉该项秘密的甲方的其他职员）知悉属于甲方或者虽属于他人但甲方承诺有保密义务的技术秘密或其他商业秘密信息，也不得在履行职务之外使用这些秘密信息。

1.3 未经甲方书面同意，不得接受与甲方存在竞争或合作关系的第三方以及甲方客户或潜在客户的聘用（包括兼职），更不得直接或间接将甲方的业务推荐或介绍给其他公司。

1.4 未经甲方书面同意，不得作为股东或投资人对与甲方业务相同或类似或相关的行业进行投资，更不得与甲方发生竞争，将甲方业务归为个人办理，或不以甲方名义从事与甲方竞争的业务。

1.5 乙方离职后仍需对其在甲方任职期间接触、知悉的属于甲方或者虽属于第三方但甲方承诺有过保密义务的技术秘密和其他商业秘密信息承担如同任职期间一样的保密义务和不擅自使用有关秘密信息的义务，直到这些信息在本行业中成为公知性信息为止。

1.6 乙方在为甲方履行职务期间，不得擅自使用任何属于他人的技术秘密或其他商业秘密，亦不得擅自实施可能侵犯他人知识产权的行为。若由此导致甲方遭受第三方侵权指控时，乙方将承担甲方为应诉而支付的一切费用，同时甲方如需因此而承担侵权赔偿责任的，甲方有权向乙方追偿。上述应诉费用和侵权赔偿费用可以从乙方的薪酬总额中扣除。

1.7 乙方同意，如上述损害甲方利益的行为涉及其近亲属，或借助他人名义，均视为乙方行为，由乙方承担违约赔偿责任。

二、竞业禁止及经济补偿

2.1 乙方应立即向甲方移交所有自己掌握的，包含甲方商业秘密的所有文件、记录、信息、资料、设备、数据、笔记、报告、计划、目录、来往信函、说明、图样、蓝图及纲要（包括但不限于上述内容之任何形式之复制品），并办妥有关手续，所有记录均为甲方或第三方绝对的财产，乙方将保证有关信息不外泄，不得以任何形式留存甲方有关商业秘密信息，也不能得以任何方式再现、复制或传递给任何人。

2.2 乙方离职后 2 年内不得在与甲方从事的行业相同或相近的企业及与甲方或第三方有竞争关系的企业内工作。

2.3 乙方离职后 2 年内不得自办与甲方有竞争关系的企业或者从事与甲方商业秘密有关的产品的生产。

2.4 在与甲方离职后 2 年内，不能直接或间接通过任何手段为自己、他人或任何实体的利益或与他人或实体联合，以拉拢、引诱、招用或鼓动之手段使甲方其他成员离职或挖走甲方其他成员。

2.5 从乙方离职后开始计算竞业禁止期时起，甲方应按竞业禁止期限向乙方支付一定数额的竞业禁止补偿费。补偿费的标准为每月人民币_____元。补偿费从____年__月开始，按月支付，由甲方于每月的__日通过银行支付至乙方的银行卡内。

如乙方拒绝领取，甲方可以将补偿费向有关方面提存。

2.6 竞业禁止期满，甲方即停止补偿费的支付。

2.7 甲方有权对乙方承担竞业禁止义务的情况进行监督与检查，乙方应当履行下列义务，配合甲方的监督与检查：

（a）每季（年）提供一份其人事档案存档机关出具的证明其劳动关系的证明文件；

（b）每季（年）提供一份证明其任职单位为其交纳社会保险的证明文件；

（c）乙方应于每月 20 日前告知甲方现在的住所地址、联系方法及工作情况，甲方可以随时去乙方的住所处核实情况（包括查看乙方的住所地的房屋租赁合同或房产证和向乙方邻居了解乙方的工作情况），乙方应当予以积极配合。

（d）其他

乙方未能按时提供上述证明文件或履行其他义务的，甲方有权停止给予乙方补偿，且不免除乙方保密和竞业禁止义务。

三、违约责任

3.1 乙方不履行或者违反本协议规定义务的，应当承担违约责任，具体规定如下：

（a）违约金需一次性向甲方支付，违约金额为乙方离开甲方上年度的薪酬总额的 10 倍。同时，乙方的违约行为给甲方造成损失的，乙方应当赔偿甲方的损失，并且乙方所获得的收益应当全部归还甲方。

（b）损失赔偿额为甲方因乙方的违约行为所受到的实际经济损失以及可举证之期待利益损失。

（c）如果甲方的损失依照 3.1（b）款所述的计算方法难以计算的，损失赔偿额为不低于乙方因违约行为所获得的全部利润的合理数额，或者不低于甲方商业秘密许可使用费的合理数额。

（d）甲方因调查和追究乙方的违约行为而支付的合理费用应当包含在损失赔偿额之内。

（e）因乙方的违约行为同时侵犯了甲方或第三方的商业秘密权利的，甲方可以选择根据本协议要求乙方承担违约责任，或者根据国家有关法律、法规要求乙方承担侵权责任。

3.2 乙方离开公司后不遵守本协议，给甲方造成直接或间接经济损失，经通知仍不改正或情节严重引发恶意竞争，除应支付 3.1 条约定的违约金和赔偿金外，另外应赔偿造成的其他经济损失。

3.3 甲方不履行规定义务的，应当承担违约责任，需一次性向乙方支付违约金＿＿＿元人民币。

四、争议解决

4.1 因履行本协议发生的劳动争议，双方应以协商为主，如果无法协商解决，则由争议一方或双方向甲方所在地的劳动争议仲裁委员会申请仲裁。

4.2 任何一方不服仲裁的，可向甲方所在地的人民法院提起诉讼。

五、生效与变更

5.1 本协议未尽事宜，或与今后国家有关规定相悖的，按有关规定执行。

5.2 本协议一式三份，甲方持二份，乙方持一份，具有同等法律效力。

六、其他

本合同列明的通信地址、电话、电子邮箱或其他联系方式均为本合同下的通知送达方式。一方如迁址或者其他联系方式变更，应当及时书面通知对方。否则，如因联系方式变更导致有关事项通知或者文件送达延误的不利后果，应由自行变更方负责。

甲方（签章）：　　　　　　　　　　乙方（签字）：

代表（签字）：

日期：　　年　月　日　　　　　　日期：　　年　月　日

5.2.15　非全日制劳动合同书范本

非全日制劳动合同书

根据《中华人民共和国劳动合同法》及相关法律、法规的规定，经用人单位与劳动者双方平等协商，签订本劳动合同，共同遵守。

一、双方当事人

第一条　用人单位（以下简称为甲方）：

名称：＿＿＿＿＿＿＿＿＿＿＿＿＿＿＿＿＿＿＿＿＿＿＿＿＿

通信地址：＿＿＿＿＿＿＿＿＿＿＿＿＿＿＿＿＿　邮编：＿＿＿＿＿

法定代表人/主要负责人：_____

电话：_____传真：_____

电子邮箱：_____

第二条　劳动者（以下简称为乙方）：

姓名_____性别____年龄____

身份证号_____

联系电话：_____；_____

通信地址：_____邮编：_____

电子邮箱：_____

社会保险个人编号_____

第三条　本合同第一条、第二条中甲乙双方的联系地址（包括通信地址，电子邮箱）为双方在履行本劳动合同期间的约定通信地址。若在履行本合同过程中双方有任何重要文件资料需要送达时，该地址为双方约定的收件地址。若其中一方的联系地址或电子邮件发生变化，应立即书面通知对方，否则视为没有变化。

双方约定，一方在采取直接送达、邮寄送达等方式都无法送达而需要公告送达时，同意选择报纸作为公告送达的媒体。

二、劳动合同期限

第四条　经双方协商，本合同的期限为____年，自____年__月__日起至____年__月__日终止。

三、工作内容和工作地点

第五条　甲方根据生产（工作）需要，安排乙方从事_____岗位（工种）工作。具体生产（工作）任务为：_____。

乙方应按照甲方的要求，按时完成规定的工作数量，达到规定的质量标准。

工作的地点为：_____。

根据生产（工作）需要，乙方服从甲方临时变换工作岗位或工作地点的安排。

四、工作时间和休假

第六条　乙方在甲方平均每日工作时间不超过 4 小时，每周工作时间累计不超过 24 小时。具体工作时间安排为_____的____ 时 ___分至____时____分。甲方可以根据工作的特殊需要临时变更乙方的工作时间。

第七条　甲方应当保证乙方每周至少休息 1 日。在下列节日期间应当依法安排乙方休假：（1）元旦；（2）春节；（3）国际劳动节；（4）国庆节；（5）法律、法规规定的其他休假节日。

五、劳动报酬

第八条　甲方向乙方支付的每小时工资标准为_____元（人民币），此标准不得低于_____政府规定的最低小时工资标准。甲方每_____（间隔最长不超过 15 天）以法定货币形式足额向乙方支付。

第九条　甲方安排乙方加班工作的，按国家相关法律的规定支付加班费。

六、社会保险

第十条　甲方支付的小时工资中已经包含其应缴纳的基本养老保险、基本医疗保险费用。乙方同意依据国家和地方有关规定自主在社保部门灵活就业人员窗口办理基本养老保险、基本医疗保险。

第十一条　甲方依照国家和地方的规定，为乙方办理工伤保险和缴纳工伤保险费用，乙方在合同期内因工负伤依法享受工伤保险待遇。

第十二条　本合同成立之日起一周内，乙方必须将办理工伤保险所需个人相关资料交给甲方，以便甲方到社保部门为乙方办理工伤保险手续，否则由此产生的所有法律责任由乙方承担。

七、劳动保护、劳动条件和职业危害防护

第十三条 甲方向乙方提供下列必需的生产（工作）和劳动防护用品：

1. _____

2. _____

3. _____

4. _____

第十四条 甲方对乙方进行下列培训：

1. 职业道德 2. 业务技术 3. 劳动安全卫生及规章制度教育和培训 4. _____；

5. _____。

第十五条 甲方应当向乙方告知下列事项：

1. 劳动安全卫生制度

2. 操作规范

3. 乙方所从事工作的职业危害因素、危害结果和应当采取的职业病防护措施及安全生产状况

4. 凡患有职业禁忌证的，不得从事与该禁忌证相关的作业

5. _____

6. _____

第十六条 乙方在劳动过程中必须严格遵守安全操作规程，自觉接受劳动安全教育，听从管理人员的指挥，不得违章操作、冒险作业。

第十七条 乙方对甲方管理人员违章指挥、强令冒险作业，有权拒绝执行；对危害生命安全和身体健康的劳动条件，有权提出批评、检举和控告。

八、劳动合同的变更、解除与续订

第十八条 经甲乙双方协商同意，可以变更、解除、续订本合同。变更、解除、续订合同应当采用书面形式。

第十九条 甲乙双方在任何情况下都可以随时通知对方终止本劳动合同，但必须提前5天以书面形式告知对方，否则应当赔偿因此给对方造成的经济损失。

第二十条 本劳动合同解除或终止的，除法律规定以外，甲方不支付经济补偿金。

第二十一条 在解除或者终止劳动合同时，乙方应在 3 日内办理工作交接手续。拒绝移交给甲方造成损失的，应当承担赔偿责任。

乙方对移交的各种资料的合法性、真实性承担法律责任。

工作交接时乙方应当返还所使用或保管的甲方财物，包括但不仅限于：办公室钥匙、办公工具、宿舍钥匙、床位、工作证件、授权资料、空白文书、公司的债权文书、款项等。如有损坏、遗失或侵占的，应当承担赔偿责任。

九、其他约定

第二十二条 在此劳动合同期间乙方也与其他企业签订有劳动合同的，不得影响本劳动合同的履行，否则乙方应当赔偿因此行为给甲方造成的经济损失。乙方应当告知甲方其在其他单位的工作内容和工作时间。

第二十三条 乙方在本劳动合同存续期间及在本劳动合同解除后直至商业秘密公开期间，必须遵守甲方规定的全部保密规章制度，对其知悉的包括但不限于甲方的管理方法、产销策略、客户名单、货源情报等经营信息与知识产权相关保密事项进行保密。如有违反，应当赔偿由此给甲方带来的经济损失。

第二十四条 本合同中任何一方违反劳动合同法规定或本合同的约定时，应当承担责任。

第二十五条 在履行本劳动合同期间，乙方因故意或重大过失造成第三方损失的，甲方在垫付赔偿后有权向乙方追偿。

第二十六条　甲乙双方在履行本合同过程中发生争议，可协商解决；协商不成的，任何一方可以向劳动争议仲裁委员会申请仲裁，对裁决不服的，可以向人民法院起诉。

第二十七条　本合同未尽事宜，双方可另行协商解决，签订补充条款，补充条款与本合同具有同等法律效力。

本合同中约定的事项与今后国家法律、法规等有关规定相悖的，按国家有关规定执行。

第二十八条　本合同双方签字生效。本合同一式两份，甲乙双方各执一份，具有同等法律效力。

甲方（盖章）：　　　　　　　　　　乙方（签名）：

法定代表人（签名）：

日期：　　年　月　日　　　　　　日期：　　年　月　日

5.2.16　劳务派遣协议范本

劳务派遣协议

（供用工单位与劳务派遣单位订立使用）

甲方（用工单位）名称：

法定代表人：

地　　址：

电　　话：

乙方（劳务派遣单位）名称：

法定代表人：

地　　址：

电　　话：

根据《中华人民共和国合同法》《中华人民共和国劳动法》《中华人民共和国劳动合同法》及国家、当地有关法律、法规，甲乙双方本着平等互利的原则，就劳务派遣事宜签订如下协议。

声明与承诺

1. 甲方是依照中华人民共和国法律行政法规依法成立、合法经营，享有用工主体资格的用工单位。

2. 乙方是依照中华人民共和国法律行政法规依法成立、合法经营，获得本协议所要求相应法定资质的中国法人。

3. 甲方向乙方承诺：没有将用工期限分割订立数个短期劳务派遣协议的情形；不会将被派遣劳动者再派遣到其他用人单位，甲方违反的愿承担所有的法律责任，给乙方造成损失的，乙方有权向其追偿。

4. 乙方向甲方承诺：如其不具备法律、行政法规规定的相应派遣资质；其派遣给甲方的劳动者不符合法律规定的要求；其提供给甲方派遣人员的所有材料、信息存在虚假情况的，乙方愿意承担所有法律责任。对乙方造成损失的，乙方有权向其要求赔偿。

派遣协议期限、派遣人员试用期

1. 协议有效期：自____年__月__日至____年__月__日止。合同期满若甲方不再需要乙方所派遣的劳动者可即行终止。经双方协商一致，可续订本协议。

2. 被派遣劳动者的试用期按照以下约定执行：

（1）派遣期限在3个月以上不满1年的，试用期为1个月；

（2）派遣期限在 1 年以上不满 3 年的，试用期为 2 个月；

（3）派遣期限在 3 年以上的，试用期为 6 个月。

试用期期满之前甲方有权对被派遣劳动者按照录用条件对劳动者进行考核，对不符合录用条件者，甲方有权退回乙方。

劳务派遣岗位及人数

派遣岗位为_____。派遣劳动者人数见《派遣劳动者花名册》，在服务期内派遣劳动者人数根据甲方的生产经营情况增减，以《派遣劳动者增减明细表》作为本合同的附件。

被派遣劳动者的工作地点和工作内容

1．甲方安排乙方派遣劳动者在_____省（市）_____市工作，如安排的被派遣劳动者不在上述地点工作或有特殊要求的，甲方应在《派遣劳动者花名册》中列明。

甲方因生产经营的发展需要，在征得乙方派遣劳动者的同意下，可以变更工作地点。甲方变更乙方派遣劳动者工作地点，应及时通知乙方。

2．甲方应明确乙方派遣劳动者的工作岗位与职责，甲方因生产经营的发展需要，在征得乙方派遣劳动者的同意下，可以变更工作岗位。甲方变更乙方派遣劳动者工作地点，应及时通知乙方。

被派遣劳动者的工作时间与休息休假

1．甲方按照下列约定安排被派遣劳动者的工作时间，并要求派遣时向被派遣劳动者明确工时标准：

（1）执行标准工时制，即每日工作 8 小时，自_____：____至____：____，每周工作 40 小时，自星期一至星期五；

（2）甲方因工作性质特殊，需连续作业或受季节及自然条件限制，需采用以周、月、季、年等为周期综合计算工作周期需要采用综合计算工时工作制时，经向政府主管部门办理审批手续后，执行综合计算工时工作制，但其综合计算周期内的总实际工作时间不得超过总法定标准工作时间（每日工作 8 小时，每周工作 40 小时）；

（3）甲方因自身生产特点、工作特殊需要或职责范围的关系，无法执行定时工作制衡量或者需要机动作业而需采用不定时工作制时，经向政府主管部门办理审批手续后，乙方执行不定时工作制，在保证完成甲方工作任务的情况下，乙方派遣劳动者自行安排工作和休息休假。

2．乙方所派遣劳动者执行定时工作制时，依据本合同约定的每日 8 小时工作时间以外的时间，为非工作时间，有权自行支配；每周周六、周日为法定休息日，乙方依法享有法定休息权利。

3．乙方所派遣劳动者采用不定时工作制或者综合计算工时工作制等不同于定时工作制的工作和休息办法时，甲方在保障乙方所派遣劳动者身体健康并与劳动者协商一致的基础上，可以采取集中工作、集中休息、轮休调休、弹性工作时间等适当工作及休息方式，确保乙方休息休假权利行使。

4．由于生产经营需要，在履行充分的告知义务的情况下，乙方所派遣劳动者未明确表示反对的，甲方可以安排其加班，并按照法律法规规定支付加班费。

5．乙方所派遣劳动者因完成工作需要，确需加班的，应当向主管提出书面申请，说明加班的理由和时间，经主管领导批准后，方可视为加班，享受加班待遇。加班时间，以实际发生的时间为准。

6．甲方安排加班，一般每日安排加班不超过 1 小时，因特殊原因需要延长工作时间的，在保障乙方所派遣劳动者人员健康的条件下，每日不得超过 3 小时，每月不得超过 36 小时。

7．有下列情形之一，甲方安排加班，乙方派遣劳动者无正当理由不得拒绝加班，且不受本协议关于加班时间的限制：

（1）由于发生严重自然灾害、事故或其他灾害使人民的安全健康和国家财产遭到严重威胁需要紧急处理的；

（2）生产设备、交通运输线路、公共设施发生故障，影响生产和公众利益，必须及时抢修的；

（3）在法定节假日和公休日工作不能间断，必须连续生产、运输或者营业的；

（4）必须利用法定节假日和公休日的停产期间进行设备检修、保养的；

（5）为完成国家紧急任务或完成上级安排的其他紧急任务的；

（6）法律、行政法规规定的其他情形。

被派遣劳动者的管理

1．甲方根据工作需要，提前 15 天向乙方提供招工信息，包括工作岗位、录用条件、工作地点、职业危害、工资待遇、工作期限、到岗时间及其他条件等具体要求。

2．乙方应在规定的时间按照甲方的要求提供符合录用条件的人员面试。并由乙方负责人员初步筛选、考核、前期思想教育工作，并将面试人员送达到甲方指定的面试地点。

3．派遣期内，被派遣劳动者因个人原因辞职的，应提前 30 日向甲、乙双方同时递交书面申请。乙方应督促该被派遣劳动者与甲方办理移交手续。

4．派遣期内，被派遣劳动者离职或擅自离职的，根据甲方用工需求，乙方在 7 天内向甲方及时补充被派遣人员。

5．甲方可根据业务需要，自行招用劳务人员，并在 7 天内告知乙方，由乙方办理相关录用手续。

6．乙方应该将其体检合格的人员派遣至甲方，经甲方确认体检合格者方可派遣到甲方工作。乙方在向甲方派遣人员时，应当向甲方准确提供乙方婚育状况及"三期"情况。

7．派遣期内，乙方对劳动者具有思想教育、奖惩、监督和转移权。

8．乙方每月定时派专人到甲方处理被派遣人员的日常管理和跟踪教育工作。

9．乙方应协调甲方与被派遣人员之间的关系，处理被派遣人员在甲方工作期间与甲方发生的劳动争议及其他与务工有关的事宜。

10．在派遣期内，被派遣劳动者有下列情形之一者，甲方可以将派遣劳动者退回乙方。

（1）派遣协议期满的；

（2）甲方的生产、经营情况发生变化，原派遣协议无法履行，甲乙双方提前终止协议的；

（3）患病或非因工负伤，医疗期满后，不能从事原工作也不能从事由甲方另行安排工作的；

（4）不能胜任工作，通过培训仍不能胜任工作的；

（5）甲方与乙方订立派遣协议时依据的客观情况发生重大变化，致使与派遣人员协商不能达成一致的；

（6）派遣期内发现患有非务工引起的慢性病、遗传病、传染病、地方病及实质性重大疾病的；

（7）甲方的原因需要立即裁减人员或批量裁减人员占所派遣人员总数的10%以上的；

（8）甲方根据情况需要立即或无条件裁减人员的；

（9）被派遣人员提前30日书面通知甲方（乙方），要求终止使用关系或劳动关系的；

（10）试用期被发现不符合录用条件的；

（11）严重违反甲方规章制度的；

（12）严重失职、营私舞弊，对甲方造成损害的；（以甲方规章制度为准）

（13）被司法部门依法追究责任的；

（14）被证明隐瞒或虚构真实身份、事实（包括但不限于身份证/学历/年龄/婚姻状况/病史/履历）的；

甲方依据本条（1）～（8）项退回乙方的被派遣劳动者，需要乙方承担法定经济补偿金的，相关费用由甲方承担；甲方依据本条（9）～（14）项退回乙方的被派遣劳动者，甲方不承担经济补偿金。需要甲方提供相应证据的，甲方应提供证据。

11．乙方要按照国家和地方的法律、法规及政策规定，及时为被派遣劳动者办理录用备案、劳动合同签订和鉴证等各项用工手续。处理涉及被派遣劳动者劳动关系的有关事宜，负责建立、接转被派遣劳动者档案。

12．乙方应为被派遣劳动者按时、足额缴纳国家规定的各项保险，并负责办理被派遣劳动者在甲方工作期间各项保险的申报、申领、保险关系转移、理赔等相关手续，乙方应保证被派遣劳动者到达甲方时社会保险关系清楚，以方便参保。被派遣劳动者若有变动，甲方应该及时书面通知乙方办理相关手续，如因甲方的原因导致漏保或脱保，其责任由甲方承担。

13. 要求被派遣劳动者依法参加乙方工会，维护自身的合法权益。

14. 被派遣劳动者在工作中因故意或过失给甲方造成经济损失的，按相关法规及甲方规章制度判定由劳动者赔偿而劳动者未赔偿的，甲方有权要求乙方先行赔偿。乙方有权向该被派遣劳动者进行追偿。

劳动保护及工伤、职业病处理

1. 乙方在派遣前对被派遣劳动者进行岗前的职业道德、交通安全法规的教育。

2. 甲方负责被派遣劳动者入厂后的劳动纪律和安全教育，并将甲方有关的规章制度和工作行为规范及违规处理办法，以书面形式发给被派遣劳动者。

3. 甲方应向被派遣劳动者提供符合国家规定的工作场所和劳动防护用品。

4. 被派遣人员在务工期间发生工伤或患职业病，由双方共同处理，乙方负责善后工作（工伤认定、伤残鉴定）和家属安抚工作。

5. 被派遣劳动者在务工期间发生工伤，甲方应首先采取急救措施，并同时通知乙方，乙方接到通知4小时内到现场并负责全程处理。

6. 甲方应向乙方提供工伤相关的证据资料，以便乙方向劳动及有关部门申报。

7. 乙方负责工伤的鉴定等手续的办理。2 000元以内的医疗费由乙方垫资处理，超出2 000元医疗费用后则由甲方垫资，工伤事故处理过程中正常索赔以外的费用由甲方承担。

知识产权归属

1. 双方确认，乙方所派遣劳动者在甲方任职期间，因履行职务或者主要是利用甲方的物质技术条件、业务信息等产生的发明创造、作品、计算机软件、技术秘密或其他商业秘密信息，有关的知识产权均属于甲方享有。甲方可以在其业务范围内充分自由地利用这些发明创造、作品、计算机软件、技术秘密或其他商业秘密信息，进行生产、经营或者向第三方转让。乙方及乙方所派遣劳动者应当依甲方的要求，提供一切必要的信息和采取一切必要的行动，包括申请、注册、登记等，协助甲方取得和行使有关的知识产权。

2. 乙方所派遣劳动者在甲方任职期间所完成的、与甲方业务相关的发明创造、作品、计算机软件、技术秘密或其他商业秘密信息，乙方或乙方所派遣劳动者主张由其享有知识产权的，应当及时向甲方申明。经甲方核实，认为确属于非职务成果的，由乙方或乙方所派遣劳动者享有知识产权。

3. 乙方或乙方所派遣劳动者没有申明的，推定其属于职务成果，甲方可以使用这些成果进行生产、经营或者向第三方转让。即使日后证明实际上是非职务成果的，乙方及乙方所派遣劳动者亦不得要求甲方承担任何经济责任。

4. 乙方或乙方所派遣劳动者申明后，甲方对成果的权属有异议的，可以通过协商解决；协商不成的，通过诉讼途径解决。甲方对成果的权属无异议的，如甲方提出使用要求，乙方或乙方所派遣劳动者同意无条件授予甲方该成果法定最长期限的独占使用许可权。甲方应当给予乙方合理的补偿。

商业秘密保护

1. 乙方应保守甲方的商业秘密，并采取有效的保密措施，不得泄露任何秘密给第三方。

保密期限自知晓甲方商业秘密直到本文中涉及的所有技术信息和经营信息公开发布为止。

乙方应当督促被派遣劳动者保守甲方的商业秘密，乙方所派遣劳动者应当与甲方签订保密协议。

2. 本协议所指的商业秘密，包括但不限于：

（1）技术信息

技术信息是指甲方研制开发或以其他合法方式掌握的、未公开的、能给甲方带来经济利益或竞争优势的实用性信息，包括但不限于：核心技术、技术方案、技术指标、技术改良、技术发明、技术报告和文档、许可证、设计需求、服务范围和内容、实现方法、运作流程、运行环境、软件系统、软件产品源程序/代码、目标代码、软件可执行程序、数据库、研究开发记录、测试报告、测试结果、测试方法、实验数据、试验结果、图画、图像、图形、图纸、用户手册、操作手册、涉及技术转让、技术入股、技术合作、技术引进或者其他合法途径获得技术秘密的业务函电和内部文件资料等。

（2）经营信息

经营信息是指与甲方经营发展战略相关的信息，包括但不限于经营战略、市场营销计划和战略、产品信息、现有客户、潜在客户、供应商、合作伙伴信息、商务机会、经营数据、服务网络、需求信息、采购资料、定价政策、业务计划、进货渠道、产销策略、招投标中的标底/标书内容、备忘录、协议书、费用预算、设备资源、人力资源、财务报表、利润指标及不公开的财务数据等。

（3）乙方因业务往来或其他任何方式所知悉的甲方所属集团其他成员企业的商业秘密，以及甲方依照法律规定（如在缔约过程中知悉的对方当事人的秘密）或有关协议的约定（如技术合同、合作协议等）对外承担保密义务的事项等。

（4）甲方依照法律规定和有关协议的约定要求乙方承担保密义务的其他事项。

3．在被协议解除或终止后，或者于甲方提出请求时，乙方应当返还全部属于甲方的财物，包括记载着甲方秘密信息的一切载体。但当记录着秘密信息的载体是由乙方自备的，且秘密信息可以从载体上消除或复制出来时，可以由甲方将秘密信息复制到甲方享有所有权的其他载体上，并把原载体上的秘密信息消除。此种情况乙方无须将载体返还，甲方也无须给予乙方经济补偿。

4．乙方的违约行为造成甲方的直接或间接经济损失或严重后果的，乙方应当承担违约责任，具体规定如下：

（1）损失赔偿额为甲方因乙方的违约行为所受到的实际经济损失以及可举证之期待利益损失。

（2）如果甲方的损失依照本条（1）所述的计算方法难以计算的，损失赔偿额为不低于乙方因违约行为所获得的全部利润的合理数额，或者不低于甲方商业秘密许可使用费的合理数额。

（3）甲方因调查和追究乙方的违约行为而支付的合理费用，包括但不限于律师费，也应当包含在损失赔偿额之内。

（4）因乙方的违约行为同时侵犯了甲方的商业秘密权利的，甲方可以选择根据本协议要求乙方承担违约责任，或者根据国家有关法律、法规要求乙方承担侵权责任。

5．乙方对于所派遣人员因违反甲方保密制度或侵犯甲方商业秘密所造成的损失承担连带责任。

派遣费管理办法

1．派遣费是指甲方支付给乙方的费用，包括：

（1）劳务人员的工资报酬：_____（不包括加班薪资、考核工资、其他补贴）（基本工资不低于当地本年度规定的最低工资标准，具体标准需要乙方真实签署）；（详见工资表）

（2）甲方每月支付给乙方的劳务管理费：每人每月_____元（按照每月实际使用人数计算）；

（3）甲方每月支付给乙方外劳力综合保险费：每人每月_____元；（上月25日后至当月退工人员照样收取当月保险费用；保险费率按社保局每年的实际缴费基数调整）

（4）甲方每月支付给乙方____籍人员城保费：每人每月_____元，包括劳动者个人需要承担的部分；（按社保局每年的实际缴费基数调整）；

（5）甲方每月支付给乙方____籍人员镇保费：每人每月____元（按社保局每年的实际缴费基数调整）；

（6）甲方每月支付给乙方____籍人员档案管理费：_____元/人/年；

（7）甲方每月支付给乙方住房公积金：每人每月_____元（包括个人应缴纳的部分）；

（8）甲方每月需按照实际所产生劳务费用的___%作为税金支付给乙方。

2．劳动报酬管理

（1）被派遣劳动者享有与甲方相同岗位的劳动者同工同酬的权利。各岗位的薪点工资标准见附件一《派遣人员花名册》；

（2）被派遣劳动者连续在甲方工作超过1年的，将参照甲方规章制度实行正常的工资调整机制；

（3）被派遣劳动者在甲方工作期间，甲方应按国家的有关规定足额支付加班费；

（4）被派遣劳动者依法享受的各类假期工资及加班工资，以薪点工资为基数发放；

（5）工资支付办法：

① 乙方需要在每月25日至次月5日期间与甲方核对派遣人员当月实际所产生的保险、工资、管理

费用等，甲方并在次月 5 日前将相关费用足额转至乙方指定账户，节假日提前；

② 甲方依据派遣劳动者的工资标准、考勤记录做当月工资，将工资表在次月 5 日前交给乙方，由乙方在次月 10~15 日前通过银行发放工资，甲方将工资单发给被派遣劳动者，乙方将支付工资的复印件提供给甲方备查；

③ 若甲方未及时、足额支付乙方相关费用造成劳动者工资发放延误、相关保险未能正常缴纳等而引发相应的劳资纠纷、理赔、工伤及大病事宜的损失由甲方负全责；

3．保险费用管理

（1）甲方承担按国家、地方的有关规定支付被派遣劳动者的各项保险费用；

（2）乙方负责被派遣劳动者各项保险的申报缴费手续，并按规定的时间办理；

（3）当地城保及镇保险劳动者，甲方还需支付每人每年内档案管理费 100 元；及支付城保劳动者每人每月根据社保缴费基数 1.6%的残疾人基金费；

（4）乙方每月 25 至次月 5 日前向甲方报送加盖公章的《被派遣人员参保缴费清册》（社保、综保等）。

4．费用结算

（1）甲方每月 5 日前将被派遣劳动者的保险费、工资、管理费用、其他实际产生的合理费用转入乙方指定的账户。并在确认工资已到账户后，于 5 个工作日内将工资及派遣管理费转入乙方指定的账户。乙方在确认相关费用已到乙方指定账户后，于每月 15 日前办理好劳动者工资转账、保险缴费及相应扣款等手续；

乙方指定账户为：

户　名：

开户行：

账　号：

（2）乙方在收到上述派遣费用（劳动报酬、保险费、管理费）后 3 个工作日内向甲方提供国家正规发票作为甲方付款凭证；

（3）以上费用以人民币形式支付。

其他费用承担

1．有下列情形产生的费用由甲方负担

（1）在服务期内由于甲方原因停工，甲方按国家和上海市的有关规定向派遣人员支付歇岗工资报酬。

（2）乙方已应甲方要求办妥派遣人员录用手续，因甲方情况变化取消与乙方的派遣合作，致使乙方终止与派遣人员的劳动合同，由此造成的乙方的损失。

（3）因甲方原因造成未及时办理招工申报、缴纳社保、综保及工伤或大病住院等造成的乙方的损失。

（4）乙方所派遣劳动者在派遣期间发现怀孕后，根据甲方工作需要，劝其休假或终止劳动关系的，相关手续由乙方处理，但产生的相关费用由甲方承担。

（5）在派遣期限内，由于甲方原因未提前 30 日通知乙方需要裁员或批量裁员，且每月裁员人数在所派遣人员总数的 10%以上的，甲方除按照《劳动法》《劳动合同法》及国家或地方法规规定的支付劳务人员的相关合理费用外，还应该按照劳务人员前 12 个月平均工资的 2 倍支付乙方作为对乙方的赔偿金。

2．有下列情形产生的费用由乙方承担

因乙方原因造成未及时办理招工申报，缴纳社保费或综保费、工伤或大病住院等造成的甲方的损失。

争议处理

甲乙双方在履行本协议中发生争议时，应先协商解决，协商不成的，按照下列第____种方式处理：

1．提交甲方所在地仲裁委员会解决；

2．提交乙方所在地仲裁委员会解决；

3．提交有管辖权的人民法院解决。

其他事项

1．本协议内容与《中华人民共和国劳动合同法》和国家、上海市有关法律法规有悖的，按国家和上海市法律法规执行。

2．本协议未尽事宜再商订补充协议，补充协议与本协议同效。

3．双方认为需要另选约定的条件。

（1）甲方每月 5 日前未及时足额支付乙方上月实际所产生的相关劳务费用的，超时需按照 2%/天的标准向乙方支付滞纳金，超过 10 天按照 4%/天的标准支付滞纳金，30 天以上按照 10%/天的标准支付滞纳金（滞纳金计算的时间为本协议约定的费用支付月的 10 号开始算起）；同时造成乙方不能及时发放劳动者工资、缴纳社会保险等引发的劳资纠纷、工伤理赔、补偿金等均由甲方负全责。

（2）乙方在约定时间内收到甲方相关费用的，而未及时办理相关事宜的，由此所产生的一切后果由乙方承担。

（3）乙方劳动者在甲方发生工伤、病变等突发事件时，甲方需要在 12 小时内通知乙方，紧急事件需要在 5～240 分钟内通知乙方，以便乙方处理，需要甲方配合或提供相关资料的，甲方应配合和协助乙方处理；如果甲方未及时通知或乙方未及时处理所带来的相应后果由责任方承担相应后果；

4．除法律规定和本协议有约定外，甲方不得随意遣退回本协议期间的乙方劳务派遣人员，如有按《中华人民共和国劳动合同法》和有关法律法规支付劳动者补偿金，并按照相关规定支付乙方赔偿金。

5．本协议的附件应包括：

（1）甲、乙方的营业执照、组织代码证复印件（加盖彩印）；

（2）甲方与劳务人员签订的《劳动合同》副本；

（3）乙方《招工简章》和每月劳务人员明细、劳务费用结算清单为本协议有效组成部分；

6．本协议签字盖章后生效，由甲乙双方各执一份。

7．本合同列明的通信地址、电话、电子邮箱或其他联系方式均为本合同下的通知送达方式。一方如迁址或者其他联系方式变更，应当及时书面通知对方。否则，如因联系方式变更导致有关事项通知或者文件送达延误的不利后果，应由自行变更方负责。

甲方：（盖章）　　　　　　　　　乙方：（盖章）

代表人（签名）　　　　　　　　　代表人（签名）

　年　月　日　　　　　　　　　　年　月　日

5.2.17　劳务派遣劳动合同范本

劳务派遣劳动合同

（供派遣单位与劳动者订立使用）

甲方：

法定代表人：

公司地址：

联系电话：

乙方：

身份证号码：

户籍类型：（非农业、农业）

户籍地址：

通信地址：

联系电话：

紧急联系人：

紧急联系人电话：

根据《中华人民共和国劳动合同法》等法律、法规、规章的规定，在平等自愿、协商一致的基础上，同意订立本劳动合同，共同遵守本合同所列条款。

第一条 劳动合同期限

一、本合同为固定期限劳动合同。

合同自____年__月__日起至____年__月__日止。

二、本合同约定试用期，试用期自____年__月__日起至____年__月__日止。

三、甲方派遣乙方到用工单位的派遣期限为____年__月__日至____年__月__日止。

第二条 工作内容、工作地点及要求

甲方派遣乙方工作的用工单位名称：

乙方同意根据用工单位工作需要，从事_____工作，乙方的工作区域或工作地点在_____。

乙方按用工单位的要求应达到以下工作标准_____。

第三条 工作时间和休息休假

一、工作时间按下列第_____项确定：

1. 实行标准工时制。乙方每日工作时间不超过8小时，每周工作时间不超过40小时，每周至少休息一天。

2. 实行经劳动保障行政部门批准实行的不定时工作制。

3. 实行经劳动保障行政部门批准实行的综合计算工时工作制。结算周期：按____结算。

二、甲方由于生产经营需要经与工会和乙方协商后可以延长乙方工作时间，一般每日不得超过1小时；因特殊原因需要延长工作时间的，每日不得超过3小时，但每月不得超过36小时。甲方依法保证乙方的休息休假权利。

第四条 劳动报酬及支付方式与时间

一、乙方试用期间的月劳动报酬为_____元（税前）。

二、试用期满后，乙方在法定工作时间内提供正常劳动的月劳动报酬为_____元（税前），或根据甲方确定的薪酬制度确定为_____。

乙方工资的增减，奖金、津贴、补贴、加班加点工资的发放，以及特殊情况下的工资支付等，均按相关法律法规及甲方依法制定的规章制度执行。甲方支付给乙方的工资不得低于用工地最低工资标准。

三、甲方的工资发放日为每月_____日，节假日提前。甲方应当以货币形式按月支付工资，不得拖欠。甲方从乙方的薪资中代扣代缴个人所得税。

四、甲方未能安排乙方工作或者被用工单位退回期间，按照甲方所在地最低工资标准支付乙方报酬。

第五条 社会保险

甲、乙双方必须依法参加社会保险，按月缴纳社会保险费。乙方缴纳部分，由甲方在乙方工资中代为扣缴。

第六条 劳动保护、劳动条件和职业危害防护

一、用工单位应依法保障乙方职业安全卫生权益，执行国家和省有关职业安全和劳动保护规程及标准，配备安全生产和职业病防护设施，发放符合要求的劳动保护用品，定期为乙方进行健康检查。

二、用工单位已向乙方告知劳动安全、职业危害等事项，对此乙方无异议。

三、用工单位应对乙方进行劳动安全卫生知识、法律、法规教育和操作规程培训，以及其他业务技术培训，持证上岗。乙方应参加用工单位组织的各项培训，严格遵守其岗位劳动安全技术规程。

四、乙方有权对用工单位及其管理人员漠视乙方安全和健康的行为，提出批评、检举、控告；有权拒绝违章指挥和强令冒险作业。

第七条　规章制度

一、甲方及用工单位依法制定单位规章制度，并通过有效方式及时告知乙方。

二、乙方服从甲方及用工单位管理，并严格遵守甲方及用工单位依法制定的规章制度。

第八条　劳动合同变更、解除、终止

一、符合下列情况之一的，甲方可以随时通知乙方解除本合同：

（1）在试用期间，乙方被甲方或用工单位证明不符合录用条件的。

（2）乙方严重违反甲方或用工单位依法制定的规章制度或劳动纪律的。

（3）严重失职，营私舞弊，对甲方或用工单位造成重大经济损失或声誉形成重大损害的。

（4）乙方同时与其他用人单位建立劳动关系，对甲方或用工单位的工作任务造成严重影响，或者经甲方或用工单位提出，拒不改正的。

（5）乙方以欺诈、胁迫的手段或者乘人之危，使甲方在违背真实的情况下订立或者变更的劳动合同，致使本合同无效的。

（6）依法追究刑事责任或劳动教养的。

二、乙方符合下列情形之一的，甲方可以解除本合同或用工单位可以退回，但应提前 30 日以书面形式通知乙方或者额外支付乙方一个月工资（用工单位及时将工资转账到甲方指定银行账户后，由甲方负责支付给乙方）：

（1）乙方患病或非因工负伤，在规定的医疗期满后，不能从事原岗位工作也不能从事用工单位另行安排工作的。

（2）乙方不能胜任用工单位安排的工作，经过用工单位培训或者调整工作岗位仍不能胜任工作的。

（3）本合同订立时所依据的客观情况发生变化（如用工单位与甲方劳务派遣协议提前解除等），致使本合同无法履行的。

三、符合下列情况之一的，乙方可以通知甲方解除本合同：

（1）在试用期内的；（需提前 3 日书面通知甲方和用工单位）

（2）用工单位以暴力、威胁或者非法限制人身自由的手段强迫劳动，或者用工单位违章指挥、强令冒险作业危及乙方人身安全的；

（3）用工单位未提供应有的劳动保护或者劳动条件的；

（4）甲方未按照约定足额向乙方支付劳动报酬的；

（5）甲方未依法为乙方缴纳社会保险费的；

（6）用工单位的规章制度违反法律法规规定，损害乙方权益的；

（7）甲方以欺诈、胁迫的手段或者乘人之危，使乙方在违背真实的情况下订立或者变更的劳动合同，致使本合同无效的。

四、符合下列情形之一的，本合同即行依法终止：

（1）本合同期满。

（2）乙方开始依法享受基本养老保险待遇。

（3）乙方死亡，或者被人民法院宣告死亡或者宣告失踪的。

（4）甲方或用工单位被依法宣告破产的。

（5）甲方或用工单位被吊销营业执照、责令关闭、撤销或甲方或用工单位决定提前解散的。

（6）法律、行政法规规定的其他情形。

五、乙方在本合同解除或终止时，应按甲方和用工单位规定办理离职手续（交还从用工单位所领用的工具、劳保用品等），若乙方未办妥离职手续自行离职的，由此产生的经济和法律责任由乙方承担。

六、甲方在解除或者终止本合同时，为乙方出具解除或者终止劳动合同的证明，并在 15 日内为乙方办理档案和社会保险关系转移手续。

七、乙方按照双方约定，办理工作交接。甲方应当支付经济补偿的，在办结工作交接时支付。

八、服务期与竞业限制

（1）用工单位为乙方提供专项培训费用，对其进行专业技术培训的，用工单位可与乙方订立协议，约定服务期，有关权利与义务及违约责任按法律法规和协议约定执行。

（2）用工单位可与负有竞业限制或保密义务的乙方签订保密协议，有关竞业限制内容、赔偿、违约责任按有关法律法规及协议约定条款执行。

第九条　派遣协议要求

甲方应当与用工单位订立劳务派遣协议，并将协议内容告知乙方。

第十条　违反合同的责任

本合同一经签订，甲、乙双方均应严格履行，任何一方违反本合同给对方造成经济损失的，均应根据损失情况承担相应的经济赔偿责任。

第十一条　当事人约定的其他事项

经协商一致，甲乙双方另行约定以下内容：

1．乙方在工作场所或工作时间之外而发生民事、刑事案件的，均由乙方个人承担事件的法律和经济责任。乙方在工作时间和工作场所，因乙方个人原因而造成用工单位财产损失和第三者伤害的，由乙方承担相应的赔偿责任。

2．_____。

3．_____。

4．_____。

第十二条　其他

1．本合同在履行中发生争议，任何一方均可向企业劳动争议调解委员会申请调解，也可向劳动争议仲裁委员会申请仲裁。

2．本合同未尽事项，按国家有关法律法规执行。

3．本合同条款如与今后国家颁布的法律法规相抵触时，按国家新的法律法规执行。

4．本合同依法订立，双方签字盖章后生效，双方必须严格履行。

5．本合同列明的通信地址、电话、电子邮箱或其他联系方式均为本合同下的通知送达方式。一方如迁址或者其他联系方式变更，应当及时书面通知对方。否则，如因联系方式变更导致有关事项通知或者文件送达延误的不利后果，应由自行变更方负责。

6．乙方在签订本合同时，已仔细阅读过甲方与用工单位签订的《劳务派遣合作协议》，甲方亦对本合同及《劳务派遣合作协议》各条款给乙方进行详细解释，乙方对此并无异议。

7、本合同一式三份，甲乙双方各执一份，用工单位留存一份。

甲方(盖章)：　　　　　　　　　　　　　乙方（签字）：

法定代表人（主要负责人）签名：

　　年　月　日　　　　　　　　　　　　年　月　日

5.2.18 劳务用工合同范本

劳务用工合同

（供用工单位与被派遣劳动者订立使用）

甲　　方：_____

法定代表人：_____

公司地址：_____

联系电话：_____

乙　　方：_____

身份证号码：_____

户籍类型：（非农业、农业）

户籍地址：_____

通信地址：_____

联系电话：_____

紧急联系人：_____

紧急联系人电话：_____

鉴于乙方与_____公司（以下简称派遣公司）订立劳动合同，建立劳动关系，甲方与派遣公司签订劳务派遣协议，派遣公司依据劳务派遣协议将乙方派遣至甲方服务，甲乙双方形成劳务派遣下的用工关系，根据国家和当地有关法律、法规和规定，甲乙双方本着友好合作的精神，在自愿、平等、协商一致的基础上，签订本协议。

一、工作内容及期限

1. 乙方的工作岗位是：_____，工作地点为_____。

该岗位（属于、不属于）临时性、替代性和辅助性的工作岗位。该工作岗位（属于、不属于）国家规定的有毒、有害、特别繁重或其他特种作业。

2. 乙方的工作任务或职责是：_____

3. 工作岗位的录用条件是：_____

工作岗位的工作标准是：_____

4. 甲方因生产经营的发展需要或其他因素及乙方的业务、工作能力和表现，可以调整乙方工作岗位和工作地点。但是应当三方协商一致并与派遣公司及乙方签订岗位聘任变更合同，三方签章确认的协议书作为本合同的附件。

5. 用工期限经双方约定，采取下列第____种方式：

（1）固定期限

合同自____年__月__日起至____年__月__日止。派遣期满，不续签合同的，甲方将乙方退回派遣公司。

试用期自____年__月__日起至____年__月__日止。试用期满前，甲方有权依照甲方规章制度及岗位要求进行考核，不符合录用条件的，甲方有权将乙方退回派遣公司。

（2）以完成一定工作任务为期限：自_____起_____工作任务完成时止，该工作任务完成的标志为_____。任务完成，甲方将乙方退回派遣公司。

6. 乙方的录用、辞退手续由派遣公司办理，甲方应协助派遣公司及时办理用工、退工手续。

二、乙方之权利

1. 工作条件和劳动保护

（1）甲方对乙方承担劳动法上的劳动保护义务，甲方负责派遣劳动者入厂后的劳动纪律和安全教育，并将甲方有关的规章制度和工作行为规范及违规处理办法，以书面形式发给乙方。

（2）甲方依法保障乙方职业安全卫生权益，执行国家和省有关职业安全和劳动保护规程及标准，配备安全生产和职业病防护设施，发放符合要求的劳动保护用品，定期为乙方进行健康检查。

（3）乙方有权对用工单位及其管理人员漠视乙方安全和健康的行为，提出批评、检举、控告；有权拒绝违章指挥和强令冒险作业。

（4）甲方按照国家和当地有关规定对女职工实现特殊劳动保护。

2．工作时间和休息休假

甲方安排乙方执行下列第＿＿＿种工时制：

（1）实行标准工时制。乙方每日工作时间不超过 8 小时，每周工作时间不超过 40 小时，每周至少休息一天。

（2）实行经劳动保障行政部门批准实行的不定时工作制。

（3）实行经劳动保障行政部门批准实行的综合计算工时工作制。结算周期：按＿＿＿结算。

甲方依法保证乙方的休息休假权利。

3．加班

（1）甲方由于生产经营需要经与工会和乙方协商后可以延长乙方工作时间，一般每日不得超过一小时；因特殊原因需要延长工作时间的，每日不得超过 3 小时，但每月不得超过 36 小时。

（2）甲方确因工作需要安排乙方延长工作时间或在法定节假日、休息日安排乙方工作的，乙方应服从甲方安排。但甲方应按照国家相关法律法规及甲方规章制度安排补休或支付加班工资。加班工资不计入甲方与派遣公司约定的基本工资，由甲方直接支付给乙方。

（3）乙方因完成工作需要，确需加班的，应当向主管提出书面申请，说明加班的理由和时间，经主管领导批准后，方可视为加班，享受加班待遇。加班时间，以实际发生的时间为准。

4．培训及服务期

（1）甲方应对乙方进行劳动安全卫生知识、法律、法规教育和操作规程培训，及其他业务技术培训，持证上岗。乙方应参加甲方组织的各项培训，严格遵守其岗位劳动安全技术规程。

（2）鉴于乙方是劳务派遣工，甲方与乙方不约定服务期条款。但是甲方实际出资给派遣公司定向培养乙方的，派遣公司与乙方签订的服务期约定，不受限制。

5．工资、福利及其支付

（1）乙方的基本工资为＿＿＿＿＿＿＿＿＿元/月，其中试用期工资为＿＿＿＿＿＿＿＿＿元/月（不得低于当地最低工资标准），乙方基本工资由派遣公司支付。

（2）乙方的绩效奖金和加班费由甲方按照国家有关规定和甲方规章制度支付，并由甲方代扣代缴个人所得税。

（3）乙方的津贴、补贴由甲方按照国家有关规定和甲方规章制度支付。

（4）乙方社会保险相关事宜由派遣公司负责，概与甲方无涉。

（5）乙方在派遣期间，享有正常的晋升和工资增长的权利。甲方的工资调整机制适用于乙方。

6．跨地区派遣的工资标准

跨地区派遣的（甲方和派遣公司不在同一地区的），乙方享有的劳动报酬和劳动标准，按照甲方所在地标准执行。

三．乙方之义务

1．规章制度

乙方服从甲方和派遣公司管理，并严格遵守甲方和派遣公司依法制定的规章制度。两个单位的规章制度有冲突时，以甲方规章制度为准。甲方对于乙方实行的监督管理权程度不低于甲方的正式职工。

2．用工管理

（1）对于乙方违法违纪情形，甲方可以向派遣公司提出处理意见和建议，并提供违法或违纪的事实依据，由派遣公司处理，直至解除劳动合同。

（2）甲方有权对乙方业务考核，甲方有权根据甲方的表现予以相应的奖惩。

3. 知识产权归属

（1）乙方在甲方任职期间，因履行职务或者主要是利用甲方的物质技术条件、业务信息等产生的发明创造、作品、计算机软件、技术秘密或其他商业秘密信息，有关的知识产权均属于甲方享有。甲方可以在其业务范围内充分自由地利用这些发明创造、作品、计算机软件、技术秘密或其他商业秘密信息，进行生产、经营或者向第三方转让。乙方应当依甲方的要求，提供一切必要的信息和采取一切必要的行动，包括申请、注册、登记等，协助甲方取得和行使有关的知识产权。

（2）乙方在甲方任职期间所完成的、与甲方业务相关的发明创造、作品、计算机软件、技术秘密或其他商业秘密信息，乙方主张由其享有知识产权的，应当及时向甲方申明。经甲方核实，认为确属于非职务成果的，由乙方享有知识产权。

（3）乙方没有申明的，推定其属于职务成果，甲方可以使用这些成果进行生产、经营或者向第三方转让。即使日后证明实际上是非职务成果的，乙方亦不得要求甲方承担任何经济责任。

（4）乙方申明后，甲方对成果的权属有异议的，可以通过协商解决；协商不成，通过诉讼途径解决。甲方对成果的权属无异议的，如甲方提出使用要求，乙方同意无条件授予甲方该成果法定最长期限的独占使用许可权。甲方应当给予乙方合理的补偿。

4. 商业秘密保护

（1）乙方应保守甲方的商业秘密，并采取有效的保密措施，不得泄露任何秘密给第三方。

保密期限自知晓甲方商业秘密直到本文中涉及的所有技术信息和经营信息公开发布为止。

本协议所指的商业秘密，包括但不限于：

a. 技术信息

技术信息是指甲方研制开发或以其他合法方式掌握的、未公开的、能给甲方带来经济利益或竞争优势的实用性信息，包括但不限于：核心技术、技术方案、技术指标、技术改良、技术发明、技术报告和文档、许可证、设计需求、服务范围和内容、实现方法、运作流程、运行环境、软件系统、软件产品源程序/代码、目标代码、软件可执行程序、数据库、研究开发记录、测试报告、测试结果、测试方法、实验数据、试验结果、图画、图像、图形、图纸、用户手册、操作手册、涉及技术转让、技术入股、技术合作、技术引进或者其他合法途径获得技术秘密的业务函电和内部文件资料等。

b. 经营信息

经营信息是指与甲方经营发展战略相关的信息，包括但不限于经营战略、市场营销计划和战略、产品信息、现有客户、潜在客户、供应商、合作伙伴信息、商务机会、经营数据、服务网络、需求信息、采购资料、定价政策、业务计划、进货渠道、产销策略、招投标中的标底/标书内容、备忘录、协议书、费用预算、设备资源、人力资源、财务报表、利润指标及不公开的财务数据等。

c. 乙方因业务往来或其他任何方式所知悉的甲方所属集团其他成员企业的商业秘密，以及甲方依照法律规定（如在缔约过程中知悉的对方当事人的秘密）或有关协议的约定（如技术合同、合作协议等）对外承担保密义务的事项等。

d. 甲方依照法律规定和有关协议的约定要求乙方承担保密义务的其他事项。

（2）在被协议解除或终止后，或者于甲方提出请求时，乙方应当返还全部属于甲方的财物，包括记载着甲方秘密信息的一切载体。但当记录着秘密信息的载体是由乙方自备的，且秘密信息可以从载体上消除或复制出来时，可以由甲方将秘密信息复制到甲方享有所有权的其他载体上，并把原载体上的秘密信息消除。此种情况乙方无须将载体返还，甲方也无须给予乙方经济补偿。

（3）乙方的违约行为造成甲方的直接或间接经济损失或严重后果的，乙方应当承担违约责任，具体规定如下：

a. 损失赔偿额为甲方因乙方的违约行为所受到的实际经济损失以及可举证之期待利益损失。

b. 如果甲方的损失依照本条第 a 项所述的计算方法难以计算的，损失赔偿额为不低于乙方因违约行为所获得的全部利润的合理数额，或者不低于甲方商业秘密许可使用费的合理数额。

c. 甲方因调查和追究乙方的违约行为而支付的合理费用，包括但不限于律师费，也应当包含在损失赔偿额之内。

d. 因乙方的违约行为同时侵犯了甲方的商业秘密权利的，甲方可以选择根据本协议要求乙方承担违约责任，或者根据国家有关法律、法规要求乙方承担侵权责任。

四、双方其他约定

1. 工伤

（1）乙方在务工期间发生工伤或患职业病，由甲方与派遣公司共同处理，派遣公司负责善后工作（工伤认定、伤残鉴定）和家属安抚工作。

（2）乙方在务工期间发生工伤，甲方应首先采取急救措施，并同时通知派遣公司，派遣公司接到通知 4 小时 内到现场并负责全程处理。

（3）甲方应向派遣公司提供工伤相关的证据资料，以便派遣公司向劳动及有关部门申报。

（4）派遣公司负责工伤的鉴定等手续的办理。2 000 元以内的医疗费由甲方垫资处理，超出 2 000 元医疗费用后则由派遣公司垫资。

（5）乙方发生工伤、职业病、意外事故，派遣公司按照国家规定承担相应责任，但国家规定由甲方承担除外。

2. 侵权责任

乙方造成第三方伤害的，由乙方和派遣公司对外承担责任。

3. 病假、医疗期及待遇

乙方患病或非因公负伤的医疗期和医疗待遇，按照国家规定和当地有关规定执行。在符合国家规定的医疗期内，由派遣公司继续支付乙方病假工资、社会保险费。

4. 事假、年假及其待遇

（1）乙方可以请事假，但事假期间不计薪。乙方结婚的，按照国家规定和当地有关规定执行。但婚嫁应当在结婚登记日前后 3 月内休完。

（2）乙方在甲方工作满 1 年的，甲方安排一次带薪年休假，具体休假天数按国家规定执行。

5. 女职工"三期"待遇

（1）乙方在派遣期间出现孕期、产期、哺乳期等期间，不得降低乙方工资待遇，不得退回派遣公司，由派遣公司按照国家规定和当地规定承担工资支付。但乙方无法提供合法婚育证明及医院证明除外。

（2）派遣公司在向甲方派遣人员时，应当向甲方准确提供乙方婚育状况及"三期"情况。

五、合同的解除、终止

1. 在派遣期内，乙方有下列情形之一者，甲方可以将乙方退回派遣公司。

（1）派遣协议期满的；

（2）甲方的生产、经营情况发生变化，原派遣协议无法履行，甲方与派遣公司提前终止协议的；

（3）患病或非因工负伤，医疗期满后，不能从事原工作也不能从事由甲方另行安排工作的；

（4）不能胜任工作，通过培训仍不能胜任工作的；

（5）甲方与派遣公司订立派遣协议时依据的客观情况发生重大变化，致使与乙方协商不能达成一致的；

（6）派遣期内发现患有非务工引起的慢性病、遗传病、传染病、地方病及实质性重大疾病的；

（7）甲方的原因需要立即裁减人员或批量裁减人员占所派遣人员总数的10%以上的；

（8）甲方根据情况需要立即或无条件裁减人员的；

（9）乙方提前30日书面通知甲方（派遣公司），要求终止使用关系或劳动关系的；

（10）乙方与派遣公司终止劳动关系的；

（11）试用期被发现不符合录用条件的；

（12）严重违反甲方规章制度的；

（13）严重失职、营私舞弊，对甲方造成损害的；（以甲方规章制度为准）

（14）被司法部门依法追究责任的；

（15）被证明隐瞒或虚构真实身份、事实（包括但不限于身份证/学历/年龄/婚姻状况/病史/履历）的；

2．乙方被退回的，应当按照甲方规定办理工作交接等相关手续。

3．甲方提前解除本合同的，对乙方的经济补偿由甲方承担，通过派遣公司及时支付乙方。

4．发生以下情形的，甲方不得将乙方退回派遣公司：

（1）乙方从事接触职业病危害作业的劳动者未进行离岗前职业健康检查，或者疑似职业病患者在诊断或者医学观察期间的；

（2）在甲方用工期间患职业病或者因工负伤并被确认丧失或者部分丧失劳动能力的；

（3）患病或者非因工负伤，在规定的医疗期内的；

（4）乙方在派遣期间处于孕期、产期、哺乳期的；

（5）法律、行政法规规定的其他情形。

五、违约责任

1．甲方未按劳务派遣协议约定承担对乙方义务，或者甲方有《劳动合同法》第38条情形，致使乙方行使单方解除权的，由派遣公司承担对乙方的义务，甲方承担连带责任。

2．合同期内，乙方未经协商擅自离岗或违法违纪给甲方造成的经济损失，乙方应当承担赔偿责任，派遣公司承担连带责任。

六、争议解决

1．甲、乙双方就《劳动合同法》第62条规定事项发生的纠纷，由甲方所在地劳动争议仲裁委员会解决。

2．其他用工纠纷，由乙方向派遣公司所在地劳动争议仲裁委员会向派遣公司主张。如争议的处理结果与甲方有利害关系，甲方有参加仲裁活动的权利。

3．乙方侵犯甲方权益的，甲方可自行或通过派遣公司追究乙方的法律责任。

七、合同的生效

1．本合同依法订立，双方签字盖章后生效，双方必须严格履行。

2．本协议的附件包括：

（1）派遣公司与乙方签订的《劳动合同》副本；

（2）甲方与派遣公司签订的《劳务派遣协议》；

（3）＿＿＿＿＿＿＿＿＿＿＿＿＿＿＿＿＿＿＿；

（4）＿＿＿＿＿＿＿＿＿＿＿＿＿＿＿＿＿＿＿。

3．本合同一式三份，甲乙双方各执一份，派遣单位留存一份，三份均具有同等法律效力。

八、其他

1．乙方的人事档案，党团关系组织关系由派遣公司处理。

2．乙方在签订本合同时，已仔细阅读过甲方与派遣单位签订的《劳务派遣合作协议》，派遣公司方亦对本合同及《劳务派遣合作协议》各条款给乙方进行详细解释，乙方对此并无异议。

3．本合同未尽事项，按国家有关法律法规执行。

4．本合同条款如与今后国家颁布的法律法规相抵触时，按国家新的法律法规执行。

5．本合同列明的通信地址、电话、电子邮箱或其他联系方式均为本合同下的通知送达方式。一方如迁址或者其他联系方式变更，应当及时书面通知对方。否则，如因联系方式变更导致有关事项通知或者文件送达延误的不利后果，应由自行变更方负责。

　　　　甲方（盖章）：　　　　　　　　　　乙方（签字）：

　　　　法定代表人（主要负责人）签名：

　　　　＿＿＿＿年＿＿＿＿月＿＿＿＿日　　　　　　＿＿＿＿年＿＿＿＿月＿＿＿＿日

5.2.19 兼职协议范本

兼职协议

甲方：

住所地：

法定代表人：

联系方式：

乙方：

身份证号：

住所地：

联系方式：

工作单位/学校：

鉴于乙方现在属于兼职人员，乙方无法也不愿意与甲方建立劳动（合同）关系。甲乙双方经平等协商，共同决定建立劳务关系。因此，本协议不在《中华人民共和国劳动法》调整范围内，而在《中华人民共和国民法通则》的调整之中。甲乙双方在明确这一法律关系的基础上，根据《中华人民共和国民法通则》《中华人民共和国合同法》等有关法律法规，甲乙双方本着友好合作的精神，在自愿、平等、协商一致的基础上，签订本协议。

第一条　工作内容及期限

1. 甲方聘用乙方为甲方＿＿＿＿＿，负责＿＿＿＿＿＿＿＿＿＿＿＿＿＿＿＿。

2. 协议有效期限为＿＿个月，自＿＿＿年＿＿月＿＿日至＿＿＿年＿＿月＿＿日止。

第二条　乙方的权利

1. 乙方在甲方任职期间，甲方支付乙方税前劳务费＿＿＿＿＿元/月（＿＿＿＿＿元/小时）。甲方负责代扣代缴个人所得税（按照劳务所得代扣代缴）。在履行本协议期间如有劳务费调整或变化，则调整后按新标准执行。乙方的社会保险及其他福利由乙方所在单位承担或自行解决。

乙方个人银行账户信息如下：

姓名：

开户行名称：

账号：

乙方需将个人的银行账户信息填写正确、完整，若由于乙方未按甲方的要求填写或填写的信息错误，由此所带来的损失均由乙方自行负责，与甲方无关。

2. 甲方为乙方提供保额为＿＿＿＿＿元的人身意外伤害保险。如乙方在合同期内因履行本协议项下的义务而遭受人身伤害，将由保险公司承担责任。

3. 甲方为乙方提供符合国家规定的工作环境和条件。

第三条　乙方的义务

1. 乙方保证其为甲方提供本协议项下的劳务不违反其对其工作单位或其他主体的法定或约定义务，不会导致甲方因此而遭受损失。乙方应当提供相应证明（包括但不限于劳动合同、保密协议、竞业限制协议）。

2. 乙方承诺，无论乙方是否与第三方存在劳动关系，本协议属于劳务协议，在任何情形下均不得视为劳动合同，双方不存在劳动关系。

3. 乙方保证其提供给甲方的有关资料真实可信，不存在任何虚假或捏造等任何有违诚信的行为。

4. 乙方应严格遵守国家有关法律法规，讲求职业道德。

5. 乙方在本协议有效期内，应当接受甲方管理，认真完成甲方交付的工作任务。由此产生的知识产权归甲方所有。

6. 甲方有权根据工作需要对乙方工作进行安排和调整。乙方必须按照甲方的工作要求，尽职尽责的做好工作，乙方应遵守甲方企业或部门制定的劳动纪律及工作规范。对于因乙方过失给甲方造成经济损失的，甲方有权要求乙方承担赔偿责任。

7. 乙方不得私自以甲方名义从事或参与未经甲方同意的任何活动。

8. 乙方本协议有效期内，不得从事或参与有损甲方利益（包括但不限于竞争关系的）的任何活动。

9. 乙方因履行本协议而接触、知悉的属于甲方或者虽属于第三方但甲方承诺有保密义务的技术秘密、经营信息和其他商业秘密信息承担保密义务。除非法律、法规另有规定，劳务协议期限届满后，乙方承担保密义务的期限直到或甲方或第三方宣布解密或本文中涉及的所有商业秘密公开发布为止。

10. 乙方须向甲方提供区级以上医院进行体检的合格证明。

11. 其他诚信义务。

第四条　解除合同的规定

1. 符合下列情况之一的，甲方有权解除本协议：

（1）乙方违反本协议第三条约定的；

（2）乙方未能按照甲方要求完成交付任务的；

（3）乙方行为对甲方利益造成损害的；

（4）本协议订立时所依据的客观情况发生重大变化，致使本协议无法履行的。

2. 有下列情况之一的，本协议自行解除：

（1）乙方被依法追究刑事责任或者劳动教养的；

（2）乙方完全或部分丧失民事行为能力的；

（3）甲方企业宣告解散的。

3. 符合下列情形之一的，乙方有权解除本协议：

（1）甲方不按照本协议规定向乙方支付服务报酬的；

（2）甲方不履行本协议或者违反国家有关法律、法规，侵犯乙方权益的。

甲乙任何一方提前解除本协议的，除按照本协议约定解除协议以外，应当提前____天以书面形式通知对方。

甲乙双方无论因何原因解除或终止本协议，乙方应立即办理工作交接、归还甲方财、物等离职手续。具体程序如下：

乙方离职时应按规定交还公司的手册、洗净的完好的制服等，直到离职手续完成为止，公司才发放当月工资，如离职时没有完成离职手续而离开，公司将不能按时发放员工当月的工资，直到手续完成为止；如员工不能按公司约定时间（____天内）办理完离职手续，公司依照应扣款项、未还物品的成本价按照服务年限按比例折算予以扣除。

第五条　违约责任

甲乙双方任何一方违反协议，给对方造成经济损失或不良影响的，须承担违约责任。

甲乙双方承认由于违约而造成的经济损失时，视情节轻重，给予赔偿。

第六条　争议解决方式

甲乙双方在履行本协议的过程中发生的所有争议，双方应本着平等自愿的原则，按照协议的约定分清各自的责任，采用友好协商的办法解决；如果协商不成，各方同意按照第____种方式解决：

1. 提交北京仲裁委员会，按提请仲裁时该会届时有效的仲裁规则进行仲裁。该仲裁裁决是终局的，对双方均有拘束力；

2. 提交甲方所在地人民法院解决。

第七条　协议的生效与变更

本协议经甲乙双方签字盖章后生效，本协议一式两份，甲乙双方各执一份，两份协议具有同等法律效力。双方必须严格遵守，如有未尽事宜，按国家有关规定办理。

本协议条款如与国家和地方的有关法律、法规政策相悖时，以国家和地方的有关法律、法规政策为准。

本协议有效期内，任何一方如有变更、终止本协议的要求，应至少提前 30 天书面通知对方，经双方协商同意，可以变更本协议的内容。

第八条 其他

以下作为本合同的附件，与本合同具有同等法律效力：

（1）＿＿＿＿＿＿＿＿＿＿＿＿＿＿＿＿＿＿；

（2）＿＿＿＿＿＿＿＿＿＿＿＿＿＿＿＿＿＿；

（3）＿＿＿＿＿＿＿＿＿＿＿＿＿＿＿＿＿＿。

因乙方是劳务人员，故甲方《员工手册》中仅有"公司纪律、行政处分和员工申诉"一部分适用于乙方，其他部分均不适用于乙方。

本合同列明的通信地址、电话、电子邮箱或其他联系方式均为本合同下的通知送达方式。一方如迁址或者其他联系方式变更，应当及时书面通知对方。否则，如因联系方式变更导致有关事项通知或者文件送达延误的不利后果，应由自行变更方负责。

甲方：	乙方：
授权代理人签字：	签字：
签订日期：　年　月　日	签订日期：　年　月　日

5.2.20　实习协议范本（适用于学校）

实习协议

（适用于学校）

甲方：

地址：

联系人：

联系电话：

传真：

乙方：

地址：

联系人：

联系电话：

传真：

甲乙双方经友好协商，就乙方学生赴甲方实习事宜，根据劳动部门和教育部门等的有关规定，达成以下协议以便双方共同遵照执行。

一、双方资质认定

1. 甲方是在当地工商行政机关注册，并经劳动行政部门认可，具有用人资格的公司。

2. 乙方是经当地教育或劳动行政部门批准，具有合格办学资质的各类学校。

甲乙双方均应提供相应证件（复印件）作为本协议的附件。

二、实习生要求

1．实习生共_____名，其中男生_____名，女生_____名；

2．实习期限：____年__月__日至____年__月__日；

3．乙方所输送实习生必须符合下列要求：_____

4．乙方所输送之实习生必须经过甲方面试，并在开始实习前经甲方指定医院体检，合格后方能开始实习。

三、甲方的权利和义务

1．本着公平、公正的原则，甲方根据一定要求和标准，对乙方输送的学生进行面试及相关技能和知识培训，最终择优录取，确定正式实习的人员；

2．甲方根据乙方的实际情况和工作需要，安排实习学生到_____部门，从事_____工作。实习期间，甲方应安排专门的技术与管理人员对实习学生进行业务培训、技术指导和日常管理，实习学生应自觉遵守劳动纪律，认真实习；

3．实习生工资由甲方确定，因生产需要延长工作时间的，按国家劳动法有关规定支付加班工资；

4．实习生工资由甲方按时发放，如无擅自离职、违法违纪行为或其他特殊原因的，乙方不得扣发实习生工资；

5．甲方按照劳动法有关规定为乙方输送之实习生提供必要的劳动保障，负责工作期间的劳动安全；乙方输送之实习生发生工伤事故或患职业病时，甲方、乙方应当根据《工伤保险条例》等劳动法律法规协调处理。其中甲方应承担__%，乙方承担__%；

6．甲方为乙方输送之实习生提供有偿宿舍，并负责宿舍的日常管理：

（1）实习生在来_____时需带足现金以支付住宿费及当月生活费。住宿费在入住当天缴纳，以后逐月交付。如不及时缴纳，将直接影响学生的实习，同时甲方将通过书面形式通知学校和当事人，同时在学生当月工资中按照实际发生费用扣除；

（2）实习需遵守宿舍各项规章制度，若有违反且情节恶劣者将被开除出宿舍，并终止其实习行为，由乙方负责带回；

（3）实习生如需搬出宿舍另外居住，需事先征得父母、学校的同意，并提交书面申请报甲方批准后方可搬出，同时甲方不再承担工作时间以外的任何责任；如实习生不经允许擅自搬出宿舍，一经发现将终止其实习，同时甲方也不承担在此期间的任何责任。

7．实习期未满而甲方无正当原因辞退实习生的，甲方负责另行安排工作；

8．实习生不得擅自离职，如有正当原因确需离职的，需提前一周提交书面申请，经甲方批准后方可离职，学生离职后甲方不再承担任何责任；如无正当原因而离职的，乙方有权扣留学生的实习推荐表并扣发学生当月工资；

9．在学生实习结束后，乙方负责协助为学生进行实习鉴定；

10．实习期内，乙方要求解除本协议的，需提前30天通知甲方，并向甲方赔偿违约金_____元/人，具体金额按实际解约人数而定。

四、乙方的权利和义务

1．乙方所输送的实习生必须是本校所属的符合实习生身份的全日制学历教育学生；

2．乙方需保证所输送之实习生按照乙方指定时间到甲方指定医院参加体检，且学生流失率不得超过10%（剔除当地已体检不合格人员，需出具医院体检不合格证明）；

3．体检结果需由甲方确认，体检不合格者由乙方负责带回；

4．乙方需向甲方提供实习生实习推荐表（盖有学校公章、贴有照片）、学籍证明、身份证复印件或户籍证明复印件（户籍证明由当地派出所出具，附有本人照片并在照片上加盖派出所公章），如乙方提供的实习生有关资料与事实不符或违反有关规定，甲方有权随时通知甲方退回学生；

5．学生从面试到体检、签订合同、报到、实习的整个过程中，乙方需指定一名教师全权负责管理并配合甲方；

6. 实习期内，考核不合格之实习生由乙方负责接回并另行安排其实习或学习，乙方提供具体考核不合格原因；

7. 在学生实习期间，乙方应定期了解学生意见、工作表现及在生活、工作中遇到的困难，协助甲方做好学生的思想工作，负责与学生家长进行沟通，保证让学生安心实习，并将意见及时反馈给甲方；

8. 乙方应向甲方支付学生安置费＿＿＿元／人，具体金额按照实际体检合格人数计算；

9. 学生发生工伤事故，乙方需主动协助甲方处理；

10. 乙方所输送实习生发生下列问题将被解除实习协议，解除实习协议之实习生由乙方负责接回，自实习协议解除之日起甲方不再承担任何责任，

（1）学生严重违反劳动纪律或者规章制度的；

（2）学生严重失职、营私舞弊，对乙方利益造成重大损失的；

（3）学生发生重大违法行为，依法被追究刑事责任的；

（4）学生有精神病、传染性疾病或正在治疗中，未向甲方在报到前如实说明或隐瞒真实情况的；

（5）学生冒名顶替或假造学历证明、身份证明等相关证件，经查实确凿者；

（6）学生患病或非因工负伤，在规定医疗期满后经鉴定不能从事原工作，也不能从事乙方另行安排的工作的。

11. 在履行本实习协议期间，乙方输送之实习生因故意或重大过失造成第三方损失的，甲方在垫付赔偿后有权向乙方追偿。

五、争议的解决

甲乙双方在履行本协议的过程中发生的所有争议，双方应本着平等自愿的原则，按照协议的约定分清各自的责任，采用友好协商的办法解决；如果协商不成，各方同意按照第＿＿＿种方式解决：

1. 提交北京仲裁委员会，按提请仲裁时该会届时有效的仲裁规则进行仲裁。该仲裁裁决是终局的，对双方均具有拘束力；

2. 提交甲方所在地人民法院解决。

六、本协议一式两份，甲乙双方各持一份，自双方签字盖章之日起生效。在执行过程中一方如需变更条款，必须与对方协商一致，否则将承担相应的经济责任和法律责任。

甲方（盖章）：　　　　　　　　　乙方（盖章）：

甲方代表（签字）：　　　　　　　乙方代表（签字）：

　　年　月　日　　　　　　　　　　年　月　日

签订地点：　　　　　　　　　　　签订地点：

5.2.21　实习协议范本（适用于实习生）

实习协议
（适用于实习生）

甲方（实习单位）：

地址：

联系人：

联系电话：

传真：

乙方（实习生）：

年龄：

性别：

民族：

身份证号码：

户籍所在地：

学生所在学校：

所学专业：

毕业时间：

电话：

鉴于乙方属于在校生，无法与甲方建立劳动（合同）关系。甲乙双方经平等协商，共同决定建立劳务关系。因此，本协议不在《中华人民共和国劳动法》调整范围内，而在《中华人民共和国民法通则》的调整之中。甲乙双方在明确这一法律关系的基础上，根据《中华人民共和国民法通则》《中华人民共和国合同法》等有关法律法规，甲乙双方本着友好合作的精神，在自愿、平等、协商一致的基础上，签订本协议。

一、实习期限及留任承诺

实习时间自＿＿＿年＿＿月＿＿日至＿＿＿年＿＿月＿＿日。甲方不承诺乙方毕业时一定录用其为公司员工。如果实习结束，经双方协商愿意达成正式劳动协议，甲方优先录用乙方为公司员工。

二、实习岗位

甲方根据乙方的申请和其所学专业及特长，安排乙方在＿＿＿＿＿＿＿＿从事＿＿＿＿＿＿工作。

三、实习管理

1．甲方应提供实习场地及相关条件；

2．实习期间甲方指定专人负责乙方的日常管理，实习期满后，应对乙方的实习表现做出客观鉴定。

3．双方协商同意，实习期间甲方每月付给乙方＿＿＿＿元（人民币）的生活补贴；如果实习期内乙方不符合甲方的工作要求，甲方有权提出解除《学生实习协议书》。

4．实习期间乙方应遵守的规定：

（1）乙方应遵守国家的法律法规；

（2）乙方应遵守甲方的规章制度、劳动纪律及管理规定；

（3）乙方应遵守甲方的操作规程，如有违反造成甲方财物损失，按甲方规定处理。

对于不能遵守相关制度的学生，甲方有权提出解除《学生实习协议书》，但是应提前告诉乙方和说明原因。

四、劳动保护

1．甲方需为乙方提供符合国家规定的安全卫生的工作环境，保证其在人身安全不受危害的环境条件下工作；

2．甲方应按劳动法规定的作息时间安排乙方实习工作；

3．乙方实习期间发生工伤或患职业病的，按《工伤保险条例》规定执行。

五、保密约定

乙方因履行本协议而接触、知悉的属于甲方或者虽属于第三方但甲方承诺有保密义务的技术秘密、经营信息和其他商业秘密信息承担保密义务。除非法律、法规另有规定，劳务协议期限届满后，乙方承担保密义务的期限直到或甲方或第三方宣布解密或本文中涉及的所有商业秘密公开发布为止。

六、知识产权

学生在实习期间开发的项目成果所有权属于企业。

七、协议终止与解除

1．协议期满自然终止；

2．实习期间乙方如违反协议第三条第五款规定，甲方有权根据具体情况决定对乙方做出警告、通报或单方即时解除协议，终止乙方在甲方的实习；

3．实习期间乙方在说明原因并取得甲方同意的情况下，可以与甲方解除协议。

八、违约责任

任何一方违约，应向另一方支付违约金人民币_____元；对于未能为企业保守商业机密的行为，企业根据相关法规追究违反方的法律责任。

九、其他约定事项_____

十、本协议未尽事宜由甲乙双方协商解决。因本协议而引起的纠纷，经协商或调解不能解决的，甲乙任何一方均有权提起诉讼。甲乙双方同意，选择甲方住所地，符合级别管辖规定的人民法院作为本协议纠纷的第一审管辖法院。

十一、本协议一式两份，经各方签字或盖章后生效。甲方、乙方各执一份。

甲方（盖章）：　　　　　　　乙方（盖章）：

甲方代表（签字）：　　　　　乙方代表（签字）：

　年　月　日　　　　　　　　年　月　日

签订地点：　　　　　　　　　签订地点：

5.2.22　顶岗实习协议范本（适用于三方）

顶岗实习协议

（适用于三方）

甲方（实习单位）：

地址：

联系人：

联系电话：

传真：

乙方（实习生）：（姓名、专业、身份证号、电话等见附表）

丙方（学校）：

地址：

联系人：

联系电话：

传真：

经甲、乙、丙三方友好协商，订立本协议如下：

一、实习岗位、期限及留任

1．三方同意乙方在____年__月__日至____年__月__日在甲方进行实习。

2．甲方将安排乙方在甲方的_____部门_____岗位进行实习。

二、各方的权利和义务

本协议各方在此同意和确认各方的权利和义务如下：

（一）甲方的权利和义务

1．甲方的权利：

（1）可以根据其需要和乙方的工作能力对实习内容进行调整；

（2）在实习期内根据乙方的表现，经和丙方友好协商后甲方有权决定是否提前终止对乙方提供的实习机会；

（3）乙方在实习期间开发的项目成果所有权属于企业。

2．甲方的义务：

（1）按照本协议规定的时间和内容为乙方提供实习机会，所安排的工作应该符合法律的规定和不损害乙方的身心健康；

（2）配合学校教学目标和要求，制订学生顶岗实习计划。有义务为丙方前往甲方实习单位对乙方进行指导或管理提供方便，向丙方提供乙方实习的真实表现等信息；

（3）在乙方严格遵守了实习时间和甲方各项规章的情况下，给予乙方每天____元的生活补贴和每月____元的交通补贴；

（4）在乙方实习期间，配合丙方做好实习学生的管理工作，安排具有相应专业知识、技能或工作经验的人员对乙方实习进行指导，并协助丙方对乙方进行管理。在乙方实习结束时根据实习情况对乙方做出实习考核鉴定；

（5）加强对实习学生上岗前安全防护知识、岗位操作规程的培训，落实安全防护措施，预防发生伤亡事故；

（6）为乙方提供必要的劳动保护措施。乙方在甲方实习期间，如发生意外事故，由甲方及丙方共同协助乙方获取保险公司理赔，丙方负责配合做好学生、家长等各方工作。

（二）乙方的权利和义务

1．乙方的权利：

（1）有权在协议规定的实习时间按照甲方安排的内容参加实习；

（2）享有劳动报酬和劳动保护的权利。在严格遵守了实习时间和甲方各项规章情况下，向甲方领取每天____元的生活补贴和每月____元的交通补贴；

（3）在实习期间如发生意外事故时有获得赔偿的权利；

（4）如果甲方安排的工作内容违法或有损乙方身心健康，乙方有权在向甲方报告后终止在甲方的实习。

2．乙方的义务：

（1）在实习期间认真做好岗位的本职工作，培养独立工作能力，刻苦锻炼和提高自己的业务技能，在顶岗实习的实践中努力完成专业技能的学习任务；

（2）在实习期间，遵守甲方的有关工作时间、休假制度、考勤制度、行为准则、保密制度及任何其他甲方要求乙方遵守的公司规定；

（3）应按时按质完成实习期间甲方交付的任务和工作；

（4）应遵守甲方的操作规程，如有违反造成甲方财物损失，按甲方规定处理；

（5）遵守学院关于顶岗实习的相应管理规定和要求，与校内指导教师保持联系，按照顶岗实习的教学要求做好实习日志的填写、实习报告的撰写等相关工作，并接受实习单位和学院的考核；

（6）在签订本协议时，应该将此情况向家长汇报并征得家长同意。

（三）丙方的权利和义务

1．丙方的权利：

（1）根据乙方在甲方的实习内容和表现，自行决定是否直接给予乙方相应课程学分或直接参加丙方相应课程的考试；

（2）有权在不影响甲方正常工作的前提前往实习单位对乙方进行指导或管理，有权向甲方了解学生的实习情况。

2．丙方的义务：

（1）对乙方在甲方的实习给予充分的配合，做好实习学生实习前的动员与培训工作、实习中的联络、检查、协调工作，实习后的考核和其他工作；

（2）对乙方实习期间的行为予以监督和管理，以确保乙方遵守本协议及甲方的规章制度；

（3）在乙方违约的情况下，丙方有责任给予甲方积极、充分的配合，以便甲方追究乙方的违约行为；

（4）负责为乙方购买相关的人身保险，在实习期间如发生意外事故时，协助乙方与保险公司沟通，为乙方获得相关的赔偿提供帮助。

三、保密约定

协议三方都有义务为三方中的任何一方保守法律规定的相关的秘密，尤其是要对甲方的经营管理和知识产权类信息进行保密，若有违反，依据相关法律处理。

四、协议的终止与解除

1．协议期满自然终止。

2．因协议期限届满以外的其他原因而造成协议提前终止时，甲乙丙三方均应提前两天通知其他两方。

3．乙方违反本协议第二条有关乙方义务的规定，甲方可提前终止本协议，但应通知丙方并说明原因，乙方应承担甲方由此所遭受的损失。

五、其他

其他未尽事宜由三方及时协商解决。因本协议而引起的纠纷，经协商或调解不能解决的，甲乙丙任何一方均有权提起诉讼。甲乙丙双方同意，选择甲方住所地，符合级别管辖规定的人民法院作为本协议纠纷的第一审管辖法院。

六、协议的生效

1．本协议一式三份，由甲方、乙方和丙方各执一份，经三方合法授权代表签署后生效。

2．本协议生效后，对甲乙丙各方都具有法律的约束力。本协议是协议三方通过对各种问题的研究、讨论，经过友好协商达成共识后三方同意签署的；任何一方对此协议内容进行任何修正或改动，都应经过三方书面确认后方始生效。

甲方（签字盖章）：

日期：　　年　月　日

乙方签字：

日期：　　年　月　日

丙方（签字盖章）：

日期：　　年　月　日

5.2.23 借调合同范本

借调合同

甲方：

地址：

邮编：

法定代表人：

联系电话：

电子邮箱：

乙方：

地址：

邮编：

法定代表人：

联系电话：

电子邮箱：

丙方：

身份证号码：

地址：

原户口所在地：_____省（市）_____区（县）_____街道（乡镇）

邮政编码：

联系电话：

电子邮箱：

鉴于：

1. 甲方与丙方已签订为期____年的劳动合同，劳动合同期限为____年__月__日起至____年__月__日，其中试用期为____年__月__日起至____年__月__日。

2. 因工作需要，甲方须借调丙方到乙方工作。

为维护甲、乙、丙三方的合法权益，明确各方的权利义务，三方本着平等自愿、协商一致的原则，依据《中华人民共和国合同法》《中华人民共和国劳动法》《中华人民共和国劳动合同法》及其他法律、法规的规定，签订本借调协议。

一、借调期限

1.1 本合同期限自____年__月__日起至____年__月__日止。合同期满即终止借调合同。丙方仍返回甲方工作。

二、三方的权利义务

2.1 甲方按照与丙方签订的劳动合同的约定，支付丙方工资及缴纳各项基本社会保险及补充医疗保险，并代扣代缴个人所得税。

2.2 丙方在乙方工作期间如遭受人身伤害或发生其意外事故，甲方应当积极为丙方认定工伤，并办理基本医疗、工伤保险、补偿医疗等费用报销手续。

2.3 乙方为丙方购买保额为____万元的人身意外伤害保险，如丙方在借调期间因为乙方服务而遭受人身伤害，除依法享受工伤保险待遇外，将全部由保险公司承担责任。

2.4 丙方在乙方工作期间，应服从乙方安排的工作任务，并服从乙方根据工作需要对丙方工作所做的岗位调整。

2.5 丙方须按照乙方规定的岗位职责，完成工作任务，并遵守乙方规章制度及其他相关规定，承担保密义务。

2.6 乙方负责对丙方进行政治思想、职业道德、业务技术、安全保密及各种规章制度的教育和培训。

2.7 乙方须提供保障丙方安全、健康的工作环境。

2.8 丙方参与甲方或乙方任意方提供的专项技能培训，均视为甲方提供的专项技能培训。丙方应当与甲方签订培训协议，并按照培训协议约定的服务期为乙方服务。如丙方提前解除劳动合同、借调合同或培训协议的，须向专项技能培训提供方支付相当于培训金额的违约金，并依法赔偿甲方及/或乙方的损失。

2.9 乙方可根据工作需求及丙方的表现，决定将丙方退回甲方，解除借调合同，但应提前30日通知甲方和丙方。

2.10 丙方有以下情形者，乙方可解除借调合同。

（1）在试用期内被认为不符合录用条件的；

（2）严重违反乙方规章制度；

（3）违反保密协议的；

（4）严重失职，营私舞弊，给乙方造成重大损害的；

（5）被发现提供虚假信息或捏造事实以及其他任何有违诚信的行为。

2.11 丙方严重违反乙方的规章制度或发生其他严重损害乙方利益的行为均视为严重违反甲方规章制度，甲方有权依法解除与其的劳动合同。本协议不影响甲方根据劳动合同依法解除劳动关系的权利。

2.12 借调期间丙方要求解除劳动合同的，应提前30天书面通知甲方及乙方。

三、违约责任

3.1 丙方违反本协议及其附件约定的义务，甲方有权解除其与丙方的劳动合同，乙方有权解除借调合同，甲方、乙方均有权要求丙方承担违约责任。

3.2 如丙方提前解除其与甲方签订的劳动合同，导致本借调合同无法履行的，丙方应向乙方支付违约金____万元。

四、协议的生效

4.1 本协议自三方签字盖章后生效。

4.2 本协议一式三份，甲乙丙三方各执一份，具有同等法律效力。

五、其他

5.1 本合同未尽事宜，三方另有书面约定的，从约定；三方没有书面约定的按国家和地方有关政策规定办理。在借调期内，如本协议条款与国家、地方有关新规定相抵触的，按新规定执行。

5.2 下列文件与本协议具有同等效力：

（1）甲方与丙方签订的劳动合同；

（2）甲方与丙方签订的培训协议；

（3）乙方与丙方签订的保密协议；

（4）甲方的规章制度（包括但不限于员工手册、管理制度、管理规定、岗位职责、培训服务合同、保密协议、安全准则等）；

（5）乙方的规章制度（包括但不限于员工手册、管理制度、管理规定、岗位职责、培训服务合同、保密协议、安全准则等）。

5.3 本合同列明的通信地址、电话、电子邮箱或其他联系方式均为本合同下的通知送达方式。一方如迁址或者其他联系方式变更，应当及时书面通知对方。否则，如因联系方式变更导致有关事项通知或者文件送达延误的不利后果，应由自行变更方负责。

甲方（公　章）	乙方（公　章）
法定代表人或委托代理人	法定代表人或委托代理人
（签　章）	（签　章）
签订日期　　年 月 日	签订日期　　年 月 日

丙方（签　字）

签订日期　　年 月 日

5.2.24　集体合同范本

集体合同

（　　年 月 日至　　年 月 日）

第一章　总则

第一条　为明确企业、工会和职工的权利、义务，保障企业和职工的合法权益，调整劳动关系，共谋企业发展，根据《中华人民共和国劳动法》《中华人民共和国劳动合同法》《中华人民共和国工会法》《集体合同规定》等有关法律、法规，经协商一致，签订本合同。

第二条　本合同对企业、企业全体职工具有法律约束力，是企业、工会及全体职工在企业生产经营活动过程中，必须遵守的共同准则。企业与职工个人签订的劳动合同中劳动条件和劳动报酬等标准不得低于本合同的规定。

第三条　本合同规定的劳动报酬、工作时间、休息休假、劳动安全卫生、保险福利、女职工特殊劳动保护等事项不得低于劳动法律、法规规定的标准。企业在经济发展基础上，尽可能提供较好的劳动条件。

第四条　签订本合同应当遵循下列原则：

（一）遵守法律、法规、规章及国家有关规定。

（二）相互尊重、平等协商。

（三）诚实守信，公平合作。

（四）兼顾双方合法权益。

（五）不得采取过激行为。

第五条　本合同草案应当提交职工代表大会或职工大会讨论通过。

第二章　工会活动

第六条　工会是企业职工合法权益的代表，依法独立自主地开展工作。企业应尊重并支持工会依法开展各项工作，保障职工合法权益。

第七条　工会应支持企业依法行使职权，教育职工认真履行劳动合同，遵守劳动纪律、职业道德，努力完成生产和工作任务，提高生产和工作效率。

第八条　工会主席、副主席在任职期间，未经工会委员会和上级工会同意，不得随意调动工作。

第九条　企业召开董事会或行政办公会议（包括预备会议），应有工会主席或其授权的代表列席，并听取工会主席（代表）的意见。

第十条　工会召开会议或组织活动需占用工作时间的，企业应尽力给予支持。

第十一条　企业应依法按时足额拨交工会经费。

第三章　职工招用和劳动合同

第十二条　企业招用职工应当订立劳动合同。订立、变更和解除劳动合同，应当遵循平等自愿、协商一致的原则，不得违反法律、法规和本合同的规定。

用人单位与职工建立劳动关系，应当符合下列要求：

（一）全面考核，择优录用。

（二）不得向职工收取报名费和押金；不得将政府规定的应由工会承担的费用转嫁给职工负担。

（三）依照法律、法规的规定，为职工申报并办理用工手续；依照有关规定，为职工办理暂住手续。

（四）依照有关规定，为职工提供必要的劳动、学习和生活条件。

第十三条 企业实行劳动合同制度。企业与职工建立劳动关系的，全日制用工与非全日制用工均应当签订书面劳动合同。劳动合同文本由企业提供，企业在制定和修改劳动合同文本时，应听取工会的意见，在签订合同时，企业应提前一周将合同文本交给职工。

第十四条 企业与职工订立有固定期限的劳动合同，当事人双方同意在履行期满后延续劳动关系的，应当在履行期满前 30 日内依法续签劳动合同。

第十五条 除职工与企业协商一致的情形外，职工依照劳动合同法第十四条第二款的规定，提出订立无固定期限劳动合同的，企业应当与其订立无固定期限劳动合同。

第十六条 工会主席、副主席任期未满，本人已到期的劳动合同应延续至任职期满为止。符合订立无固定期限劳动合同条件的，本人提出订立无固定期限劳动合同的，企业应当与其订立无固定期限劳动合同。

第十七条 担任本合同协商、监督检查的工会主席和其他职工代表，自担任代表之日起 5 年以内，除个人严重过失或者达到法定退休年龄的以外，企业不得与其解除劳动合同，也不得做出不利其工作的岗位变动。

第十八条 符合计划生育规定的女职工在孕期、产期、哺乳期内，本人已到期的劳动合同应延续至哺乳期满为止。

第四章 劳动报酬

第十九条 企业工资分配应遵循按劳分配与同工同酬原则。

第二十条 同一工种和同一岗位上工作的男女职工同工同酬。

第二十一条 企业实行计件工资的比照 8 小时工作制，确定合理的定额单价。

第二十二条 企业根据当地人民政府确定的最低工资标准，会同工会制定本单位职工月最低工资标准。

（一）该工资是职工在法定工作时间内提供正常劳动后实得货币工资。本企业当年度最低工资标准为_____。

（二）该工资不包括职工加班加点的工资报酬，夜班、高温、低温、井下、有毒有害等特殊工作条件下的津贴，和法律、法规及国家政策规定的保险、福利待遇。

第二十三条 企业应建立健全工资增长机制。工资增长应当坚持企业与工会集体协商谈判的制度。工会在每年 3 月份，根据上年度当地职工生活费用及物价指数和企业的经济效益等情况，经征求职工意见，向企业提出本年度调整工资的方案。企业应在 20 日内以书面形式回复。

第二十四条 企业应依照国家和政府的有关规定，发放各类津贴。

第二十五条 企业应于每月____日前，以货币形式向职工支付月工资，不得以实物或有价证券支付。企业支付工资应当制发工资支付表，应当向职工提供个人的工资清单。

企业遇特殊情况需要延期支付工资时，应当征得工会同意，并将情况及时告之职工。

第二十六条 职工在法定工作时间内提供正常劳动的，企业应当按照国家规定和劳动合同约定的工资标准支付工资。

非因职工原因造成单位停工、停产在一个工资支付周期内的，企业应按劳动合同规定的标准支付工资。超过一个工资支付周期的，若职工提供了正常劳动，则支付给职工的劳动报酬不得低于当地政府规定的最低工资标准；若职工没有提供正常劳动，应按国家有关规定处理。

第二十七条 职工在生产、工作中遭受事故后被认定为工伤的，其工资支付按工伤保险的有关规定处理。

第二十八条　企业依照规章制度，予以扣除职工工资的，每月扣除的部分不得超过职工当月工资的20%。扣除后的工资部分，不得低于当地政府规定的最低工资标准。

第二十九条　企业制定劳动定额标准，应与工会进行协商，确定在法定工作时间内、在同等劳动条件下的同岗位90%以上职工能够完成的工作任务量为岗位劳动定额标准。

企业由于技术创新、技术改造、劳动条件改变、人员调整、降低成本、原材料变化、增长工资等因素的影响，需要修改劳动定额标准时，依据国家标准、行业标准和企业实际提出方案，并与工会进行协商确定。

第三十条　职工在工作时间内依法参加社会活动，企业应视同其提供了正常劳动而支付工资。

第三十一条　职工依法享受年休假、探亲假、婚假、丧假期间，企业应按不低于国家规定的标准支付职工工资。

第三十二条　因劳动合同履行期满而终止劳动关系的，符合法律、法规规定的非过失性裁员的、虽有违约行为但依据本合同和劳动合同的规定承担了违约责任的，若职工于当年年底前离开用人单位，企业应当按职工在本单位工作的实足月份计发其应得的各类奖励工资。

第三十三条　依前条规定，职工在当年年底离开本单位时，用人单位尚未统一发放有关奖励工资的，职工可在用人单位实际发放之际提出追索。该项追索权自用人单位实际发放之日起三个月内有效，逾期视为弃权。

第五章　工作时间和休息休假

第三十四条　企业依法实行每日不超过8小时，平均每周工作时间不超过40小时的工时制度。企业根据生产性质和生产特点，经报请劳动保障行政部门批准，可实行不定时工作制和综合计算工时工作制。工作时间的安排应当听取工会和职工的意见，并注意劳逸结合，切实保障职工的身体健康。工作班次和休息日的具体安排应当与工会协商确定。

第三十五条　企业应严格控制延长工作时间，尽可能避免或减少加班加点，确需要加班应依下列要求处理相关事宜。

（一）加班时间应符合《劳动法》的规定，并应与工会和职工本人协商。

（二）依《劳动法》规定向职工支付加班加点工资报酬。

（三）对于实行计件工资的职工，应按正常工作时的计件单价比照《劳动法》，关于加班加点工资支付规定予以计算加班加点计件单价。

第三十六条　对于有损职工身体健康和人身安全的加班加点，工会有权代表或支持职工予以抵制。

第三十七条　在法定节假日，如无特殊情况，企业应按国家的规定安排劳动者休假。

第三十八条　企业依法实行带薪年休假制度，休假时间安排按照职工累计工龄计算。

职工累计工作已满1年不满5年的，年休假5天；已满5年不满10年的，年休假7天；已满10年不满15年的，年休假10天；已满15年不满20年的，年休假15天；已满20年的，年休假18天。

国家法定休假日、休息日不计入年休假的假期。

第三十九条　职工的父母或者配偶生活在外地，需要在年休假期间探亲的，企业根据路程远近给予路程假，并按一定标准报销途中交通费。

第六章　劳动安全卫生

第四十条　企业执行国家和政府有关安全生产和劳动保护法律、法规的规定。建立健全本企业劳动安全卫生制度。

第四十一条　企业和工会应经常教育职工遵守劳动安全卫生规章制度和操作规程，防止劳动过程中的事故，减少职业危害。

第四十二条　企业必须为劳动者提供符合国家规定的劳动安全卫生条件和必要的劳动防护用品，对从事有职业危害的职工，每年应定期进行专项体检。

第四十三条　从事特种作业的劳动者必须经过专门培训，并取得特种作业资格。

第四十四条　企业不得安排女职工和未成年工禁忌从事的劳动；女职工在经期、孕期、产期和哺乳期依法享受特殊劳动保护；未成年工依法享受特殊劳动保护。

第四十五条 每年夏暑季节，企业应负责采取防暑降温措施。

第四十六条 新建、扩建、改建工程的劳动安全卫生设施必须与主体工程同时设计、同时施工、同时投放生产和使用。

第四十七条 工会应支持企业进行劳动保护管理，配合企业检查、监督劳动安全卫生情况。

第四十八条 企业不允许职工在精神和体力疲劳状况下工作，企业也不提倡职工带病工作。

第四十九条 工会有权参加伤亡事故和其他严重危害职工健康问题的调查，向有关部门提出处理意见。

第七章 社会保险和福利

第五十条 企业和职工依法参加社会保险、缴纳社会保险费，享受社会保险待遇。企业应按法律、法规的规定，按时为全部在职职工办理参加社会保险的必要手续，支付应当由企业承担的保险费用。

第五十一条 企业按规定为职工缴存住房公积金，双方商定_____年度住房公积金缴费比例为_____%。

企业应根据本单位实际情况和支付能力，积极为职工建立补充养老保险。

第五十二条 职工因工造成职业病、负伤、致残、死亡，或者患病、非因工负伤、致残、死亡，或者退职、退休以及女工生育等情况，符合法律、法规规定的，企业应当协助职工获得物质帮助，按规定为该职工提供相应的待遇。

第五十三条 企业按国家规定每月按工资总额提取14%的福利费用，用于职工福利。企业每年在税后利润中提取一定比例用于职工福利事业。

用于福利的部分，工会有权协助和监督企业合理安排使用。

第五十四条 企业有责任不断改善职工的阅览室和俱乐部等娱乐文化设施，办好食堂、浴室等设施。

第五十五条 企业根据实际情况，每一年为职工进行一次身体健康检查。

第八章 职业技能培训

第五十六条 企业根据工作岗位特点、条件和要求，按规定提取和使用职业培训经费，建立职业培训制度，对职工进行有计划的职业技能培训。

企业制定的职业培训经费使用方案和培训计划应经职工代表大会或者全体职工讨论，其中用于管理人员的职业培训经费不得高于总额的____%，用于生产一线职工的职业培训经费不得低于总额的____%。

第五十七条 企业在____年度对从事____岗位（工种）的职工进行职业技能培训。

第五十八条 企业为职工提供专项培训费用，对其进行专业技术培训的，可以根据《劳动合同法》的规定，与职工订立专项协议，约定服务期和违约责任。职工未能按约履行的，企业有权依据协议，要求职工承担违约责任。

第五十九条 企业遵循国家对女职工权益的保护，在单位内实行男女同工同酬，在确定劳动合同期限时与男职工相一致，不得以性别为由，缩短与限制女职工享受男职工同等的合同期限。

第六十条 企业在提职、晋级、评定专业技术职称和享受其他福利方面，应当男女平等。

第六十一条 企业应有计划地加强对女职工教育、培训、提拔、使用。

第六十二条 企业在研究决定涉及女职工切身利益的问题时，应听取工会女职工组织的意见。

第六十三条 工会要积极协助企业做好女职工教育培训工作，引导女职工自觉遵守国家有关法律法规政策，提高女职工职业素质。

第六十四条 工会组织女职工开展活动所需的经费，企业应予支持。

第六十五条 企业应当根据女职工的生理特点和所从事工作的职业特点，建立健全女职工劳动保护和安全生产制度，改善劳动条件，保证安全生产，防治职业危害，并确定专人负责女职工劳动保护工作。

第六十六条 企业不得在女职工的孕期、产期、哺乳期内，降低其工资，不得随意解除、终止劳动合同或聘用合同。

第六十七条　企业严格执行劳动部颁发的《女职工禁忌劳动范围的规定》。

第六十八条　女职工经期保护

（一）从事高处、低温作业和国家规定的第三级体力劳动强度作业的女职工，在月经期间，应暂时调整、安排合适工作或给予一至两天的带薪休息。

（二）经医疗单位证明患有重度痛经及月经过多的女职工，在月经期间，单位应给予一至两天的带薪休息。

第六十九条　女职工孕期保护

（一）对怀孕的女职工，不得延长劳动时间，经医疗保险定点医院证明从事原工作有困难的，应当减轻其工作量或者安排适当的工作。

（二）对怀孕 7 个月以上（含 7 个月）的女职工，不安排其从事夜班工作。在工作时间内安排一定的休息时间，并扣减相应的工作量。

（三）怀孕女职工在工作时间内做产前检查，应计算在工作时间之内。

第七十条　女职工产期保护

（一）正常分娩的，给予假不少于 90 天（含产前假 15 天）；难产者，产后假增加 15 天。

（二）生育多胞胎的，每多生育一个婴儿，产后假增加 15 天。

（三）妊娠期不满 3 个月自然（人工）流产的，产后假 20~30 天。妊娠 3 个月以上 7 个月以下流产、引产的，产后假 50 天。

女职工在指定医疗保健机构分娩以及因急产或者其他特殊原因未能在指定医疗保健机构分娩的，其检查费、药费、手术费、住院费、治疗费等费用，按规定从生育保险基金中开支或者由用人单位承担；女职工在依法享受产假期间工资照发，不影响其享有的福利待遇。

第七十一条　女职工哺乳期保护

（一）哺乳（含人工喂养）不满 1 周岁婴儿的女职工，企业应当在工作时间内安排不少于 1 小时的哺乳时间。

（二）多胞胎生育的，每多一个婴儿，哺乳时间增加 1 小时。

（三）女职工哺乳时间和在单位内哺乳往返时间，视作劳动时间，并扣减相应的工作量。

第七十二条　女职工更年期保护

经二级以上综合医疗机构确诊患更年期综合征，不适应原工作的女职工，企业应适当减轻其工作量或者暂安排其他合适的工作。

第七十三条　企业按月发放女职工卫生费或卫生用品。

第七十四条　企业应建立女职工卫生健康档案，每年对女职工进行一次妇女病检查。

第七十五条　企业支持工会女职工组织参与民主管理。职代会中女职工代表的比例应与单位女职工的比例相适应，女职工代表参与单位平等协商，签订集体合同。

第七十六条　企业不得安排未成年工从事矿山井下、有毒有害、国家规定的第四级体力劳动强度的劳动和其他禁忌从事的劳动。

第七十七条　企业应当每年对未成年工进行健康检查。

第九章　奖惩

第七十八条　企业有权按照劳动法律、法规，建立健全必要的规章制度。

用人单位在制定、修改或者决定有关劳动报酬、工作时间、休息休假、劳动安全卫生、保险福利、职工培训、劳动纪律以及劳动定额管理等直接涉及劳动者切身利益的规章制度或者重大事项时，应当征求工会意见，并经职工代表大会或职工大会讨论通过。

在规章制度和重大事项决定实施过程中，工会或者职工认为不适当的，有权向用人单位提出，通过协商予以修改完善。

用人单位应当将直接涉及劳动者切身利益的规章制度和重大事项决定公示，或者告知劳动者。

第七十九条 企业对为实现企业生产经营目标，模范地执行企业各项规章制度，在完成生产工作任务、产品开发、技术改造、确保产品质量、提高劳动生产率、改善经营管理等方面做出优异成绩的职工给予荣誉和物质奖励。

第八十条 企业对违反劳动纪律、规章制度的职工，可视情节轻重，给予批评教育、扣发奖金、赔偿经济损失和相应的行政处分，情节严重且符合法律规定的可以依法解除劳动合同。

第八十一条 企业在给予职工行政处分和经济处罚时，应符合下列程序：

（一）弄清事实，取得证据。

（二）用人单位负责人提出处理意见。

（三）征求本单位工会意见。

（四）将最终决定书面通知当事人。

（五）开除处分报劳动行政部门备案。

第八十二条 工会应积极配合企业教育和引导职工自觉遵守劳动纪律和各项规章制度，协助企业做好对违纪职工的处理工作。

第十章　劳动争议

第八十三条 企业建立劳动争议调解委员会，劳动争议调解委员由职工代表、企业代表和工会代表组成。工会主席担任调解委员会主任职务，并接受当地劳动争议仲裁委员会和上级工会的业务指导。

第八十四条 因履行本合同发生争议，企业和职工均可劳动争议调解委员会申请调解。调解劳动争议，应当充分听取双方当事人对事实和理由的陈述，耐心疏导，帮助其达成协议。达成协议的，应当制作调解协议书。调解协议书由双方当事人签名或者盖章，经调解员签名并加盖调解组织印章后生效，对双方当事人具有约束力，当事人应当履行。因支付拖欠劳动报酬、工伤医疗费、经济补偿或者赔偿金事项达成调解协议，企业在协议约定期限内不履行的，职工可以持调解协议书依法向人民法院申请支付令。

调解不成，任何一方均有权依法申请仲裁。对仲裁裁决不服的，可依法向人民法院提起诉讼。

第八十五条 劳动争议当事人应当依法解决争议，不得激化矛盾。

第十一章　集体合同履行与监督检查

第八十六条 企业或工会应建立集体合同联系制度，每季召开一次联席会议，就集体合同的重大事宜和职工利益问题进行协商。企业或工会一方如果认为发生影响集体合同全面履行的情况时，可以随时约见对方，另一方不能拒绝。

第八十七条 为保证全面履行集体合同，本合同正式签订后，应成立集体合同监督检查小组，由企业代表、工会代表根据人数对等原则组成。每季对本合同履行情况进行监督和检查，并以书面报告形式提交对方，对方必须对检查报告认真处理，检查情况应向职工通报。

第八十八条 本合同具有法律效力，双方必须严格遵守，任何一方违约必须承担违约责任。

第八十九条 本合同正式签订后，若订立本合同时所依据的有关法律、法规发生废、立，应依下列标准识别本合同的效力。

（一）新颁布的法律、法规无所涉及的，本合同相关内容仍然有效。

（二）新颁布的法律、法规有所涉及的，依涉及的内容和范围；本合同的规定与法律、法规不相抵触的，依本合同执行；本合同的规定与法律、法规相抵触的，依法律、法规执行。

第九十条 本合同未做规定的事宜，按有关的法律、法规执行。

第十二章　集体合同的变更、解除和终止

第九十一条 有下列情况之一，可以变更或解除本合同。

（一）企业因被兼并、解散、破产等原因，致使集体合同或专项集体合同无法履行的。

（二）因不可抗力等原因致使集体合同或专项集体合同无法履行或部分无法履行的。

（三）集体合同或专项集体合同约定的变更或解除条件出现。

（四）法律、法规、规章规定的其他情形。

第九十二条 变更、解除、终止本合同，须经职工代表大会或职工大会审议通过，并报劳动保障行政部门审查。

第十三章 附则

第九十三条 本合同签订后，送劳动保障行政部门予以登记审查，劳动保障行政部门自收到本合同文本之日起 15 日内未提出异议的，本合同即行生效。

第九十四条 本合同自正式生效之日起，履行期为 3 年。其中每年必须修订的条款，双方应通过协商每年_____月修订一次。本合同期满前 3 个月内，双方经集体协商，应重新签订或续签集体合同。

第九十五条 因履行本合同发生争议，企业、工会双方应当协商解决。协商不成的，可以依法申请仲裁或提起诉讼。

本合同一式五份。双方各执一份；一份留存备案；一份上报劳动保障部门；一份上报上级工会。

企业名称：   企业工会名称：

企业方首席代表：   职工方首席代表：
（签字盖章）   （签字盖章）

　　年　月　日   　　年　月　日

5.2.25 企业工会开展集体协商意向书范本

企业工会开展集体协商意向书范本

（董事长、总经理）：

为构建企业和谐的劳动关系，维护职工合法权益，促进企业健康发展，根据《劳动法》《劳动合同法》《工会法》《集体合同规定》《工资集体协商试行办法》等法律、法规及有关规定的精神，结合本单位劳动关系的实际情况，需要双方就（工资水平、工资调整幅度_____）等问题进行集体协商。具体内容如下：

一、协商的主要内容：

1.

2.

3.

4. _____。

二、协商的时间、地点：

建议定于____年__月__日，在_____进行首轮协商会议，并视协商的具体的情况再商定其他轮次的协商时间、地点，最后一轮协商时间不宜超过____年__月__日。

三、确定双方协商代表：

按照《工资集体协商试行办法》规定，建议双方各选派____名协商代表。职工方协商代表：工会主席_____先生（女士）为首席代表，其他代表为：_____。

请企业方也尽快提出协商代表名单，以便工作沟通和做好协商的准备工作。

四、为有利于协商工作，请提供以下资料：

1.

2.

3.

4. _____。

以上资料请企业行政方在协商会议开始 5 日前，提供给职工方协商首席代表，所涉及的商业秘密，本方代表将严格遵守保密规定。

请收到本意向书起 20 日内予以书面答复。

×××企业工会（盖章）

年　月　日

5.2.26　关于同意开展集体协商的复函范本

关于同意开展集体协商的复函

工会：

你会于＿＿年＿月＿日发出的《开展集体协商意向书》已收悉，现就要约书中有关的内容做如下答复：

1. 同意要约书中提出的建议协商的内容。

2. 同意要约书中提出的具体协商时间和地点。

3. 企业方协商代表确定为：＿＿＿＿＿为首席代表，其他代表是：

4. 企业方已将有关资料准备，届时按规定提交。

以上答复如有异议，请及时沟通。

此复

×××企业（盖章）

×××企业法人（签字）：

年　月　日

5.2.27　集体协商会议纪要范本

集体协商会议纪要

协商时间：

协商地点：

协商人员：

企业方协商代表：

职工方协商代表：

记录情况如下：

1. 企业方意见：

（1）

（2）

（3）

2. 职工方意见：

（1）

（2）

（3）

3．共识

（1）

（2）

（3）

企业方首席代表	职工方首席代表
（签字盖章）	（签字盖章）
年　月　日	年　月　日

5.2.28 劳动合同变更协议范本

劳动合同变更协议

甲方：

法定代表人：

住所地：

邮编：

联系电话：

乙方：

身份证号码：

居住地：

员工工号：

联系电话：

经甲、乙双方协商一致，就双方在＿＿＿年＿月＿日签订/续订的劳动合同（下称原劳动合同）的变更事宜，达成协议如下：

一、劳动合同变更内容

1．原劳动合同第＿＿＿条＿＿＿款＿＿＿项，变更为：＿＿＿＿＿＿＿＿＿＿＿＿＿＿＿＿＿＿＿

＿＿＿＿＿＿＿＿＿＿＿＿＿＿＿＿＿＿＿＿＿＿＿＿＿＿＿＿＿＿＿。

2．原劳动合同第＿＿＿条＿＿＿款＿＿＿项，变更为：＿＿＿＿＿＿＿＿＿＿＿＿＿＿＿＿＿＿＿

＿＿＿＿＿＿＿＿＿＿＿＿＿＿＿＿＿＿＿＿＿＿＿＿＿＿＿＿＿＿＿。

3．原劳动合同第＿＿＿条＿＿＿款＿＿＿项，变更为：＿＿＿＿＿＿＿＿＿＿＿＿＿＿＿＿＿＿＿

＿＿＿＿＿＿＿＿＿＿＿＿＿＿＿＿＿＿＿＿＿＿＿＿＿＿＿＿＿＿＿。

4．略

二、本协议是原劳动合同的有效组成部分，与原劳动合同具有同等法律效力。

三、本协议生效后，原劳动合同仍继续有效，但内容与本协议不一致的，以本协议为准。

四、本协议书经甲、乙双方签字（盖章）后生效。

五、本协议书一式两份，甲、乙双方各执一份。

甲方：（签章）	乙方：（签名）
公司代表：（签字）	
年　月　日	年　月　日

5.2.29 终止、解除劳动合同通知书（企业通知个人）

解除劳动合同通知书

（企业通知个人）

（员工工号：＿＿＿＿＿＿）

您与＿＿＿＿＿＿＿＿＿＿＿公司于＿＿年＿＿月＿＿日签订/续订的劳动合同，因您具有下列第＿＿项情形，根据《＿＿＿＿＿＿＿＿＿＿公司劳动合同管理制度》第＿＿＿条第＿＿＿款的规定，决定从＿＿＿年＿＿月＿＿日起解除劳动合同。

在试用期间被证明不符合录用条件的；

（1）严重违反用人单位的规章制度的；

（2）严重失职，营私舞弊，给用人单位造成重大损害的；

（3）同时与其他用人单位建立劳动关系，对完成本单位的工作任务造成严重影响，或者经用人单位提出，拒不改正的；

（4）以欺诈、胁迫的手段或者乘人之危，使用人单位在违背真实意思的情况下订立或者变更劳动合同的；

（5）被依法追究刑事责任的；

（6）患病或者非因工负伤，在规定的医疗期满后不能从事原工作，也不能从事由用人单位另行安排的工作的；

（7）不能胜任工作，经过培训或者调整工作岗位，仍不能胜任工作的；

（8）劳动合同订立时所依据的客观情况发生重大变化，致使劳动合同无法履行，经用人单位与劳动者协商，未能就变更劳动合同内容达成协议的。

请您于劳动合同解除之日起一周内办理以下交接手续，逾期不办理手续者责任自负：

（1）向所属部门有关负责人移交所有的工作及有关工作资料；

（2）交还所有公司资料、文件、办公用品及其他公物；

（3）报销公司账目，归还公司欠款；

（4）离职员工户口、人事档案、党团等人事关系在公司的，自劳动合同解除之日起7日内迁出由公司负责保管的人事档案以及各种社会保险关系、党团关系、户籍关系等；

（5）按《员工离职、调动移交单》要求办理离职手续；

（6）签收《解除劳动合同证明书》等文件；

（7）最后一月工资共＿＿＿元，经济补偿金＿＿＿元，代通知金＿＿＿元。

特此通知！

通知方（用人单位盖章）：

年　月　日

注：本劳动合同解除书一式两份，甲乙各持一份，同等有效。

签收回执

本人已收到公司于＿＿＿年＿＿月＿＿日发出的《解除劳动合同通知书》。

被通知方（签名或盖章）：

年　月　日

5.2.30　解除劳动合同通知书（个人通知企业）

解除劳动合同通知书

（个人通知企业）

_____：

　　因_____事由，现依据相关法律规定和合同条款约定，本人决定于本通知送达后 （□第 30 日 □试用期为 3 日），解除与公司____年__月__日签订的劳动合同。请企业接本通知（□第 30 日 □试用期为 3 日）（遇节假日顺延），办理本人解除劳动合同手续，并在解除劳动合同手续 15 日内，转移社会保险关系与个人人事档案。

　　特此通知！

通知方：（签名）

年　月　日

签收回执

　　公司已收到并阅知_____（职工姓名）于____年__月__日发出的《解除劳动合同通知书》。公司将履行相应责任和义务。请在约定解除劳动关系时间内（遇节假日顺延），到企业人事部门办理解除劳动合同手续。若逾期未办理解除劳动合同手续，公司将按法定告知程序，送达《终止、解除劳动合同证明书》。

被通知方（签名或盖章）：

年　月　日

5.2.31　劳动合同续订意向征询书

劳动合同续订意向征询书

_____先生 / 小姐：

　　_____××公司与_____部员工_____订立的劳动合同（合同期限____年__月__日至____年__月__日），即将届满。根据国家和地方法律、法规、政策以及劳动合同的相关约定，经公司管理层批准，公司同意与您不降低该到期劳动合同约定条件续订劳动合同，届时由管理部与你办理续签手续。请你于收到此《意向征询书》后____天之内（____年__月__日前）填妥回执意见并归还管理部，逾期将视为本人不同意与公司续签劳动合同。

　　特此通知

××有限公司

年　月　日

签收回执

　　本人已收到公司于____年__月__日发出的《劳动合同续订意向征询书》。

被通知方（签名）：

年　月　日

劳动合同续订意向征询书回执意见

_____××公司与_____部员工_____订立的劳动合同（合同期限___年__月__日至___年__月__日），即将届满。根据国家和地方法律、法规、政策及劳动合同的相关约定，经公司管理层批准，公司同意与您不降低该到期劳动合同约定条件续订劳动合同，届时由管理部与你办理续签手续。请你于收到此《意向征询书》后__天之内（___年__月__日前）填妥回执意见并归还管理部，逾期将视为本人不同意与公司续签劳动合同。

本人意见：□同意续订　　　　□不同意续订

签名：

年　月　日

5.2.32　解除、终止劳动合同证明书范本

解除、终止劳动合同证明书

编号：【____】_____号

_____兹证明_____先生/女士与我司劳动合同于___年__月__日____□解除____□终止_____女士从___年__月__日至___年__月__日（共___年__月）在我公司任职。离职前任职于_____部门职位，且在我公司工作期间没有发生任何劳动纠纷与争议。

特此证明！

××有限公司（盖章）

年　月　日

（本证明书一式三份，甲乙双方各持一份，鉴证部门留存一份）

签收回执

本人已收到公司出具的《解除、终止劳动合同证明书》 编号：【____】_____号。

签收人：

年　月　日

5.2.33　劳动规章制度制定办法

劳动规章制度制定办法

第一章　总则

第一条　为了规范企业劳动规章制度的制定程序，维护企业劳动规章制度的统一性和严肃性，保障公司和员工的合法权益，根据《劳动法》《劳动合同法》等法律、法规及企业章程，制定本办法。

第二条　本办法所称的劳动规章制度，是指由公司人力资源部依据国家有关规定，结合公司实际组织起草的，以公司名义印发的有关劳动报酬、工作时间、休息休假、劳动安全卫生、保险福利、职工培训、劳动纪律和劳动定额管理及其他直接涉及劳动者切身利益的规范性文件。包括制度、规定、办法、须知、通知、意见等。

第三条 制定劳动规章制度程序：包括立项、起草、征集意见、协商、审核、签发、公布、备案、解释、修改、废止。其中起草、征集意见、协商、审核、签发、公布是必要程序。

第四条 制定劳动规章制度，应当遵循下列原则：

（一）坚持依据法律、法规和规章制定的原则；

（二）坚持从公司实际出发，认真调查研究；

（三）坚持民主集中制原则。

第二章 立项

第五条 人力资源部认为需要制定某项劳动规章制度，应当向总经理办公室申请立项。总经理办公室按照总经理的批示在一周内回复处理意见。

第六条 其他部门或员工可以向总经理办公室提出制定某项劳动规章制度的建议，总经理办公室按照总经理的批示，可以直接要求人力资源部立项。

第七条 立项应包括以下内容：

（一）制定劳动规章制度的目的；

（二）劳动规章制度的主要内容；

（三）拟完成的时间；

（四）承办人。

第三章 起草

第八条 劳动规章制度由企业人力资源部组织起草。涉及其他部门的，其他部门为协助部门。

第九条 劳动规章制度内容一般用条文表达，每条可分为款、项、目，款不编序号，另起自然段，项的序号用中文数字加括号依次表述，目的序号用阿拉伯数字依次表述。内容较多的，可以分章，章下设节。

第十条 劳动规章制度应当条理清楚、结构严谨、用词准确、文字简明、标点符号正确。

第十一条 劳动规章制度草案应对起草目的、适用范围、具体规范和施行日期等做出明确规定。

第十二条 劳动规章制度的起草应注意与有关法律、法规、规章的衔接和协调。对同一事项，如果做出与法律、法规、规章等不一致的规定，应在报送草案时说明。

第十三条 现行劳动规章制度将被新的劳动规章制度所取代时，应在草案中注明予以废止。

第四章 征集意见

第十四条 劳动规章制度起草完毕，人力资源部应通过公告（公司主页或信息栏等）、个别征求意见等方式向工会、职工代表大会或全体职工征集意见。

第十五条 工会、职工代表大会或全体职工及有关部门应在一周内以书面方式提出意见。

第十六条 人力资源部应当对收到的意见进行归纳整理。

第五章 协商

第十七条 经归纳，多数意见与劳动规章制度草案某规定不一致时，人力资源部应当就该规定与工会或职工代表进行协商。经协商仍未取得一致意见的，应在报送劳动规章制度草案时专门提出并说明情况和理由。

第六章 审核

第十八条 劳动规章制度经征集意见并协商后，人力资源部应将劳动规章制度草案送法务部，并附关于制定该劳动规章制度的说明和有关背景材料，一式两份。

第十九条 法务部主要从以下几个方面对劳动规章制度进行审查、修改：

（一）是否符合宪法、法律、法规、规章和国家有关规定；

（二）是否符合公司发展战略；

（三）是否与现行劳动规章制度相冲突、重复；

（四）格式是否符合要求；

（五）是否存在法律风险；

（六）其他应当符合的条件。

第二十条 经过法务部审查的劳动规章制度，由法务部出具审查意见书后，送总经理办公室审核。

第七章 签发

第二十一条 经总经理办公室审核的劳动规章制度，报请总经理或分管领导以公司名义签发。

第二十二条 经签发的劳动规章制度，总经理办公室应统一编号，并转交人力资源部办理印发事宜。

第二十三条 经签发的劳动规章制度，应注明生效时间，规定"自发布之日起执行"或明确注明具体的生效时间。

第八章 公布

第二十四条 经签发的劳动规章制度，人力资源部应当在签发之日两日内在公司内部主页或信息栏公布。

第二十五条 规章制度未经公布不生效。

第二十六条 人力资源部应当自劳动规章制度公布之日起一周内组织全体职工进行学习并签字确认。

第九章 备案

第二十七条 签发后的劳动规章制度，应当送法务部备案。

第十章 解释与修改

第二十八条 劳动规章制度由总经理办公室负责解释。

第二十九条 实施过程中，人力资源部发现劳动规章制度有不完善或与法律、法规相抵触之处，应按照本办法所规定的程序及时进行修改或废止。

第三十条 工会或者职工或其他部门认为不适当的，有权向人力资源部提出修改建议。

第十一章 附则

第三十一条 本办法自发布之日起执行。

第三十二条 执行过程中，发现本办法有不完善之处，人力资源部可按照本办法规定的程序进行修改。

发：单位各部门、各分公司

起草人： 审核人： 签发人：

校对人：

5.2.34 劳动规章制度征集意见通知书

劳动规章制度征集意见通知书

为完善公司规范管理，维护公司和员工的合法权益，依据相关法律和《××有限公司劳动规章制度制定办法》，现就《×× 规定》（草案）向公司各部门、各分公司、工会及公司全体员工求意见和建议。各部门、各分公司、工会、公司员工如有任何意见或建议，可以书面方式向人力资源部提出。意见征集截止时间为____年__月__日下午____点整。

特此通知。

××有限公司
年 月 日

附：《×× 规定》（草案）

发：单位各部门、各分公司、工会

5.2.35 劳动规章制度平等协商会议纪要范本

劳动规章制度平等协商会议纪要

×年×月×日，××有限公司人力资源部与工会就《××规定》（草案）提出的意见进行了讨论，并就《××规定》（草案）的修改进行了协商，会议纪要如下：

1. ×年×月×日，××有限公司发出征集意见通知，就《××规定》（草案）向公司全体员工连续 7 天征求意见和建议，工会对该事实予以见证。

2. 工会意见

（1）_____

（2）_____

（3）_____

3. 人力资源部回应

（1）_____

（2）_____

（3）_____

4. 共识

（1）_____

（2）_____

（3）_____

××有限公司人力资源部（盖章）　　　　　××有限公司工会（盖章）

部长（签字）_____　　　　　主席（签字）_____

　　年　月　日　　　　　　　　　　　　　年　月　日

5.2.36 劳动规章制度公告通知

劳动规章制度公告通知

根据《××有限公司劳动规章制度制定办法》，《××规定》（编号：）已按照民主程序制定，经总经理于×年×月×日签发。现将最终确定《××规定》（编号：）公布，自×年×月×日/公布之日起施行。

××有限公司

　　年　月　日

附：《××规定》（编号：）

发：单位各部门、各分公司、工会

5.2.37 试用期管理办法

试用期管理办法范本

1. 目的与适用范围

1.1 为准确把握新进员工的专业能力、技术水平、职业素养以及思想动态，帮助新进员工有效地融入公司，充分发挥其工作潜能，弥补其缺陷和不足，确保员工的招聘质量，按照《劳动规章制度制定办法》，特制定本办法。

1.2 本办法适用于公司各部门及各分公司。

2．术语

2.1 新员工：是指新近加入公司，仍处于试用期中未予以转正的员工。员工在集团内部工作调动或岗位调整不属于新员工范畴。

2.2 试用期：是指新员工在劳动合同期限之内，劳资双方为互相了解、相互考察，遵照法律规定予以约定的一段时间。新员工的试用期由入司培训与上岗试用两阶段组成。

3．机构和职责

3.1 人力资源部

（1）根据实际情况修订新员工试用期管理办法，并负责推广实施。

（2）负责新员工试用期管理的有效监控。

（3）根据新员工录用岗位不同，负责合理制定新员工入司培训课程，并组织安排新员工参加。

（4）负责协助用人部门完成入职引导工作。

（5）负责公司新员工的转正手续的办理及审批。

（6）负责新员工离职辞退的各项手续的办理及审批。

（7）负责所有新员工劳动合同的签订。

3.2 用人部门

（1）负责新员工上岗试用阶段的工作安排及入职引导工作。

（2）负责新员工上岗试用阶段的绩效考核工作。

（3）负责新员工转正考核、转正建议及转正后薪资等点的建议。

（4）对于不符合岗位要求的新员工，负责向人力资源部提出辞退申请。

4．试用期期限及薪酬待遇

4.1 新进员工原则上都应设定试用期。新进员工试用期期限根据公司需要、岗位要求、员工本人情况，在不违反相关法律法规的前提下进行设定。

4.2 劳动合同期限 3 个月以上不满 1 年的，试用期不得超过 1 个月；劳动合同期限 1 年以上不满 3 年的，试用期不得超过 2 个月；3 年以上固定期限和无固定期限的劳动合同，试用期不得超过 6 个月。

4.3 员工试用期薪酬由公司与应聘人员协商确定，原则上试用期薪酬不低于劳动合同约定工资的 80%，并不得低于用人单位所在地的最低工资标准。

4.4 员工的试用期福利根据公司相关福利规定执行。

5．试用期管理

员工在试用期期间应严格遵守公司相关规章制度，对试用期员工的日常管理依据公司《员工手册》及相关规定执行。

6．工作程序

6.1 入司培训

（1）为使新员工能够尽快地了解公司概况、认同公司文化、胜任应聘岗位工作，公司人力资源部应组织新员工就企业概况及岗位技能进行培训。

（2）入司培训从新员工正式报到时起，一般为期 2 周。入司培训结束后，公司应对培训人员进行考试，考试合格者方可进入上岗试用阶段。具体规定参见《新员工培训管理制度》。

（3）在入司培训阶段，人力资源部应承担入职引导人职责，负责引导新员工熟悉公司环境、生活环境，并解决新员工在工作、生活中存在的各种问题及困惑。

6.2 上岗试用

（1）新员工经入司培训考试合格当日，用人公司人力资源部应为其办理上岗手续，安排新员工到录用部门报到，开始上岗试用阶段。

（2）上岗试用包括相关部门实习及本部门试岗两部分内容。对于用人部门提出实习要求的，所在公司人力资源部应在需求提出后 3 个工作日内协调解决；新员工在本部门上岗试用时，部门负责人应安排其参与录用岗位工作，以考察其工作能力、职业素养等各方面内容。

（3）在上岗试用阶段，用人部门负责人或受其指派的经验丰富、责任感强的老员工应承担入职引导人职责，负责引导新员工熟悉部门同事、工作与生活环境，指导新员工学习本部门工作制度，并对其工作完成情况进行指导与监督。

（4）在上岗试用阶段，用人部门负责人需对新员工进行绩效考核，考核周期及方案参照同岗位正式员工。但新员工不参与本部门绩效结果的比例分配，其考核结果不与薪金挂钩，仅作为是否结束试用期正式录用和转正调薪的依据。

6.3 员工转正

（1）转正类型

① 自然转正。新员工在公司规定的试用期满后，经转正考核合格的，应结束试用期予以正式录用。

② 提前转正。新员工在试用期内，因业绩出色的，经部门负责人申请，人力资源部（相关部门）审核，可提前结束试用期，予以正式录用。新员工提前转正的，其试用期不得少于 1 个月。

③ 延期转正。新员工在试用期满后，因其岗位技能、工作态度等暂达不到所在岗位要求，无法完全胜任现有工作的，可与新员工协商延长试用期，推迟正式录用。新员工拒绝延长的，应即时按本规定办理辞退手续。新员工同意延长的，应签订延长试用期协议书。新员工延期转正的，经延长后的试用期总计不得超过 6 个月。试用期届满前半个月仍无法达到自然转正要求的，应及时按照本规定予以淘汰。

（2）转正程序

① 发放表格

新员工自然或延期转正的，所在公司人力资源部（相关部门）应在期满 14 日前发放《员工转正申请表》；经用人单位推荐，新员工提前转正的，所在公司人力资源部（相关部门）应在收到申请后 2 个工作日内向员工发放《员工转正申请表》。

② 填写申请

员工在收到《员工转正申请表》后应在 2 日内填写完毕，向部门负责人提交。因员工拖延而导致用人单位未能在试用期内做出相关结论的，视为严重违反规章制度，单位有权解除劳动合同。

③ 转正意见

部门负责人在收到《员工转正申请表》后，应在 2 个工作日内填写新员工转正考核成绩、转正建议、转正时间、转正后薪资等点及转正评价，交分管副总审核。

a. 转正考核成绩

转正考核成绩即为新员工在上岗试用期间参与考核成绩的平均值。考核成绩用分值表示的，直接将分值平均；考核成绩用绩效等级表示的，则按以下标准予以转化后再予以平均，转化标准为：A＝95 分、B＝85 分，C＝70 分，D＝60 分。

b. 转正建议

提前转正。员工转正考核成绩于 95 分以上（包含 95 分）的可建议提前转正。

自然转正。员工转正考核成绩于 70～94 分的可建议正常转正。

延期转正。员工转正考核成绩为 60～69 分的应建议推迟转正。

不予转正。员工转正考核成绩为 59 分以下的（包含 59 分）的应建议淘汰，不予转正。

c. 转正后薪资等点

部门负责人可根据员工转正成绩对员工转正后的薪资等点提出建议，建议标准如下：试用期考评成绩 85 分以上的，可根据新员工试用期绩效表现、发展潜力等，上调 1～3 个薪点；试用期考评成绩为 70～84 分的，薪资等点维持不变；推迟转正的，下调 1～3 个薪点。

d. 转正评价

部门负责人需对新员工在试用期间内的具体表现、职业能力、工作态度、发展潜力等做出具体评价。

④ 转正审批

新员工转正申请经所在部门分管副总、人力资源部、人力资源分管副总审批后方可通过，审批过程应于 3 个工作日内完成。

⑤ 转正面谈

a. 员工转正审批结束后当天，人力资源部（相关部门）应将结果反馈给部门负责人，部门负责人应在 2 个工作日内与新员工进行转正面谈。

b. 面谈内容：转正考核结果、评定依据、上岗试用阶段工作成绩的总体评价、转正后工作定位及工作指导。

6.7　离职、辞退

（1）离职管理

新员工在试用期不适应所在公司岗位工作的，应提前 3 天填写《离职申请表》提交部门负责人，经部门分管副总、人力资源部主管、人力资源分管副总审批，办理完交接手续后即可离职。

（2）辞退管理

① 新员工所在部门负责人在其试用期内，发现新员工无法胜任录用岗位工作的，可填写《员工辞退申请表》，提出辞退申请。辞退申请最迟应当在试用期届满前 7 天提出。

② 辞退新员工需经新员工部门分管副总、人力资源部主管、人力资源分管副总审批同意后，方可进行。

③ 薪资结算

离职、辞退新员工在办理完相关手续后，结算工资，按约支付约定酬劳。如按约存在理应扣款项目的，应按规定扣除。

6.8　劳动合同

（1）人力资源部应在新员工报到的 1 个月内与其签订劳动合同，明确双方各项权利义务。劳动合同中必须明确录用条件或将《录用条件说明书》作为合同附件。

（2）签订劳动合同的同时应当签订《保密协议》，根据岗位需要，同时签订《竞业限制协议》《专项技术培训协议》。

7. 记录与存档

7.1 本办法产生以下记录：《员工转正申请表》《离职申请表》《辞退申请表》。

7.2 以上记录由集团公司人力资源总部或所在公司人力资源部（相关部门）存档。

7.3 存档期限见《档案管理办法》。

8. 附则

8.1 本办法自____年__月__日起施行。

8.2 本办法由总经理办公司负责解释和修订。

8.3 实施过程中，人力资源部发现劳动规章制度有不完善或与法律、法规相抵触之处，应按照本办法所规定的程序及时进行修改或废止。

5.2.38　劳动组织管理制度

劳动组织管理制度

公司的劳动组织根据公司经营管理的需要，合理进行科学的分工和协作，充分发挥员工的技能和积极性，不断提高劳动生产率和工作效率。

在社会主义市场经济条件下，公司的劳动组织应结合公司自身的特点和内外环境及人力资源工作任务的变化而调整。坚持精简合理、指挥统一责权对等、协调一致和固定设岗、按岗择人的原则。

公司劳动组织机构

第一条 公司的部门机构，可根据公司的实际情况设置，原则上经营部门以专业型为主，后勤保障与职能部门以综合型为主。

第二条 工作岗位的设置可根据经营管理需要，以提供让客人满意的优质服务为出发点。首先，合理设定各项工作项目；其次，明确划分工种岗位职责，使每个员工对自己的工作范围、职责和任务有明确的认识；最后，加强劳动协作，通过内部信息传递，保持各项劳动之间的衔接和协调。

第三条 部门划分应按同类职能实行专业化管理，将分散的职能集中管理，以利于总体平衡协调。

第四条 在分工与合作协调一致的原则下，各部门分为部门经理分一级部门经理、二级部门经理—区域主管—班组领班—岗位员工的组织结构层次。

第五条 公司劳动组织的基础是操作层次。可根据各部门的职责范围、人数划分为管理区域，根据管理区域的职责范围、人数划分为若干班组，一般一个领班的管理幅度以 10～15 人为宜，最多不超过 20 人。

工作时间和轮班制的组织制度

第六条 工作时间是指实际工作时间，不包括学习、休息、用餐、往返工作地时间。员工的标准工作时间是每日 8 小时，每周平均 40 小时，在员工自愿的情况下每周可工作 48 小时，并按规定付加班费。公司将不断提高工时利用率，减少工时浪费作为经常性的研究任务。

第七条 公司工作轮班制分为两种：单班制和多班制。

（1）单班制。后勤保障与职能部门一般实行单班制。对于单班制的劳动组织工作，主要是合理规定员工的上下班时间，组织好各部门和各岗位的分工与协作，提高工作效率。

（2）多班制。经营部门一般实行多班制。多班制的劳动组织工作，必须解决好各班员工的倒班问题，保证员工的身体健康。部门管理人员要跟班轮流值班，保证每时每刻向客人提供优质高效的服务。多班制的选择由公司经营部门结合各自的实际情况确定。无论何种工作轮班的安排，首先需依法确定工作时间，其次需充分考虑员工的休息。

第八条 实行多班制的部门，要做好合理配备各班次员工，在量和质上保持平衡，并加强对每班的组织领导，建立严格的交接班制度，特别要解决好夜班疲劳等问题，关心员工生活。

工作地的组织制度

第九条 工作地的组织就是在同一工作地上，把劳动三要素劳动活动、劳动资料、劳动对象科学合理地组织起来，以促进劳动生产率的提高。

第十条 公司各区域，都要明确规定员工的站立位置，客人的进出通道，服务用品的摆放地点等，使员工能在最短的距离，最少的时间和以最小的体力消耗进行服务工作。

5.2.39 劳务工管理制度

劳务工管理制度

劳务工是公司用工调配的辅助形式，应予严格控制，计入公司编制控制数内，实行计划用工。

劳务工的来源和条件

第一条 外单位富余人员、失业人员及其他人员。

第二条 劳务工须年满 16 周岁，男性不超过 50 周岁，女性不超过 45 周岁；劳务工必须具有公司所在地城镇户口，身体健康，五官端正，符合岗位标准。

劳务工人员录用项目和手续

第三条 用工部门提出申请，人力资源部根据工作需要和编制，统一安排择优录用，各部门不得擅自招用。

第四条 经人力资源部和用人部门面试及体检、政审合格，并经短期培训合格后上岗。

第五条 厨师、管理岗位劳务工，一般应具有高级技术等级厨师及部门级以上管理人员经历和资格。聘用前由人力资源部和有关部门审核，然后报总经理批准。

第六条 劳务工由人力资源部办理入公司手续。办理手续时应验证身份证、体检报告及其他有关证件。公司与其签订"劳务协议"，初签协议期限 5～6 个月，期满即行终止。如因工作需要，经双方同意，可以续签。

劳务工的待遇和管理

第七条 人力资源部依据公司规定负责劳务工的调配、跟踪考查、奖罚和解除劳务协议及辞退。

第八条 劳务工在公司工作期间，必须遵守公司的各项规章制度，服从管理，积极工作，如有违反，给予解除劳务费协议或辞退处理。

第九条 劳务工的工资一般实行日工资和计件工资制，计件工资应根据具体岗位和情况确定；从事技术、管理岗位的劳务工，视情况适当增加待遇。

5.2.40 劳动合同管理制度

劳动合同管理制度

第一条 为规范公司的经营与管理，实行公司与员工劳动就业的双向选择建立新型的劳动关系，保障公司与员工的合法权益，依据《劳动法》及《××市劳动合同管理办法》结合公司实际制定本制度。

第二条 公司与员工本着"平等自愿、协商一致"的原则签订劳动合同，明确公司和员工的双方责任，以法律形式确定双方劳动关系。

第三条 公司与员工建立劳动关系时，一律签订劳动合同。

第四条 公司应当依法保障员工合法权益、关心爱护员工。员工应当服从公司的各项管理规定，自觉履行劳动义务。

第五条 由公司法定代表人授权公司总经理负责与公司全体员工签订劳动合同（见《公司劳动合同》）。

第六条 人力资源部作为公司劳动合同的归口管理部门，对劳动合同管理负主要责任。

第七条 劳动关系专员与劳动关系主管负责解决与劳动合同相关事件的处理。

第八条 劳动合同内容的基本事项有：公司名称、注册地址、员工姓名、性别、出生日期、身份证号码等。

第九条 劳动合同内容的基本条款有：

1. 劳动合同期限。

2. 工作内容。

3. 劳动保护和劳动条件。

4. 劳动报酬。

5. 社会保险。

6. 劳动纪律。

7. 劳动合同终止的条件。

8. 违反劳动合同的责任。

第十条 双方约定的保守公司商业秘密和竞业禁止的有关事项（见《公司保密和竞业禁止协议》）。

第十一条 公司劳动合同为固定期限合同，分为短期合同、中期合同和长期合同。

1. 短期合同，期限为 1 年。

2. 中期合同，期限为 3 年。

3. 长期合同，期限为 5 年。

第十二条 新招聘的人员，均实行试用期。合同期限 1 年的试用期为 1 个月，合同期限 3 年的试用期为 6 个月。试用期内，公司可随时解除试用人员的劳动合同。

第十三条 劳动合同期限不受法定代表人变更的限制。

第十四条 劳动合同签订的项目，公司各类人员签订劳动合同规定如下。

1. 法定代表人与公司副总经理签订劳动合同。

2. 法定代表人与各分公司经理签订劳动合同。

3. 法定代表人委托分公司经理与分公司员工签订劳动合同。

4. 法定代表人委托主管劳动合同专员与机关全体员工签订劳动合同。

第十五条 劳动合同终止、变更、续订、解除

1. 劳动合同期满即终止执行，经双方协商同意，可续订合同，并仍执行本制度。

2. 订立合同所依据的法律、法规、规章发生变化，合同应变更相关内容。

3. 有下列情形之一的，公司可以解除劳动合同，但应提前 30 日以书面形式通知乙方。

（1）员工不能胜任工作，经过培训或调整工作，仍不能胜任工作。

（2）因病或非因工负伤，医疗期满不能从事原工作或经调整后仍不能正常工作的。

第十六条 员工有下列情形之一的，公司不得解除合同。

1. 患病或非因工负伤，在规定医疗期内的。

2. 女性员工在孕期、产期、哺乳期内的。

3. 员工因工负伤、医疗期终结，经市、区劳动鉴定委员会确定完全或部分丧失劳动能力的。

第十七条 员工解除劳动合同，应提前 30 日以书面形式通知公司。

第十八条 有下列情形之一的，员工可随时通知公司解除合同。

1. 公司不履行合同或违反国家政策、法规、侵害员工合法权益的。

2. 公司不能按照本合同规定支付劳动报酬或提供劳动条件的。

第十九条 合同终止前 30 日内，公司与员工双方协商续订劳动合同，任何一方不同意续订的，合同终止。双方同意续订的，即合同终止后重新签订劳动合同，或继续原合同使用期限。

第二十条 根据国家有关规定，公司与员工双方及时缴纳养老保险金和失业保险金，并按上级统一规定缴纳大病医疗统筹金。

第二十一条 员工患病或非因工负伤给予医部期，具体规定如下。

1. 实际工作年限 10 年以下的，医疗期为 6 个月；实际工作年限 10 年以上 15 年以下的，医疗期为 12 个月；15 年以上 20 年以下的，医疗期为 18 个月；20 年以上的，医疗期为 24 个月。

2. 医疗期 6 个月的按 12 个月内累计病休时间计算；12 个月的接 18 个月内累计病休时间计算；18 个月的按 24 个月内累计病休时间计算；24 个月的按 30 个月内累计病休时间计算。

第二十二条 员工医疗期满，仍不能从事正常工作的，公司可解除劳动合同，并给予员工一定的经济补偿金及医疗补助费，以公司工作年限为计算依据。具体规定如下。

1. 工作每满一年发给相当于一个月的工资（以解除合同前员工 12 个月的平均工资为准）的经济补偿金，同时发给不低于 6 个月工资的医疗补助费。

2. 患重病和绝症的可适当增加医疗补助费，重病增加部分不低于医疗补助费的 50%，绝症增加部分不低于医疗补助费的 100%。

第二十三条 由公司解除劳动合同时，按劳动部颁发的违反和解除劳动合同的经济补偿办法执行（属于辞退的不享受经济补偿金）。

第二十四条 对辞职未经批准而擅自离职（含未按规定的离职日期离职）的员工，需按如下标准缴纳违约赔偿金。

1. 在本企业工作不满 1 年者，需交赔偿金____元。

2. 在本企业工作满 1 年但不满 2 年者，需交纳赔偿金____元。

3．在本企业工作满 2 年但不满 3 年者，需交赔偿金＿＿＿元。

第二十五条　对因严重违纪而被开除的员工，公司将根据该员工违纪情节轻重或对公司造成的损失情况向其索取赔偿，赔偿金额由公司据实确定。

第二十六条　对批准离职的员工（含辞职、辞退、开除）凡于规定的最后工作日起 3 日内到人力资源部办理离职手续的，可免予交纳赔偿金；否则，按照每迟一天罚款 50 元计算。

第二十七条　凡参加公司组织的培训的员工，如欲辞职应按所接受的培训的价值交清赔偿金。

1．在公司工作不满 1 年者，赔偿所受培训价值全额。

2．在公司工作满 1 年但不满 2 年者，赔偿所受培训费用全额的 70%。

3．在公司工作满 2 年但不满 3 年者，赔偿所受培训费用全额的 30%。

第二十八条　辞退及被开除的员工，公司视具体情况决定是否收取培训赔偿金。

第二十九条　培训费用由公司根据员工所接受的每项课程的费用及课程数目而确定。

第三十条　既往发布的有关制度中，如有与本制度冲突之处，以本制度为准。

第三十一条　本规定的修正权及解释权归公司人力资源部。

第三十二条　本规定自发布之日起生效。

5.2.41　劳动规章制度培训签到表

劳动规章制度培训签到表，如表 5-11 所示。

表 5-11　劳动规章制度培训签到表

本人参加了××有限公司举办《×× 规定》（编号：）培训。经过认真培训，本人对于其全部内容已经充分知悉，愿意严格遵守。

部门	姓名	工号	培训日	签字

5.2.42　劳动规章制度签收表

劳动规章制度签收表，如表 5-12 所示。

表 5-12　劳动规章制度签收表

劳动规章制度签收表
本人于×年×月×日收到《×× 规定》（编号：）一份。我对《×× 规定》（编号：＿＿＿＿＿）的合法效力不持异议，对其全部内容亦已经充分知悉，愿意严格遵守。 签收人（签字） 年　月　日

5.2.43 续签劳动合同审批表

续签劳动合同审批表，如表 5-13 所示。

表 5-13　续签劳动合同审批表

姓名	性别	出生年月	学历	首次合同签订日	本次合同到期日	现岗位现岗位或职

工作评估部门填写

本部门意见是否续签及期限

人力资源部意见：

总经理意见：

附：个人工作总结和个人申请

填写：　　　　（用人部门）　　　用途：向员工所在部门征求续签劳动

联数：一式一联。用人部门签署意见后报人力资源部

5.2.44 劳动合同续订书

劳动合同续订书，如表 5-14 所示。

表 5-14 劳动合同续订书

本次续订劳动合同期限类型为期限合同，续订合同生效日期为___年__月__日，续订合同终止。 甲方（盖　章）　　　　　　　　　　　　乙方（签字或盖章） 法定代表人 　　　　　　　　　　　　　　　　　　　或委托代理人（签章） 　　　　　　　　　　　　　　　　　　　　　　　年　月　日
本次续订劳动合同期限类型为期限合同，续订合同生效日期为___年__月__日，续订合同终止。 甲方（盖　章）　　　　　　　　　　　　乙方（签字或盖章） 法定代表人 　　　　　　　　　　　　　　　　　　或委托代理人（签字或盖章） 　　　　　　　　　　　　　　　　　　　　　　年　月　日

5.2.45 解除劳动合同申请表

解除劳动合同申请表，如表 5-15 所示。

表 5-15 解除劳动合同申请表

姓名		部门		任职岗位		
合同期限		预解除日期				
申请说明	离开公司后打算 解除劳动合同理由 申请人签名：　　　　___年___ 月___日					
直接上司意见	□不同意解除劳动合同　　□同意解除劳动合同 请说明理由： 从 ___年___ 月___日开始办理工作移交手续 　　　　　　　　　　　签名： 　　　　　　　　　　　　　___年__月__日				分管 上司 意见	签名： ___年__月__日
人力资源部审查	□符合《劳动合同管理制度》，发放离岗准办通知 □不符合《劳动合同管理制度》的内容，请重新办理 经办人： 　　　　　　　　　　　___年__月__日				人力 资源 总监	签名： ___年__月__日

注意： 此表由申请解除劳动合同方填写；直接上司为申请人的直接上司

5.2.46 解除劳动合同审批表

解除劳动合同审批表，如表 5-16 所示。

表 5-16　解除劳动合同审批表

部门		姓名		性别		出生年月		文化程度	
参加工作年月			进公司日期			工作岗位			
首次签订合同日期				本次合同期满					
解除合同后去向									
联系地址				联系电话					
解除合同原因									
本人意见	签字：　　　年　月　日			部门意见	经理签字：　　　年　月　日				
人力资源部意见：				公司总经理批示：					
批准日期									

填写：　　　（本人或所在部门）　　　用途：解除劳动合同时间

联数：一式一份

5.2.47 解除终止劳动合同通知单

解除终止劳动合同通知单，如表 5-17 所示。

表 5-17　解除终止劳动合同通知单

同志：_____

你与星级公司签订的劳动合同工，因_____

_____

于___年_月_日解除/终止劳动合同，请接通知后在___年_月_日来公司人力资源部办理相关手续。

特此通知

人力资源部

填写：　　（人力资源部）　　用途：通知员工解除终止劳动合同时用

联数：一式二联。　1. 交被通知人　　2. 留存

5.3　劳动纠纷及仲裁工作规范

5.3.1　违纪行为处理办法范本

违纪行为处理办法

第一章　总则

第一条　为了维护公司利益，维护公司正常的工作秩序，提高公司员工遵纪守法的自觉性，根据《劳动法》《劳动合同法》等有关法律、法规及公司相关规章制度的规定，结合公司实际，特制定本办法。

第二条　本办法适用于公司各部门及各子公司所有人员违反公司规章制度的行为。

第三条　本办法所称规章制度包括公司及各子公司制定的公司章程、规定、条例、制度、办法、管理标准、工作流程、规定程序等公司颁布的所有制度性文件。

第四条　公司惩处员工应坚持实事求是的原则，对所有员工都将给予解释及申诉的机会。

第五条　公司惩处员工应当坚持公开、公正、公平的原则。给予员工的惩处，应当与其错误行为的性质、情节、危害程度相适应，做到事实清楚、证据确凿、定性准确、处理恰当、程序合法、手续完备。

第二章　机构和职责

第六条　总经理办公室是公司负责惩处违反公司规章制度员工行为的主管部门，其职责是：

（1）监督、规范公司员工行为；

（2）裁定、惩处违反公司规章制度的员工；

（3）制定、解释、补充公司规章制度；

（4）宣传公司规章制度及惩处办法。

第七条　人力资源部是公司负责惩处违反公司规章制度员工行为的执行部门，负责对违反行为的员工名单及时上报和执行总经理办公室的惩处决定。

第八条　公司各部门发现员工违反公司规章制度要及时上报人力资源部，并协助总经理办公室处理违反公司规章制度的行为。

第三章　惩罚种类和规则

第九条　员工违反公司规章制度，公司惩处的处分种类为：

（1）警告；

（2）记过；

（3）降薪；

（4）撤职；

（5）留用察看；

（6）解除劳动合同。

给予处分的，可根据员工的过错程度同时予以经济处罚。给予警告处分的，经济处罚不得超过 100 元；给予记过处分的，经济处罚不得超过 200 元；给予降薪处分的，经济处罚不得超过 500 元；给予撤职处分的，经济处罚不得超过 1 000 元；给予留用察看处分的，经济处罚不得超过 2 000 元；给予解除劳动合同处分的，经济处罚不得超过 5 000 元。经济处罚可从劳动者本人的工资中扣除。但每月扣除的部分不得超过劳动者当月工资的 20%。若扣除后的剩余工资部分低于当地月最低工资标准，则按最低工资标准支付。

第十条 违反公司规章制度的行为，公司将视情节轻重、后果大小、认识态度等分为严重过失、重大过失、一般过失分别给予惩处。

第十一条 一般过失，初犯，给予警告、记过的惩处；再犯，给予降薪、撤职的惩处；三犯，给予留用察看、解除劳动合同的惩处。

第十二条 重大过失，初犯，给予降薪、撤职的惩处；再犯，给予留用察看、解除劳动合同的惩处。

第十三条 严重过失，解除劳动合同或交司法机关处理。

第十四条 员工违反劳动合同中约定或规章制度，给公司造成经济损失的，应当承担赔偿责任。经济损失的赔偿，可从劳动者本人的工资中扣除。但每月扣除的部分不得超过劳动者当月工资的 20%。若扣除后的剩余工资部分低于当地月最低工资标准，则按最低工资标准支付。

第四章 处理程序

第十五条 对员工涉嫌违反公司规章制度的调查、惩处，按照下列程序办理：

（1）立案。事发部门向人力资源部汇报需要调查处理的事项；人力资源部认为需要调查处理的，报总经理办公室批准后立案编号。人力资源部认为不需要调查处理的，报总经理办公室备案。

（2）调查。人力资源部负责调查、取证，听取有关人员的意见。调查人员应根据违纪职工的错误事实、责任以及认错态度、退赔情况，会同所在单位或部门领导及有关人员进行讨论，并听取受调查人的申述，然后提出书面惩处意见。调查应由两名以上工作人员进行；配合调查的部门和有关人员应当如实提供情况。调查一般应自立案之日起 30 天内完成。情况复杂的，经总经理办公室批准，可延长 30 天。

（3）陈述和申辩。人力资源部将调查情况及惩处依据告知拟惩处的员工，听取其陈述和申辩，并做好记录。被调查员工提出的事实、理由和证据成立的，应予采信。

（4）决定。经总经理办公室开会研究，做出惩处或不予惩处的决定。

（5）送达。惩处决定做出后，处分决定一般由受处分人所在单位或部门在职工大会上宣布，人力资源部应当及时将惩处决定以书面形式送达受惩处的员工本人签收。

（6）归档。人力资源部应当将惩处决定抄送同级工会并归入受惩处的员工本人档案，同时汇集有关材料形成该惩处事项的工作档案。

第十六条 会议研究决定惩处员工时，应有工会人员参与。给予员工解除劳动合同的，单位应当事先将理由通知同级工会。

第十七条 参与调查、处理的人员有下列情形之一的，应当回避。被调查的员工及其所在工会有权要求其回避：

（1）与被调查的员工是近亲属关系的；

（2）与被调查的事项有利害关系的；

（3）与被调查的员工有其他关系，可能影响公正处理的。

惩处决定单位发现调查、处理人员有应当回避的情形，可以直接决定该人员回避。

第十八条 惩处决定应当包括下列内容：

（1）被惩处员工的姓名、工作部门、岗位、工资待遇等基本情况；

（2）调查认定的事实；

（3）惩处的种类和依据；

（4）不服惩处决定的申诉途径和期限；

（5）惩处决定机关的名称、印章和做出决定的日期。

第十九条 受惩处分人对惩处决定不服，可在接到处分决定通知后 15 天内书面向公司劳动争议调解委员会请求复议一次，也可向上级监察部门提出申诉一次。复议或申诉期间不停止行政处分的执行。

第二十条 对受处分人提出的复议请求或申诉，一般应从受理之日起两个月内做出裁定。经审查认为处分决定正确的，应予维持；经审查，发现有下列情形之一的，应予变更或撤销，并重新做出决定：

（1）适用公司规章制度错误的；

（2）对违反公司规章制度行为的情节认定有误的；

（3）惩处不当的；

（4）惩处所依据的事实证据不足的；

（5）违反本规定程序，影响公正处理的；

（6）做出惩处决定超越职权或者滥用职权。

维持、变更或撤销处分决定均应书面通知受处分人。

第五章　违纪行为及处分

第二十一条 以下行为属于严重过失：

（1）违反公司印章管理规定，包括但不限于将公司印章移作他用，谎报丢失的；私自盖用公司章、财务章、合同专用章、部门章等公司印章的；私自在空白介绍信、空白出门条、空白合同、空白协议、空白公司信笺、空白纸张等上盖用公司印章的；私刻、伪造公司印章的。

（2）违反公司证件及证书管理规定，包括但不限于将公司证件转借给他人导致公司遭受严重损失的；将公司证件模板提供给他人进行伪造的；利用公司证书谋取个人利益的；涂改或伪造公司证件、证书进行欺诈的。本款所指的公司证件，包括但不限于工作证、门禁卡、胸卡等；公司证书包括但不限于营业执照、资质证书、著作权证书等。

（3）违反操作规程或个人原因引发火灾的。

（4）严重违反公司工作时间及考勤管理规定，包括但不限于当年累计旷工超过 3 天（含 3 天）的。

（5）严重违反员工信息管理规定，包括但不限于提交虚假个人信息档案的；在办理入职手续时，隐瞒与原工作单位仍存在劳动关系事实，给公司带来纠纷的。

（6）严重违反劳动关系管理规定，包括但不限于私自在其他单位兼职的；员工利用公司资源为他单位工作的；利用公司秘密与本公司存在竞争关系的企业进行任何形式合作的。

（7）严重违反工作成果及商业秘密管理规定，包括但不限于将工作成果归己所有，未经公司许可，擅自申报个人专利的；未经甲方许可，擅自将公司科技成果、技术资料及知识产权公开发表文章或出版专著或转让的；未经公司许可，擅自公开发表、出版与本职工作相关的文章或专著的，或在公开发表、出版的文章或专著中涉及公司秘密的；利用手中掌握的技术资料（包括但不限于技术秘密）与他人交易牟利或泄露公司商业信息（包括但不限于客户信息），给公司造成损失的；因泄漏员工信息引起法律纠纷的。

（8）严重违反财务制度，包括但不限于伪造账目；利用职务之便以权谋私、贪污公款或挪用公物；侵占 1 000 元以上公司财产。

（9）严重违反公司安全管理规定，包括但不限于擅自将非本公司人员带入公司造成危害的；擅自将贵重设备（2 000 元以上的设备为贵重设备）外借的；擅自进入涉密开发区的；系统管理人员擅自将账号、密码转借、转让、共用的，或者擅自开设账号的。

（10）严重违反行为规范，包括但不限于有偷盗行为的；假冒公司名义对外招摇诈骗的。

（11）有重大过失，再犯的。

（12）有一般过失，屡教不改的。

（13）被依法追究刑事责任的。

（14）其他违反公司规定或公司价值观，给公司造成重大损害的。所谓"重大损害"是指：①造成人民币 2 000 元以上（含）的经济损失；②造成价值达人民币 2 000 元的设备、产品报废；③引发人员伤亡事故；④引发给单位造成负面影响的媒体曝光事件；⑤因乙方的失误而导致单位受到相关行政部门或上级部门的各种处罚；⑥使单位失去商业机会或使单位的声誉、行业地位、社会评价等无形财产受到损失等；⑦其他给单位造成严重影响的恶劣后果。

第二十二条 以下行为属于重大过失：

（1）在公司工作时间内包括在公司外和工作时间外就公司有关的情况向其他员工或其他与公司有关的人员进行恐吓或以任何方式进行威胁或使用强迫手段，危害他人人身安全，玷污他人个人名誉。

（2）在工作时间于公司办公区进行赌博活动。

（3）从其他员工或任何与公司有关的人士处接受或索取金钱、贿赂、不正当的礼物或报酬，或向该员工或有关人士赠送或给予上述物品。

（4）严重玩忽职守。

（5）不服从其主管或其他主管人员的合理命令。

（6）隐瞒或不向经理或其他员工传达公司需要的资料和信息，如重大损失或事故等。

（7）连续或累计旷工两天及以上。

（8）驾驶公司车辆不遵守交通法规，造成交通事故，致使人员伤亡或车辆损毁。

（9）在公司内煽动或参与斗殴。在工作时间内外或工厂场所内外就公司有关的事项，对其他员工或其他与公司有关的人士进行阻挡、殴打、打架，或任何其他暴力行为。

（10）下班后未关闭所负责区域电源、门窗、抽屉，导致公司损失。

（11）违反操作规定或责任心不强造成产品严重质量问题、报废、人员伤亡或其他无法弥补的损失。

（12）擅自将本人工资泄露给他人，在同事中相互打听、造谣、散布他人收入，干扰正常工作秩序。

（13）未经许可乱动安全设施、报警信息等。

（14）未经许可乱动设备、工具、车辆等造成危险的，无证驾驶。

（15）不按公司规定使用计算机、网络，导致计算机病毒在公司内传播，严重影响公司网络，使公司正常运营受到阻碍，或导致计算机内全部文档丢失。

（16）未经允许刻录公司资料带走，未经允许用公司刻录机刻录私人光盘，未经允许使用公司光盘刻录私人资料。

（17）其他违反公司管理规定，造成公司较大损害的行为。所谓"较大损害"是指：①造成人民币 2 000 元以上（含）的经济损失；②造成价值达人民币 2 000 元的设备、产品报废；③因乙方的失误而遭到客户多次（三次及以上）投诉的；④其他给单位造成较大影响的恶劣后果。

第二十三条 以下行为属于一般过失：

（1）违反工作时间管理规定，包括但不限于工作时间做与工作无关的事情（包括但不限于看闲书、听音乐、打游戏、看非工作视频的）；工作时间频繁不在岗位上，串岗、闲聊的上班时间不假外出；旷工 1 天的；未按规定流程请假的。

（2）违反公共资源管理规定，包括但不限于将公司公共报刊、非受控文件等资料涂改、撕毁的；违反操作规程，使用办公设备、仪器、电器等；故意毁坏办公设备、仪器、电器、办公用具；下班后不关闭电脑主机、显示器及其他外部设备电源的；长时间占用办公电话处理私人事务的；使用办公电话拨打私人长途电话的。

（3）违反办公环境管理规定，包括但不限于员工个人办公区域、桌面脏乱的；未经允许在办公区内留宿的；在办公场所私架娱乐、休息设施的；在办公区内大声喧哗、追逐打闹，影响办公秩序的；严重影响他人工作的；私自移动办公区内办公家具及设备的或私自改变办公区内办公家具及设备布置格局的；在办公场所吸烟的。

（4）将个人情绪带入工作中，给工作或同事关系造成不良影响的。

（5）未经允许，随意翻看同事的资料、文件、使用他人电脑的。

（6）泄露、打探员工信息（包括工资信息），造成同事之间矛盾，或影响管理秩序的。

（7）其他违反公司管理规定，造成单位 200 元价值以上经济损失或给单位造成一定不良影响的行为。

第六章 法律责任

第二十四条 配合调查的人员试图掩饰其他员工所犯的行为过失或过错，对其他员工所犯的行为过失或过错提供不真实的情况，视为存在严重过失，解除劳动合同。

第二十五条 参与调查、处理的人员应当回避而不回避的，视为重大过失，依照本规定承担相应责任。

第二十六条 参与调查、处理的人员做出惩处决定超越职权或者滥用职权的，视为重大过失，依照本规定承担相应责任。

第二十七条 相关人员故意捏造事实诬告陷害他人，意图使他人处分的，视为存在严重过失，解除劳动合同。给他人造成损失的，应当承担赔偿责任。

第七章 附则

第二十八条 本规定由总经理办公室负责解释。

第二十九条 实施过程中，人力资源部发现劳动规章制度有不完善或与法律、法规相抵触之处，应按照《公司劳动规章制度制定办法》规定的程序及时进行修改或废止。

第三十条 本规定自____年__月__日施行。

5.3.2 劳动争议仲裁申请书范本

劳动争议仲裁申请书

申请人：

身份证号码：

住所地：

邮　编：

联系电话：

被申请人：

法定代表人：

住所地：

邮　编：

联系电话:

仲裁申请：

1. _____

2. _____

3. _____

事实与理由：（主要写明用工事实，包括用工时间、岗位、薪资等，以及提出申诉请求的事实依据）

1. _____

2. _____

3. _____

综上所述，申诉人认为，_____

_____。

为维护法律尊严，保护申诉人的合法权益，恳请仲裁委员会依法判准申请人的所有仲裁请求。

此致

　　　　　　　劳动争议仲裁委员会

　　　　　　　　　　　　　申请人（单位）：_____（签名或盖章）

　　　　　　　　　　　　　　　　　　　　　年　月　日

附：1．本申请书副本____份

2．证据材料____份

5.3.3　劳动争议仲裁答辩书范本

劳动争议仲裁答辩书

答辩人：

（法定代表人：）

住所地：

被答辩人：

（身份证号码：）

住所地：

被答辩人诉答辩人劳动争议仲裁纠纷案，答辩人现依据涉案事实及现行法律法规，对被答辩人提及的申诉事实和诉求分别答辩如下：

（应该写明驳斥被答辩人申诉请求的事实及法律依据，即答辩内容主要包括事实答辩和法律答辩两个方面）

_____

_____

综上所述，答辩人认为：_____

_____。

此致

　　　　　　　　　　　　　　　　_____劳动争议仲裁委员会

　　　　　　　　　　　　　　　　答辩人_____

　　　　　　　　　　　　　　　　____年__月__日

5.3.4 劳动争议诉讼状范本

劳动争议诉讼状

原告：

（法定代表人：）

住所地：

邮编：

电话：

被告：

（身份证号码：）

住所地：

邮编：

电话：

案由：劳动争议

原告因与被告劳动争议纠纷一案，不服_____劳动争议仲裁委员会_____劳仲字[_____]第_____号仲裁裁决书/不予受理通知书，现向你院提起民事诉讼。

诉讼请求：

1. _____

2. _____

3. _____

4. 本案诉讼费用及其他合理费用由被告承担。

事实与理由（应重点写明诉讼案件的事实及不服劳动仲裁裁决书的理由）

_____

_____。

综上所述，原告认为：_____

_____。

为维护法律尊严，保护原告的合法权益，恳请人民法院依法判准原告的所有诉讼请求。

此致

_____人民法院

具状人_____

___年__月__日

附件：

1. 本诉讼状副本_____份；

2. 证据材料_____份；

3. _____劳动争议仲裁委员会_____劳仲字[_____]第_____号仲裁裁决书/不予受理通知书一份。

5.3.5 劳动纠纷处理制度

劳动纠纷处理制度

第一条　为了妥善处理公司劳动争议，保障公司与员工双方的合法权益，维护正常的生产经营秩序，发展良好的劳动关系，依据公司劳动关系实际情况及《中华人民共和国企业劳动争议处理条例》，特制定本方案。

第二条　本制度适用公司与其员工之间的劳动纠纷。因企业录用、考核、薪酬、调动、开除、辞退、辞职、自动离职等方面发生的纠纷，具体包括以下几个方面。

1．因公和非因公病、伤残、死亡和待聘、离退休、培训、社会保险和生活福利待遇方面发生的争议。

2．因奖惩产生的争议。

3．因工作报酬发生的争议。

4．因执行、变更、解除、终止聘用合同发生的争议。

5．因女职工特殊保护及未成年工问题发生的争议。

6．其他涉及人事劳资的争议。

第三条　本制度使用于公司全体员工。

第四条　各部门管理人员应及时了解下属员工的情绪和劳动关系矛盾，并协同人力资源部采取有效措施，防患于未然。

第五条　人力资源部应广开言路，积极深入公司员工生活、工作中，了解公司员工的整体思想动态。

第六条　对现有劳动关系形式进行分析，预见可能发生的劳动纠纷问题，及时加以了解和解决。

第七条　劳动纠纷发生后，双方当事人（员工与员工所在部门、员工与人力资源部）可在合法及兼顾双方利益的前提下进行协商。

第八条　协商有利于自愿达成协议，解决争议，消除隔阂，加强团结，防止事态的进一步恶化。

第九条　任何一方不能强迫对方进行协商，一方不愿协商或协商不成的，可以向人力资源部员工关系专员反映申请调解。

第十条　经人力资源部员工关系专员与纠纷双方协商无效的情况下，进入劳动纠纷调解项目。

第十一条　调解委员会是企业中解决劳动纠纷的专门机构，由人力资源部员工关系主管或工会代表负责组织，成员包括双方员工所在部门主管或经理、工会人员及人力资源部相关人员。

第十二条　调解委员会调解劳动纠纷，一般包括调解准备、调解开始、实施调解、调解终止等几个阶段。

第十三条　人力资源部为劳动纠纷调解申请的受理部门。

第十四条　调解申请必须于纠纷发生之日起 30 日内向人力资源部以书面或口头形式提出申请，人力资源应在 4 日之内做出是否受理的决定，对不受理的，应说明理由。

第十五条　对于影响较大或处理结果明显显示公平或无章可循的劳动纠纷，人力资源部可根据实际情况不依据本款第 1 项而受理。

下列情形之一的劳动纠纷不予受理。

1．一般的民事纠纷。

2．调解申请人不是劳动纠纷当事人（方）。

3．已经过劳动仲裁裁决或法院判决的劳动纠纷。

第十六条 向劳动纠纷的双方当事人（方）调查，听取双方当事人（方）的意见和要求，收集有关证据。

第十七条 召开调查调委会委员全体会议，对调查取证材料进行分析整理，讨论确定调解方案和调解意见。

第十八条 调解委员会在查明事实、分清责任的基础上，根据争议的轻重程度等具体情况，由人力资源部劳资员对当事人进行当面调解，也可在调查过程中试行调解。

第十九条 调解工作步骤

1．由人力资源部员工关系主管宣布到会人员情况，听取双方当事人（方）有无要求某人回避的请求，调解委员会对回避申请应及时做出决定。

2．人力资源部宣布申请人（方）请求调解的纠纷事项，调解纪律，当事人（方）应现场表明态度。

3．听取当事人陈述。

4．公布调查结果和调解意见。

5．当事人签订调解协议书。

第二十条 有下列情况之一者，可视调解申请结束

1．申请调解的当事人（方）撤回申请。

2．经调解双方当事人（方）达成协议，并签署调解协议书。

3．调解不成。自当事人（方）申请调解之日起，30日内到期未结束的。

第二十一条 调解不成的，当事人可以自劳动争议发生之日起60日内，向____市劳动纠纷仲裁委员会申请仲裁。

第二十二条 对仲裁裁决不服的，可以在收到仲裁裁决书之日起15日内向人民法院起诉。

5.3.6 劳动仲裁管理制度

劳动仲裁管理制度

为了维护企业和员工的合法权益，工会、人力资源部设有劳动争议调解委员会。调解委员会受理下列劳动争议：

第一条 因履行、解除、变更、续订劳动合同过程中发生的争议。

第二条 因员工自动离职发生的争议。

第三条 因员工不服公司行政处分、赔偿及经济处罚发生的争议。

第四条 在执行劳动、人事、分配、保险、培训等规定过程中发生的争议。

第五条 公司职代会授权受理的其他劳动争议。

第六条 员工与公司发生的劳动争议，应在30日内，将争议事项，以书面形式向调解委员会申请调解。

第七条 任何人不得以任何理由干扰调解人员执行任务，不准阻止员工向调解委员会提供事实真相，不准阻止员工依法行使申请调解的权利。

5.3.7 立案审批单

立案审批单，如表5-18所示。

表 5-18　立案审批单

姓名		部门		岗位		工资	
事由							
事发部门意见	建议调查 签字：　　　　　　　日期：						
人力资源部意见	□需要调查　　　　　□不需要调查 签字：　　　　　　　日期：						
总经理办公室意见	□立案　　　　　案号： □不立案 签字：　　　　　　　日期：						

5.3.8　调查记录表

调查记录表，如表 5-19 所示。

表 5-19　调查记录表

案号： 受调查人： 相关人员： 调查人：	
受调查人是否申请回避	□申请回避　　　　　□不申请回避 受调查人签字：　　　　　日期：
调查情况	事发部门陈述： 有关证据：
	建议惩处依据：
	惩处建议：□警告　　□记过　　□降薪　　□撤职 □留用察看　□解除劳动合同 签字：　　　　　　　　　　日期：
受调查人陈述和申辩	 1．是否承认调查情况　：□承认　　　　□不承认 2．是否接受惩处建议　：□接受　　　　□不接受 受调查人签字：　　　　　　　日期：

5.3.9　总经理办公室会议纪要范本

总经理办公室会议纪要，如表 5-20 所示。

表 5-20 总经理办公室会议纪要

案号			时间			
受调查人		部门		岗位		工资
参加人员	总经办人员： 工会人员：					
会议纪要						
结论	行为性质： □一般过失　　□重大过失　　□严重过失 惩处决定： □警告　□记过　□降薪　□撤职　□留用察看　□解除劳动合同_____ 罚款：_____元					
签字： 日期：						

5.3.10　处分决定通知书

处分决定通知书，如表 5-21 所示。

表 5-21　处分决定通知书

案号：　　　　　　　　　　　　　　　　　　　　　　　　（一式两份）

姓名		部门		岗位		工资	
事由：							
依据：							
行为性质：　□一般过失　　　　□重大过失　　　□严重过失							
惩处决定：　□警告　□记过　□降薪　□撤职　□留用察看　□解除劳动合同							
受处分人如对惩处决定不服，可在接到本通知后 15 天内书面向公司监察部门或公司劳动争议调解委员会请求复议，也可向上级监察部门提出申诉。复议或申诉期间不停止行政处分的执行。							
××有限公司总经理办公室 　　　　　　　年　月　日							

附表

签 收 回 执
本人已收到××有限公司于＿＿＿年＿月＿日发出的《处分决定通知书》，本人对该通知书中内容及决定表示： 　□接受　　　□不接受
被通知方（签名）： 　　　　　　　年　月　日

5.3.11　员工复议申请/申诉单

员工复议申请/申诉单，如表 5-22 所示。

表 5-22　员工复议申请/申诉单

申请人：	
案由	不服《处分决定通知书》（案号：　　　　　　）
请求	1.　　　　　　　　　　　　　　　　　　　　　 2.　　　　　　　　　　　　　　　　　　　　　 3.
事实和理由	《处分决定通知书》（案号：　　　　　　）存在下列情形： 　　　　　　　　　　　（可多选） （1）适用公司规章制度错误的； （2）对违反公司规章制度行为的情节认定有误的； （3）惩处不当的； （4）惩处所依据的事实证据不足的； （5）违反本规定程序，影响公正处理的； （6）做出惩处决定超越职权或者滥用职权的。
	事实： 有关证据：
	签字： 日期：

5.3.12 变更/撤销/维持处分决定通知书

变更/撤销/维持处分决定通知书，如表 5-23 所示。

表 5-23 变更/撤销/维持处分决定通知书

案号	
决定	□维持 理由：
	□撤销 理由：
	□变更 理由：
	公司劳动争议调解委员会 （或上级监察部门） 年　月　日

签收回执

　本人已收到××有限公司于＿＿＿年＿＿月＿＿日发出的《变更/撤销/维持处分决定通知书》（案号：＿＿＿＿＿＿＿＿）。

被通知方(签名)：

年　月　日

第六章

人力资源规划与发展

6.1 人力资源管理岗位人员配置及岗位职责

6.1.1 人力资源总监

人力资源总监岗位职责与任职资格，如表 6-1 所示。

表 6-1 人力资源总监岗位职责与任职资格表

直接上级：总经理	
直接下级：人力资源经理	
岗位职责	1. 制订人力资源招聘计划并组织实施 2. 制订公司的培训计划，组织实施培训 3. 引进具有竞争力、公平性的薪酬管理体系，组织制定公司的薪酬政策 4. 组织实施员工绩效考核并负责审查各项考核、培训结果 5. 审批经人力资源部核准的过失单和奖励单，并安排执行 6. 受理员工投诉和员工与公司劳动争议事宜并负责及时解决 7. 推动各项管理规章制度的建设和完善
任职资格	1. 正规知名院校本科及以上学历，人力资源、企业管理相关专业 2. 8 年以上大中型企业人力资源工作经历，5 年以上大型企业人力资源总监职务，中级以上职称；有高级人力资源管理师职业资格证书 3. 有先进的人力资源管理理念，系统的人力资源管理理论，熟悉人力资源各个模块并能熟练操作 4. 熟悉相关性政策、法规，了解人力资源管理发展的趋势，具备较强的洞察力、战略意识，领导和激励他人一起完成目标的影响力 5. 具备较强的工作责任心，敏锐的观察能力、心理承受能力及心理调节能力

6.1.2 人力资源经理

人力资源经理岗位职责与任职资格，如表 6-2 所示。

表 6-2　人力资源经理岗位职责与任职资格表

直接上级：人力资源总监	
直接下级：人力资源助理、人力资源规划主管、人事招聘主管、人事培训主管、绩效考核主管、薪酬福利主管、人事事务主管、劳动关系主管	
岗位职责	1. 参与制定人力资源战略规划，为重大人事决策提供建议和信息支持 2. 组织制定、执行、监督公司人事管理制度 3. 协助人力资源总监做好相应的职位说明书，并根据公司职位调整需要进行相应的变更，保证职位说明书与实际相符 4. 根据部门人员需求情况，提出内部人员调配方案（包括人员内部调入和调出），经上级领导审批后实施，促进人员的优化配置 5. 与员工进行积极沟通 6. 制订招聘计划、招聘项目，进行初步的面试与筛选，做好各部门间的协调工作等 7. 根据公司对绩效管理的要求，制定评价政策，组织实施绩效管理，并对各部门绩效评价过程进行监督控制，及时解决其中出现的问题，使绩效评价体系能够落到实处，并不断完善绩效管理体系 8. 制定薪酬政策和晋升政策，组织提薪评审和晋升评审，制定公司福利政策，办理社会保障福利 9. 组织员工岗前培训、协助办理培训进修手续 10. 配合人力资源总监做好各种职系人员发展体系的建立，做好人员发展的日常管理工作 11. 完成人力资源总监交办的其他工作
任职资格	1. 人力资源、管理或相关专业大学本科以上学历 2. 受过现代人力资源管理技术、劳动法规、财务会计知识和管理能力开发等方面的培训 3. 5 年以上人力资源管理相关工作经验 4. 对现代企业人力资源管理模式有系统的了解和实践经验积累，对人力资源战略规划、人才的发现与引进、薪酬设计、绩效考核、岗位培训、福利待遇、公司制度建设、组织与人员调整、员工职业生涯设计等具有丰富的实践经验 5. 对人力资源管理事务性的工作有娴熟的处理技巧，熟悉人事工作流程；熟悉国家、地区及企业关于合同管理、薪金制度、用人机制、保险福利待遇和培训方针；熟练使用办公软件及相关的人事管理软件；较好的英文听、说、读、写能力 6. 对人及组织变化敏感，具有很强的沟通、协调和推进能力；高度的敬业精神及高涨的工作激情，能接受高强度的工作，工作态度积极乐观；善于与各类性格的人交往，待人公平

6.1.3 人力资源助理

人力资源助理岗位职责与任职资格，如表 6-3 所示。

表 6-3　人力资源助理岗位职责与任职资格表

直接上级：人力资源经理	
直接下级：人力资源规划主管、人事招聘主管、人事培训主管、绩效考核主管、薪酬福利主管、人事事务主管、劳动关系主管	
岗位职责	1. 协助上级执行公司的培训和绩效评价的组织、后勤保障工作，例如收集审核各类表格、表单 2. 协助做好招聘与任用的具体事务性工作，包括发放招聘启事、收集和汇总应聘资料、安排面试人员、跟踪落实面试人员的情况等 3. 协助计算员工薪资、福利，参与薪酬与福利调查 4. 管理员工信息资料及各类人事资料 5. 办理人事招聘、人才引进、内部调动、解聘、退休、接纳和转移保险、公积金缴纳的相关手续 6. 办理各类职称评定 7. 办理劳动年检 8. 执行各项公司规章制度，处理员工奖惩事宜
任职资格	1. 人力资源、劳动经济、心理学、管理学等相关专业本科以上学历 2. 受过现代人力资源管理技术、劳动法律法规等方面的培训 3. 2 年以上人力资源管理工作经验 4. 熟悉国家相关法律法规；熟悉人力资源管理各项实务的操作流程；人力资源管理理论基础扎实；熟练使用相关办公软件 5. 办事沉稳、细致，思维活跃，有创新精神，良好的团队合作意识；较强的学习能力和责任心，能自我激励，具备较强的独立处理事务的能力

6.1.4　人力资源规划主管

人力资源规划主管岗位职责与任职资格，如表 6-4 所示。

表 6-4　人力资源规划主管岗位职责与任职资格表

直接上级：人力资源经理	
直接下级：人力资源规划专员	
岗位职责	1. 根据企业的发展战略，协助人力资源部经理制定企业人力资源总体战略规划 2. 根据企业整体发展战略编制"人力资源规划书"并组织实施 3. 整合、分析、统计和评估现有人力资源，定期提交人力资源分析报告 4. 预测企业人力资源供应及需求数量，制定相关政策措施，如招聘、培训等 5. 制订"人力资源部年度工作计划"及"人力资源部月度工作计划与预算" 6. 规划各类岗位人员的离职、补充、配备、使用计划 7. 规划企业人力资源的培训、绩效与薪酬、劳动关系计划 8. 人力资源管理费用与人工成本总额测算、控制及员工总量调整规划 9. 执行人力资源部经理临时交办的其他工作事项
任职资格	1. 人力资源管理或相关专业本科及以上学历 2. 三年以上人力资源管理经验，两年以上招聘工作经验，有同行业及相关行业工作经验者优先

直接上级：人力资源经理	
直接下级：人力资源规划专员	
	3．熟悉招聘流程，熟练运用各种招聘工具和手段，丰富的招聘经验及技巧，熟悉国家相关法律法规
	4．熟悉岗位分析、素质模型建设方法与技巧，具有良好的职业道德和职业操守及良好的团队合作意识
	5．优秀的语言表达及沟通能力，协调能力、亲和力和明锐的洞察能力和分析判断力

6.1.5　人力资源规划专员

人力资源规划专员岗位职责与任职资格，如表 6-5 所示。

表 6-5　人力资源规划专员岗位职责与任职资格表

直接上级：人力资源规划主管	
直接下级：	
岗位职责	1．定期进行企业人力资源需求调查并进行需求分析与预测
	2．定期提交企业人力资源需求分析与预测报告
	3．了解企业人力资源使用状况，收集整理相关数据，上报人力资源规划主管
	4．协助人力资源规划主管对企业人事规章制度、户籍政策等进行规划与修订
	5．协助人力资源规划主管对员工绩效考核、激励机制等进行规划与修订
	6．协助人力资源规划主管进行人力资源的补充、培训、晋升、配备等的规划
	7．有关企业人力资源规划的各种表单、流程的制定、修订
	8．企业各种相关活动的规划与组织执行
	9．负责人力资源发展、规划、管理的相关资料的收集、整理及归档
	10．承办人力资源规划主管临时交付的事项
任职资格	1．专科以上学历，人力资源管理等相关专业
	2．一年以上企业人力资源管理工作经验
	3．熟悉人力资源各模块具体工作内容，尤其在某一个模块非常专业、精通，能承受较大的工作压力，善于处理复杂问题
	4．具有团队合作意识，有亲和力及良好的沟通和协调能力，较强的文字表达能力
	5．工作认真、细致，能熟练操作办公软件，尤其是数据整合方面

6.2　人力资源部规划与管理

6.2.1　人力资源开发规范

人力资源开发规范，如表 6-6 所示。

表 6-6 人力资源开发规范表

项目	规范内容
确定人才标准	（1）要明确衡量人才的基本要素。现代企业对人员的考核可概括为"德、智、体、能、绩"五个方面，德即思想品质，智即智力水平，体即身体素质，能即工作能力，绩即工作成绩 （2）要注意人才标准的层次性和岗位区别，因为不同层次和岗位需要不同类型的人才 （3）要注意人才标准的动态性，环境的变迁对企业的每一个岗位都会提出新的要求，人才标准也就不能一成不变
确定识别人才的方法	识别人才是一件困难的事，但却最为重要，对战略威胁最大的莫过于对人才识别上的失误。人们在长期的探索中已形成了多种识别人才的途径和办法，主要有以下八种： （1）面相法，即通过人的脸部形象和表情来识别人 （2）遗传法，即通过考察人的家庭出身来识别人 （3）考试法，即通过考试的办法来识别人 （4）观察法，即通过长期的观察或委以一定的工作任务看其工作状况如何来对此人进行判别 （5）暴露法，即通过外部的刺激来观察人的情感任何反应，从中可以看出人的本性 （6）资历法，即凭年龄、经历、学历来评判人才 （7）调查法，即通过调查人的经历和社会背景来识别人 （8）实验法，即通过模拟实验来识别人
确定选择人才的方式	我国很早就有"不拘一格选人才"的提法，即广开才源、广招人才。目前常用的方式有以下四种： （1）推荐选才，即用推荐的方式发掘人才 （2）广告选才，即通过传播媒体将企业的人才需求信息广而告之，从应聘者中选择合适的人才 （3）业绩选才，即以绩效为依据择优选择人才 （4）分等选才，即建立不同系列（如行政和技术）的等级标准，并明确规定各种等级所适合的工作岗位，在此基础上，对全体员工进行定期或不定期的考核，从而确定每一位员工的级别。当超级市场的某些岗位出现缺额时，从相应级别的内部员工中选择合适的人才

6.2.2 人力资源合理使用的原则

人力资源合理使用规范，如表 6-7 所示。

表 6-7 人力资源合理使用规范表

项目	规范内容
人尽其才，人适其所	管理者在用人的过程中首先要树立"人才适用"观念，把人才放到能发挥其聪明才智的岗位上，把工作任务分配给合适的人去完成
用人所长	人的知识和才能，由于天赋、实践、地位的不同而有所差异，同时由于时间和精力的限制，人总是"有所为"，也"也有所不为"，长于此而薄于彼。因此，用人的关键是要扬长避短，要善于识别人的最佳才能，使用人的精华部分，智者尽其谋，勇者竭其力，仁者播其惠，信者效其忠

项目	规范内容
协调好人与人之间的关系	协调好人与人之间的关系是管理的基础，也是用人艺术的一个重要方面。公司内部处理人际关系应把握以下原则： （1）平等原则，即要求管理者在处理人际关系时，要在人格平等基础上处理各类管理事务，尊重员工的人格 （2）宽恕原则，即要求管理者要善于容忍他人的小过与缺陷，不要小题大做，对人求全责备 （3）信任原则，即要求管理者树立信誉，对人信任 （4）互利原则，即要求各类人员的劳动贡献与其所得能保持基本平衡，并善于运用精神力量来平衡因物质短缺而引起的各种失衡心态 （5）谦逊原则，即管理者无论地位、知识如何，都必须谦虚待人，要客观地肯定他人的成绩与才智，而不要夸大自己的功绩和贡献，更不能夺走他人功劳 （6）合作原则，即要求加强人与人之间的紧密配合，培养"团队精神" （7）沟通原则。包括两个方面的内容：一是通信息；二是通人性。人际交往的过程实际上就是互通信息的过程，信息与人际关系像一对孪生兄弟，联系紧密。人际关系的开拓有利于汇集信息，掌握的信息量越大越有利于吸引人，从而拓宽人际关系网络

6.2.3 人力资源工作目标管理制度

人力资源工作目标管理制度

第一条 实行目标管理，应做到确立目标、期限达标、定期复查、期终评价。

第二条 人力资源工作的目标管理分为人力资源管理含人员流动率、人员配备计划、违纪率、出勤率等；劳动工资管理含劳务成本控制、工资总额使用计划，劳动生产率、资本利润率等；教育培训管理含岗位资格培训达标率、岗位提高培训完成率、考核合格率等及其他方面含制定建设、劳动保护检查、公司下达工作任务完成情况等。

第三条 人力资源目标管理的制定依据是：行业和上级主管部门近、中期人力资源管理规划，公司年度综合计划、部门总监目标责任、行业先进企业技术经济指标的水平。人力资源部在每年 10 月至12 月根据公司的下一年度方针目标，制定部门目标管理图，并在部门内进行目标分解，填写个人目标管理。目标要尽可能量化，确实无法计量，应采取定期定质的办法。

第四条 实行目标管理，应结合部门岗位责任制，岗位职责，并结合现行的实践经验，按期、按质、按量开展目标管理工作。

第五条 要每隔一个工作周期进行检查总结。一般一个月对照，一个季度检查、半年小结、年综总结评价。

第六条 部门个人目标管理工作实绩要与奖金分配挂钩考核。

6.2.4 人力资源规划管理制度

人力资源规划管理制度

第一条 为了规范公司的人力资源规划工作，根据公司发展需要的内、外部环境，运用科学合理的方法，有效进行人力资源预测、投资和控制，并在此基础上制定岗位编制、人员配置、教育培训、薪酬分配、职业发展、人力资源投资方面的人力资源管理方案的全局性的计划，以确保公司在需要的时间和需要的岗位上获得各种适合的人才，以保证公司战略发展目标的实现。

第二条 公司高层领导、人力资源部、各部门主要负责人。

第三条 作用

1. 确保公司在生存发展过程中对人力资源的需求，得到并保持一定数量具备特定技能、知识结构和能力的人员；充分利用现有人力资源。

2. 在预测公司未来发展的条件下，有计划地逐步调整人员的分布状况，把人工成本控制在合理的支付范围内。

3. 有助于调动员工的积极性，建设一支训练有素、运作灵活的员工队伍，增强公司适应未知环境的能力。

4. 预测公司潜在人员过剩或人力不足的问题，能够及时采取应对措施。

5. 减少公司关键岗位及关键技术环节对外部招聘的依赖性。

第四条 职责

人力资源部是人力资源规划的归口管理部门，其他职能部门具体负责本部门的人力资源规划工作，具体工作职责如下表所示。

部门	具体工作职责
人力资源部	① 负责制定、修改人力资源规划制度，负责人力资源规划的总体编制工作 ② 负责公司人力资源规划所需数据的收集并确认 ③ 负责开发人力资源规划工具和方法，并且对公司各部门提供人力资源规划指导 ④ 年初编制《公司年度人力资源规划书》，报各部门负责人审核、总裁审批 ⑤ 将审批通过的《公司年度人力资源规划书》作为重要机密文件存档
各职能部门	① 需向人力资源规划专员提供真实详细的历史和预测数据 ② 及时配合人力资源部完成本部门需求的申报工作
公司高层	负责人力资源规划工作的总体指导、监督、决策

第五条 原则

公司人力资源规划工作需遵循以下四点原则，如下表所示。

基本原则	详细说明
1. 动态原则	① 人力资源规划应根据公司内外部环境的变化而经常调整 ② 人力资源规划具体执行中的灵活性 ③ 人力资源具体规划措施的灵活性及规划操作的动态监控
2. 适应原则	① 内外部环境适应。人力资源规划应充分考虑公司内外部环境因素及这些因素的变化趋势 ② 战略目标适应。人力资源规划应当同公司的战略发展目标相适应，确保二者相互协调
3. 保障原则	① 人力资源规划工作应有效保证对公司人力资源的供给 ② 人力资源规划应能够保证公司和员工共同发展
4. 系统原则	人力资源规划要反映出人力资源的结构，使各类不同人才恰当地结合起来，优势互补，实现组织的系统性功能

第六条 内容

人力资源规划工作的主要内容包括以下九个方面，如下表所示。

规划项目	主要内容	预算内容
1．总体规划	人力资源管理的总体目标和配套政策	预算总额
2．配备计划	中、长期内不同职务、部门或工作类型的人员的分布状况	人员总体规模变化而引起的费用变化
3．离职计划	因各种原因离职的人员情况及其所在岗位情况	安置费
4．补充计划	需补充人员的岗位、数量及要求	招募、选拔费用
5．使用计划	人员升职政策、升职时间、轮换工作的岗位情况、人员情况、轮换时间	岗位变化引起的薪酬福利等支出的变化
6．职业计划	骨干人员的使用和培养方案	
7．劳动关系计划	减少和预防劳动争议，改进劳动关系的目标和措施	诉讼费及可能的赔偿
8．培训开发计划	培训对象、目的、内容、时间、地点、讲师等	培训投入、脱产人员工资及脱产引起的损失
9．绩效与薪酬福利计划	个人及部门的绩效标准、衡量方法、薪酬结构、工资总额、工资关系、福利及绩效与薪酬的对应关系等	薪酬福利的变动额

第七条 项目

公司人力资源规划工作的基本项目如下图所示。

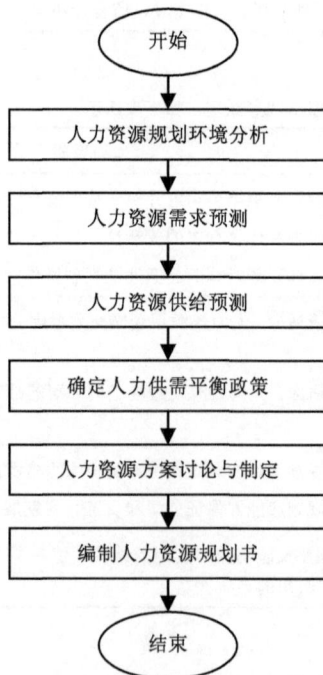

1. 企业人力资源规划环境分析

（1）收集整理数据。公司人力资源部正式制定人力资源规划前，必须向各职能部门索要各类数据（如下表所示）。人力资源规划专员负责从数据中提炼出所有与人力资源规划有关的数据信息，并且整理编报，为有效的人力资源规划提供基本数据。

需要向各部门 收集的数据资料	① 公司整体战略规划数据	② 企业组织结构数据
	③ 财务规划数据	④ 市场营销规划数据
	⑤ 生产规划数据	⑥ 新项目规划数据
	⑦ 各部门年度规划数据信息	
本部门相关资料整理	① 人力资源政策数据	② 公司文化特征数据
	③ 公司行为模型特征数据	④ 薪酬福利水平数据
	⑤ 培训开发水平数据	⑥ 绩效考核数据
	⑦ 公司人力资源人事信息数据	⑧ 公司人力资源部职能开发数据

（2）人力资源部在获取以上数据的基础上，组织内部讨论，将人力资源规划系统划分为环境层次、数量层次、部门层次，每一个层次设定一个标准，再由这些不同的标准衍生出不同的人力资源规划活动计划。

（3）人力资源部应制定《年度人力资源规划工作进度计划》，报请各职能部门负责人、人力资源部负责人、公司总裁审批后，向公司全体人员公布。

（4）人力资源部根据公司经营战略计划和目标要求及《年度人力资源规划工作进度计划》，下发人力资源职能水平调查表、各部门人力资源需求申报表，在限定工作日内由各部门职员填写后收回。

（5）人力资源部在收集完毕所有数据之后，安排专职人员对以上数据进行描述、统计并分析，制作《年度人力资源规划环境分析报告》，由人力资源部审核小组完成环境分析的审核工作。

公司人力资源环境分析审核小组成员由公司各部门负责人、公司人力资源部环境分析专员、人力资源部负责人构成。

（6）人力资源部应将审核无误的《年度人力资源规划环境分析报告》报请公司高级管理层审核批准后方可使用。

（7）在人力资源环境分析进行期间，各职能部门应该根据部门的业务需要和实际情况，在人力资源规划活动中及时全面地向人力资源部提出与人力资源有关的信息数据。人力资源环境分析工作人员应该认真吸收接纳各职能部门传递的环境信息。

2. 人力资源需求预测

（1）《年度人力资源规划环境描述统计报告》经公司高级管理层批准后，由人力资源部的人力资源规划专员根据公司人力资源的需求和供给情况，结合公司战略发展方向、公司年度计划、各部门经营计划，运用各种预测工具，对公司整体人力资源的需求情况进行科学的趋势预测与统计分析。

（2）人力资源需求预测有以下几种常用方法。

① 管理人员判断法

管理人员判断法，即企业各级管理人员根据自己的经验和直觉，自下而上确定未来所需人员。具体工作方法如下图所示。

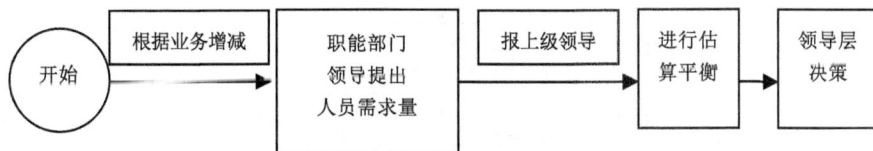

这是一种粗浅的人力需求预测方法，主要适用于短期预测，若用于中、长期预测，结果会相当不准确。这种方法可以单独使用，也可与其他方法结合使用。

② 经验预测法

经验预测法也称为比率分析法，即根据以往的经验对人力资源需求进行预测。

具体的方法是根据企业的生产经营计划及劳动定额或每个人的生产能力、销售能力、管理能力等进行预测。

由于不同人的经验会有差别，不同员工的能力也有差别，特别是在管理人员及销售人员当中，他们在能力、业绩上的差别更大。所以，若采用这种方法预测人员需求时，要注意经验的积累和预测的准确度。

③ 德尔菲法

德尔菲法是指专家们对影响组织某一领域发展（如组织将来对劳动力的需求）达成一致意见的结构化方法。该方法的目标是通过综合专家们各自的意见来预测某一领域的发展趋势。具体来说，由人力资源部作为中间人，将第一轮预测中专家们各自单独提出的意见集中起来并加以归纳后反馈给他们，然后重复这一循环，使专家们有机会修改他们的预测并说明修改的原因。一般情况下，重复 3~5 次之后，专家们的意见即趋于一致。

这里所说的专家，可以是来自一线的管理人员，也可以是高层经理；既可以来自企业内部，也可以是外请的。专家的选择基于他们对影响企业的内部因素的了解程度。例如，在估计将来企业对劳动力的需求时，企业可以选择在计划、人事、市场、生产和销售部门任职的管理者作为专家。要使该方法奏效，应掌握以下技巧。

第一，要给专家提供相关的历史资料及有关的统计分析结果，使其能做出判断。例如，人员安排情况和生产趋势的资料。

第二，不要过分询问人员需求的总的绝对数字，而应关心可能需要增加人员的百分比，或者某些关键人员（如市场部经理或工程师）的预计增加数，询问的问题要让专家能够回答。

第三，允许专家粗估数字而不要求精确，但要让他们说明预测数字的可信度。

第四，使过程尽可能简化，特别是不要询问那些与预测无关的问题。

第五，对人员的分类和定义，在职务名称、部门名称上要统一，保证所有专家能从同一角度理解这些分类和定义。

第六，要获得高层管理人员和专家对德尔菲法的支持。

④ 趋势分析法

趋势分析法是一种定量分析方法，其基本思路是，确定组织中哪一种因素与劳动力数量和结构的关系最密切，然后找出这一因素随聘用人数而变化的趋势，由此推断未来的人力资源需求。趋势分析法工作流程如下图所示。

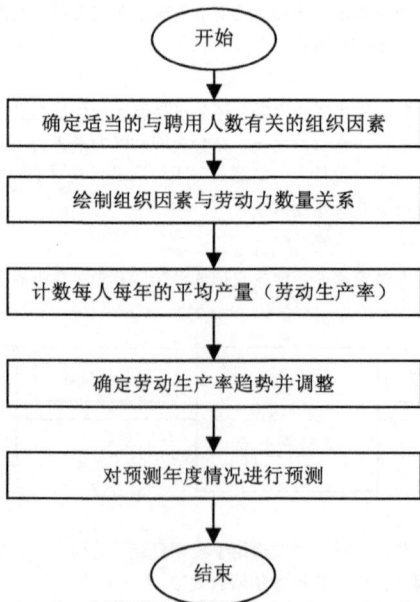

```
                    ┌─────────┐
                    │  开始   │
                    └────┬────┘
                         ↓
        ┌──────────────────────────────────┐
        │   确定适当的与聘用人数有关的组织因素   │
        └──────────────┬───────────────────┘
                       ↓
        ┌──────────────────────────────────┐
        │   绘制组织因素与劳动力数量关系         │
        └──────────────┬───────────────────┘
                       ↓
        ┌──────────────────────────────────┐
        │   计数每人每年的平均产量（劳动生产率）  │
        └──────────────┬───────────────────┘
                       ↓
        ┌──────────────────────────────────┐
        │   确定劳动生产率趋势并调整            │
        └──────────────┬───────────────────┘
                       ↓
        ┌──────────────────────────────────┐
        │   对预测年度情况进行预测             │
        └──────────────┬───────────────────┘
                       ↓
                    ┌─────────┐
                    │  结束   │
                    └─────────┘
```

选择与劳动力数量有关的组织因素是需求预测的关键一步。这个因素至少应满足两个条件：第一，组织因素应与组织的基本特性直接相关；第二，所选因素的变化必须与所需人员数量变化成比例。根据这两个条件，对学校来说，适当的组织因素可能是学生的录取数；对医院来说，可能是患者的人数；对钢铁企业来说，则可能是钢产量。

有了与聘用人数有关的组织因素和劳动生产率，我们就能够估计出劳动力的需求数量。例如，某医院预计每天将接收 150 个住院患者，而每天 3 个护士可以护理 10 个患者，那么，该医院对护士的需求量就是 45 人。

在运用趋势分析法做预测时，可以完全根据经验估计，也可以利用计算机进行回归分析。

所谓回归分析，就是利用历史数据找出某一个或几个组织因素与人力资源需求量的关系，并将这一关系用一个数学模型表示出来，借助这个数学模型，即可推测未来人力资源的需求。但此过程比较复杂，需要借助计算机来进行。

（3）人力资源需求预测的步骤。人力资源需求预测步骤如下图所示。

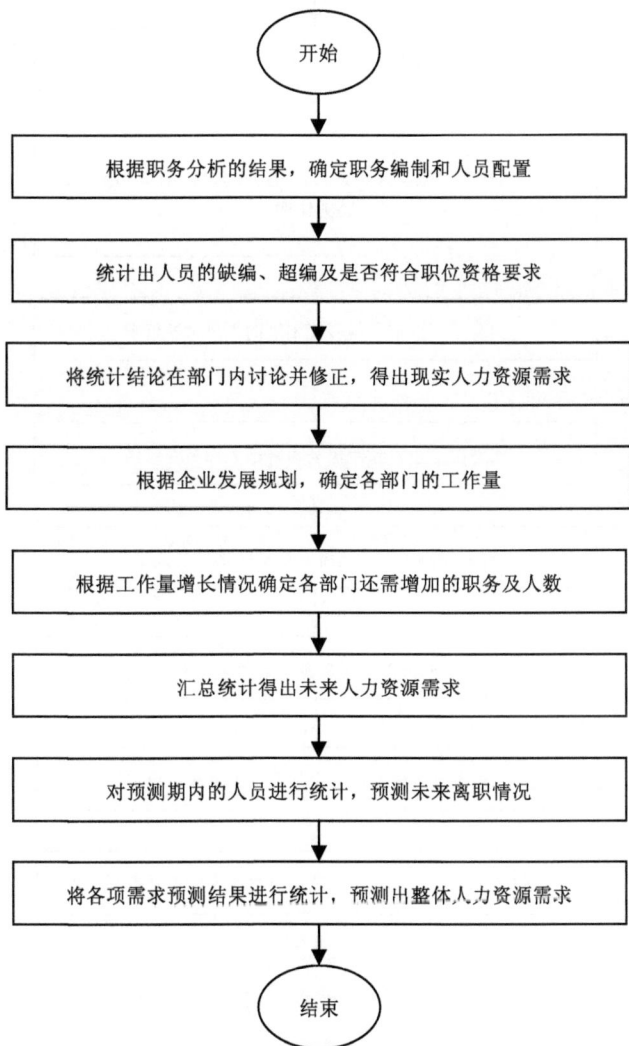

```
           ┌─────────┐
           │   开始   │
           └─────────┘
                ↓
┌──────────────────────────────────────┐
│  根据职务分析的结果，确定职务编制和人员配置  │
└──────────────────────────────────────┘
                ↓
┌──────────────────────────────────────┐
│  统计出人员的缺编、超编及是否符合职位资格要求  │
└──────────────────────────────────────┘
                ↓
┌──────────────────────────────────────┐
│  将统计结论在部门内讨论并修正，得出现实人力资源需求  │
└──────────────────────────────────────┘
                ↓
┌──────────────────────────────────────┐
│  根据企业发展规划，确定各部门的工作量  │
└──────────────────────────────────────┘
                ↓
┌──────────────────────────────────────┐
│  根据工作量增长情况确定各部门还需增加的职务及人数  │
└──────────────────────────────────────┘
                ↓
┌──────────────────────────────────────┐
│  汇总统计得出未来人力资源需求  │
└──────────────────────────────────────┘
                ↓
┌──────────────────────────────────────┐
│  对预测期内的人员进行统计，预测未来离职情况  │
└──────────────────────────────────────┘
                ↓
┌──────────────────────────────────────┐
│  将各项需求预测结果进行统计，预测出整体人力资源需求  │
└──────────────────────────────────────┘
                ↓
           ┌─────────┐
           │   结束   │
           └─────────┘
```

（4）人力资源部的人力资源规划专员对公司人力资源情况进行趋势预测统计分析之后，制作《年度人力资源需求趋势预测报告》，报请公司领导审核、批准。

3．人力资源供给预测

（1）人力资源供给预测的主要内容包括内部人员拥有量预测和外部供给量预测。内部人员拥有量预测，即根据现有人力资源及其未来变动情况，预测出规划期内各时间点上的人员拥有量。外部供给量预测，即确定在规划期内各时间点上可以从企业外部获得的各类人员的数量。由于外部人力资源的供给存在较高的不确定性，所以外部供给量的预测应侧重于关键人员，如各类高级人员、技术骨干人员等。

（2）人力资源供给预测步骤。如下图所示。

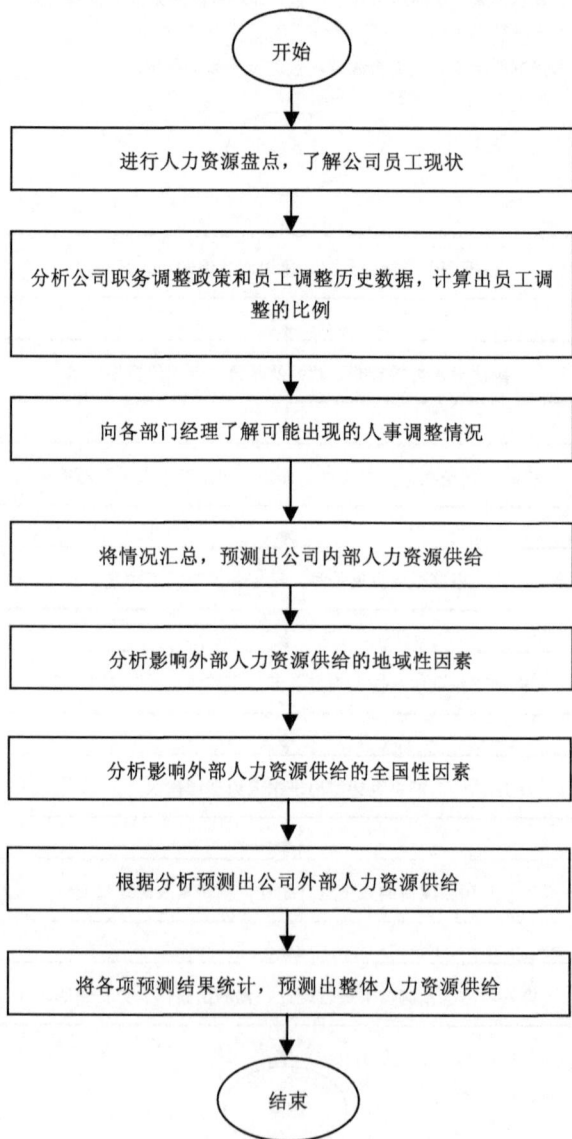

```
                    开始

    进行人力资源盘点，了解公司员工现状

分析公司职务调整政策和员工调整历史数据，计算出员工调整的比例

    向各部门经理了解可能出现的人事调整情况

    将情况汇总，预测出公司内部人力资源供给

    分析影响外部人力资源供给的地域性因素

    分析影响外部人力资源供给的全国性因素

    根据分析预测出公司外部人力资源供给

    将各项预测结果统计，预测出整体人力资源供给

                    结束
```

（3）人力资源部的人力资源规划专员对公司人力资源情况进行趋势预测统计分析之后，制作《年度人力资源供给趋势预测报告》，并上报公司领导审核、批准。

4．人力资源供需平衡决策

人力资源部负责人审核批准《年度人力资源规划需求趋势预测报告》及《人力资源规划供给趋势预测报告》之后，由公司人力资源部组建"人力资源规划供需平衡决策工作组"。

（1）人力资源规划供需平衡决策工作组成员由公司高层、各职能部门负责人、人力资源部相关人员构成。

（2）人力资源规划供需平衡决策工作组的会议包括人力资源规划环境分析会、人力资源规划供需预测报告会和公司人力资源规划供需决策会。

5．人力资源各项计划讨论确定

（1）人力资源部在公司人力资源规划供需平衡决策工作组定下工作日程之后，指定专门人员完成会议决策信息整理工作，并且制定《年度人力资源规划书制订时间安排计划》。

（2）人力资源部召开制定人力资源规划的专项工作会议。此专项会议的内容应包括以下 14 项议程。

- 传达公司人力资源规划供需平衡决策工作组会议决策，描述公司人力资源总规划。
- 商讨人力资源总规划，形成《人力资源总规划》（草案）。
- 商讨人力资源配备计划，形成《人力资源配备计划》（草案）。
- 商讨人力资源补充计划，形成《人力资源补充计划》（草案）。
- 商讨人力资源使用计划，形成《人力资源使用计划》（草案）。
- 商讨人力资源退休解聘计划，形成《人力资源退休解聘计划》（草案）。
- 商讨人力资源培训计划，形成《人力资源培训计划》（草案）。
- 商讨人力资源接班人计划，形成《人力资源接班人计划》（草案）。
- 商讨人力资源绩效管理计划，形成《人力资源绩效管理计划》（草案）。
- 商讨人力资源薪酬福利计划，形成《人力资源薪酬福利计划》（草案）。
- 商讨人力资源劳动关系计划，形成《人力资源劳动关系计划》（草案）。
- 评审公司人力资源部职能水平，决策公司人力资源部战略方向。
- 商讨公司人力资源部职能水平改进计划，形成《人力资源部职能水平改进计划》。
- 分配人力资源规划各个具体项目的实施单位或工作人员。

6．编制人力资源规划书并组织实施

（1）人力资源部指派专人汇总全部人力资源规划具体项目计划，编制《年度人力资源规划书》，报经人力资源部全体员工核对，报经公司各职能部门负责人审议评定，交由公司人力资源部负责人审核通过，报请公司总裁批准。

（2）人力资源部负责组织实施《公司年度人力资源规划书》内部员工沟通活动，保障全体员工知晓人力资源规划的内容，以期保障人力资源规划实施的顺利进行。

（3）人力资源部应该将《公司年度人力资源规划书》作为重要机密文件存档。严格控制节约项目并将《年度人力资源规划书》的管理纳入公司有关商业机密和经营管理重要文件的管理制度。

第八条　人力资源规划工作评估

人力资源规划工作评估是一个定性的评估过程，公司的人力资源状况始终与经营需求基本保持一致。成功的人力资源规划可以在一个较长的时期内，使通过定期与非定期的人力资源规划工作评估，能及时地引起公司高层领导的高度重视，使有关的政策和措施得以及时改进并落实，有利于调动员工的积极性，提高人力资源管理工作的效率。

1．评估标准

人力资源规划工作评估可从以下三个方面进行。

（1）管理层在人力资源费用变得难以控制或过度支出之前，是否采取措施来防止各种失衡，并由此使劳动力成本得以降低。

（2）公司是否可以有充裕的时间来发现人才。因为好的人力资源规划，可以在公司实际雇用员工前，已经预计或确定了各种人员的需求。

（3）管理层的培训工作是否可以得到更好的规划。

2．评估方法

（1）目标对照审核法，即以原定的目标为标准进行逐项的审核评估。

（2）资料分析法，即广泛地收集并分析研究有关的数据，如管理人员、专业技术人员、行政事务人员、营销人员之间的比例关系，或在某一时期内各种人员的变动情况，如员工的离职、旷工、迟到、员工的报酬与福利、工伤与抱怨等方面的情况等。

第九条 本管理制度由人力资源部负责解释。对于本制度所未规定的事项，则按人力资源管理规定和其他有关规定予以实施。

第十条 本管理制度自发布之日起执行。

6.2.5 人力资源管理预算制度

人力资源管理预算制度

第一条 为合理安排人力资源管理活动资金，规范人力资源管理活动的费用使用，在遵循公司战略目标和人力资源战略规划目标的前提下，依据公司预算制度，人力资源部除应编制年度人力资源管理预算外，还应逐月编制费用预计表，以便充分发挥资金的运用效果。

第二条 人力资源管理预算的编制、执行与调整涉及公司的所有部门及主要人员，包括公司所有的业务部门与职能部门的人力资源管理活动。

第三条 人力资源部是人力资源管理预算的主要执行部门，其他各职能部门具体负责本部门的人力资源规划工作并提供相关数据，公司预算委员会负责审查、核准等，具体工作职责如下表所示。

部门	具体工作职责
人力资源部	① 根据公司人力资源战略规划及公司年度经营计划，编制年度人力资源管理预算，报预算委员会审批 ② 负责公司人力资源管理预算所需数据的收集和确认 ③ 按时进行各项费用的月度预算，编制费用预算表 ④ 及时预测变化的情况，对预算提出修改意见
各职能部门	需向人力资源部提供真实详细的历史和预测数据，配合人力资源部完成本部门需求的申报工作
预算委员会	① 负责审核人力资源管理年度预算、决算报告及中长期预算、规划 ② 审定下达正式预算 ③ 根据预算执行中遇到的问题，及时组织对预算进行调整

第四条 公司实施人力资源预算管理的作用主要有以下4个方面。

1．人力资源管理预算是对公司整体人力资源活动的一系列量化的计划安排，有利于人力资源战略规划及年度工作计划的监控执行，并能够及时对可能出现的变化做好准备。

2．人力资源管理预算是对人力资源部门人员进行绩效考核的主要依据。

3．可促进公司各类资源的有效配置，提高资源利用效率。

4．加强对费用支出的控制，有效降低人力资源管理成本。

第五条 工作期间

1．人力资源部应于年度经营计划书编订时，提送年度管理资金预算。此外，还应于每月24日前将逐月预计的后三个月的费用情况资料送会计部，以利于汇编。

2．人力资源部应于每月28日前编妥后三个月的各项费用预计表，并于次月15日前，编妥上月实际与预计的费用比较表一式三份。比较表呈总经理核阅后，一份自存，一份留存总经理办公室，一份送财务部。

第六条 预算编制的依据

1. 董事会确定的经营发展规划及人力资源战略规划。

2. 上一年度人力资源管理活动的实际费用情况及本年度预计的内外部变化因素。

第七条 预算编制的原则

预算编制应遵循可行性、客观性、科学性和经济性的原则。

第八条 预算编制

1. 人力资源管理费用构成要素（见下图）

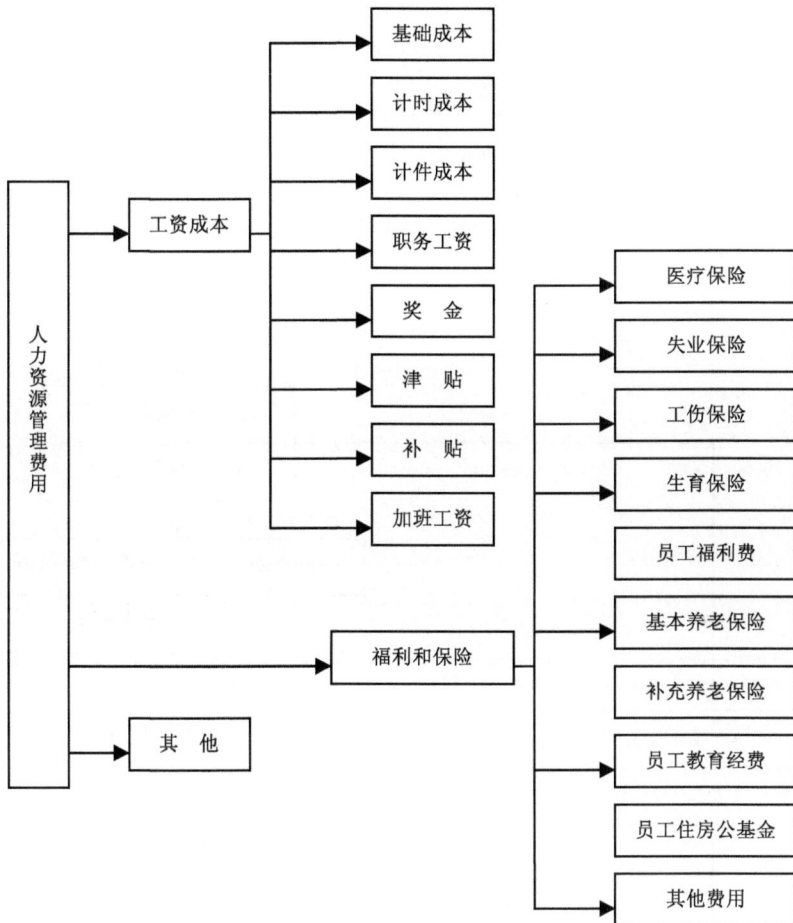

2. 人力资源管理费用预算编制（见下表）

活动项目	费用项目
招聘	广告费、招聘会务费、高校奖学金
人才测评	测评费
培训	教材费、讲师劳务费、培训费、差旅费
公务出国	护照费、签证费

活动项目	费用项目
调研	专题研究会议费、协会会员费
劳动合同	认证费
辞退	补偿费
劳动纠纷	法律咨询费
办公业务	办公用品与设备费
残疾人安置	残疾人就业保证金
薪酬水平市场调查	调研费

第九条 人力资源管理费用预算编制流程

1. 编制人力资源管理费用预算流程

人力资源部应按照如下图中所示的流程进行人力资源管理费用的编制工作。

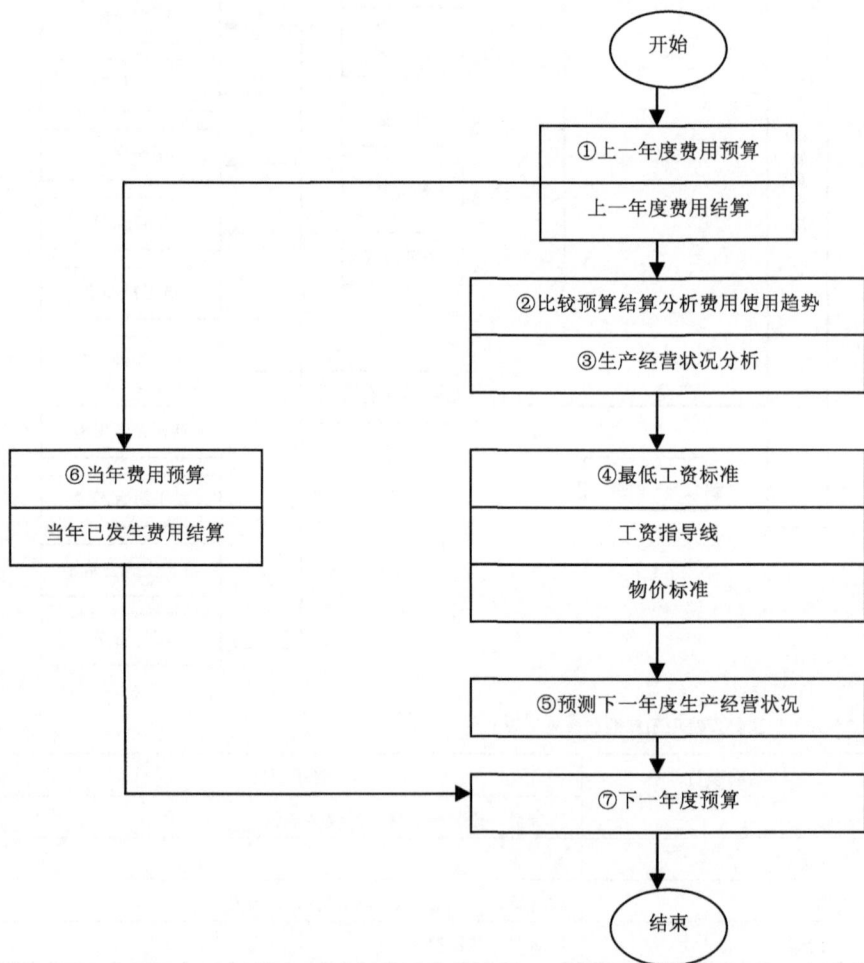

```
                                    ┌────────┐
                                    │  开始  │
                                    └────────┘
                                         │
                              ┌──────────────────────┐
                              │ ①上一年度费用预算      │
                              ├──────────────────────┤
                              │  上一年度费用结算      │
                              └──────────────────────┘
                                         │
                              ┌──────────────────────┐
                              │②比较预算结算分析费用使用趋势│
                              ├──────────────────────┤
                              │  ③生产经营状况分析     │
                              └──────────────────────┘
                                         │
  ┌────────────────┐          ┌──────────────────────┐
  │⑥当年费用预算    │          │ ④最低工资标准         │
  ├────────────────┤          ├──────────────────────┤
  │当年已发生费用结算│          │  工资指导线           │
  └────────────────┘          ├──────────────────────┤
                              │  物价标准             │
                              └──────────────────────┘
                                         │
                              ┌──────────────────────┐
                              │⑤预测下一年度生产经营状况│
                              └──────────────────────┘
                                         │
                              ┌──────────────────────┐
                              │ ⑦下一年度预算         │
                              └──────────────────────┘
                                         │
                                    ┌────────┐
                                    │  结束  │
                                    └────────┘
```

人力资源预算编制说明	
任务概要	**人力资源预算编制**
节点控制	**相关说明**
①	人力资源部考察上一年度费用的预算决算情况
②	对历年预决算进行对比研究,分析费用的分布状况及使用趋势
③	人力资源部同时对公司的生产经营状况进行分析
④	人力资源部调查了解影响人力成本的因素及费用支出项目
⑤	人力资源部根据公司发展目标及上一年经营状况,预测下一年度生产经营状况
⑥	人力资源部根据本部门规划,预测当年可能发生的费用,并对当年已发生费用结算
⑦	人力资源部根据上述各项数据编制下一年度人力资源管理预算

2.人力资源管理成本核算工作内容

(1)人力资源原始成本核算内容,如下图所示。

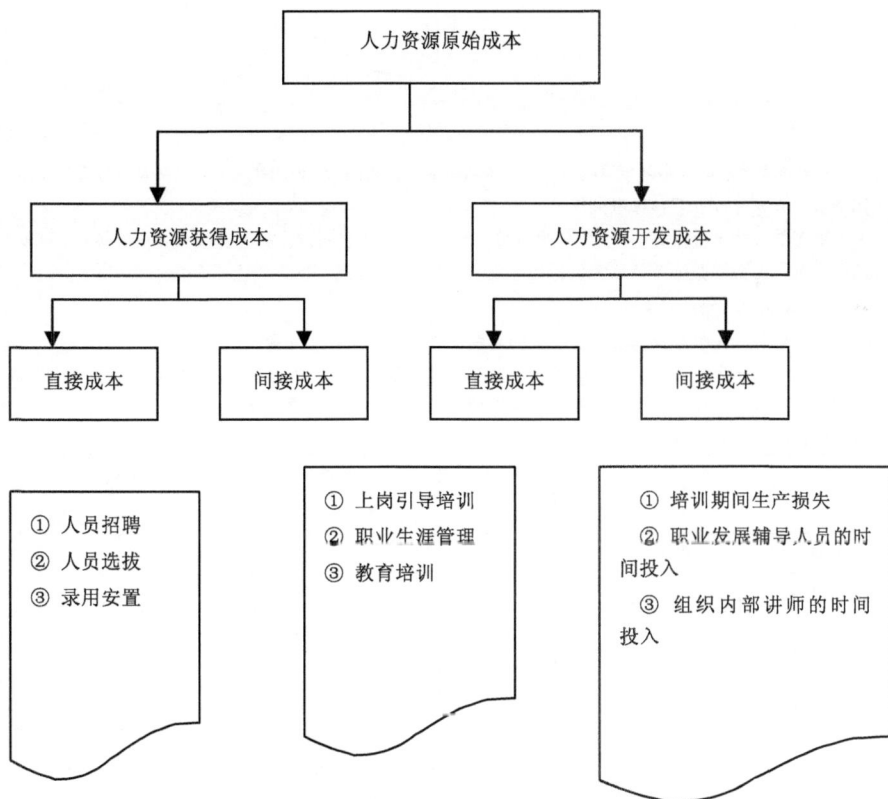

（2）人力资源重置成本核算内容，如下图所示。

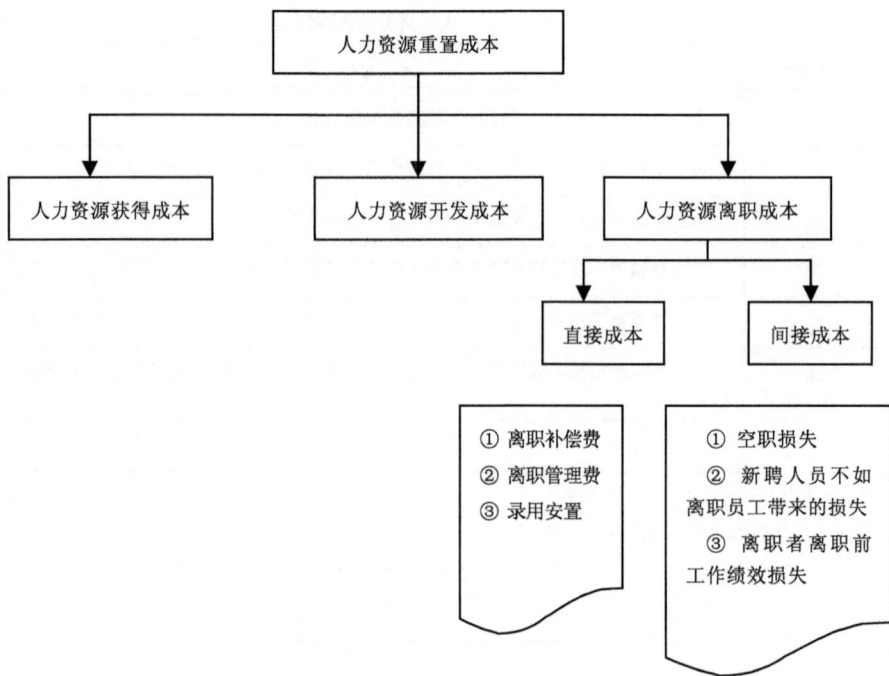

```
              ┌─────────────────────────┐
              │      人力资源重置成本      │
              └─────────────────────────┘
          ┌──────────────┼──────────────────┐
          ▼              ▼                  ▼
┌──────────────┐ ┌──────────────┐ ┌──────────────┐
│ 人力资源获得成本 │ │ 人力资源开发成本 │ │ 人力资源离职成本 │
└──────────────┘ └──────────────┘ └──────────────┘
                                    ┌────────┴────────┐
                                    ▼                ▼
                              ┌──────────┐    ┌──────────┐
                              │ 直接成本  │    │ 间接成本  │
                              └──────────┘    └──────────┘
```

① 离职补偿费
② 离职管理费
③ 录用安置

① 空职损失
② 新聘人员不如离职员工带来的损失
③ 离职者离职前工作绩效损失

（3）人力资源部在进行实际预算时，应考虑各项可能变化的因素，留出预备费，以备发生预算外支出。

第十条 人力资源管理预算审批

人力资源部做好年度预算后，编制年度预算书，并在 3 个工作日内上报预算委员会进行核准、审批。

第十一条 人力资源管理预算的执行与控制

1. 人力资源管理预算的执行

（1）人力资源部在收到预算委员会批复的年度预算后，按照计划实施。

（2）人力资源部应建立全面预算管理簿，按时填写预算执行表，按预算项目详细记录预算额、实际发生额、差异额、累计预算额、累计实际发生额、累计差异额（下表为预算执行表）。

填报单位：　　　填报人：　　　填报时间

项目	月度		季度累计		年度累计	
	预算	实际	预算	实际	预算	实际
费用使用额						
培训费用						
外派学习						
入职培训						
业务培训						
⋮						
小计						
薪金费用						
员工工资						

项目	月度		季度累计		年度累计	
	预算	实际	预算	实际	预算	实际
保险总额						
福利费用						
其他						
小计						
⋮						
总计						

2. 人力资源管理预算的控制

（1）预算控制的方法原则上依金额进行管理，同时运用项目管理和数量管理的方法。

① 金额管理。从预算的金额方面进行管理。

② 项目管理。以预算的项目进行管理。

③ 数量管理。对一些预算项目除进行金额管理外，从预算的数量方面进行管理。

（2）在预算管理过程中，对预算内的项目由人力资源部经理进行控制，预算委员会、财务部进行监督，预算外支出由公司主管财务的副总经理和公司总经理直接控制。

（3）下达的预算目标是与业绩考核挂钩的硬性指标，一般情况不得突破。根据预算执行的情况对责任人进行奖惩。

（4）因费用预算遇到特殊情况确需突破时，必须提出申请，说明原因，经公司主管财务的副总经理审批纳入预算外支出。如果支出金额超过预备费，必须由预算委员会审核批准。

（5）预算剩余可以跨月转入使用，但不能跨年度。

（6）预算执行中由于市场变化或其他特殊原因（如已制定的预算缺乏科学性或欠准确、国家政策变化等）阻碍预算发挥作用时，及时进行预算修正。

第十二条　预算修正的权限与项目

预算的修正权属于预算委员会和公司董事会。当遇到特殊情况需要修正预算时，人力资源部必须提出预算修正分析报告，详细说明修正原因及对今后发展趋势的预测，提交预算委员会审核并报董事会批准，然后执行。

第十三条　预算的执行反馈与差异分析

预算执行过程中，人力资源部要及时检查、追踪预算的执行情况，形成预算差异分析报告，于每月15日将上月预算差异分析报告交财务部。

1. 预算执行情况反馈流程

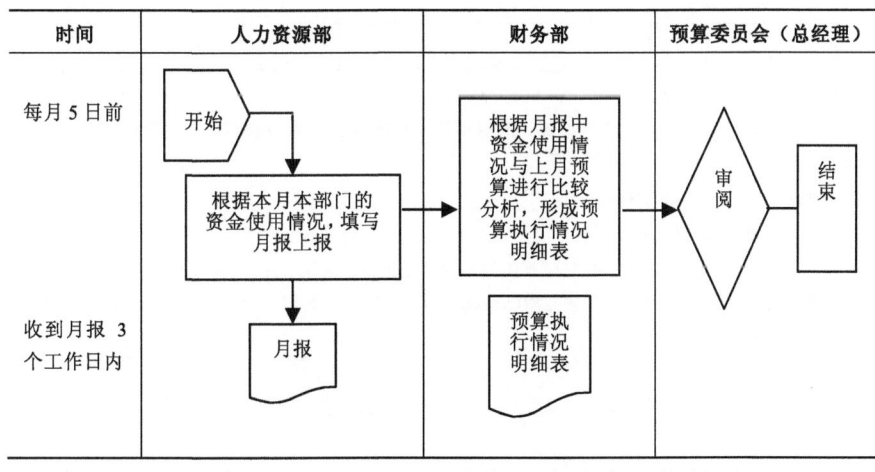

时间	人力资源部	财务部	预算委员会（总经理）
每月5日前	开始 → 根据本月本部门的资金使用情况，填写月报上报	根据月报中资金使用情况与上月预算进行比较分析，形成预算执行情况明细表	审阅 → 结束
收到月报3个工作日内	月报	预算执行情况明细表	

2. 预算差异分析报告应包含的内容

（1）预算额、本期实际发生额、本期差异额、累计预算额、累计实际发生额、累计差异额，见下表。

填报单位：　　　　填报人：　　　　填报时间：

项目	月度				季度累计				本年累计			
	预算	实际	差异	差异率	预算	实际	差异	差异率	预算	实际	差异	差异率
费用分摊额												
培训费用												
外派学习												
入职培训												
业务培训												
小计												
薪金费用												
员工工资												
保险总额												
福利费用												
其他												
小计												
办公费用												
办公用品												
出差												
小计												
总计												

（2）对差异额进行的分析。

（3）产生不利差异的原因、责任归属、改进措施及形成有利差异的原因和今后进行巩固、推广的建议。

第十四条　预算的考核与激励

（1）预算考核对象与作用

人力资源部管理预算考核主要是对预算执行者的考核评价。预算考核是发挥预算约束与激励作用的必要措施，通过预算目标的细化分解与激励措施的付诸实施，达到引导公司每一位员工向公司战略目标方向努力的效果。

（2）预算考核原则

预算考核是对预算执行效果的一个认可过程。考核应遵循下表中的原则。

预算考核原则	具体内容说明
目标原则	以预算目标为基准，依据预算完成情况评价预算执行者的业绩
激励原则	预算目标是对预算执行者业绩评价的主要依据，考核必须与激励制度相配合
时效原则	预算考核是动态考核，每期预算执行完毕应立即进行
例外原则	对一些阻碍预算执行的重大因素，如市场的变化、重大意外灾害等，考核时应作为特殊情况处理
分级考核原则	预算考核要根据部门结构层次或预算目标的分解层次进行

（3）公司通过季度/年度考核保证预算的实施。

（4）季度/年度预算考核是对前一季度预算目标完成情况进行考核，及时发现可能的潜在问题，或者必要时修正预算，以适应外部环境的变化。

第十五条 本管理制度由人力资源部拟订并负责解释，经预算委员会批准后实施。

6.2.6 人力资源计划管理制度

人力资源计划管理制度

确定人员需求量和拥有量，合理地安排补充人员，组织培训或调整劳动组织和生产组织，都必须有计划地进行。编制人力资源计划应遵循以下原则：

第一条 以编制定员标准为基础，在确定计划期内员工需求量以后，要以岗位责任为标准，从人员素质、技术要求等各方面进行综合平衡。

第二条 通过劳动资料的统计和分析，及时修订人力资源计划的有关数据，对现行人力资源安排要切实符合结构合理、平衡协调的要求。

第三条 制订人力资源计划时，应充分考虑人力资源成本控制、培训福利支出、薪酬等因素。

第四条 建立年度人员需求计划申报制度。各部门人员需求应坚持缺多少，补多少的原则；做到申报理由充分，人员补缺合理，计划安排科学，避免计划需求数和实际使用数不相符的现象。人力资源部应制订公司近中期人员要求计划，做到用人情况心中有数。

第五条 年度人员增补申请计划须经公司领导批准后实施，并由人力资源部存档备查。

6.2.7 人力资源调配管理制度

人力资源调配管理制度

公司人力资源调配权属于人力资源部，其他部门均不得擅自对外招聘人员和进行跨部门之间的调动。

第一条 负责员工的统一调配管理。

第二条 负责各部门员工之间的调动及向外流动。

第三条 负责招聘员工、安置退伍军人及吸收上级有关部门安排的其他新进员工。

第四条 为各部门工作需要，借用或招用临时、季节性的劳务工。

第五条 坚持"先内后外""先近后远"的原则。一般情况下，各部门按编制定员组织生产服务，如经营情况发生变化，造成人员分布不平衡，应先在部门内部平衡，如无法解决，报由人力资源部先在公司内调整，如仍无法解决的，则由人力资源部实施对外招聘。

第六条 确保经营部门有足够的人力资源，不得随意把人力资源调往后勤保障与职能部门或从事非生产服务性的工作。

第七条 充分考虑人力资源的技术等级和人力资源强弱等因素，量才使用，人尽其才，人事相宜。

第八条 提倡全局观点，反对本位主义。由于工作需要抽调编制定员范围人员时，部门应坚决服从。

第九条 员工工作调动时，部门应逐渐做好思想教育工作，在规定的期限内到调入部门报到，拒不报到后不服从分配者，按公司有关规定处理。

第十条 部门对新进员工的工作安排，一律按人力资源部开具的调入通知单上写明的工种进行安排，不得擅自变动。技术工人如有特殊情况需改变工种的，应向人力资源部提出报告，待批准后，按调整改行后的新工种待遇执行。

第十一条 后勤保障与职能部门人员的增加、专业人员的调动、关键设备和要害部门的人员变动，由部门提出申请，报人力资源部审核，会同有关部门商量并报公司领导批准后执行。

第十二条 公司职能部室因工作需要，须借用经营部门员工，一般应在借用前的 3 天内提出申请，提出借用原因、对象、人数及起讫日期，经公司领导批准后，由人力资源部开具员工借用通知单办理借调手续。借用员工期满后，应立即回原部门，如需继续借用应补办手续。

6.2.8 人力资源部办公室管理制度

人力资源部办公室管理制度

第一条 所有人力资源部职员必须按时上下班，不得迟到早退，有事及生病必须向上级请假。

第二条 严格遵守公司内部及人力资源部内部的一切规章制度，如有触犯则从重处罚。

第三条 爱护人力资源部的公共设施及物品，上下班锁好本人职责内的所有门窗及柜子。最后离开的员工要关掉办公室的应该关掉的电器。

第四条 上班时间不得做与工作无关的事情，暂时离开要知会同事或向经理请假。

第五条 上班时间必须穿工服，佩戴工牌，工服必须干净、整洁，仪表整洁、大方。

第六条 责任内的工作要在当天完成，做好工作记录，每周末在本部例会上汇报工作。

第七条 所有在职人员不得利用职权谋取私利。

第八条 对待领导及员工有礼貌，切记"员工就是上帝"。

第九条 团结同事、努力工作。

第十条 对员工的违纪行为要进行处理，切不可视而不见。

第十一条 要有高度的责任感和严谨的工作态度，不得推卸责任。

6.2.9 人事管理制度

人事管理制度

劳动定员管理

第一条 定员定编是科学配备人员的数量界限和依据，应从服务和工作的实际需要出发，坚持科学、合理、精简的原则编制，并经人力资源部审核，报公司领导核定。

第二条 定员核定后应保持相对稳定，如情况变化需做调整时，应及时提出增减计划，并做到申报理由充分，人员增减合理。

人员调配管理

第三条 员工调配和招聘统一由人力资源部负责，部门不得对外招聘人员，或跨部门之间的调动。

第四条 因实际人员少于定编需要增补时，应填写人力资源部统一印制的人员增补申请计划，由人力资源部办理。

第五条 专业人员调动，要害部位人员变动均应与人力资源部商议，报公司领导批准。

员工专业技术职称评定管理

第六条 员工专业技术职称的评定按公司人力资源部有关规定执行。

第七条 员工专业技术职称的评定和考核工作在总经理的统一领导下进行。

第八条 部门和各管区应配合和协助人力资源部做好摸底、调查和申请职称员工的资格核定工作，并在职称评定和考核中积极做好人员思想工作。

员工档案管理

第九条 员工档案分为人事档案和工作档案。员工人事档案由人力资源部统一管理，并负责材料的收集、鉴别、保管、利用和转递。部门员工必须按《员工手册》的规定，准备填写员工登记表和如实反映个人情况、员工家庭地址和电话号码变更、家庭人口、婚姻状况和教育程度变化等情况，均应及时向部门和管区领导报告，并由部门转报人力资源部备案。

第十条 部门管理人员及其以下的员工工作档案由部门负责管理，从员工进公司开始，记录其个人经历、工作表现、业务培训和奖惩等情况。各管区应配合做好材料收集和登记工作，以保证员工工作档案的准确和完整。员工跨部门之间的调动，其工作档案应随之转移，因故离开公司，其工作档案不做转移，由人力资源部按规定处理。

6.2.10 公司管理人员管理制度

公司管理人员管理制度

管理范围及职能部门

第一条 公司管理人员是指公司管理主管及其以上管理人员。分为公司级管理人员、部门级管理人员和管理级管理主管人员。

1. 公司级管理人员是指总经理、常务副总经理、副总经理执行经理和总经理助理。

2. 部门级管理人员是指部门经理主管、部门副经理副主管、部门经理主管助理。

3. 管理级管理人员是指管理员、大堂副理及同级管理人员。

第二条 管理人员逐级由公司实施管理。

第三条 公司人力资源部是管理部门级管理人员和管理员级管理人员的职能部门。

管理人员的任免制度

第四条 公司级管理人员按上级管理部门规定办理。

第五条 部门级管理人员由总经理提名，经总经理办公会议集体讨论决定，由总经理任免，并报上级管理部门备案。

第六条 管理级管理人员由部门负责人提名，经总经理办公会集体讨论决定，由部门负责人任免，人力资源部备案。

管理人员的考核制度

第七条 公司级管理人员的考核工作，按上级管理部门的有关规定执行。

第八条 部门级管理人员的考核工作，由总经理负责，人力资源部会同有关部门组织实施。

第九条 考核分为任免考核、日常考核和年度工作考核。考核工作由人力资源部根据不同情况，采取不同方式组织实施。各有关部门应积极协助。考核结束，实事求是地写出考核材料，作为管理人员晋升、留任、免职和奖惩的依据。

管理人员的调整制度

第十条 管理人员调整工作按照"统筹兼顾，调剂余缺，知人善任，用其所长"的原则，按管理人员任免项目组织实施。

第十一条 管理人员因晋升、调离、辞职、退休、死亡的，职位空缺时，由总经理在公司内选聘，或从人才市场招聘；调整或招聘手续由人力资源部办理。

管理人员的外派管理制度

第十二条 公司外派的管理人员由人力资源部负责管理。

第十三条 外派人员完成外派任务，公司人力资源部按照不低于外派前的职务或岗位进行安排，部门经理级以上职务的外派人员，按任免项目由总经理聘任。

第十四条 外派人员在外派期间，若有严重违纪行为的，公司视情况将其调回并按规定进行处理。

管理人员的储备制度

第十五条 按照"德才兼备"的原则，逐步建立、健全后备管理人员选拔机制，加强后备管理人员队伍建设。

第十六条 公司领导班子，应积极将优秀部门正职管理人员，作为公司级后备人员的储备。

第十七条 对年纪轻、高学历、有知识、懂外语的优秀管理员级管理人员要积极培养，人力资源部在考核的基础上，积极向公司总经理推荐，作为后备部门级管理人员的储备。

第十八条 通过"实际工作锻炼""参加学习培训"等多种途径和方法培养后备管理人员，扩大后备管理人员队伍。

管理人员的奖惩制度

第十九条 建立管理人员的奖励制度，鼓励管理人员中的先进人物发挥工作积极性和创造性，增强政治荣誉感和工作责任心，提高办事效率和工作质量。

第二十条 对管理人员违纪的处罚按照公司《员工手册》办理，并按管理人员的管理权限具体组织实施。

6.2.11　人力资源年度规划表（一）

人力资源年度规划表（一），如表 6-8 所示。

表 6-8　人力资源年度规划表（一）

序号	计划类别序号		第一年	第二年	第三年	...	备注
1	员工总人数计划						
2	各类职位人数计划	高层领导					
		中层领导					
		技术人员					
		一般员工					
3	各部门人数计划	综合办公室					
		计划调度部					
		经营管理部					
		工程部					
		财务部					
		人力资源部					
合计							

填表人：　　　　　　　审核：　　　　　　　填表时间：　　年　　月　　日

6.2.12　人力资源年度规划表（二）

人力资源年度规划表（二），如表 6-9 所示。

表 6-9　人力资源年度规划表（二）

级别		时间、学历	时间				学历			
			现有	2008年	2009年	2010年	硕士	本科	大专	其他
管理人员	高层	财经								
		营销								
		生产								
		…								
	中层	财经								
		营销								
		生产								
		…								
	基层	财经								
		营销								
		生产								
		…								
	小计									
技术人员	高工									
	工程师									
	助工									
	技术员									
	其他									
	小计									
基层员工	机工									
	电工									
	维修									
	环保									
	…									
	小计									
合计										

填表人：　　　　　　　　　　　　　　　　　　　审核人：

6.2.13　公司职务等级划分表

公司职务等级划分表，如表 6-10 所示。

表 6-10　公司职务等级划分表

职务等级	决策	管理	技术	生产	营销	勤务类
十五	总裁					
十四	副总裁					
十三						
十二						
十一		总经理				
十		副总经理				
九		各职能部门	高级工程师			
八		经理	工程师			
七				车间主管		
六						
五						
四						
三					高级业务员	
二						保安、司机等
一						

第七章

人事事务管理：员工日常工作流动管理

7.1 人事工作岗位人员配置及岗位职责

7.1.1 人事主管

人事主管岗位职责与任职资格，如表 7-1 所示。

表 7-1 人事主管岗位职责与任职资格表

直接上级：人力资源经理	
直接下级：人事专员 档案管理专员	
岗位职责	1. 执行公司的规章制度和工作项目，保质、保量、按时完成工作任务 2. 组织制定考勤管理、出差管理、出国管理、离职管理、人事档案管理等规章制度及实施细则，经批准后实施 3. 组织审查、办理员工的岗位调动、职称评定、离、退休等事宜的人事、劳资手续 4. 组织汇总、审核各部门的考勤情况，及时传给薪酬福利专员 5. 组织建立人力资源部文件、员工人事档案、劳资档案，以及保管和定期归档工作 6. 负责审核、办理员工请假、销假手续 7. 组织办理员工出国申报、资格审查 8. 组织人事保密工作 9. 及时向人力资源部经理汇报相关工作 10. 人力资源部经理交代的其他相关工作
任职资格	1. 秘书、中文、公关、行政管理、人力资源等相关专业本科以上学历 2. 相关职位 3 年以上人事管理工作经验。受过管理学、战略管理、管理技能开发、公共关系、人力资源、财务知识等方面的培训 3. 熟练的写作、口语（普通话）、阅读能力；优秀的外联与公关能力，具备解决突发事件的能力；较强的分析、解决问题能力，思路清晰，考虑问题细致 4. 做事客观、严谨负责、踏实、敬业；有很强的人际沟通、协调、组织能力及高度的团队精神，责任心强 5. 熟练使用办公软件、办公自动化设备

7.1.2　人事专员

人事专员岗位职责与任职资格，如表7-2所示。

表7-2　人事专员岗位职责与任职资格表

直接上级：人事主管	
直接下级：	
岗位职责	1. 执行公司的规章制度和工作项目，保质、保量、按时完成工作任务 2. 协助人事、主管制定考勤制度、出差管理、离职管理等规章制度及细则 3. 统计员工请假、休假情况，汇报各部门的考勤情况，提交人事主管审核 4. 受理员工出差、出国申报资料工作 5. 及时向人事主管汇报相关工作 6. 人事主管交代的其他相关工作
任职资格	1. 人力资源、工商管理及其他相关管理类专业专科及以上学历 2. 相关行业一年以上工作经验 3. 做事客观、严谨负责、踏实、敬业。工作细致认真，谨慎细心、责任心强 4. 具有很强的人际沟通协调能力，团队意识强 5. 熟练使用办公软件

7.1.3　档案管理专员

档案管理专员岗位职责与任职资格，如表7-3所示。

表7-3　档案管理专员岗位职责与任职资格表

直接上级：人事主管	
直接下级：	
岗位职责	1. 执行公司的规章制度和工作项目，保质、保量、按时完成工作任务 2. 制定员工人事档案管理制度及实施细则 3. 负责建立人力资源部文件、员工人事档案、劳资档案，以及保管和定期归档工作 4. 负责人事档案的保密工作 5. 及时向人事主管汇报相关工作 6. 人事主管交代的其他相关工作
任职资格	1. 档案或相关专业大专以上学历 2. 6个月以上相关工作经验 3. 受过档案管理、信息管理等方面的培训 4. 熟悉档案管理办法；掌握计算机档案管理信息系统；熟练使用办公软件 5. 严谨、有责任心，有团队合作精神；工作认真负责，细致认真；保密性强

7.2 人事工作日常事务

7.2.1 员工报到、工作分配管理规范

员工报到、工作分配工作规范，如表 7-4 所示。

表 7-4 员工报到、工作分配工作规范表

项目	规范内容
1	收取（留存）各类凭证：人力资源部负责留存所录用身份证、失业证、暂住证、计划生育证明（女工）、照片 4 张、养老保险手册、养老保险、公积金等转移单等
2	办理入职手续：填写员工登记表、签订培训合同、领用工牌、餐卡、员工手册、上岗前培训
3	分配入职员工： （1）客房部，领取工服 （2）财务部，交押金、培训费 （3）行政部，安排宿舍、领用工柜钥匙
4	上岗培训
5	分配
6	报到

7.2.2 员工晋升降职办理工作规范

员工晋升降职办理工作规范，如表 7-5 所示。

表 7-5 员工晋升降职办理工作规范表

普通员工：

项目	规范内容
推荐	用人部门提议推荐
考查	人力资源部按照公司组织机构限定名额确定并考核
下发通知	通知部门合格人员

主管以上管理人员：

项目	规范内容
提名	部门或总经理办公研究提名
审批	人力资源部考核总经理审批
后续处理	（1）任命下达次日薪金调整 （2）更换制服 （3）员工被提职后若因工作不胜任该职或犯有过失，酒店可视情节轻重做出降职或免职决定，薪金调整当日执行

7.2.3 员工上岗办理规范

员工上岗办理规范，如表7-6所示。

表7-6　员工上岗办理规范表

项目	流程内容
报到	培训考核和岗前培训考试合格者到人力资源部报到，新员工向人力资源部出具相关资料，即《实习员工反馈表》，实习期总结
上岗	（1）签订试用期劳动合同 （2）人力资源部开具《派遣单》 （3）新员工持《派遣单》到岗 （4）领取胸卡，员工手册，工服 （5）用人单位安排员工到岗，代培人在试用期进行考核

7.2.4 员工背景岗前调查处理规范

员工背景岗前调查处理规范，如表7-7所示。

表7-7　员工背景岗前调查处理规范表

项目	流程内容
初审	复试合格人员，由人力资源部通过对其《工作申请表》中的工作经历进行电话或信件外调、核实、汇总、登记
评定	一般岗位人员通过电话了解，实习经理则通过信件或走访。将各项调查内容填表，如合格外调人签字，办理相关外调手续。如工作经历不属实或评价较差者，不予录用
派遣	调查结果较好者按应聘意向录用。评价一般者，根据情况可对其应聘意向做适当的调整
上岗	通知报到，岗前待续，10天培训

7.2.5 员工试用期考核及转正办理工作规范

员工试用期考核及转正办理工作规范，如表7-8所示。

表7-8　员工试用期考核及转正办理工作规范表

项目	规范内容
试用期时间	40天至3个月
试用期考核	指定代培人辅导并考核，代培单位及人力资源部进行阶段（月）考核
考核成绩评定	员工考核未达到标准，办理中止试用合同；员工提出辞职，按规定办理离职手续
工作考核	（1）合格：到人力资源部签订正式劳动合同，并退还置装费，交纳社保金，参加福利基金，办理养老保险 （2）不合格：终止试用，办理离职手续 （3）延长试用期（最长1个月），通知本人及所在部门，试用期二次考核
其他	试用期间，新员工可提出转正申请，试用单位出具新员工考核结论、意见。经理签发转正通知

7.2.6　试工工作办理规范

试工工作办理规范，如表 7-9 所示。

表 7-9　试工工作办理规范表

项目	流程内容
1	通知新员工参加岗前培训，进行集中的岗前培训
2	下达培训单，并通知培训单位，安排代培人。培训单位根据岗位，安排新员工上岗，代培人进行培训、考核、填表
3	培训单位将10天的考核单传发至人力资源部，10天后，新员工到人力资源部门参加培训考核
4	审核培训和培训考试成绩，根据考核意见和考试成绩，安排新员工正式上岗，办理相关手续。不合格者安排其补考或根据情况不予录用

7.2.7　新员工试用期内管理制度

新员工试用期内管理制度

第一条　培训对象：所有通过入职培训，转岗培训合格后上岗的员工。

第二条　培训执行者：职能部门经理或由经理指定的员工。

第三条　项目及要求：

1．新员工或转岗员工到新部门报到两天内，部门（楼面）经理要对其制订培训计划。

2．部门（楼面）经理亲自或派专人对新员工在日常工作中传帮带直至试用期结束。

3．经理人员每月要对新上岗人员考核一次，凡一次考核不合格者延长试用期一个月；两次考核不合格予以淘汰或回原岗位。

4．培训中心每月对新员工所在部门的在职培训跟进一次，并将经理对新员工的考核等级记录在案并交人事部。

7.2.8　新员工管理制度

新员工管理制度

第一条　选好的主管带

在新员工与其上级之间，往往存在着一种"皮格马利翁效应"，即你的期望越高，你对自己的新员工越信任、越支持，那么你的新员工做得就越好。因此，"不要将一位新员工安排到一位陈腐的、要求不高的或不愿提供支持的主管人员那里。"相反，在一位新员工开始探索性工作的第一年中，应当为他找到一位受过特殊训练、具有较高工作绩效并且能够通过建立较高工作标准而对自己的新员工提供必要支持的主管人员。

第二条　向新员工提供阶段性的工作轮换

新员工进行自我测试及使自己的职业前途更加具体化的一个最好办法，就是去尝试各种具有挑战的工作。通过在不同专业领域中进行工作轮换（比如从财务分析到生产管理再到人力资源管理等），新员工可以获得一个评价自己能力和爱好的良好机会。同时，企业也得到了一位对企业事务具有更宽广的视野和能力的未来管理者。

第三条　建立以职业发展为导向的工作绩效评价

主管人员必须明白，从长远来看，向上级提供关于自己所属新员工的工作绩效评价的有效信息是十分必要的，不能因为保护直接下属的短期利益而提供不实的信息。因此，主管人员需要将有关被评价者的潜在职业生涯的信息加以具体化，即主管人员需要弄清楚自己正在依据何种工作性质来对下属人员的工作绩效进行评价，以及新员工的需要是什么。

第四条 鼓励新员工进行职业规划活动

有些企业正在尝试开展一些活动来使新员工意识到对自己的职业加以规划，以及改善自己的职业决策的必要性。在这些活动中，新员工可以学到职业规划的基本知识、一个人的职业生涯可以划分为哪几个基本阶段，并有机会参与各种以明确自己的职业前景为目的的活动，从而形成较为现实的职业目标。企业还有必要举行一些职业咨询会（有时有可能是作为工作绩效评价面谈会的一个组成部分），在职业咨询会上，新员工和他们的主管人员（或者是人力资源管理负责人）将根据每一位新员工的职业目标来分别评价他们的职业进步情况，同时确认他们还需在哪些方面开展职业开发活动。

7.2.9 员工奖惩登记表

员工奖惩登记表，如表 7-10 所示。

表 7-10 员工奖惩登记表

员工编号	姓名	奖惩事项及文号	统计					

7.2.10 员工入职单

员工入职单，如表 7-11 所示。

表 7-11 员工入职单

编号：

姓名		性别		出生年月	
籍贯		学历		身份证	
现住址				联系方式	
部门			岗位		
薪资			到职日期		
应交验证件	［身份证］	［学历证］	［简历］	［照片］	
应领物品	［职工胸卡］	［工作服］			
其他事项					
主阅：	部门经理：				
总经理：					

备注： 此表为新员工到公司报到时使用。

7.2.11 新员工试用表

新员工试用表，如表 7-12 所示。

表 7-12 新员工试用表

日期：

<table>
<tr><td rowspan="6">人
事
资
料</td><td>姓名</td><td></td><td>应试职位</td><td></td><td>入厂</td><td></td></tr>
<tr><td>分发部门</td><td></td><td>甄选方式</td><td colspan="3">［ ］公开召考［ ］推荐遴选［ ］厂内提升</td></tr>
<tr><td>工作经验</td><td colspan="5">相关　　年，非相关　　年，共　　年</td></tr>
<tr><td>年龄</td><td></td><td>学位</td><td colspan="3"></td></tr>
<tr><td>特殊技能训练</td><td colspan="5"></td></tr>
</table>

<table>
<tr><td rowspan="2">试
用
计
划</td><td>试用职位：

试用期限：

督导人员：

督导人员工作：［ ］观察　［ ］训练

拟安排工作：

训练项目：</td></tr>
<tr><td>试用薪资：　　　　　核准：　　　　　拟订：</td></tr>
</table>

<table>
<tr><td rowspan="2">试
用
结
果
考
察</td><td>1．试用期间：自　　年　　月　　日　到　　年　　月　　日
2．安排工作及训练项目：</td></tr>
<tr><td>3．工作情形：［ ］满意　［ ］尚可　［ ］差
4．出勤情况．返退　　次，病假　　次，事假　　次
5．评语：［ ］拟正式任用　　［ ］拟予辞退
6．正式薪资拟核：

　　人事经办　　　核准　　　考核：</td></tr>
</table>

7.2.12 人员增减申请书

人员增减申请书，如表 7-13 所示。

表 7-13　人员增减申请书

申请部门：　　　部　　年　　月　　日　　编号　　学第　　号

职位	编制人数	现有人数	拟增减人数	工作内容	需要日期	所需条件		增减理由
						年龄	学历	
董事长			总经理		人力资源部门意见			

7.2.13 人事变动申请表

人事变动申请表，如表 7-14 所示。

表 7-14　人事变动申请表

姓名		员工号码	性别	出生年月日	编号
申请事项（例如雇用、升级、调动、辞职等）				申请日期	希望生效期
自职位名称：				自职位名称：	
新阶及新资：				新阶及新资：	
服务部门：				服务部门：	
部门代号：				部门代号：	

（如果雇用人员请将此栏填妥）	
需要人数： 所担任之工作： 资历要求： 年龄： 教育程度： 经验或特殊技能： 其他：	班次： 性别：
申请人： 签名： 电话号码： 	批准人（部门经理）： 签名： 职位：

7.2.14　内部调整通知单

内部调整通知单，如表 7-15 所示。

表 7-15　内部调整通知单

姓名：		部门：		职位：	
工作调整生效日：		变动后部门：		变动后职位：	
我很高兴地通知您，根据您的申请，您的工作已经进行了相应的调整，调整后的工作安排如下					
职位	变动前： 变动后：	级别	变动前： 变动后：	岗位	变动前： 变动后：
人力资源部总监 日期					
公司认为公司的成功取决于全体员工不懈地努力，因此，公司会对为公司做出重要贡献的员工提供更好的待遇，更多的培训以跟上公司的发展。同时，公司会为员工创造更好的工作环境与企业文化					

7.2.15 奖励审批权限表

奖励审批权限表，如表 7-16 所示。

表 7-16　奖励审批权限表

奖励类别 \ 权限归属		部门主管	部门经理	人力资源部经理	人力资源总监	总经理	备注
晋升	一般晋升	提议	审核	批准	备案		
	越级晋升		提议	审核	批准	备案	
加薪	0～1 000 元	提议	审核	批准	备案		
	1000～3 000 元		提议	审核	批准	备案	
	3 000 元以上			提议	审核	批准	
奖金	0～1 000 元	提议	审核	批准	备案		
	1 000～3 000 元		提议	审核	批准	备案	
	3 000 元以上			提议	审核	批准	
记功	记大功	提议	审核	批准	备案		
	记小功	提议	批准	备案			
嘉奖		提议	批准	备案			

7.2.16 处罚审批权限表

处罚审批权限表，如表 7-17 所示。

表 7-17　处罚审批权限表

奖励类别 \ 权限归属		部门主管	部门经理	人力资源部经理	人力资源总监	总经理	备注
免职	一般员工		提议	审核	批准	备案	
	主管级以上			提议	审核	批准	
降级	一般员工	提议	审核	批准	备案		
	主管级以上		提议	审核	批准	备案	
降薪	0～500 元	提议	审核	批准	备案		
	500～1 000 元		提议	审核	批准	备案	
	1 000 元以上			提议	审核	批准	
记过	记大过	提议	审核	批准	备案		
	记小过	提议	批准	备案			
警告		提议	批准	备案			

7.2.17　新进人员信息表

新进人员信息表，如表 7-18 所示。

表 7-18　新进人员信息表

姓名			性别		出生年月		
参加工作时间			入党、团时间			婚否	
原单位与职务							
拟安排岗位				特长			
家庭住址							
联系电话							
年　月至年　　月			工作单位及职务			证明人	
姓名	关系		工作单位及职务			政治面貌	

填写人：　（新增人员）　　用途：调查记录新进人员情况

联数：一式一联

7.3　员工离职办理工作规范

7.3.1　员工除名、辞退、开除办理工作规范

办理员工除名、辞退、开除工作规范，如表 7-19 所示。

表 7-19　办理员工除名、辞退、开除工作规范表

项目	规范内容
1	部门提出申请
2	人力资源部调查核实提出处理意见
3	听取工会意见
4	公布决定
5	办理离开公司手续
6	劳动争议处理： （1）双方协商解决 （2）一方或双方向单位所在地仲裁机关申请仲裁 （3）不服仲裁方可在 15 天内向法院诉讼

7.3.2 员工退休办理工作规范

员工退休办理工作规范，如表 7-20 所示。

表 7-20 员工退休办理工作规范表

项目	规范内容
1	本人书面申请
2	人力资源部按照相关规定办理手续呈报
3	公司总经理审批
4	携带有关资料到社会保险事业处退休科审批
5	办理离开公司手续
6	劳动争议处理： （1）双方协商解决 （2）一方或双方向单位所在地仲裁机关申请仲裁 （3）不服仲裁方可在 15 天内向法院诉讼

7.3.3 员工离职办理工作规范

员工离职办理工作规范，如表 7-21 所示。

表 7-21 员工离职办理工作规范

项目	规范内容
员工离职区分	（1）自请辞职 （2）职务调动离职 （3）退休离职 （4）解雇离职 （5）其他原因离职
自请辞职者	自请辞职者，如平时工作成绩优良，应由单位高级主管加以疏导挽留，如其去意仍坚定，可办停薪留职，但不发离职证件，目的仍希望再返公司效力
离职手续	（1）员工离职，由单位直属主管向人事单位索取员工离职通知单按规定填妥后，持单向单列各单位办理签证，再送人事单位审核 （2）职员以上人员离职时，应向人事单位索要移交清册三份，按移交清册内容规定，详加填入移交清册，办妥移交手续后，一份存原单位，一份离职人保存，一份随同离职通知单及工作时间卡一并交人事单位呈转核定，移交清册并转移送档案室存查
移交手续	（1）工作移交：原有职务上保管及办理中的账册、文件（包括公司章则、技术资料图样）等均应列入移交清册并移交指定的接替人员或有关单位，并应将已办而未结束的事项交代清楚（章则、技术资料、图样等类应交保管资料单位签收） （2）事务移交 ① 原领的工作报务交还总务科（一年以上的免） ② 原领的工具、文具（消耗性的免）交还总务科或有关单位 ③ 上项交还物品不必列入移交清册，由接收单位经办人在离职单上签字即可 （3）移交期限以 5 天内办妥

项目	规范内容
离职接管	离职人员办理移交时应由直属主管指定接替接收，如未定接收人时应临时指定人员先行接收保管，待人选确定后再转交，如无人可派时，暂由其主管自行接收
物品审查	各员工所列移交清册，应由直属主管详加审查，不合之处，应予更正，如离职人员正式离职后，再发现财物、资料或对外的公司应收款项有亏欠未清的，应由该单位主管负责追索
离职证明	离职手续办妥后，才能填发离职证明

7.3.4　员工失业办理工作规范

员工失业办理工作规范，如表 7-22 所示。

表 7-22　员工失业办理工作规范表

项目	规范内容
确定合约解除	合约解除包括合同终止、公司与职工解除劳动合同两种情况
办理职工失业手续	人力资源部携带相关资料到市劳动服务公司办理职工失业手续
发通知书	劳动服务公司开具失业职工参加集中教育通知书
领取失业证和失业保险金	失业职工按《通知》参加学习并办理失业登记，领取失业证和失业保险金。若有要求办理挂档手续的失业职工可到劳动事务代理所办理手续

7.3.5　员工停薪留职办理工作规范

员工停薪留职办理工作规范，如表 7-23 所示。

表 7-23　员工停薪留职办理工作规范

项目	规范内容
1	久病不愈超过一个月者，由部门主管填写"停薪留职通知单"，经人力资源部核准后呈送本人
2	因特殊情况暂时不能上班者，由员工个人填写"停薪留职申请单"，经部门主管领导批准后，填写"停薪留职通知单"，报人力资源部核准后呈送本人
3	停薪留职以一年为限，如需延长，应经公司最高行政领导批准。停薪留职期间不计工龄
4	凡停薪留职期满的仍不能上班者，按辞退处理
5	员工在停薪留职期间擅就他职者或有其他收入者，一经核实，予以除名
6	总公司正副处级和下属公司担当总公司正副处级以上的高级员工，不得停薪留职
7	凡停薪留职人员，公司概不保留原任职位，申请复职时若无相应职位空缺或已无需要时，不能复职。若停薪留职期满仍不能复职者，按辞退处理
8	凡停薪留职员工要求复职时，需填写"复职申请书"，经人力资源部门和原任部门经理核准后，办理复职手续

7.3.6 员工辞职办理工作规范

员工辞职办理工作规范，如表 7-24 所示。

表 7-24　员工辞职办理工作规范

项目	规范内容
1	正式任用的员工如感到工作不适或其他原因想辞职，应于 15 天前提出辞职申请书，由单位主管及人力资源部门主管签具意见后，呈总经理核准，再转回人力资源部门，人力资源部门据此填制薪资通知单办理停薪，转会计单位作业
2	人力资源部门依据辞职申请书发给"离职通知单"，通知本人于奉准离职日当天下班前依离职通知单上应办事项，逐项办理移交。办理完毕后，由人力资源部门主管审核无误后，并签章转会计单位核计当月薪资（除特准外，均于下次发薪日发给）
3	人力资源部门根据离职通知单于当日即行办理下列事项： （1）登记于人员异动记录簿内 （2）注销人事单位控制的人员状况表内登记 （3）登记个人资料卡，注销个人资料档案
4	人力资源部门主管视情况应约谈离职人员，并将面谈结果填入离职人员面谈记录档案，以作为员工流动率检查参考

7.3.7 员工离职管理制度

员工离职管理制度

第一条　为规范全体员工离职管理工作，确保日常工作和生产任务的连续性，确保公司和离职员工的合法权益，特制定本管理制度。

第二条　本制度使用于所有员工，不论何种原因离职，均依本制度办理。若有特例，由总经理签字认可。

第三条　相关人员职责

1．人力资源部负责员工的离职管理工作。

2．离职人员所在部门协助人力资源部完成工作、事务的交接手续。

3．财务部负责员工款项的核算与支付。

第四条　合同离职。员工终止履行受聘合同或协议而离职。

第五条　员工辞职。员工因个人原因申请辞去工作，有两种情形。

1．公司同意，且视为辞职员工违约。

2．公司同意，但视员工为部分履行合同（视实际情况由双方商定）。

第六条　自动离职。员工因个人原因离开公司，有两种情形。

1．不辞而别。

2．申请辞去工作，但公司未同意而离职。

第七条　公司辞退、解聘

1．员工因各种原因不能胜任其工作岗位者，公司予以辞退。

2．因不可抗力等原因，公司可与员工解除劳动关系，但提前 30 天发布预先辞退通告。

3．违反公司、国家相关法规、制度，情节较轻者，予以解聘。

第八条　公司开除。违反公司、国家相关法规、制度，情节严重的员工，公司予以开除。

第九条　离职申报

1. 离职员工，不论是何种方式都应填写员工离职申报表报送直接上级办公室。

2. 普通员工离职的书面申报，应提前两周报送，管理人员、技术人员应提前一个月报送，中高级岗位应提前两个月。

第十条　员工离职应办理以下交接手续。

工作移交，是指离职员工将本人经办的各项工作、保管的各类工作性资料等移交至指定的交接人员，并要求交接人员在离职移交清单签字确认。（表7-31）

第十一条　结算

1. 结算条件

当交接事项全部完成，并经直接上级、行政部、总经理3级签字认可后，方可对离职员工进行相关结算。

2. 结算部门

离职员工的工资、违约金等款项的结算由财务、行政部共同进行。

3. 结算项目

（1）违约金

因开除、解聘、自动离职和违约性辞职产生的违约金，由行政部按照合同违约条款进行核算，包括劳动合同合同期未满违约金和保密、竞业协议违约金。

（2）赔偿金

违约性离职对公司造成的损失，由行政部、财务部共同进行核算，包括物品损失赔偿金、培训损失赔偿金。

① 物品损失赔偿金。公司为方便办公所配置物品，不能完好归还，按物品使用年限折旧后的余额赔偿损失（1 000元以上）。

② 培训损失赔偿金。按《培训协议》及《公司培训管理办法》相关条款进行处理。

（3）住房基金

住房基金的款项结算，按照《住房基金管理办法》由财务进行结算。

（4）工资

① 合同期满人员，发放正常出勤工资，无违约责任。

② 公司辞退的人员，发放正常出勤工资，双方互不承担违约责任。

③ 因公司经营状况等特殊原因的资遣人员，除发放正常出勤工资外，公司另外加付一个月基本工资。

④ 项目损失补偿金项目开发人员违约性辞职，其负责的开发任务未能完成和移交，应付公司项目损失补偿金，具体办法参见各项管理条例中的细则规定。

第十二条　关系转移

1. 转移条件

（1）交接工作全部完成（以签字为确认）。

（2）违约金、赔偿金等结算完成（以签字为确认）。

2. 转移内容

（1）档案关系。

（2）社保关系。

3. 公司内部所建立的个人档案资料不再归还本人，由人力资源部分类存档。

第十三条　员工离职工作以保密方式处理，并保持工作连贯、顺利进行。

第十四条　本制度不尽事宜按照《解除劳动合同管理规定》国家相关规定执行。

第十五条　本制度在执行过程中发生异议，任何一方都可以提请当地经济仲裁机构或人民法院。

第十六条　本制度从经公司总裁批准之日起发布执行，其解释权、修改权归人力资源部。

7.3.8 员工待退休审批表

员工待退休审批表，如表 7-25 所示。

表 7-25 员工待退休审批表

部门：

姓名		性别		出生年月		籍贯	
参加工作年月			连续工龄			工种	
政治面貌			本人成分		待退休日期	年月日	
待退休后居住地址				电话号码			
现月收入				待退休后月收入			
待退休收入计算式：							
是否劳模、战斗英雄或特殊贡献者							
申请待退休理由：							

	何年何月 至何年何月	工作单位	职务	备注
本人工作经历				

所在部门意见：
人力资源部意见：
公司领导批示：

填写：　　　（人力资源部）　　用途：审批员工待退休时用

联数：一式一联　　　人力资源部

填表人：

年　　月　　日

7.3.9 员工离职面谈表

员工离职面谈表，如表 7-26 所示。

表 7-26 员工离职面谈表

离职人员姓名		所在部门	
担任职位		员工工号	
入职日期		离职日期	
面谈者		职位	
1．请指出你离职最主要的原因（请在恰当处加 √ 号），并加以说明	□薪金　　□工作性质　　□工作环境　　□工作时间 □健康因素　□福利　　　□晋升机会　　□工作量 □加班　　□与公司关系或人际关系 其他：_____		
2．你认为公司在以下哪些方面需要加以改善（可选择多项）	□公司政策及工作项目　　□部门之间沟通　　□上层管理能力 □工作环境及设施　　　　□员工发展机会　　□工资与福利 □教育培训与发展机会　　□团队合作精神 其他：_____		
3．是什么促使你当初选择加入公司			
4．在你做出离职决定时，你发现公司在哪些方面与你的想象和期望差距较大			
5．你最喜欢公司的方面有哪些，最不喜欢公司的哪些方面			
6．在你所在的工作岗位上，你面临的最大的困难和挑战是什么			
7．你对公司招聘该岗位的任职者有什么建议			
8．你认为公司应该采取哪些措施来更有效地吸引和留住人才			
9．你愿意在今后条件成熟的时候再返回公司，是否会为公司继续效力。简单陈述理由			

填表日期：_____年___月___日

7.3.10　员工离职结算表

员工离职结算表，如表 7-27 所示。

表 7-27　员工离职结算表

姓名		工牌编号		入职时间	
部门		职务/工种		离职时间	
离职原因		□合同到期	□辞职	□辞退	□开除
行政部	□办公物品 □企业配备的通信工具 □考勤卡、（办公室、办公桌）钥匙 □各类工具（如维修工具、移动存储器、保管工具等） 应赔偿____元				
	签名：　　　日期：___年___月___日				
电脑部	电脑及配置情况				
	应赔偿____元				
	签名：　　　日期：___年___月___日				
资料管理室	□已归还　　□未归还　　□损坏　　□无损坏　　□无领借　　□遗失				
	应赔偿____元				
	签名：　　　日期：___年___月___日				
仓库	工具仪器及借用物品情况				
	应赔偿____元				
	签名：　　　日期：___年___月___日				
人力资源部	最后月份考勤工资核算情况	从____月___日至____月___日 迟到____次，早退____次，请假____天，旷工___天，出勤____天			
	违约金、赔偿金情况				
	签名：　　　日期：___年___月___日				
财务部	借款情况	□已归还	□未归还	□无借款	
	报账情况	□已报账	□未报账	□无报账	
	应付违约金				
	应付赔偿金				
	工资结算				

7.3.11　辞职申请表

辞职申请表，如表 7-28 所示。

表 7-28　辞职申请表

姓名		部门		职位		入职日期	
申请日期		离职日期		试用期			

辞职原因：

本人签名：

备注：新员工在试用期辞职，应提前 3 天填写《离职申请表》提交部门负责人；
请用签字笔书写，字体要求整洁、清晰。

部门分管副总	人力资源部	人力资源分管副总
日期：	日期：	日期：

7.3.12　员工离开公司手续审批表

员工离开公司手续审批表，如表 7-29 所示。

表 7-29　员工离开公司手续审批表

人字第号

工号		姓名		部门	
入公司时间		批准离公司日期	年月日	实际离公司日期	年月日
离公司原因		经办人		工资发止年月日	

请下列部门即予办理

编号	部门经办事宜	经办人签字	经理签字
1	本部门员工个人保管和借用的工具物品		
2	工服房工作服及劳保用品		
3	行管部退宿舍、更衣柜及钥匙		
4	财务部借款（物）、工资等事项		
5	人力资源部工牌、员工手册、餐卡、考勤卡		
说明	1．各部门接到本通知即办理有关事项，并在办妥后签名 2．本通知交离公司员工在各部门办理离公司手续后交人力资源部		

7.3.13　停薪留职申请表

停薪留职申请表，如表 7-30 所示。

表 7-30　停薪留职申请表

□停薪留职

□辞职　　　　　年　　　月　　　日

申请单位		申请人	□当事人　　□主管　　□代理人		
姓名		职务		到厂日期	
原因					
停薪留职期限				离职日期	
批示		人力资源部门	单位主管辖		直接主管

移交手续集	有关部门移交			单位移交		
	办事项目	日期	签章	指示移交项目	接交人	监交人
	总务					
	仓库					
	合计					
	人事					
	警卫					

7.3.14 离职移交清单

离职移交清单，如表 7-31 所示。

表 7-31 离职移交清单

各相关部门：					
请按以下顺序依次为____部门____员工办理离职交接，并在相应的位置签名确认交接完成。					
人力资源部：					
			日期：____年____月____日		
离职原因	□合同到期 □辞职 □辞退 □开除				
以下填写工作移交手续					
所在部门工作移交	现指定_____接交_____的工作，请立即进行交接 所属部门： 日 期：____年____月____日				
	□1. 公司的各项内部文件 □2. 经手工作详细说明 □3. 客户信息表、供销关系信息表 □4. 培训资料原件 □5. 企业的技术资料（包括书面文档、电子文档两类） □6. 项目工作情况说明（包括项目计划书、项目实施进度说明、项目相关技术资料、其他项目相关情况的详细说明）				
	□附交接清单____页 □不附交接清单				
	移交人		接交人		监交人
	日期		日期		日期
以下填写事物移交手续					
人力资源部	□解除劳动关系 □保险手续 □员工手册 □档案调出 经理： 日期：				
本部门	□借用图书 □文件资料 □办公室钥匙 □办公用品 部门负责人： 交接人： 日 期：				
行政部	□胸卡 □工作服 □劳保用品 □通信设备 □宿舍退房及用品验收 经理： 日期：				
财务部	□欠款清理 □财务清算 □工资发放 经理： 日期：				
离职员工	我确认上述手续已全部完成，从此解除我与××公司的劳动服务关系 签字： 日期：				

备注：①本单一式两份，离职员工与人力资源部各执一份。

② 事物移交，是指员工就职期间所有领用物品的移交，并应交接双方签字确认。如表 7-31 所示。

③ 以上各项交接均应由移交人、接交人、监交人签字确认，并经办公室审核、备案后方可认为交接完成。

7.4 员工岗位调整办理工作规范

7.4.1 员工转岗办理规范

员工转岗办理规范，如表 7-32 所示。

表 7-32　员工转岗办理规范表

项目	规范内容
1	人力资源部向培训中心递交《转岗人员培训通知》或《矫正培训通知书》
2	培训中心安排培训时间、地点及内容
3	培训中心经考核后将培训结果交人事部作转岗（升职）人员、矫正人员留岗之依据

7.4.2 员工调离岗位办理规范

员工调离岗位办理规范，如表 7-33 所示。

表 7-33　员工调离岗位办理规范

项目	规范内容
1	员工调离公司系统审批权限按人事权限划分执行
2	公司员工不适应现任工作岗位时，可申请调换一次工种或岗位，调换后如仍不适应，公司有权解除聘用合同，包括正式聘用合同和短期聘用合同
3	员工要求调离公司时，应办理如下手续。 （1）向本部门提出请调报告 （2）按人事责权划分表，请调报告批准后，请调人到人力资源部（或劳资部）填写员工调离移交手续会签表 （3）按有关部门要求清点、退还、移交公司财产、资料 （4）填写离调表及办理有关手续
4	员工调离时，工资的发放按员工与公司所签名册的聘用合同书办理
5	员工未经批准，私自离开工作岗位达 1 个月者，公司登报申请除名并停缴劳动保险，将其人事关系退回劳动人力资源部门

7.4.3 员工内部调动办理工作规范

员工内部调动办理工作规范，如表 7-34 所示。

表 7-34　员工内部调动办理工作规范表

项目	规范内容
填表	（1）因工作需要员工调换部门，申请调岗的部门提出申请，并逐项填写《人员调动申请表》 （2）员工个人申请调岗，申请调岗的人员提出申请，并逐项填写《人员调动申请表》
审批	由相应调出和调入部门负责人签字认可
任命	（1）人力资源部负责与相关的部门进行了解和协调，由人力资源部签署内部调动意见并开具调令 （2）主管级以上人员的调动需经相关上级批准（收银、管账调动需由相关部门协调），人力资源部正式签发任命决定
交接	调动双方按期办理交接手续
上岗	调动双方到新岗位报到

7.4.4　员工交接工作规范

员工交接工作规范，如表 7-35 所示。

表 7-35　员工交接工作规范

项目	规范内容
1	公司员工交接分为： （1）主管人员交接 （2）经管人员交接
2	称主管人员者为主管各级单位的人员。称经管人员者为直接经管财物或事务的人员
3	主管人员应就下列事项分别造册办理移交。 （1）单位人员名册 （2）未办及未了事项 （3）主管财务及事务
4	经管人员应就下列事项分别造册办理移交。 （1）所经管的财物事务 （2）未办及未了事项
5	一级单位主管人员交接时应由公司负责人派员监交，二级单位以下人员交接时可由该单位主管人员监交
6	公司员工的交接，如发生争执应由监交人述明经过，会同移交人及接收人拟具体处理意见呈报上级主管核定
7	主管人员移交应于交接之日将第 3 项规定的事项移交完毕
8	经管人员移交应于交接日将第 4 项规定的事项移交完毕
9	主管人员移交时应由后任会同监交人依照移交表册逐项点收清楚，于前任移交后三日内接收完毕，检查齐全移交清册与前任及监交人会签呈报
10	经管人员移交时，应由后任会同监交人依照移交表册逐项点收清楚，于前任移交后三日内接收完毕，检查齐全移交清册与前任及监交人会签呈报
11	各级人员移交应亲自办理，其因特别原因，经核准得指定负责人代为办理交接时，所有一切责任仍由原移交人负责
12	各级人员过期不移交或移交不清者得责令于 10 日内交接清楚，其缺少公物或致公司受损失者应负赔偿责任

7.4.5 员工调任管理制度

员工调任管理制度

第一条 为规范公司人力资源管理，科学合理地配置公司人力资源和加强员工队伍建设，结合公司实际情况，制定本制度。

第二条 本制度涉及公司人事调任的基本原则、人事调任审批权限、人事调任具体办法，以及人事调任过程中可用到的表格。

第三条 公司人事调任实行能者上、平者让、庸者下的用人原则。

第四条 公司重视每个员工的价值，在人事调任方面坚持公开、公平、公正的做法。

第五条 公司鼓励员工敬业、团队、创新，并为工作敬业、进取创新、业绩出色、能力出众的员工提供晋升发展或海外任职的机会。

第六条 公司各级管理人员最重要的职责之一是公正地对待每一位员工。

第七条 公司根据具体情况将合适的员工及时调整到合适的工作岗位。

第八条 除营销事业部、海外事业部外，公司本土经理助理以上人员的调任，均由人力资源部在全公司范围内发出竞争上岗通知，通过员工自荐、推荐，经人力资源部综合评审后提名，总经理办公会议讨论通过，总经理签署任命书后生效。

第九条 公司本土主管级人员的调任，由部门经理提名，人力资源部经理审核，总经理批准。

第十条 公司本土主管级以下人员的调任，由部门经理提名，人力资源部经理批准。

第十一条 公司营销事业部、海外事业部主管级以上人员的调任，由部门经理提名，海外人力资源部经理审核，营销副总核准，总经理批准。

第十二条 公司营销事业部、海外事业部主管级以下人员的调任，由部门经理提名，海外人力资源部经理审核批准。

第十三条 区域经理的任职，由各营销分部经理提名，海外人力资源部经理审定，营销副总审核，总经理批准。

第十四条 销售主管、市场主管的调任，经当地分公司办公会议讨论通过，由区域经理上报，海外人力资源部经理审定，营销副总批准。

第十五条 新任职位的试用期均为 3 个月，试用期工资不超过新任职位工资的最低档次。

第十六条 新任职位的任期每届为 2 年。每任满 1 年，新任人员向人力资源部（或海外人事中）提交个人年度述职报告，接受公司考核。考核结果报总经理审核。届满之后，由公司重新任命。

第十七条 公司基于业务上的需要，可随时调动任意员工的职务或服务地点，被调动的员工如借口推诿，概以抗命论处。

第十八条 各单位主管依其管辖内所属员工的个性、学识和能力，力求人尽其才以达到人与事相结合，可填写人事调动表呈准派调。

第十九条 奉调员工接到调任通知后，单位主管人员应于 10 天内，其他人员应于 7 天内办妥移交手续就任新职。

第二十条 奉调员工可依照出差旅费支给办法报支旅费。其随往的直系眷属得凭乘车证明支付交通费，但以 5 人为限，搬运家具的运费，可检附单据及单位主管证明报支。

第二十一条 奉调员工离开原职时，应办妥工作移交手续，才能赴新职单位报到，不能按时办理完移交者呈准延期办理移交手续，否则以移交不清论处。

第二十二条　被调任员工在新任者未到职之前，其所遣职务可由直属主管暂代理。

第二十三条　由员工本人提出调动的，需先提出申请、人力资源部提出调动方案后，经调出部门经理和调入部门经理签字同意，而后按审批权限逐级报批。

第二十四条　本制度自发布之日起实施，以前发布的有关文件和规定即行废止。

第二十五条　本规定涉及本部人力资源部的内容，由人力资源部负责解释；涉及营销事业部、海外事业部人力资源的内容，由海外人力资源部负责解释。

7.4.6　职位调动评估表

职位调动评估表，如表 7-36 所示。

表 7-36　职位调动评估表

姓　　名		所在部门		现任岗位	
出生年月		最高学历		调任岗位	
毕业院校及专业				毕业时间	
主要工作经历					
培训记录					
现任岗位主要工作业绩					
说明	以上内容由调任者本人填写				
岗位素质要求评估					
项目	由调任岗位的直接主管根据评估小组意见填写			评估小组综合评价	
领导力					
授权督导能力					
计划能力					
执行能力					
创新力					
用人部门分管副总意见					
人力资源总监意见					
总经理审批					

7.4.7　员工调动审批表

员工调动审批表，如表 7-37 所示。

表 7-37　员工调动审批表

填表日期：　　　年　　月　　日

姓名		出生日期		拟调日期	
最高学历		学位		专业	
原部门		原岗位职务			
拟调往部门		拟调岗位职务			
调动原因	□升职　　□降职　　□组织调动　　□内部竞聘				
新岗位试用期	___年___月___日起至___年___月___日止（共___个月）				
岗位职责	1.				
	2.				
	3.				
工资是否调整	□是（按_____发放）　　　□否				
调出部门经理	日期		调出部门主管副总	日期	
（签字或盖章）	___年___月___日		（签字或盖章）	___年___月___日	
调入部门经理	日期		调入部门主管副总	日期	
（签字或盖章）	___年___月___日		（签字或盖章）	___年___月___日	
综合管理部经理	日期		财务部经理	日期	
（签字或盖章）	___年___月___日		（签字或盖章）	___年___月___日	
总经理核准			日期		
（签字或盖章）			___年___月___日		

7.4.8　人员调动协助申请单

人员调动协助申请单，如表 7-38 所示。

表 7-38　人员调动协助申请单

年　　月　　日

申请人员单位		所需协助人员	
申请人员协助原因			

起讫日期	自　年　月　　　　　日起 至　年　月　　　　　日止		
			计　　天
协助人员担任工作			
人事单位意见			

7.4.9　人事调动交接单

人事调动交接单，如表 7-39 所示。

表 7-39　人事调动交接单

员工姓名			调动生效日期		___年___月___日
原任	部门		调任	部门	
	职位			职位	
	工作内容			工作内容	
	工资级别			工资级别	
调动 原因					
调动交接手续					
原部门工作 移交内容	□1．文件移交 □2．物品实物移交 □3．待办事项移交 □4．人员移交 □5．妥善安排接管人员		原部门工作接受内容	□1．文件移交 □2．物品实物移交 □3．待办事项移交 □4．人员移交 □5．妥善安排接管人员	
原任部门确认			调任部门确认		
总经理 （签字或盖章）		人力资源部门		员工签名 （签字或盖章）	
备注					

7.4.10　人员调动情况表

人员调动情况表，如表 7-40 所示。

表 7-40 人员调动情况表

公司外调动

日期	工号	姓名	性别	年龄	工种	等级	部门	本公司启止薪日	来源去向

公司内调动

日期	工号	姓名	调出部门	工种	调入部门	工种

试用转正

日期	原工号	现工号	姓名	工种	部门	工资调整日期	备注

本月增减人数

公司总人数	在册人数	在岗人数	其中：

填写：（人力资源部）

用途：正确反映员工调动情况，为员工动态分布、工资变化、各类人数统计提供依据

联数：一式一联。人力资源部

7.5　员工日常考勤管理工作规范

7.5.1　员工休假办理规范

员工休假办理规范，如表 7-41 所示。

表 7-41　员工休假办理规范表

项目	规范内容
年休假	（1）员工在公司连续工作满一年以后，每年享有 12 天带薪休假，休假期间将支付基本工资、奖金和补贴 （2）年休假不能累积或推至下一年度 （3）员工在未经部门领导同意的情况下不得自行以年休假为理由离开工作岗位 （4）为保证部门的日常有效运作，部门负责人将提前为每一位员工计划和安排年休假日程
法定休假日	（1）员工每年应享有下述共 11 天的法定休假日： ① 元旦　　1 天 ② 春节　　3 天 ③ 清明　　1 天 ④ 端午　　1 天 ⑤ 劳动节　1 天 ⑥ 中秋　　1 天 ⑦ 国庆节　3 天 （2）为保证部门的正常动作，可要求员工于法定休假日进行工作，并按有关法律、员工手册与劳动合同的规定支付加班工资
病假	（1）员工每月有 1 天带薪病假 （2）员工该月未休病假，则不能累积，也无任何补偿。若员工该月的病假超过 1 天，则按相应的规定扣除其超出期间的工资、奖金和其他补贴 （3）员工应于病后 24 小时内凭医院出具的医疗证明向部门负责人申请休病假并取得批准，否则将视为未经许可的缺勤，即为旷工 （4）员工如反复请病假，本部门可以要求员工到指定的医院进行体检
婚假	（1）员工结婚时可以享有 3 天带薪婚假，晚婚（男员工晚于 25 周岁，女员工晚于 23 周岁，或晚于政府规定的年龄）员工另外享有 7 天的婚假。如到外地（指配偶工作所在地，不含旅行结婚）结婚，根据在途往返时间核给路程假 （2）婚假时间只能在结婚日前或后一个月内 （3）试用期的员工不享有婚假
产假	（1）女员工生育享有产假 90 天，从预产期前 10 天至预产期后 75 天，难产或双胞胎加 14 天，休产假必须于预产期前 10 周向人事部门申请，并出示医生出具的妊娠证明 （2）晚育假 15 天，年满 24 周岁生育为晚育；凭独生子女证可享有独生子女假 35 天。 （3）临时工产假 56 天，产假期间发放 60%的工资 （4）女员工孕后应一个季度内通知部门负责人其怀孕状况

项目	规范内容
	（5）产妇如遇实际困难，可请哺乳假至婴儿一周岁，哺乳假工资按本人（岗位＋技能工资）75%发放，并依据此比例计发房补，其他补贴照发
	（6）接受节育手术者，经医生证明，分别给予以下假期：
	① 放置宫内节育器的，自手术之日起休息 3 日，手术后 7 日内不从事重体力劳动
	② 经计划生育部门批准取出宫内节育器的，休息 2 日
	③ 输精管结扎的，休息 7 日，输卵管结扎的，休息 21 日
	④ 怀孕不满 3 个月人工流产的，休息 15 天，3 个月以上的，休息 42 天
	⑤ 同时施行两种节育手术的，合并计算假期，如遇特殊情况需增加假期时，由医生确定
丧假	（1）如员工的祖父母、父母、配偶或子女去世，可给予 3 天左右的丧假，员工到外地办理丧事，可根据实际路程所需时间，另给路程假
	（2）员工如家中有丧事，应当立即通知人事部门
探亲假	（1）员工结婚时，分居两地，又不能在公休假日团聚的，每年可享受一次探望配偶假，假期为 30 天
	（2）未婚员工探望父母每年一次，假期为 20 天，如因工作需要，当年无法安排的，可以两年给假一次，假期为 45 天；已婚员工探望父母假，每四年一次，假期为 20 天。
	（3）员工有生身父母，又有养父母的，只能探望一方（以供养关系为主）。
	（4）大专院校分配来的毕业生，新招合同工人，在实习、试用期间不能享有探亲假，满一年后才能享有探亲假。外单位调进公司的员工要满半年，才能享有探亲假
	（5）员工配偶已离婚或死亡，尚未再婚的，按未婚员工待遇处理。员工配偶、父母均已死亡，又未重新结婚，而且身边没有子女者，如有 16 岁以下的未成年子女寄养在外地的，按未婚员工探亲假处理
	（6）员工探亲假期不包括路程假，但包括公休假日和法定节假日，路程假根据实际需要而定
	（7）员工探亲休假期间患病时，其病休天数仍作为享受探亲假计算，原规定的休假天数不能顺延。如果员工因患急病、重病、假期期满后不能按期返回的，其延期返回的天数可根据县以上医疗单位的证明，按病假处理
	（8）员工因各种原因在当年与配偶团聚三个月以上的，不再享受一年一次探亲假
	（9）探亲假原则上不能分期使用，确因生产、工作需要分期使用的，经人事部批准，可分期使用，跨年度作废。路程假只给一次，往返路费只报销一次

7.5.2 员工请假办理工作规范

员工请假办理工作规范，如表 7-42 所示。

表 7-42 办理员工请假工作规范表

项目	规范内容
旷工或超时休假	（1）员工未请假或未经批准、超时休假，所在单位需立即通告人力资源部
	（2）由人力资源部根据情况做出处理决定（罚款、调离、除名）
	（3）将处理决定通知所在单位和员工本人

项目	规范内容
上报审批	员工填写请假单，按批假权限由单位负责人决定签署意见，假期 3 天以上需报上级部门经理审批，超过单位负责人批假权限（7 天）的请假，申请提交人力资源经理审批、备案
统计	（1）人力资源部将请假单汇总，做工资时与考勤核对并存档 （2）每月 1 日、15 日各部门按考勤制度扣减员工缺勤工资和奖金

7.5.3　月末考勤情况汇总处理流程

月末考勤情况汇总处理流程，如表 7-43 所示。

表 7-43　月末考勤情况汇总处理流程

项目	规范内容
1	各部门选派人员担任考勤员，并将名单上报人力资源部
2	（1）考勤员负责逐日如实登记本部门员工的出勤情况，准确详细地记录员工到、离岗时间和休假日期 （2）月底逐日做出考勤汇总，填写考勤汇总表 （3）将各种假条单，本月班次情况、考勤卡，经考勤员签字、部门经理审核签字后于每月 21 日准时递交人力资源部 （4）员工到、离岗时间以打卡时间为准
3	（1）对于员工加班情况各部门应严格控制 （2）节假日确需加班的应如实、准确地做好记录，并月末随同考勤汇总上报
4	（1）凡申请轮休的人员，需提前 1 天提出申请 （2）公司办公区员工：经理级以下人员由部门经理批准，经理级以上人员由经贸部副总批准
5	员工轮休原则上应为 1 天，特殊情况需连续轮休超过 1 天的，由人力资源经理特批
6	月末各部门上交的考勤表应明确记录员工轮休日，并如实冲抵加班
7	未提前申请或未经批准而休假的，一概视为旷工
8	人力资源部负责全公司所有员工考勤的审核、汇总工作，并有权随时对各分店、部门考勤情况进行检查、核对，并负责考勤管理的监督管理
9	考勤员应认真负责，凡有谎报、虚报、漏报、错报、迟报或不报的，一经查出，对考勤员做出 50 元/次的罚款，情节严重者予以开除
10	副总经理请假，由总经理批准并送人力资源部备案
11	驻外机构若无经理级（含经理级）以上领导，可由主管级负责人代行审批权

7.5.4　员工勤务管理制度

员工勤务管理制度
第一条　为规范公司员工勤务的管理，特制定本制度。可用于员工考勤管理、加班管理及假务管理。
第二条　本制度根据公司人力资源部管理制度、行政管理制度、财务管理制度的相关内容制定。

第三条　为了规范公司管理，依据国家相关法律法规，结合公司实际，特制定本考勤制度。

第四条　公司正常上班时间为上午 8∶30～12∶00、下午 13∶00～17∶30，每周实行 5 个工作日。

第五条　除特定人员外，均需于警卫室设置打卡单。

第六条　各部门主管应于月终前将下月排班表送人事主管处备查，各部门主管以上人员出勤时间表需由人事事务主管呈总经理核阅（非轮班人员，每月工作时间固定者不必再排时间）。

第七条　如需变更出勤与轮休时间或补充新进人员出勤时间，应填写"出勤时间调整单"，经权限主管核准后，转人事主管处登记备查。

第八条　员工因故延长上班时间或在假日出勤，应先至人力资源部领取"加班单"，经权限主管核准后，转人事主管查核并登记于考勤表上。

第九条　员工因公于上班期间外出，应填写"因公外出单"，送最高主管领导核准后，交警卫室登记。

第十条　部门经理以上人员因公外出免填"因公外出单"，但应向上级主管说明，或向警卫室交代去处及联络方法，并于警卫室登记。未赶回公司打卡下班，则由人力资源部依据警卫室出入登记簿记录出勤。

第十一条　因公而未打卡，应报备人力资源部领取"未打卡证明单"，填写并经部门主管签字后转人力资源部登记于考勤表上。

第十二条　下班忘记打卡，可由本人填写"未打卡证明单"，呈部门主管签字，否则，以旷工论处。

第十三条　人事专员应于每日检视考勤表，遇异常状况或违规事情，立即办理，并与相关人员联络。

第十四条　人力资源部应于每月 30 日编制员工出勤统计表各两份，一份送财务部核计薪资加扣，一份公布，限 3 日内接受更正申请。

1．缺勤统计表。

2．全勤人员名单。

3．加班统计表。

4．夜班值勤人员统计表。

第十五条　人力资源部应针对每位员工建立一份"年度考勤统计表"（印于个人资料卡中），逐月依据考勤表予以录入，经录入后考勤表即可销毁作废。

第十六条　年末，人事主管应根据"年度考勤统计表"，统计是否有未休完特别假的人员，予以计入 12 月份加班统计表内，可轮休或换发薪金。

第十七条　年末，人力资源应调查、编制下一年度享有特别假的人员名单，予以造册呈准后公布实施。

第十八条　迟到的处罚。从 8∶30 及 13∶00 后开始计算迟到，如迟到超过 30 分钟，则按旷工 1 天处理，迟到每次扣发当月工资的 1%，超过 3 次的每次按当月工资的 3%扣发。

第十九条　早退的处罚。公司员工凡早退 15 分钟以内的，扣发当月工资的 2%；30 分钟以内，扣发当月工资的 5%；超过 30 分钟的按旷工 1 天处理。

第二十条　旷工的处罚。旷工扣发当日日薪的 3 倍，旷工累计达 3 天者公司做开除处理。

第二十一条　公司员工于每日规定工作时间外，如果赶上生产任务繁重或处理急需事件，应按下列手续办理。

第二十二条　一般员工加班

1．行政系列部门人员加班一律由部门主管报请部门经理指派后填"加班申请表"。

2．生产部门人员加班，先由各班组根据生产工时需要拟定加班人数，经生产部同意后，由班组长排班，报由车间主管核定，并将加班时间内的生产量由班组记载于工作单上。

3．以上人员的加班申请表，需于当日 16∶00 前送交人力资源部，以备核查。（见表 7-47）

第二十三条 部门主管加班

1．各部门于假日或夜间加班，其工作紧急而较为重要者，部门主管级别人员应亲自前来督导，夜间督导最迟至 22：00 止。

2．主管加班不必填加班单，只需打卡即可。

第二十四条 加班考核

1．生产部门人员于加班的次日，由车间主管按加班工时，依生产标准核实是否相符，如有不符现象应通知人力资源部照比例扣除其加班工时。对于每天的加班时间，则由各班组长填入工卡小计栏内并签字。

2．行政系列人员加班，由其主管对加班情况亦应切实核查，如有敷衍未达预期效果时，可免除其加班薪资待遇。

3．部门主管级别以上人员，如有应加班而未加班，致使工作积压延误情形者，由主管副总、人力资源总监专案考核，同样情形出现两次者应改调其他职务。

第二十五条 加班薪资

1．主管级别以上人员

各科主管因已领有职务补助，故不再另给加班费，但准报因加工所致的往返车费（有公交车可达者不得报销出租车费）。

2．其他人员

不论月薪或日薪人员凡有加班均按下列项目发给加班薪资。

（1）平日加班，原则上一般不超过 4 个小时，加班薪资＝基本小时工资×150%。

（2）公休加班除基本薪资照给外，加班薪资＝日基本工资×200%。

（3）法定节假日加班，加班薪资＝日基本工资×300%。

（4）加班费连同员工工资于每月 10 日发放。

第二十六条 不得报销加班费的包括以下人员。

1．公差外出已支领出差费者。

2．销售人员任何时间从事工作，均不得支领加班费。

3．门房、守夜、交通车司机、厨师等因工作情形有别，其薪资已包括工作时间因素在内，已另有规定，故不得支领加班费。

第二十七条 其他注意事项

1．加班的生产部门人员超过 3 人时，应有班组长负责领导，超过 15 人时应有车间主管进行督导。

2．公休假日尽量避免临时员工加班，任何时间不得指派临时员工单独加班。

第二十八条 加班请假

1．员工如因某种原因而不能如期加班时，应事先向主管人员予以说明，否则一经安排不得更改。

2．连续加班时，如因病、因事不能继续工作时，应填写请假单，向班组长或值班人员请假。

第二十九条 在加班时间中如因机械故障一时无法修复或其他重大原因不能继续工作时，值班人员可分配其他工作或提前下班。

第三十条 公休假日加班时，中午休息时间与平日同。

第三十一条 凡加班人员于加班时不按规定工作，有偷懒、睡觉、擅离工作岗位或变相赌博者，经查证后，记过或记大过。

第三十二条 员工请假可按规定享受下表所示的七种假日。

员工休假规定

休假种类	具体规定
法定节假日	1．新年（1月1日） 放假1天（不含周末） 2．春节（农历正月初一、初二、初三） 放假3天（不含周末） 3．劳动节（5月1日、2日、3日） 放假3天（不含周末） 4．国庆（10月1日、2日、3日） 放假3天（不含周末） 5．上述给假为一般执行标准，因公司工作需要，总经理可以调整和决定具体的放假时间和长短
年假	1．员工在公司连续工作满一年者，皆可享有3天带薪年假，服务期每增一年则增加1天的年假，最多增至14天 2．年假可以分次使用，每次不得少于1天，并应于休假日前3天提出申请 3．员工每年的年假应于当年度使用，否则该年度未使用的年假将视为自动放弃；如因工作需要无法于当年度休假的，经核准后可以在次年补假
事假	1．员工遇事必须在工作时间亲自办理，应事先填写请假单，注明请假类别，经部门经理同意批准并把工作交代清楚后可请假 2．无法事先请假的，以电话、传真两种方式请假，获得批准后方可请事假，期满仍需续假的应在期满前办理续假手续；不可用发手机短信的方式请事假 3．试用期内员工通常不可请事假，特殊情况需要请事假，填写请假单经部门经理批准后，报人力资源部延长试用期 4．一般员工请假2天内由直接主管领导批准；3天以上至5天以内应由隔级上级领导批准；5天以上事假必须报总经理批准 5．中层以上管理人员请假1天内可自行决定，告知直接上级领导及下属人员即可；1天以上3天以内由直接上级领导批准；3天以上5天以内需经隔级上级领导批准；5天以上需经总经理批准，报人力资源部备案 6．公司高级管理人员请假3天内（包括3天）可自行决定，告知总经理及直接下属即可；3天以上需经总经理批准 7．员工请事假期间不享受工资和津贴
病假	1．员工因病或非因公受伤，应凭医院的病休证明请病假 2．具体请假天数及批准人规定等同于事假；到医院看病，给假半天，按"看病"考勤，不影响薪金，超过半天其超过部分按事假考勤 3．15天以内的病假不扣发固定工资，但不享受工作津贴和年终奖励工资；超过15天的病假部分原则上不享受任何工资和津贴，特殊情况可给予照顾（按____市最低工资标准发放每月____元生活费）
婚假	1．符合法定婚龄的员工可享受婚假3天；符合法定晚婚年龄的员工可增加婚假10天（10天为连续计算，包括双休日及法定假日） 2．休婚假的员工需持结婚证办理休假手续，否则按事假处理 3．婚假期间享受岗位固定工资和津贴，但不享受奖励工资
丧假	1．员工配偶、父母、子女及养父母去世，给丧假3天 2．祖父母、外祖父母、岳父母、公婆去世，给丧假2天 3．丧假期间享受岗位固定工资和津贴，但不享受奖励工资
产假	1．符合国家计划生育规定的生育女员工，正常分娩者给予产假90天，难产者增加15天，多胞胎生育者每多育一个婴儿，增加产假15天 2．按国家有关规定执行，公司将在不违反国家规定的情况下对工资标准做适当调整

特别提示：在病假、婚假、产假、丧假期间如遇法定假期或公众假日的，不再增加休假时间

第三十三条 请假未满半小时者,以半小时计算,累积满 8 小时为 1 天,给假日期的计算均自每年 1 月 1 日起至同年 12 月 31 日止,中途入职者,按比例扣减。

第三十四条 对于综合考勤较差的人员,公司将在月考核系数和奖金中体现,情况严重的,公司将做劝退处理。

第三十五条 本制度由人力资源部人事主管负责制定和解释,经总经理审批后实施。修订时亦同。

7.5.5 员工请假管理制度

员工请假管理制度

总则

第一条 为规范公司考勤制度,统一公司请假政策,特制定本办法。

请假项目

第二条 员工填写请假单,注明请假种类、假期、时间、事由、交接事项,经各级领导审批,并报人力资源部备案。

第三条 较长假期须交接手头工作,确保工作连续性。

第四条 超假期应及时通告请示有关领导审批。

第五条 假满回公司销假,通报人力资源部,并交接工作。

请假标准

第六条 公司请假标准如下:

请假规定

第七条 事先无法办理请假手续,须以电话向主管报知,并于事后补办手续;否则以旷工论处。

第八条 未办手续擅自离开岗位,或假期届满仍未销假、续假者,均以旷工论处,并扣减月工资。

第九条 如因私人原因请假,应优先使用个人工休或年假,其不够部分再行办理请假。

第十条 请假以小时为最小单位,补修以半天(4 小时)以上计算。

第十一条 假期计算。

1. 员工请假假期连续在 5 天或 5 天以下的,其间的公休日或法定假日均不计算在内。

2. 员工请假假期连续在 5 天以上的,其间公休日或法定假日均计算在内。

第十二条 员工的病事假不得以加班抵充。

第十三条 员工 1 年内病事假累计超过 1 个月,不享受当年年假;凡安排疗养或休养的员工,其天数不足年假时,可以补足;凡脱产、半脱产学习的员工,不享受当年年假。

第十四条 公司中高级职员请假,均须在总经理室备案或审批,并记录请假人联络办法,以备紧急联络、维持正常工作秩序。

附则

第十五条 本办法由人力资源部解释、补充,经公司总经理常务会议批准颁布。

7.5.6 员工出差管理制度

员工出差管理制度

第一条 为规范出差管理流程、加强出差预算的管理，特制定本制度。

第二条 本制度参照公司人力资源管理、财务管理相关制度的规定制定。

第三条 员工出差依下列项目办理。出差前应填写出差申请单。出差期限由派遣负责人视情况需要，事前予以核定，并依照项目核实。

第四条 出差的审核决定权限如下：

1. 当日出差。出差当日可能往返，一般由部门经理核准。

2. 长途国内出差。4日内由部门经理核准，4日以上由主管副总核准，部门经理以上人员一律由总经理核准。

3. 国外出差。一律由总经理核准。

第五条 交通工具的选择标准

1. 短途出差可酌情选择汽车作为交通工具。

2. 副总经理长途出差一般选择飞机作为交通工具。

3. 其他员工长途出差一般选择火车作为交通工具，部门经理、高级技术人员的报销级别为软卧，其他人员的报销级别为硬卧；特殊情况，可向总经理申请选择乘坐飞机。

第六条 出差费用预算。坚持"先预算后开支"的费用控制制度。各部门应对本部门的费用进行预算，做出年计划、月计划，报财务部及总经理审批，并严格按计划执行，不得超支，原则上不支出计划外费用。

第七条 出差借款

1. 借款的首要原则是"前账不清，后账不借"。

2. 出差或其他用途需借大笔现金时，应提前向财务预约；大额开支，应按银行的有关规定用支票支付。

3. 借款要及时清还，公务结束后3日内到财务部结算还款。无正当理由过期不结算者，扣发借款人工资，直至扣清为止。

4. 借款额度与借款人工资挂钩，原则上不得超过借款人的月基本工资。

第八条 出差费用报销。严格按审批项目办理。按财务规范粘贴"报销单"→部门主管或经理审核签字→财务部核实→分管副总审批→财务领款报销。

第九条 出差申请与报告

1. 出差之前必须提交出差申请表，注明出差时间、地点和事由，行政部据此安排差旅、住宿等事宜。（见表7-44）

2. 将出差申请表送人力资源部留存、记录考勤。

3. 出差途中生病、遇意外或因工作实际，需要延长差旅时间的，应打电话向公司请示；不得因私事或借故延长出差时间，否则其差旅费不予报销。

4. 员工出差完毕后应立即返回公司，并于3日内凭有效日期证明（如机票、车票等）到财务部办理费用报销、差旅补贴等手续。

5. 员工出差后，必须于3日内向主管副总汇报工作，并写出详细的书面报告报总经理审阅。

6. 出差结束后，应于3日之内提交出差报告，并到财务部费用报销。

7. 未按以上手续办理出差手续或未经审批所发生的费用，公司将不予报销，并按旷工处理。

第十条　费用标准及审批权限，如下表所示。

差旅费用标准及审批表

人员类别	费用类别	报销条件、报销额度及审批人
总经理助理及以上级别管理人员	所有费用开支	实报实销，由总经理审批
部门经理、普通员工	国内城市之间转移的飞机、火车、轮船、汽车等交通费用	1．凭所购的票实报实销 2．分别经部门经理、分管副总审批
	出差期间住宿、正常餐饮费用	1．需取得税务局的统一发票（注明开票日期、入住及退房日期），并加盖有效印章 2．按报销标准给予报销（见下表） 3．分别经部门经理、分管副总审批
	招待费、交际应酬费（需详列说明）	1．费用发生前，需征求部门经理、主管副总的批准 2．未经事先批准的此类费用，责任人自行承担
	出租车费用	1．在报销范围内的出租车票经部门经理签字后全额报销 2．在报销范围之外的特殊情况需经部门经理或分管副总的批准后，注明时间、地点及事由，方可报销

城市 费用	北京、上海、广州及五个经济特区	其他直辖市、省会城市、沿海开放城市	省辖市、县级市
住宿	＿＿＿元／晚	＿＿＿元／晚	＿＿＿元／晚
餐饮　早餐	＿＿＿元／餐	＿＿＿元／餐	＿＿＿元／餐
餐饮　午餐、晚餐	＿＿＿元／餐	＿＿＿元／餐	＿＿＿元／餐

员工出差住宿、餐饮费用报销标准

备注：不按上表规定而超出报销标准的费用必须提交书面说明，写明理由，经副总经理签字后方予报销。否则由报销人自己承担。

第十一条　出差补贴标准

1．员工在出差当天的 9：00 前出发、17：30 后返回公司的，可享受一天的出差补贴，否则不予计算出差补贴。

2．长途出差者，计算出差补贴一般采取"去头留尾"的原则。例如，9 日出差 12 日返回者，给予 3 天的出差补贴；如果员工能提供 9 日 9：00 前出发、12 日 17：30 后离开出差地的相关证明，则可给予 4 天的出差补贴。

3．出差补贴的标准根据员工的职位级别另行确定。

4．如果出差人员由接待单位免费招待，一律不予发放出差补贴；如果出差期间发生了已经批准的招待费，招待期间不发放相应的餐费补贴。

5．出差期间不得另外报支加班费，法定节假日出差的另计。

第十二条　因公出境、出国报销规定

1．因公出境、出国费用报销（补助）标准如下表所示。

出境、出国费用报销（补助）标准			
人员类别	香港特别行政区	澳门特别行政区、中国台湾地区	国外
副总	实报实销		根据具体出差地、目的确定报销标准
部门经理、普通员工	补助 元		根据具体出差地、目的确定补助标准

2．出境、出国时发生在境内、国内的交通费可按前述的相关规定另行报销。

第十三条 下属与上级一起出差时，下属差旅费可比照上级职员标准支给。

第十四条 公司董事、监察人及顾问的出差旅费比照经理级标准支给。

第十五条 餐费、住宿费的支领标准，因物价的变动，可以由总经理随时通令调整。

第十六条 本管理制度经董事会核定后实行，修改时亦同。

第十七条 本管理制度如有未尽事宜，可随时修改。

7.5.7 员工出差申请表

员工出差申请表，如表 7-44 所示。

表 7-44 员工出差申请表

出差申请人		部门		岗位		出差目的地	
预计出差时间	年 月 日至 年 月 日					共计	天
出差事由							
费用预算	交通费	住宿费	餐费	业务招待费	其他费用	合计	
预借费用							
部门经理（签字）			总（主管副）经理（签字）				
实际出差时间							
变更理由							
出差报告提要							
部门经理		财务审核		总（主管副）经理			

7.5.8 差旅费用标准及审批表

差旅费用标准及审批表，如表 7-45 所示。

表 7-45 差旅费用标准及审批表

人员类别	费用类别	报销条件、报销额度及审批人
总经理助理及以上级别管理层	所有费用开支	实报实销，由总经理审批

人员类别	费用类别	报销条件、报销额度及审批人
部门经理、普通员工	国内城市之间转移的飞机、火车、船、汽车等交通费用	1. 凭所购的票实报实销 2. 分别经部门经理、分管副总审批
	出差期间住宿、正常餐饮费用	1. 须取得税务局的统一发票（注明开票日期、入住及退房日期），并加盖有效印章 2. 按报销标准给予报销 3. 分别经部门经理、分管副总审批
	招待费、交际应酬费（需详列说明）	1. 费用发生前，需征求部门经理、主管副总的批准 2. 未经事先批准的此类费用，责任人自行承担
	出租车费用	1. 测试人员的出租车票经部门经理签字后全额报销 2. 除报销范围之外的情况需经部门经理或分管副总的批准后，注明时间、地点及事由，方可报销

7.5.9　休假申请表

休假申请表，如表 7-46 所示。

表 7-46　休假申请表

工号：		姓名：		入职时间：	
工作地点：		部门：		职位：	
请假类别： □年假　□事假　□婚假　□病假　□妊娠假　□其他（调休等）					
请假原因（病假一天以上须附医疗证明）：					
请假日期（具体到半天）：从＿＿＿＿＿＿＿到＿＿＿＿＿＿ 请假总天数：＿＿＿＿＿＿＿					
（说明）：					
部门负责人： 日期：		部长： 日期：		人力资源部总监： 日期：	

7.5.10 员工加班申请表

员工加班申请表，如表 7-47 所示。

表 7-47 员工加班申请表

姓名		职位		所属部门		申请日期	
加班时段	□工作日加班		□周末假日加班		□法定节日加班		
预定加班时间	年 月 日 时 分至 年 月 日 时 分						
变更预定加班时间及原因							
加班事由							
工作地点及其他相关人员							
直接主管审批	□同意 □不同意： _____						
部门经理审批				审批日期			
人力资源部审批							

备注：

1. 公司不鼓励加班，各部门应严格控制加班，确因生产经营需要的，可以安排加班。非公司安排或批准的加班不视为加班（注：每日不得超过 4 小时，每月不得超过 20 小时）

2. 除应事先填写加班申请书外，须再填写该单位员工加班签到登记簿以备查核。

3. 非重大节日加班原则上安排补休。补休得以小时计（未满 1 小时者不予累计），且必须在加班后 6 个月内补休完毕，逾期不得再以任何理由要求补休。

4. 本申请表一式两份，公司和员工各执一份

7.5.11 请假单

请假单，如表 7-48 所示。

表 7-48　请假单

姓名		部门		上级主管	
事由					
假别	□年休假　　□产假　　□病假　　□事假 □探亲假　□婚假　□调休　□其他				
拟定请假时间	共　　天　共　　小时				
职位代理人意见	签名：　　　　　　日期：				
部门经理意见	签名：　　　　　　日期：				
人事行政部意见	签字：　　　　　　日期：				
分管副总核审	签字：　　　　　　日期：				
总经理批复	签字：　　　　　　日期：				
实际请假时间	共　　天　共　　　小时 校核人：　　　　　日期：				

备注：

1. 员工请假 1 天以内，由部门负责人批准；3 天以内（含 3 天），由分管副总经理批准；3 天以上，报总经理批准。部门负责人和副总经理请假，由总经理批准。

2. 病假须出具三甲以上医院医师建议休息病假条及病历报告，婚假、产假须出具结婚证书及计划生育准生证、出生证等。

3. 此单存行政人力资源部，作为考勤依据，请假人返岗后应立即向批准人销假。

7.5.12　员工探亲登记表

员工探亲登记表，如表 7-49 所示。

表 7-49　员工探亲登记表

编号：
部门：
工号：

姓名		性别		籍贯		家庭地址	
被探望人		称谓		出生年月		探望地点	

探亲交通工具	交通工具	起点—终点	时间	单程费用	批准假期记录	起讫日期	准假天数	报销费用	经办人

批准路程假

人力资源部意见：

部门意见：

填写：（员工本人部分）　用途：员工历年探亲日期天数和
联系：一式一联。人力资源部留存报销费用的记录

填表人：
填写日期：　　年　月　日

7.5.13　职工考勤表

职工考勤表，如表 7-50 所示。

表 7-50　职工考勤表

年度

工作部门　　　　　　　姓名　　　　　　　　　　工号

月份\日期	一月份			二月份			三月份			四月份			五月份			六月份		
	上午	下午	注	上午	下午	注	上午	下午	注	上午	下午	注	上午	下午	注	上午	下午	注
1																		
2																		
⋮																		
⋮																		
28																		
29																		
30																		
31																		
短缺工时																		
事假																		
病假																		
旷工																		
产假																		
婚假																		
探亲假																		
公假																		
备注																		

部门经理考勤员

月份\日期	七月份			八月份			九月份			十月份			十一月份			十二月份		
	上午	下午	注	上午	下午	注	上午	下午	注	上午	下午	注	上午	下午	注	上午	下午	注
1																		
2																		
3																		
4																		
⋮																		

续表

月份\日期	七月份			八月份			九月份			十月份			十一月份			十二月份		
	上午	下午	注	上午	下午	注	上午	下午	注	上午	下午	注	上午	下午	注	上午	下午	注
28																		
29																		
30																		
31																		
短缺工时																		
事假																		
病假																		
旷工																		
产假																		
婚假																		
探亲假																		
公假																		
备注																		

填写：（部门考勤员）　　　　用途：记录员工个人全年出勤情况

联数：一式一联。年终报人力资源部汇总备案

　　　　　　　　　部门经理：　　　　　　　　　　　　考勤员：

7.5.14　考核考勤月汇总表

考核考勤月汇总表，如表 7-51 所示。

表 7-51　考核考勤月汇总表

部门：　　　　　年　月　日

姓名	考勤							考核分数	
	病假	事假	旷工	婚假	其他	夜班	出勤		

姓名	考勤							考核分数	
	病假	事假	旷工	婚假	其他	夜班	出勤		

填写： （部门考勤员） 用途：记录部门员工当月出勤情况

联数：一式三联。1. 人力资源部 2. 财务部 3. 本部门

部门经理：

考勤员：

7.5.15 员工出勤率台账表

员工出勤率台账表，如表 7-52 所示。

表 7-52 员工出勤率台账表

	1月		2月		3月		…	…	10月		11月		12月
全部员工人数													
制度工日													
缺勤工日													
病假													
产假													
工伤假													
事假													

续表

	1月		2月		3月		…		…		10月		11月		12月	
探亲假																
婚丧假																
旷工																
其他																
出勤率（%）																
其中：营业部门人数																
实际工作工日																
制度工日																
缺勤工日																
病假																
产假																
工伤假																
事假																
探亲假																
婚丧假																
旷工																
其他																
出勤率（%）																

填写：　　　　　（劳动工资主管）　　　　　　用途：统计分析表

联数：一式一联。人力资源部汇总

7.5.16　人员状况统计表

人员状况统计表，如表 7-53 所示。

表 7-53　人员状况统计表

年　　月

部门	本月末人数					备注
	固定	临时	实习	外聘	合计	
总经办						
人力资源部						
财务部						
销售部						
市场部						
其他						
合计						
备注						

7.6　人事档案管理工作规范

7.6.1　档案管理工作规范

档案管理工作规范，如表 7-54 所示。

表 7-54　档案管理工作规范表

项　目	规范内容
分类	（1）建立档案目录明细，分类管理 （2）正式员工类、试用期员工类、促销类（应聘人员类暂存 3 个月），按类别编目、统计分别保管
查借	查档、借档时需有关部门领导批准，办理查、借手续时经办人签名备案，按期限归还
员工档案	（1）试用期员工档案按上岗期存放 （2）试用期转正员工要在每月 30 日归入正式员工挂劳柜中，按姓氏存放 （3）促销员档案按所在店、部门排序
上报	月底对各类人员档案存放做工作总结，报人力资源经理

7.6.2 人事档案管理制度

人事档案管理制度

第一条 为规范人事档案管理，使人事档案管理项目化、流程化，特制定本制度。

第二条 保守档案机密。对人事档案进行妥善管理，能有效地保守机密。

第三条 维护人事档案材料完整，防止材料损坏，这是人事档案管理的主要任务。

第四条 人事档案管理要便于档案材料的使用。

第五条 人事档案的编码原则

人事档案编码采用八位数，格式为×××××××××。

第六条 第一位数字表示企业分支机构代码，第二位数字表示工作性质代码，第三、四位数字表示部门代码，第五至第八位数字为流水号。

人事档案编码数字规定

数字位置	规定						
第一位	企业分支机构代码						
	1		2		3		
	分支机构一		分支机构二		分支机构三		
第二位	工作性质代码						
	0	1	2		3		4
	管理类	技术类	文职类		后勤类		操作类
第三至四位	部门代码						
	01	02	03	04	05	06	07	08
	人力资源部	行政部	财务部	采购部	研发中心	生产部	物资控制部	质量管理部
第五至八位	流水编号，按入职先后顺序编排						

第七条 人事档案的保管大致包括材料归档、检查核对、转递、保卫保密、档案统计 5 部分。

第八条 材料归档。新形成的档案材料应及时归档，归档的大体项目如下。

1. 对材料进行鉴别，看其是否符合归档的要求。

2. 按照材料的属性、内容，确定其归档的具体位置。

3. 在人事档案目录上补登材料名称及有关内容。

4. 将新材料放入档案。

第九条 检查核对

1. 人事档案检查的内容既包括对人事档案材料本身进行检查，如查看有无霉烂、虫蛀等；也包括对人事档案保管的环境进行检查，如查看库房门窗是否完好，有无其他存放错误等。

2. 检查核对一般要定期进行，但在下列情况下，也要进行检查核对。

（1）突发事件之后，如被盗、遗失或水灾、火灾之后。

（2）对有些档案发生疑问之后，如不能确定某份材料是否丢失。

（3）发现某些损害之后，如发现材料发霉、虫蛀等。

第十条 转递。即人事档案的转移投递，档案的转递一般是由工作调动等原因引起的。

1．转递的大致项目如下。

（1）取出应转走的档案。

（2）在档案底账上注销。

（3）填写转递人事档案材料的通知单。

（4）按发文要求包装、密封。

2．转递原则。在转递中应遵循保密原则，一般通过机要交通转递，不能交本人自带。另外，收档单位在收到档案、核对无误后，应在回执上签字盖章，及时退回。

第十一条 保卫保密，具体工作要求如下。

1．对于较大的公司，一般要设专人负责档案的保管，应齐备必要的存档设备。

2．库房备有必要的防火、防潮器材。

3．库房、档案柜保持清洁，不准存放无关物品。

4．任何人不得擅自将人事档案材料带到公众场合。

5．无关人员不得进入库房，严禁吸烟。

6．离开时关灯、关窗、锁门。

第十二条 档案统计，人事档案统计的工作内容包括以下几点。

1．人事档案的数量。

2．人事档案材料收集补充情况。

3．档案整理情况。

4．档案保管情况。

5．档案利用情况。

6．人事档案工作人员情况。

第十三条 档案在利用过程中，应遵循一定的程度和手续，这是保证档案管理秩序的重要手段。

第十四条 人事档案的利用有多种方式。

1．设立阅览室

阅览室一般设在人事档案库房内或靠近库房的地方，以便调阅和管理。

2．借出使用

借出使用仅限于某些特殊情形，如领导需要查阅人事档案或公安机关、保卫部门因特殊需要必须借用人事档案等。借出的时间不宜过长，到期未还者应及时催还。

3．出具证明材料

出具的证明材料可以是人力资源部按有关文件规定写出的有关情况的证明材料，也可以是人事档案材料的复制件。要求出具材料的原因一般是入党、入团、提升、招工、出国等。

第十五条 人事档案利用的手续

1．查档手续，正规的查档手续包括以下几点。

（1）由申请查档者写出查档报告，报告中写明查阅的对象、目的、理由、查阅人概况等。

（2）查阅单位（部门）在查档报告上盖章，负责人签字。

（3）由人事档案专员进行审核、批准，若理由充分、手续齐全，则给予批准。

2．外借手续

（1）借档单位（部门）写出借档报告，内容与查档报告相似。

（2）借档单位（部门）在借档报告上盖章，负责人签字。

（3）人事档案专员进行审核、批准。

（4）进行借档登记。把借档时间、材料名称、材料份数、借档理由等填写清楚，并由借档人员签字。

（5）归还时，及时在外借登记上注销。

> 3．出具证明材料的手续
>
> （1）首先，由有关单位（部门）开具介绍信，说明要求出具证明材料的理由，并加盖公章。
>
> （2）人事档案专员按照有关规定，结合利用者的要求，提供证明材料。
>
> （3）证明材料由人事档案专员提交有关领导审阅，加盖公章，然后登记、发出。
>
> **第十六条** 本制度由人事档案专员拟订，人事事务主管审核，修改权和解析权属人力资源部。
>
> **第十七条** 本制度自批准公布之日起实施。

7.6.3 员工档案管理制度

> **员工档案管理制度**
>
> 根据《中华人民共和国档案法》及有关法规的规定，公司的人力资源部应该做到有关档案的管理工作。
>
> 档案管理实行"统一领导，分节管理"的原则，维持档案的真实、完善与安全，便于将来使用。
>
> **第一条** 员工档案
>
> 员工档案由公司的人力资源部统一管理，人力资源部应全面掌握公司员工基本情况的收集、鉴别、管理和利用工作。为做好考察培养使用工作提供重要的依据。员工档案主要分为以下两类：
>
> 1．员工人事档案
>
> 员工人事档案是人力资源部从个人为单位集中保存起来的反映个人一定时期的社会经历和德才表现的文件资料。主要包括以下基本内容：员工履历、自传、鉴定、考核、考察资料，学历和评聘专业技术职称及专业工种技术等级考核或鉴定材料；党团、奖励处分材料；任免、工资、录用、离公司等审批表及其他有关重要材料。
>
> （1）员工人事档案的收集、整理和保管
>
> 员工人事档案整理应按有关方面规定的十个大类进行。整理、装订成册的材料必须具有一定保存价值，还要符合进入员工人事档案的规定。
>
> 员工人事档案必须存放在可靠安全的场所，做好防霉、防潮、防火、防蛀、防盗工作。并实施专人保管。
>
> （2）员工人事档案的查阅和借用
>
> 查阅人事档案，必须办理查阅登记手续，查阅一般员工人事档案，由人力资源部总监批准；查阅管理人员人事档案按管理权限办理审批手续。
>
> 外单位人员需要查阅、借用人事档案时，必须出示有效的证明，并经有关领导批准。查阅和借用人事档案的人员必须严格遵守保密制度，不准向无关人员泄露或向外公布档案内容，违反者视情况轻重，予以批评教育直至纪律处分。
>
> （3）员工人事档案的传递
>
> 在员工录用和离公司时，人力资源部应及时办理员工人事档案的传递，做到传递手续完备，材料完整。
>
> （4）员工人事档案的传递不得由本人办理。
>
> 2．员工的工作档案
>
> 从员工进入公司开始，记录员工在为公司工作过程中各个阶段的个人经历，思想品德；业务表现、教育培训、奖惩记录的综合情况。材料包括：员工求职申请、招聘录用、劳动合同和有关离公司记录等资料；教育培训记录、专业特长与爱好的资料；工资福利资料；劳动业绩、服务工作评估资料；出勤记录、工作岗位流动等资料。
>
> 员工工作档案由员工所在部门负责收集、整理和管理，人力资源部负责指导。每一年由人力资源部负责指导部门对员工的各种资料进行汇总、鉴别、分类和归档。员工离公司或部门之间调动时由所在部门将员工工作档案转入人力资源部。

第二条　部门工作档案

人力资源部的工作档案分为人力资源档案、工资福利档案、教育培训档案和行政人事档案等四个部分，分别记录人力资源部的工作。

1. 人力资源档案

有关请示、批复、报告、通知等文件、工作计划，以及员工招聘录用或离公司的审批材料，劳动合同资料包括签订、续签、变更、解除、终止劳动合同的有关资料，岗位变更资料等。

2. 工资福利档案

有关请示、批复、报告、通知等文件、工作计划，以及工资、奖金分配办法、考核资料，福利发放及变更记录、月度员工考勤汇总等。

3. 教育培训档案

有关请示、批复、报告、通知等文件、工作计划，教育培训工作、教育管理等活动中产生的，经整理并保存下来的具有价值的文字资料、授课讲义、考试资料、图表、照片和音像资料等。

4. 行政人事档案

有关请示、批复、报告、通知等文件、工作计划，卫生防疫检查记录、员工健康检查材料、食品卫生检查资料、员工餐厅有关管理资料等。

5. 人力资源部的工作档案按年度建立索引、装订成册。

7.6.4　保密制度

保密制度

总则

第一条　为了维护公司利益，特制定本规定，公司全体员工必须严格遵守。

第二条　秘密分为三等级：绝密、机密、密。

细则

第三条　严守秘密，不得以任何方式向公司内外无关人员散布、泄漏公司机密或涉及公司机密。

第四条　不得向其他公司员工窥探、过问非本人工作职责内的公司机密。

第五条　严格遵守文件（包括传真、计算机盘片）登记和保密制度。秘密文件存放在有保密设施的文件柜内，计算机中的秘密文件必须设置口令，并将口令报告公司总经理。不准带机密文件到与工作无关的场所。不得在公共场所谈论秘密事项和交接秘密文件。

第六条　严格遵守秘密文件、资料、档案的借用管理制度。如需借用秘密文件、资料、档案，须经总经理批准。并按规定办理借用登记手续。

第七条　秘密文件、资料不准私自翻印、复印、摘录和外传。因工作需要翻印、复制时，应按有关规定经办公室批准后办理。复制件应按照文件、资料的密级规定管理。不得在公开发表的文章中引用秘密文件和资料。

第八条　会议工作人员不得随意传播会议内容，特别是涉及人事、机构及有争议的问题。会议记录（或录音）要集中管理，未经办公室批准不得外借。

第九条　调职、离职时，必须将自己经管的秘密文件或其他东西，交至公司总经理，切不可随意移交给其他人员。

第十条　公司员工离开办公室时，必须将文件放入抽屉和文件柜中。

责任

第十一条　发现失密、泄密现象，要及时报告，认真处理。对失密、泄密者，给予50～100元扣薪；视情节轻重，给予一定行政处分；造成公司严重损失的，送有关机关处理。

7.6.5 人事档案管理表

人事档案管理系列表，如表 7-56 所示。

表 7-56 人事档案管理系列表

档案编号：　　　　部门名称：　　　　　　　填表日期：　　年　月　日

姓名			性别		民族	
基本情况	出生日期			身份证号码		
	政治面貌			婚姻状况		□已婚　□未婚
	毕业学校			学　历		
	专　业			户口所在地		
	籍　贯			城镇户口		□是　□否
	地　址				邮编	
	备　注					
雇用情况	所属部门			担任职务		
	加盟公司时间			转正时间		
	合同到期时间			续签时间		
	是否已调档	□是　□否		聘用形式		
	如未调档，档案所在地					
	备注					
档案情况	文件名称	情况		文件名称	情况	
	个人简历			求职人员登记表		
	应聘人员面试结果表			身份证复印件		
	学历证书复印件			劳动合同书		
	员工报到派遣单			员工转正审批表		
	员工职务变更审批表			员工工资变更审批表		
	员工续签合同申报审批表					
备注						

填表人：　　　　　　　　　　　　审核人：

7.6.6 员工档案表

员工档案表，如表 7-56 所示。

表 7-56　员工档案表

姓名		性别		出生日期		年龄		照片
户籍 地址				联系电话				
现在通 信地址				身份证号码				
最高 学历	年　学校　系 专业				家庭状况	已婚		未婚
应征 工作		希望待遇			可接受的最低待遇			

主要简历
（从中学开始，以及工作单位的起止时间，公司名称、所在地、工资）

工作经验及技能：

离开现单位的原因：

填表人：　　年　月　日

7.6.7　员工档案借阅登记表

员工档案借阅登记表，如表 7-57 所示。

表 7-57 员工档案借阅登记表

档案编号	档案内容	借阅人	借阅用途	借阅时间	归还时间	备注